世纪精睿

高职高专全息化经济管理类系列教材
高等教育经济管理类“十二五”规划教材

现代企业管理

主　编　王　潇　赵茂辰
副主编　尚林鹏　赵　钎
参　编　郭　强　郑永娟　张式恩
吴　希　王民钢　刘晶晶
朱　洁

上海交通大学出版社

内容提要

本书共分五篇，第一篇为现代企业概述，主要对企业的产生与组建、组织结构和人力资源管理等作了讲解；第二篇为现代企业战略管理，主要内容包括企业管理环境、企业战略和信息管理；第三篇为现代企业营销管理，包括市场调研、市场营销组合，促销组合等；第四篇为现代企业生产管理，包括新产品开发管理、生产过程组织、生产计划、物流、库存、设备及质量等管理；第五篇为财务管理及技术经济分析。

全书内容详实，对重点专业名词做了标注，适合经济管理业学生及相关企业管理人员使用。

图书在版编目(CIP)数据

现代企业管理/王潇，赵茂辰主编. —上海：上海交通大学出版社，2013 (2015重印)
高职高专全息化经济管理类教材
ISBN 978-7-313-09749-1

Ⅰ. 现... Ⅱ. ①王... ②赵... Ⅲ. 企业管理—高等职业教育—教材 Ⅳ. F270

中国版本图书馆 CIP 数据核字(2013)第 105614 号

现代企业管理
王 潇 赵茂辰 **主编**
上海交通大学出版社出版发行
（上海市番禺路 951 号 邮政编码 200030）
电话：64071208 出版人：韩建民
上海宝山译文印刷厂 印刷 全国新华书店经销
开本：787mm×1092mm 1/16 印张：20 字数：582 千字
2013 年 7 月第 1 版 2015 年 1月第 2 次印刷
ISBN 978-7-313-09749-1/F 定价：40.00 元

前　言

企业是一种广泛存在的社会组织，是市场经济活动的主要参加者。企业从事经济活动，能够给社会提供服务或产品，是社会生产和流通的直接承担者，创造了社会的物质财富，直接影响国家经济实力的增长和人民物质生活水平的提高。企业也是社会经济技术进步的重要力量，是先进技术和先进生产工具的积极采用者和制造者，这在客观上推动了整个社会经济技术的进步。

企业就好比国民经济的细胞，中国的国民经济体系就是由数以百万计不同形式的企业组成的，千千万万个企业的生产和经营活动，不仅决定着市场经济的发展状况，而且决定着中国社会经济活动的生机和活力。所以说企业是最重要的市场主体，在社会经济生活中发挥着巨大作用。

现代企业管理是在传统企业管理基础上，系统研究现代企业管理活动的基本规律，横跨自然和社会两大学科、融合多种知识于一体的综合性科学。

当今社会日新月异，科技飞速发展，经济稳定发展，特别是经历近年来的金融危机、欧债危机等的洗涤，世界范围内的管理革命和创新不断深化。与此相适应，企业管理也要与时俱进，把握时代发展脉搏，并能反映前沿发展。

经过30余年的发展建设，中国经济朝气蓬勃、活力四射，迅速崛起的中国经济正成为世界的一朵奇葩。而在中国社会主义市场经济建设中，不仅需要大量的科技人才，也需要大量的管理人才，尤其是随着新形势下经济发展的需要，融汇工程技术与管理于一身的复合型人才更是社会急需。

为此，本书充分听取并吸收了专业教师、学生、用人单位、社会人士的广泛意见和建议，结合当前社会对人才需求的实际特点，针对高职高专工科学生的专业特点和学生就业及创业特点，对教材的编写体系及具体内容进行了充分而深入的探讨和研究，最终确定了基于工作流程、以基础知识为主线、以实践技能为目标的新的教材编写思路。在内容组织上，删减了次要的、晦涩难懂的内容，使重点内容更加简明易懂。章节前增加了学习目标、导入案例；章节中增加了内容点睛；章节后增加了案例分析和实训项目，增加了趣味性、可读性、实践性。

具体而言，在本书的编写过程中，充分结合企业实际，按照一个企业从无到有、从小到大的自然流程，从组建一个企业，到企业开始各方面有序运营，再到企业不断发展壮大等，帮助读者一步一步认识企业的概念、组建、运营及发展的全过程，将够用、适用的基础知识贯穿其中，并且最终塑造出既懂工程知识又懂管理的复合技能型人才。

与同类教材相比，本书在编写上有以下一些特点：

(1) 新颖性。本书按照基于工作流程的现代企业管理思路组织编写，紧密围绕现代企业的实际工作流程，使读者学习之后，能够比较清晰地认识和了解现代企业的实际业务，对其如何面对就业或创业的具体细节，起到很好的指导作用。同时，在具体内容组织上，本书各章节首先通过导入案例引起读者兴趣，引出学习内容；其次在章节中提炼内容点睛，突出重点内容；在章节结束，设计了丰富的思考、案例分析、实训等项目，以练带学，促进读者在思考中、实训中领会管理知识、提升管理技能。

(2) 系统性。本书比较全面地介绍了现代企业管理的基本概念、原理、方法，在编写中注重各个内容的衔接和融合，突出了企业管理各部分知识的系统性。同时，结合现代企业的一些特点，对理论知识的实务操作进行了深入系统的介绍。编写中注重各章节之间的联系和整个企业管理理论的系统性，使读者对企业管理理论有较完整的了解。

(3) 适用性。本书编写组成员都是在高校从事相关专业教学、科研工作的老师，理论及教学经验丰富，对知识体系和知识受众的把握能力强。本书内容体系围绕我国高职高专对专业培养目标的要求，结合专业教师多年的教学实践经验以及编写组对企业做的大量的社会调研，然后精心组织编写，全部知识既适合学生学习相关知识的需要，使学生学有所得，学有所用；也适合企业对人才的需求，使企业能够获得很快适应工作岗位要求的人才。

(4) 时代性。本书吸收了大量传统企业管理研究与实践的优秀成果，同时也增加了一些全新的管理理论、思想和方法的介绍，力求站在传统的基础上，突出时代特点，同时展望未来。

本书由王潇、赵茂辰同志任主编，尚林鹏、赵钎同志任副主编，郭强、郑永娟、张式恩、吴希、王民钢、刘晶晶、朱洁同志参与了相关内容的编写。本书的编写，参考了大量的文献、资料以及国内外相关人士的著作和研究成果，在此谨向这些文献、资料及相关著作和研究成果的作者表示衷心的感谢！

由于编者的水平有限，掌握的资料也不够全面，再加上时间仓促，书中难免有不足之处，敬请广大读者批评指正。

编 者

2013 年 4 月

目　　录

第一篇　现代企业概述

第二篇　现代企业战略管理

第三篇 现代企业营销管理

第四篇 现代企业生产管理

赠送课件说明：

充实教学内容、丰富教学资源、改进教学方法是高校教师提高教学质量的基本思路，也是我们编写教材的宗旨。为方便教师教学，我们配套制作了本教材的教学课件，免费提供给使用本教材的教师。为保证教师获得课件，请授课教师填写开课情况证明，同时注明联系方式，并邮寄(或传真)至下列地址，我们将在 48 小时内寄出课件，或向教师提供用户名和密码，在本社网站(www.jiaodapress.com.cn)上下载课件。

联系人：王华祖
地址：上海交通大学出版社职教图书出版中心　上海市番禺路 951 号
邮编：200030
电话：(021)60403028，(021)60403033(fax)
E-mail：jimshua@hotmail.com

第一篇　现代企业概述

欲知其人，先观其貌，再观其行，后识其心。学习一门课程，也是同样的道理。首先从概念上了解它，然后由浅入深、由简入繁，逐步去学习。

现代企业管理研究的主体是企业，万事开头难，如果你选择了创业，会面临一个如何走好创业第一步，即选择创业法律形式的问题，是个人独资，是合伙企业，还是公司，等等，每种企业法律形式都有其自身特点及优缺点，哪种形式更适合自己？

确定了企业法律形式，接下来就是确定企业组织结构，这决定了企业各种资源能否合理搭配，企业运作效率是高是低，企业资源通过有机组合能否实现效益倍增。

组织结构设计完成，还要做好人力资源管理工作，选好人、用好人、激励人、人尽其才，才能让企业获得最佳回报。

做好这些基础工作，一个企业的构成元素已经基本具备，但要想高效地运作起来，还需要合适的管理机制。同样的资源，管理不当，企业效率、效益必然受到影响。

在本篇中，我们将一起学习企业的这些基础知识，了解企业的产生、发展、概念等，在此基础上，学习不同类型企业的相关知识，掌握如何申请成立一家企业、如何为这家企业设计科学合理的组织结构等相关技能，并了解一些经典的管理思想和理论。

第一章 企业的产生与组建

学习目标

(1) 了解企业的产生、发展、分类等。

(2) 理解企业的内涵。

(3) 熟悉我国企业的主要法律形式,重点学习我国大力倡导的现代企业制度——公司制企业的相关知识。

(4) 能够从外部确立企业形态,为下一步设计企业内部组织结构奠定基础,同时为企业的开业做好准备。

课程导入案例

如何开始创业

刘飞是一名刚从传媒大学多媒体设计专业毕业的大学生,毕业后和几个大学同学,东拼西凑,终于筹集到了10万元钱,来到上海准备开办一个动画设计工作室。

要想开展业务,必须确定创业的企业法律形式,是选择合伙制企业,还是公司制企业?企业法律形式确定了,又要确定企业组织结构,同学如何分工,还要考虑是否需要招聘人员,等等。

其实,很多像刘飞一样的大学毕业生,由于现实情况,在自主创业过程中,面临诸多问题,如经济实力有限,社会阅历欠缺,工作经验不足,创业定位模糊,等等。同时,我国目前鼓励下岗人员再就业,社会中也出现了越来越多的自由职业者,他们在自己的职业发展中也面临着诸如此类的问题。

本章将针对案例中出现的共性问题进行阐述。

第一节 企业的产生、发展、概念与种类

一、企业的产生

在现代经济社会中,企业是重要组成部分,是国家的经济细胞,在为国民提供各项商品、满足人们各项需要的基础上,支撑着社会和国家的经济发展。因此,企业作为一种社会形态和组成部分,其重要性不言而喻。

企业作为现代社会的经济形态,并非随着人类社会的出现就出现的,它是人类社会生产力发展到一定程度才出现的,是商品生产和商品交换的产物。企业产生的社会基础,是原始社会社会化大分工。第一次社会大分工是畜牧业从农业中分离出来,由于各部落的产品不尽相同,而人的劳动力能够生产出超过劳动力所必需的产品,从而为经常性交换创造了条件。第二次社会化大分工是手工业从农业里分离出来,这时出现了直接以交换为目的的商品生产,而交换的发展,使贵金属成为占优势的货币商

品。第三次社会化大分工是商人阶层的产生，在前两次社会大分工之后，商品交换得到了迅速发展，商品生产随之出现并发展，又反过来促进了交换的进一步发展；交换规模扩大、品种增多，各生产者和消费者之间直接的产品交换越来越不便利，于是专事交换的中间人——商人应运而生。以商品生产和商品交换为形式的商品经济正式形成，最终促成以商品生产和交换为主要经济活动的企业的产生。图 1-1 表示商品经济的出现过程。

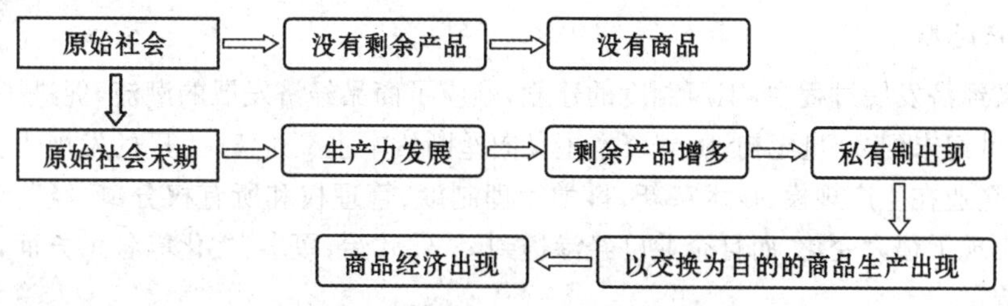

图 1-1 商品经济的出现过程

【内容点睛】

商品经济是促成企业产生的根本原因，现代社会也是商品经济高度发展的时代，因此，研究和分析商品经济特点，对认识企业、掌握企业管理规律非常重要。

在资本主义社会之前，虽然出现了手工作坊，甚至一些手工作坊具有一定的生产规模和一定量的劳动者，但其生产的目的主要是为了自身的需要，没有多余产品用于商品交换，没有发生经营活动，因此它们并没有形成社会的基本经济单位，从严格意义上讲还不是企业。

企业的初期形态，主要是在资本主义初期，由资本所有者雇佣较多工人，使用一定的生产手段，在分工协作的基础上从事商品的生产和交换而形成的。由于企业这种组织形式能够很好地应用当时的科学技术（主要是机器、设备），能显著地提高劳动生产率，能集中、大量地生产商品，满足日益增长的社会需求，能大幅度降低成本而带来利润，因而社会生产力有了长足的发展。企业就是在这样一个漫长的演变过程中逐渐成为社会的基本经济单位的。

二、企业的发展

综观企业的发展历史，大致经历了手工业生产、工厂生产和企业生产这三个时期。

1. 手工业生产时期

手工业时期主要是指从封建社会的家庭手工业到资本主义初期的工场手工业时期。从 16 世纪到 17 世纪，西方一些国家的封建社会制度向资本主义制度转变，资本主义原始积累加快，向海外殖民扩张，大规模地剥夺农民土地，从而使家庭手工业急剧瓦解，向资本主义工场手工业过渡。此时的生产者已不同于封建社会的简单劳动者，都是具有一技之长的专业劳动者，即掌握了一定科学知识和专业技能的劳动者。

与家庭手工业相比，工场手工业有四个特点：一是规模扩大，到 17 世纪时，美国有的工场手工业已雇佣数百人，成为大型工场；二是产业结构发生了变化，资本主义工业工场涉及许多家庭手工业无法进入的行业，如采矿、冶金、金属加工、制盐、造纸，等等；三是采用机器，资本主义工场普遍使用新机器替代部分手工作业；四是工场内部形成分工，即按某一产品生产要求，将生产过程分解成若干个作业阶段。此时的工场手工业实际上已经具有了企业的雏形。

2. 工厂生产时期

随着资本主义制度的发展，西方各国相继进入工业革命时期，工场手工业生产逐步发展为工厂生产，作为真正意义上的企业到此时才诞生。

18世纪60年代,以英国、德国为首的西方国家开始出现圈地运动,一方面给企业的发展提供了大量土地等资源;另一方面给企业发展提供了大量劳动力。这些进一步加强了西方国家的殖民扩张,积累了大量的原始资本,为工业革命做好了准备。在工业革命过程中,一系列新技术的出现,大机器的普遍采用,特别是动力机的使用,为工厂制度的建立奠定了基础。

工厂制度的建立,是工场手工业发展的质的飞跃,它标志着企业的真正形成。

3. 企业生产时期

在资本主义经济发展过程中,工厂制度的建立,顺应了商品经济发展的潮流,促进了生产力的大发展。特别是19世纪末到20世纪初,随着资本主义向垄断资本主义过渡,工厂的发展十分迅猛,并产生了一系列变化,企业在生产规模、技术革新、科学管理制度、管理权和所有权分离、经营环境、社会责任等各个方面均出现了很大变化,而且企业已经渗透到经济、政治、军事、文化等各个方面,并对各个方面产生着很大影响。

从工厂生产时期过渡到企业生产时期,是企业作为一个社会基本经济单位的最后确立和形成。

三、企业的概念与种类

所谓**企业**,是指从事生产、流通、服务等经济活动,以营利为目的的、以产品或劳务满足社会需求的、依法设立、自主经营、自负盈亏、独立核算的经济组织,是现代社会的基本经济单位。

按照企业的定义,作为现代社会的基本经济单位,企业必须具备一定的基本要素才能得以存在。一般,企业的构成要素包括:一定的资源、经济活动、法人地位、营利目的等要素。

由于现代经济生活十分复杂,按照不同的分类依据,企业可分为不同的类型,常见的企业分类有以下几种:

(1) 根据生产资料所有制成分划分:包括全民所有制企业、集体所有制企业、合资经营企业、私营企业等。

(2) 根据企业财产组织形式和所负法律责任划分:包括个人独资企业、合伙制企业、公司制企业等。

(3) 根据企业规模划分:包括大型企业、中型企业、小微型企业等。

(4) 根据企业所属经济部门划分:包括农业企业、工业企业、建筑安装企业、运输企业、商业企业、邮电企业、金融企业、咨询企业,等等。

【内容点睛】

无论是就业还是创业,小微企业都是我们生活中最常见的企业类型,国家也营造了良好的鼓励小微企业发展的政策环境。

近年来,“小微企业”这一名词备受关注,在日常的社会经济生活中,**小微企业**是小型企业、微型企业、家庭作坊式企业、个体工商户的统称。根据国家工信部的统计,目前小微企业占企业总量的90%以上,是我国实体经济的重要基础;创造80%以上的城镇就业岗位,是维护社会和谐稳定的重要力量;占国家高新技术企业总量的80%以上,是创新的重要承担者。关于小微企业的划分,我们主要参考的是2011年工业和信息化部、国家统计局、发展改革委、财政部联合印发的《关于印发中小企业划型标准规定的通知》,具体标准根据企业从业人员、营业收入、资产总额等指标,结合行业特点制定。

第二节　我国企业的法律形式

在市场经济条件下,企业依法设立并存在,是独立的经济实体,它拥有法律许可范围内自主经营和发展所必需的各种权利。无论是新建企业,还是老企业改制,都会面临企业法律形式的选择问题。在实行市场经济的国家，一般根据企业财产的组织形式及其承担的法律责任来划分企业形式。我国企业的法律形式主要有个人独资企业、合伙企业和公司三种。

一、个人独资企业

1. 个人独资企业的含义

1999年8月30日，九届全国人大常委会第十一次会议通过了《中华人民共和国个人独资企业法》(外商独资企业不适用于该法)。该法自2000年1月1日起已开始实施，进一步规范了个人独资企业的行为，对保护个人独资企业投资人和债权人的合法权益，维护社会经济秩序，促进社会主义市场经济的发展有着深远的意义。按照该法规定，**个人独资企业**，也称为单个业主制企业，是最早产生的也是最简单的一种企业形式。它指按照《个人独资企业法》在中国境内设立的，由一个自然人投资，财产为投资人个人所有，投资人以其个人财产对企业债务承担无限责任的经营实体。

2. 个人独资企业的主要优点

个人独资企业一般规模较小，内部管理结构简单，具有以下一些优点：

(1) 企业的建立、转让与歇业的手续十分简单易行，产权能够比较自由地转让。

(2) 企业经营者与所有者多为同一主体，即由业主自由经营，经营方式灵活，处理问题机动敏捷，决策迅速，企业的技术、工艺等信息保密性强。

(3) 企业在缴纳所得税后，利润归业主个人，无须与别人分享。

(4) 企业的成败由业主个人承担，如果获得成功，业主不但可以获取利润，而且可以获得个人成就感和满足感。

3. 个人独资企业的主要缺点

(1) 企业存在一定的风险。这种风险主要指业主要承担无限责任，即当企业的资产不足以偿还企业的全部负债时，法律强制业主以个人的其他所有财产(主要是家庭财产)来清偿企业的债务，这使得业主的所有财产都具有风险。一旦企业经营失败，有可能导致业主倾家荡产。

(2) 企业规模有限。由于企业由业主个人出资兴办，一般个人的资金有限，信用有限，偿债能力差，获贷能力差，企业资本的扩张主要依靠利润的再投资，即自身的积累。

(3) 企业寿命有限。由于企业的经营完全依赖于业主个人的素质，企业通常与业主共存亡。业主的死亡、破产、犯罪或转业都可能使企业不复存在，这样就使企业的员工和债权人不得不承担较大的风险。在西方国家，债权人往往要求企业业主进行人寿保险，一旦业主死亡，则可由保险公司给付的保险金收回债权。

4. 个人独资企业的主要业态和设立

个人独资企业的主要优缺点决定了其大多存在于零售业、服务业、手工业等业态中。另外，近些年来出现的自由职业者、注册律师、注册会计师、家庭农场等，也多以个人业主制企业的形式出现。当前，政府鼓励应届大学毕业生自主创业、自办经济实体，并给予一定的政策或经济上的支持，这些经济实体多数也属于个人业主制企业。

在我国，设立个人独资企业应当具备下列条件：

(1) 投资人为一个自然人(中国公民)。

(2) 有合法的企业名称(企业名称不得使用"有限"、"有限责任"、"公司"字样)。

(3) 有投资人申报的出资(出资数未作限制，可以用货币出资，也可以用实物、土地使用权、知识产权或者其他财产权利作为出资，但不能用个人劳务作价出资，也不能用个人信誉或者名誉作价出资)。

(4) 有固定的生产经营场所和必要的生产经营条件。

(5) 有必要的从业人员。

在我国，设立个人独资企业程序如图 1-2 所示。

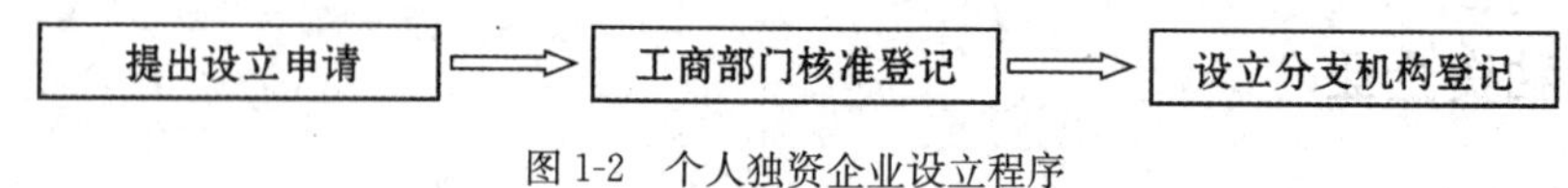

图 1-2 个人独资企业设立程序

二、合伙企业

1. 合伙企业的含义

1997 年 2 月 23 日第八届全国人民代表大会常务委员会第二十四次会议通过《中华人民共和国合伙企业法》，2006 年 8 月 27 日第十届全国人民代表大会常务委员会第二十三次会议对该法进行了修订，修订后的新合伙企业法自 2007 年 6 月 1 日起施行。

合伙企业，指的就是自然人、法人和其他组织依照《中华人民共和国合伙企业法》在中国境内设立的普通合伙企业和有限合伙企业。其中，普通合伙企业由普通合伙人组成，合伙人对合伙企业债务承担无限连带责任；有限合伙企业由普通合伙人和有限合伙人组成，普通合伙人对合伙企业债务承担无限连带责任，有限合伙人以其认缴的出资额为限对合伙企业债务承担责任。

2. 合伙企业的优点

合伙企业与个人独资企业相比具有以下主要优点：

(1) 筹资能力增强。企业可以从合伙人处筹集资金，由于共同承担偿还债务的责任，资信能力增强，通过银行贷款等方式的筹资能力增强。

(2) 竞争能力增强。由于企业集合了合伙人共同的才智、经验和专长，竞争能力有所提升；同时合伙人对企业的经营活动一般会非常关心，并且大家对企业债务都承担责任，企业的信誉较高。

(3) 扩张能力增强。由于企业资金筹措能力和管理能力的增强，给企业带来了进一步扩大和发展的可能性，能从事一些资产规模需求较大的生产和经营活动。

3. 合伙企业的缺点

(1) 产权转让困难。由于企业是根据合伙人之间的协议或合同建立的，所以产权的转让必须经过所有合伙人同意方可进行。当某一合伙人离开，或企业接纳了一位新的合伙人，都必须建立一种新的合伙关系，从而造成法律上的复杂性；于是企业通过接纳新的合伙人增加资金的能力受到了制约，甚至有时会影响到企业是否能继续存在。

(2) 承担无限责任。与个人业主制企业一样，合伙企业的合伙人对企业债务要承担无限责任，如果经营失败，企业倒闭破产资不抵债时，每个合伙人要以自己的家庭财产首先按照入股比例进行清偿。若有的合伙人家庭财产不够清偿，其他合伙人要代为清偿，负无限责任，这样就增加了合伙人的投资风险。

(3) 统一决策困难而缓慢。由于所有合伙人都有权代表企业从事经济活动，重大决策需要得到所有合伙人的同意，因而很容易产生分歧，难以协调，造成决策上的延误和差错。

4. 合伙企业的主要形式和设立

合伙企业一般适用于生产规模较小、管理不太复杂、不需要设立专门管理机构的生产经营行业或服务行业。常见的业态有广告事务所、律师事务所、会计师事务所和股票经纪行，等等。

设立普通合伙企业，应当具备下列条件：

(1) 有两个以上合伙人。合伙人为自然人的，应当具有完全民事行为能力。

(2) 有书面合伙协议。

(3) 有合伙人认缴或者实际缴付的出资。

(4) 有合伙企业的名称和生产经营场所。

(5) 法律、行政法规规定的其他条件。

特殊的普通合伙企业和有限合伙企业的设立可参考相关法律规定。

【内容点睛】

无限责任是个人独资企业和合伙企业的共同缺点,尤其是对合伙企业的合伙人,极大增加了投资者的经营风险,而公司可以有效规避这一风险。

三、公司制企业

1. 公司的起源

一般认为,公司起源于中世纪的欧洲,但是实际上公司的起源可以追溯到更远的年代。大量史实表明,公司萌芽于古罗马。古罗马是靠战争发迹的,战争使罗马疆域扩大,也使商人大发其财。但是战争以及维持辽阔疆域却耗资巨大,于是政府与商人相互勾结,签订合同。某些大商人联合起来为政府解决部分财政问题,政府则允许他们组成一定的商人组织,承包某些过去由政府控制的贸易及工程,甚至包括收税。罗马帝国时期,曾出现了类似股份公司那样的组织。

但是,这种类似公司的团体在欧洲长达几百年的时期里并未得以延续,因为随着日耳曼人的入侵和罗马帝国的灭亡,商业衰落,城市废弃,破坏了公司赖以存在的基础。直至10世纪以后,贸易才同城市一齐重现繁荣。中世纪初期,在城市和贸易发展的刺激下,公司这一组织形式重新萌生起来。城市发展了,政府的军事开支和行政费用均需大量资金的支持。于是商人们便以替政府筹款为条件取得成立公司的特许权,获取厚利。

如果说罗马帝国时期出现的公司组织或类似于公司的组织是公司史的源头,那么到了欧洲中世纪,公司组织或类似于公司的组织就已经成为事实了。

我国的"公司"一词取自"公者,数人之财,司者,运转之意。"(《大同·列词传》)意思是公司是大多人共同运转,一起生活、学习、工作的地方。

【内容点睛】

公司是现代社会最常见的一种企业法律形式,准确全面地认识公司,无论对就业,还是创业,都至关重要。

2. 公司的含义

1993年12月29日第八届全国人民代表大会常务委员会第五次会议通过《中华人民共和国公司法》(以下称为老《公司法》),1999年12月25日第九届全国人民代表大会常务委员会第十三次会议对该法进行了第一次修正,2004年8月28日第十届全国人民代表大会常务委员会第十一次会议对该法进行了第二次修正,2005年10月27日第十届全国人民代表大会常务委员会第十八次会议修订并颁布《中华人民共和国公司法》(为区别,以下称为新《公司法》),于2006年1月1日正式开始实施,成为公司制企业的新法律准则。

按照我国新《公司法》,**公司**是指由一个及以上的出资者(称为股东)出资兴办并组成一个法人,能够独立自主经营、自负盈亏,对共同出资经营的财产享有民事权利、承担民事责任的经济实体。公司在法律上具有独立人格,即法人地位,这是公司与个人独资企业及合伙企业的重要区别,后两者都是自然人企业。公司以"合资"为特征,特别是在负担有限责任方面与后两者明显不同。

3. 公司的主要优点

(1) 实行有限责任制度。对股东而言,以其出资额为限对公司的债务承担有限责任;对公司法人而言,以其全部法人财产为限对公司的债务承担有限责任。相对个人独资企业和合伙企业而言,公司出资者的风险要小。

(2) 筹资能力强。公司可以通过发行有价证券(如股票)的方式来筹集资金,容易筹集到大额资金,满足公司大规模扩张的需要。

(3) 具有独立寿命。公司作为法人,除非违反法律和公司章程规定事项,公司可无限存续下去,个别股东或高级职员的死亡、转业等不会影响公司的存亡。同时,公司的法人财产是不可分割的,投资者投入公司的资本不可抽回,只能转让,因此公司的法人财产不会因股东的变动而变动,保持了一定的整体性、稳定性和连续性。当今世界上具有百年历史的公司很多,如美国通用电气公司成立于 1892 年,等等。

(4) 管理效率高。公司实行股东所有权与法人财产权相分离,股东资金投入到企业后,其所有权通过股权证书或股票等体现出来,公司对所有股东投入的资产拥有法人财产权。这样使得公司的所有权与经营权相分离,公司各项经营管理工作由各方面的专业人员负责,他们能够比股东更有效地管理企业,更能适应市场剧烈变化的经营环境。

4. 公司制企业的形式和设立

我国新《公司法》规范了有限责任公司、股份有限公司两种公司形式的设立与运作。

1) 有限责任公司

有限责任公司又称有限公司,在英国和美国又被称为封闭公司或私人公司,是指由 50 个以下股东共同出资,每个股东以其认缴的出资额对公司行为承担有限责任,公司以其全部资产对其债务承担责任的企业法人。

有限责任公司不对外公开发行股票,股东的出资额由股东协商后确定,并不要求等额。股东交付股本金后,公司出具股权证书,作为股东在公司中所拥有的权益凭证,同时,这种凭证不同于股票,不能自由流通。

另外,股东可以转让其全部或者部分出资,股东依法转让其出资后,由公司将受让人的姓名或者名称、住所以及受让的出资额等信息资料记载于股东名册。

按照我国新《公司法》的规定,有限责任公司的设立需要满足以下条件:

(1) 股东符合法定人数。我国新《公司法》规定有限责任公司由 50 个以下股东共同出资设立。

(2) 股东出资达到法定资本最低限额。有限责任公司的注册资本为在公司登记机关登记的全体股东认缴的出资额,最低限额为人民币 3 万元(法律、行政法规对有限责任公司注册资本的最低限额有较高规定的,从其规定)。公司全体股东的首次出资额不得低于注册资本的 20%,也不得低于法定的注册资本最低限额,其余部分由股东自公司成立之日起 2 年内缴足;其中,投资公司可以在 5 年内缴足。

(3) 股东共同制定公司章程。

(4) 具有公司名称,建立符合有限责任公司要求的组织机构。

(5) 有公司住所。

2) 一人有限责任公司

新《公司法》新增了一人有限公司。**一人有限责任公司**简称一人公司或独资公司或独股公司,是指由一个股东(自然人或法人)持有公司的全部出资的有限责任公司。一人有限责任公司和个人独资企业相比,有以下不同:

(1) 法律地位不同。一人有限责任公司具有法人资格,而个人独资企业虽然能以企业名义从事民事活动,但只是自然人进行商业活动的一种特殊形态,仍然属于自然人企业范畴。

(2) 出资人性质不同。个人独资企业的出资人只能是一个自然人，而一人有限责任公司的投资人可以是一名自然人，也可以是一名法人。

(3) 风险承担方式不同。个人独资企业承担无限责任，而一人有限责任公司承担有限责任。

(4) 税收管理不同。个人独资企业的税收管理相对宽松，对建账要求较低，税款征收主要采用定额或定率征收；而一人有限责任公司要求则严格得多，税款征收主要采用定率或查账征收。

按照我国新《公司法》的规定，一人有限责任公司的设立需满足以下条件：

(1) 一人有限责任公司的注册资本最低限额为人民币10万元，股东应当一次足额缴纳公司章程规定的出资额。

(2) 一个自然人只能投资设立一个一人有限责任公司，该一人有限责任公司不能投资设立新的一人有限责任公司。

(3) 一人有限责任公司不设股东会。

(4) 一人有限责任公司应当在每一会计年度终了时编制财务会计报告，并经会计师事务所审计。

(5) 一人有限责任公司的股东不能证明公司财产独立于股东自己的财产的，应当对公司债务承担连带责任。

3) 股份有限公司

股份有限公司又称股份公司，在英国和美国又被称为公开公司或公众公司，是指注册资本由等额股份构成，并通过发行股票(或股权证)筹集资本，公司以其全部资产对公司债务承担有限责任的企业法人。在市场经济国家，股份有限公司是大、中型企业通常采用的组织形式。

与其他类型的公司比较起来，股份有限公司是典型的合资公司，各国法律都把它视为独立的法人。公司股东的身份、地位、信誉不再具有重要意义，任何愿意出资的人都可以成为股东，不受资格限制。股东成为单纯的股票持有者，他们的权益主要体现在股票上，并随着股票的转移而转移。

股份有限公司的资本总额均分为每股金额相等的股份，以便于根据股票数量计算每个股东所拥有的权益。出资多的股东占有股份多，而不能单独增加每股的金额。股东不论大小，只以其认购的股份对公司承担责任，一旦公司破产或解散而进行清盘，公司债权人只能对公司资产提出还债要求，而无权直接向股东讨债。

股份有限公司的设立，必须经过国务院授权的部门或者省级人民政府批准。同时，为了保护股东和债权人的利益，各国法律都要求股份有限公司账目必须公开，并定期根据相关规定向社会披露公司的财务报告，以供股东和债权人查询。这在一定程度上保护了投资者对企业运作的知情权，但也造成了企业财务信息的泄露，保密性差。

按照我国《公司法》的规定，股份有限公司的设立需要满足以下条件：

(1) 发起人符合法定人数。应当有2人以上200人以下为发起人，其中须有半数以上的发起人在中国境内有住所。

(2) 发起人认购和募集的股本达到法定资本最低限额。股份公司的注册资本为在公司登记机关登记的全体发起人认购的股本总额，公司全体发起人的首次出资额不得低于注册资本的20%，其余部分由发起人自公司成立之日起2年内缴足；其中，投资公司可以在5年内缴足。在缴足前，不得向他人募集股份。股份有限公司采取募集方式设立的，注册资本为在公司登记机关登记的实收股本总额。股份有限公司注册资本的最低限额为人民币500万元(法律、行政法规对股份有限公司注册资本的最低限额有较高规定的，从其规定)。

(3) 股份发行、筹办事项符合法律规定。

(4) 发起人制订公司章程，采用募集方式设立的须经创立大会通过。

(5) 有公司名称，建立符合股份有限公司要求的组织机构。

(6) 有公司住所。

日常生活中,我们经常会听到“上市公司”这个名词。上市公司属于股份有限公司,当股份有限公司具备了一定条件后,依据国家有关法律、法规,报经有关部门批准,可在国家认可的证券交易所面向社会公众发行股票,募集资金,其股票便可上市交易。我国对股份有限公司的上市有明确的要求,具体可参看《中华人民共和国证券法》。

股份有限公司上市后,由于面向社会发行股票,具有更大规模的筹资能力,能迅速扩展企业规模,增强企业在市场上的竞争力。因此,上市是企业筹措大量资金、转变经营机制的最有效的方式之一。

另外,近年来,我国一些企业在条件成熟时,也会选择在海外上市,在海外资本市场募集资金。国内企业海外上市比较集中的是美国、英国、新加坡等国家和地区,比如,联想在香港联交所上市;中国电信在美国纽约证券交易所上市、中国百度公司在美国纳斯达克证券交易所上市;中国陕西尧柏特种水泥公司在英国 AIM 市场挂牌上市;河南思念公司、新乡心连心化肥公司在新加坡交易所主板成功挂牌上市,等等。

知识链接

股份有限公司上市的条件

根据《中华人民共和国证券法》,一般股份有限公司申请其股票上市必须符合下列条件:

(1) 股票经国务院证券监督管理机构核准已公开发行。

(2) 公司股本总额不少于人民币 3 千万元。

(3) 公开发行的股份达到公司股份总数的 25%以上;公司股本总额超过人民币 4 亿元的,公开发行股份的比例为 10%以上。

(4) 公司最近 3 年无重大违法行为,财务会计报告无虚假记载。

证券交易所可以规定高于前款规定的上市条件,并报国务院证券监督管理机构批准。

第三节 公司制企业的组建

一、公司制企业的注册

根据我国新《公司法》规定,公司制企业的组建相对复杂,其注册流程大致如图 1-3 所示。

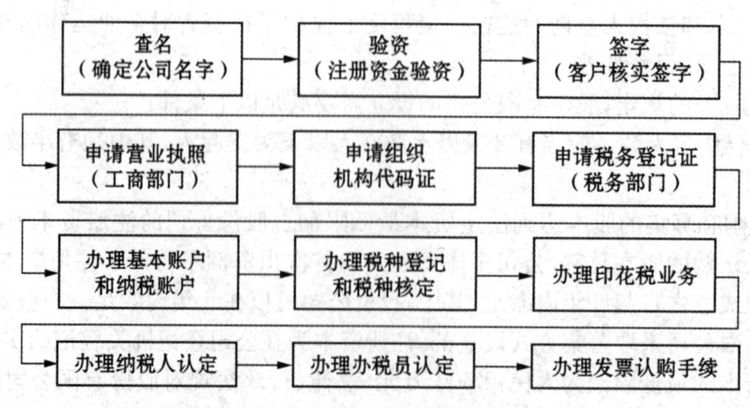

图 1-3 公司制企业的注册流程

二、公司制企业的治理结构

公司的治理结构,是指公司的组织机构设置和这些机构的运作规则。应建立科学、规范的治理结构,使公司制企业能高效运行,提高公司的决策和管理能力。按有关规定,公司制企业完整的治理结构包括股东会、董事会、总经理和监事会几个部分，其关系如图 1-4 所示。

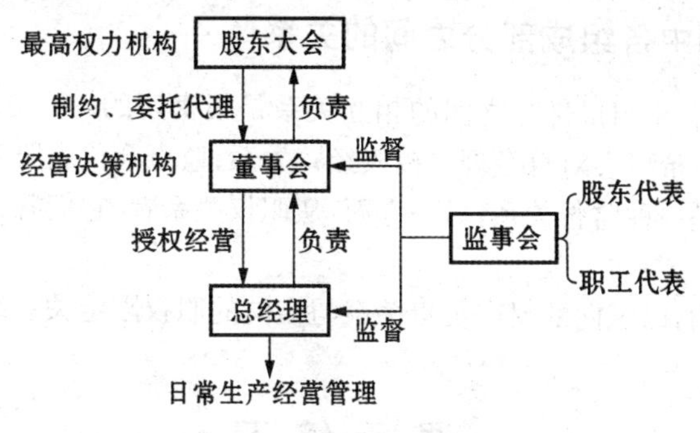

图 1-4　公司制企业的治理结构

1. 股东会

股东会是依照公司法和公司章程规定，由全体股东组成的，决定公司重大问题的最高权力机构，是股东表达意志、利益和要求的场所和工具。对股份有限公司而言，股东会也称股东大会。股东会有定期会议和临时会议两种基本形式。股东会一般由董事长主持，在召开股东会之前，一般要提前 15 天通知全体股东。

股东会的主要职权主要有：人事权、重大事项决策权、收益分配权、股东财产处置权等。

2. 董事会

董事会是由董事组成的负责公司经营管理活动的合议制机构。在股东会闭会期间，它是公司的最高决策机构，是公司的法定代表，对外代表公司。

董事会由股东会选举产生。按照我国新《公司法》规定，有限责任公司的董事会由 3～13 人组成，其中，国有独资公司的董事会由 3～9 人组成；股份有限公司的董事会由 5～19 人组成。我国新《公司法》还特别规定，国有独资公司、2 个以上的国有企业或其他 2 个以上国有投资主体的有限责任公司，其董事会成员中应当有公司职工代表，职工代表由公司职工民主选举产生。

董事会设董事长 1 名，副董事长若干名。不同类型的公司，董事长、副董事长产生的办法不尽相同。

董事会对股东会负责，执行股东会决议。董事会实行集体决策，一般采取每人一票和简单多数的原则。每个董事会成员对其投票要签字在案并承担责任。董事会决议违反法律、法规和公司章程，致使公司遭受严重损失的，参与决策的董事对公司负赔偿责任。但在表决时曾表明异议并有记录在案的，可免除责任。

3. 总经理（或称为经理层）

总经理依照公司章程和董事会授权，统一负责公司的日常生产经营和管理工作。总经理由董事会聘任或解聘，对董事会负责。

公司总经理可从企业外部聘任，也可经公司董事会决议由董事会成员担任。

4. 监事会

监事会是公司治理结构中的监督机构，成员一般不少于 3 人（国有独资公司监事会成员不少于 5 人）。监事会成员可由股东代表和一定比例的职工代表（比例不低于 1/3）组成，职工代表由工会或职工民主选举产生。监事会成立后，应设置一名监事会主席。

监事会的职权主要有：对公司董事、经理执行公司职务时违反法律、法规或公司章程的行为进行监督，防止他们滥用职权；检查公司的财务，等等。

另外，对一些规模较小的有限公司或股份公司，也可不设董事会（确定一名执行董事即可），或不设监事会(但要有监事),具体可参阅新《公司法》。

三、公司治理结构中各组成部分之间的关系

上述公司治理结构的各个组成部分之间的相互关系是很密切的。一方面,从产权关系看,股东会对董事会是委托代理关系;董事会对总经理是授权经营关系;监事会代表股东会对财产的受托人,即董事会和总经理实行监督,是一种监督关系;另一方面,从职权关系看,它们各自有不同的职权范围,职权具体明确。

因此,公司的治理结构,以纵向的财产负责关系与横向的职权限定关系结合在一起,构成公司内部的制约机制。

课后练习

1. 思考题

(1) 你是如何理解企业在社会中的地位和作用的。

(2) 请查找《中华人民共和国独资企业法》、《中华人民共和国合伙企业法》、《中华人民共和国公司法》、《中华人民共和国证券法》等资料,深入学习我国主要企业法律形式的相关规定。

(3) 请对比个人独资企业、合伙企业、公司的优缺点。

2. 案例分析

如何开一个书吧

你目前还是一名在校大学生,但是你已经开始有创业的冲动,特别是周围的同学有人已经开始在行动了,你也决定要做点什么。经过观察分析,你发现同学们在大学校园里的生活还不是十分丰富多彩,很多学生渴望在学习之余有多种充实提升自己的渠道。比如学校里虽然有图书馆,但馆藏图书在种类上重理工、轻人文;重专业、轻拓展。于是你开始考虑以人文书籍、热门报纸杂志等为“产品”,筹划开一个书吧。

为了开始你的创业,你用了1个月的时间到学校图书馆、宿舍、学校行政部门等进行了深入的调研。你对图书馆的藏书量、藏书分类、学生借阅规律、大学生的阅读愿望、学校对学生进行此类活动的支持及政策等进行了研究分析,并且听取了老师和同学的一些意见和建议。

在正式组建书吧之前,你有以下几个问题必须要仔细考虑并解决:

(1) 书吧的重点和特色是什么?如何和学校图书馆形成互补?学校对大学生利用业余时间创业有相关的创业支持政策,怎么利用相关政策?

(2) 选择什么样的创业形式?是做成学生社团形式,还是个人独资企业、合伙企业等?

(3) 如何进行书吧的选址设立?是在校内,还是学校周围?

3. 实训题

请根据你对创办企业的过程的理解,陈述一下申办企业的过程。

第二章 企业组织结构

学习目标

(1) 理解企业组织结构的含义、设计内容及设计原则。

(2) 熟悉常见的企业组织结构,理解这些企业组织结构的特点、优点、缺点。

(3) 了解企业组织结构的发展趋势。

(4) 能够初步应用所学知识,为某个企业进行组织结构设计。

课程导入案例

动画设计工作室的组织结构设计

经过和同学的共同分析探讨,刘飞决定将动画设计工作室组建为有限责任公司,以大家凑的10万元原始资金为起点,先将企业各种手续办妥。

同时,经过大家民主协商,一致推举刘飞做公司的总经理,并由刘飞来进行公司内部各业务部门及人员分工调配。刘飞还没上任,就遇到新问题了,为了公司能正常运转起来,需要哪些业务部门呢？如何根据大家的特点进行分工？如何明确大家的权责？是否需要招聘人手？具体怎么实施？

本章将针对案例中提及的企业组织结构设计的相关知识进行阐述。

企业法律形式,是从企业外部来看企业的表现形式,尤其是企业作为一个法人,对外享有的权利及承担的责任。当一个企业申请设立后,确定了自己的法律形式,还要进行内部组织结构设计。通过内部组织结构设计,将企业的各种资源按照一定的形式结构结合起来的社会系统,可以保证企业有效地向社会提供产品或劳务。它一般分为两个方面:一是劳动者和生产资料相结合,形成企业的生产劳动组织;二是企业管理组织,它是依据管理的要求,将企业的生产行政指挥系统,按分工协作的原则划分,并且对各个管理层次或环节明确其职责、权利、义务和信息沟通方式,同时相应地配置一定数量和能力的管理人员。企业管理组织通过整体性活动和信息传递,决定和引导企业生产劳动组织配置的合理性和效率的提高。本章介绍的主要是企业管理组织。

第一节 企业组织结构的含义、设计内容及原则

一、企业组织结构的含义

企业组织结构是企业组织内部各个有机构成要素相互作用的联系方式或形式,以求有效、合理地把组织成员组织起来,为实现共同目标而协同努力。

企业组织结构是企业资源和权力分配的载体,它在人的能动行为下,通过信息传递,承载着企业的业务流动,推动或者阻碍企业使命的进程。由于企业组织结构在企业中的基础地位和关键作用,企业

所有战略意义上的变革,都必须首先在组织结构上开始。

二、企业组织结构的设计内容

具体而言,企业组织结构设计的内容主要包括企业的横向部门设计、纵向层级设计、权力分配等。

(1) 部门设计。一般对企业而言,部门设计主要是根据企业业务需要和专业化分工原则,将企业内部划分为若干部门,设计时一定要注意企业各部门之间的业务衔接和配合,不能形成部门之间的“业务孤岛”。企业部门划分的常见方法有:按职能划分部门,按地区划分部门,按产品划分部门,按服务对象划分部门,按设备划分部门,等等。

(2) 层级设计。主要是根据管理学基本原理,设计企业组织结构自上而下的层次,一般需要注意的是根据企业规模和管理幅度来确定合理的层级数。企业规模越大,层级越多;企业规模越小,层级越少。在企业规模一定的情况下,层级主要取决于企业确定的管理人员的管理幅度,层级与管理幅度一般呈反比关系。管理幅度指的是企业组织结构中上级管理者能够直接有效地指挥和领导的下属数量。因为在企业中,每个管理者的个人特征不同,每个管理者面临的任务特征不同,同时每个管理者指挥和领导的下属特征也不同,因而要确定科学合理的管理幅度。

(3) 权力分配。当企业的横向部门和纵向层级设计好,就要在组织结构中进行权力分配,以保证各个层次、各个部门能充分有效地开展工作。权力具有两面性,既可创造,也可毁灭,因此企业组织结构设计中的权力分配是非常关键的环节。一般而言,权力分配时,重点要做好集权与分权、正确授权、权责对等、权力能分能收几个方面。

三、企业组织结构的设计原则

在建立企业的管理组织的时候,一般要遵循以下原则:

(1) 任务目标原则,即企业组织设计产生的各个部门和各个层次,都是为实现企业总体目标服务的,都担负着总体目标细分下的分任务目标,而且彼此依赖。

(2) 精干高效原则,即企业组织结构设计应根据企业实际需要设计,因事设职、因职设岗、因岗配人,做到职、岗、人搭配合理,并力求运行高效。

(3) 权责对等原则,企业组织结构设计时,尤其是在权力分配时,一定要做到权责对等,不能出现有权无责或有责无权的情况。

(4) 适度柔性原则,企业组织结构设计完成,在相当长一段时间内会保持稳定,但有时根据环境条件变化,或特殊时期特殊需要,也要适度调整,保持组织结构的整体柔性,以更好地适应企业发展的需要。

第二节　常见的企业组织结构类型

企业组织结构的典型形式有直线制、职能制、直线—职能制、事业部制、模拟分权制和矩阵制等。

一、直线制组织结构

直线制组织结构是最早出现、也是最简单的企业组织结构形式。它的特点是企业的各级行政单位从上到下实行垂直领导,下属部门只接受一个上级的指令,各级主管对所属单位一切问题负责。厂部不再另设职能机构(但可设职能人员协作工作),一切管理职能基本上都是由各级主管自己执行,其结构如图 2-1 所示。

1. 直线制组织结构的主要优点

直线制组织结构比较简单,责任明确,指令统一。

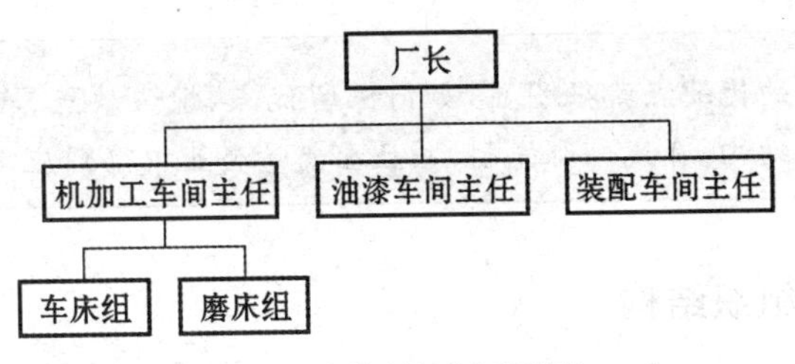

图 2-1　直线制企业组织结构

2. 直线制组织结构的主要缺点

因为多个下属直接受一个上级的领导，这就要求各级主管通晓下属的多种知识和技能，亲自处理各种业务，这在业务比较复杂、企业规模较大的情况下，把所有的管理职能都集中到最高主管一个人身上，显然是很难胜任的。例如，图 2-1 中的厂长，在这种企业组织形式下，就必须既要懂机加工，又要懂油漆和装配方面的业务，这对厂长来说，很难实现，而且也不利于厂长集中精力进行企业经营决策。

3. 直线制组织结构的应用

直线制组织结构适用于规模较小、生产技术比较简单的企业，目前被我国很多企业采用，。

二、职能制组织结构

为了缓解直线制组织结构中各级主管的工作压力，出现了**职能制组织结构**，即各级行政单位除了主管外，还相应地设立一些由专业人员组成的职能机构，协助厂长等各级主管从事各种职能管理工作。这种机构要求行政主管把相应的管理职责和权力交给相关的职能机构，各职能机构有权在自己的权力范围内向下级行政单位发号施令。因此，下级行政负责人除了接受上级的行政主管人指挥之外，还必须接受上级各职能机构的领导，其结构如图 2-2 所示。

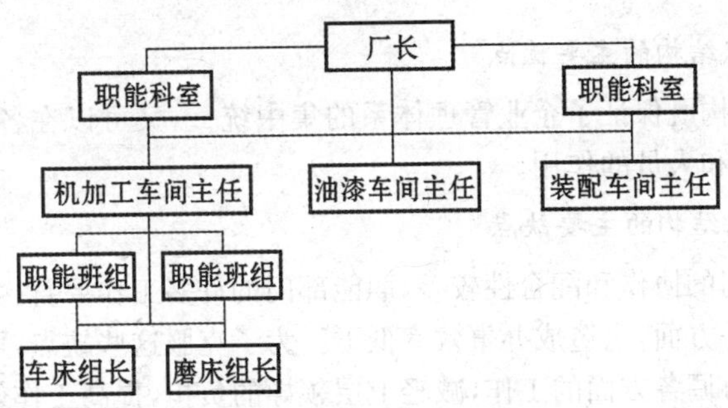

图 2-2　职能制企业组织结构

1. 职能制组织结构的主要优点

适应现代化工业企业生产比较复杂、管理工作分工比较精细的特点，能充分发挥职能机构的专业管理作用，减轻直线领导人员的工作负担。

2. 职能制组织结构的主要缺点

妨碍了必要的集中领导和统一指挥，形成了多头领导，不利于明确各级行政负责人和职能科室的责任。例如，图 2-2 中的机加工车间主任既受厂长领导，又要受上级职能科室的领导；另外，在上级行政领导和职能机构的命令和指导发生矛盾时，下级会无所适从，影响工作的正常进行，容易造成纪律涣散、生产秩序混乱。

由于这些缺点，现代企业一般都不采用这种组织结构形式。

【内容点睛】

直线制和职能制各自的优缺点都很明显，如何保留优点、规避缺点，在解决这个问题的过程中，形成了一种企业综合组织结构：直线—职能制，并且在大量企业中得到应用。

三、直线—职能制组织结构

直线—职能制组织结构，也叫生产区域制组织结构，或直线参谋制组织结构。它是在直线制组织结构和职能制组织结构的基础上，取长补短而建立起来的。目前，我国大多数企业都采用这种组织结构形式。

直线—职能制组织结构形式把企业管理结构和人员分为两大类：一类是直线领导机构和人员，按命令统一原则对下级行使指挥权；另一类是职能机构和人员，按照专业化原则，从事组织的各项职能管理工作。直线领导机构和人员在自己的职责范围内有一定的决定权和对下属的指挥权，并对自己部门的工作负全部责任。而职能机构和人员，则是直线指挥人员的参谋，不能直接对部门发号施令，只能进行业务指导，其结构如图 2-3 所示。

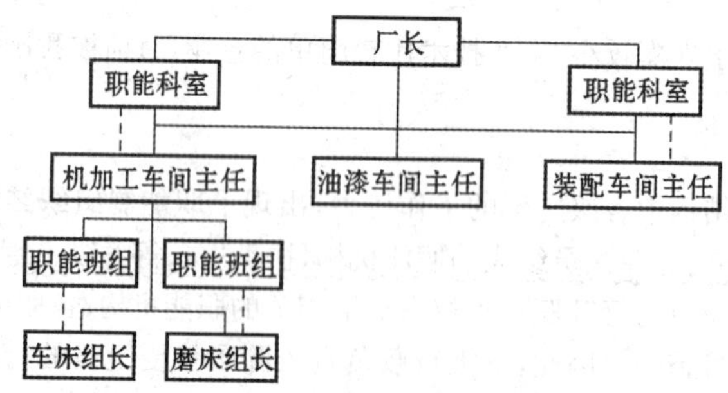

图 2-3 直线—职能制企业组织结构

1. 直线—职能制组织结构的主要优点

直线—职能制组织结构既保证了企业管理体系的集中统一，又可以在各级行政负责人的领导下，充分发挥各专业管理机构和人员的作用。

2. 直线—职能制组织结构的主要缺点

一方面，职能部门之间的协作和配合性较差，职能部门的许多工作要直接向上层领导请示，加重了上层领导的工作负担；另一方面，也造成办事效率低下。为了克服这些缺点，可以设立各种综合委员会或建立各级会议制度，以协调各方面的工作，减轻上层领导的负担，提高工作效率。

以上 3 种企业组织机构又称为传统阶段的组织管理形式。第二次世界大战以后，随着现代化大工业的发展，企业规模日益扩大，尤其是跨国公司的出现，传统的组织形式已不再适应实际需要。工业发达国家的组织形式逐步从传统组织形式向现代化组织形式发展，出现了多种不同的企业经营组织形式。

四、事业部制组织结构

事业部制组织结构的基本做法是：把一个企业的生产经营活动按产品类别或按地区分成不同的组成部分，每一部分就是一个事业部。从产品的设计、原材料采购、成本核算、产品制造，一直到产品销售，均由事业部及所属工厂负责。各事业部实行独立经营，单独核算。一般企业总部只保留人事决策、预算控制和监督权。企业总部通过利润等指标对各个事业部进行控制。事业部制的组织结构如图 2-4 所示，事业部可按产品或地区划分。

不论按产品划分事业部，还是按区域划分事业部，事业部都应具有 3 个基本要素，即相对独立的市场、相对独立的利益和相对独立的自主权。因此，事业部制企业组织结构也被称为三位一体的企业组

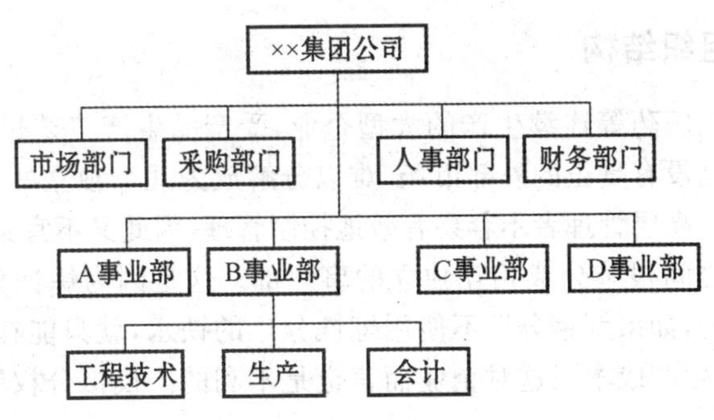

图 2-4 事业部制企业组织结构

织结构。

1. 事业部制组织结构的主要优点

(1) 事业部制组织结构是一种高度集权下的分权管理。通过集权,企业总部的高层管理者和经营者负担减轻,可以集中精力进行长期战略目标的研究,对企业整体战略性问题进行迅速、准确决策;通过分权,各个事业部的主管,都能在自己的权力范围内对相应市场做出快速反应,决策迅速。

(2) 各事业部独立经营,实行独立核算,在一定程度上分散了公司整体的经营风险,各个事业部经营成果也一目了然,便于总部对其进行考核;同时,各个事业部内部的供、产、销之间不像直线—职能制下需要高层管理人员的参与和管理,更容易协调,更便于组织专业化生产和实现企业内部协作。

(3) 总部往往主要通过各个事业部的业绩来对其进行考核和评价,所以这在一定程度上会促进各个事业部之间的相互竞争,容易形成竞争氛围,更能发挥各个事业部的积极性,这在一定程度上也有利于促进企业的发展。

(4) 各个事业部的经理要从事业部的整体来考虑解决各种问题,这有利于公司不断培养和训练管理人才。

2. 事业部制组织结构的主要缺点

(1) 公司与事业部的职能机构部分重叠,会出现管理人员和其他非生产性人员增加的倾向,造成管理人员及相关费用的浪费。

(2) 事业部实行独立核算,各个事业部通常只考虑自身的利益,这在一定程度上或在某些特殊的市场环境下会影响事业部之间的协作,同时也会造成事业部之间不易交流,不利于相互取长补短。

(3) 事业部之间、事业部与总部之间的一些业务联系与沟通往往被经济关系所取代,甚至总部的职能机构为事业部提供决策咨询服务时,事业部也要支付咨询服务费用,这使总部与各个事业部之间的关系变得松散,不利于总部对各个事业部的控制与协调。

针对事业部制的缺点,在美国、日本出现了一种基于事业部制产生的超事业部制(或称为执行部制),即在正常的事业部之外设置一个事业部,专门负责协调各个事业部之间的关系,以弥补传统事业部制的不足。

3. 事业部制组织结构的应用

事业部制是一种适用于规模庞大、产品品种繁多、技术复杂的大型企业的高度集权下的分级管理体制。

【内容点睛】

目前我国相当多的新建企业,尤其是各类制造业企业,很多都开始采用事业部制企业组织结构,如何扬长避短,形成中国企业特色,是一个需要重点思考的问题。

五、模拟分权制组织结构

对于钢铁、化工、原料、医药等连续生产的大型企业，受产品生产工艺过程所限，生产经营整体性强，各生产单位生产的产品没有真正的外部市场，难以分解成为几个独立的事业部，因此不宜分权；同时又由于企业的规模庞大，高层管理者不容易有效地控制管理，因此又不宜集权。例如，在钢铁企业内部，炼铁分厂与炼钢分厂之间很难分成相互独立的事业部。这是因为炼铁分厂为炼钢分厂提供的铁水，在市场上是很难买到的，如果炼钢分厂不使用炼铁分厂的铁水，就只能在市场上购进炼钢生铁，但这无疑会增加炼钢分厂的生产成本。这对企业而言也是不利的。模拟分权制组织结构就适用于这种情况的企业。

模拟分权制组织结构是一种介于直线—职能制组织结构与事业部制组织结构之间的一种企业组织结构形式。

所谓**模拟**，就是模拟事业部制的独立经营、单独核算，即按地区或其他标准把企业分成许多“组织单位(生产单位)”，并把它看成独立的“事业部”，但不是真正的事业部。这些生产单位有自己的职能部门，享有较大的自主权，各个生产单位之间按内部的“内部转移价格”进行产品交换并计算利润，进行“模拟性”的独立核算，负有“模拟性”的盈亏责任。这样做的目的是要调动各生产单位的生产积极性，达到改善企业生产经营管理的目的。模拟分权制的关键是准确确定各生产单位生产的中间产品的价格。模拟分权制的组织结构如图 2-5 所示。

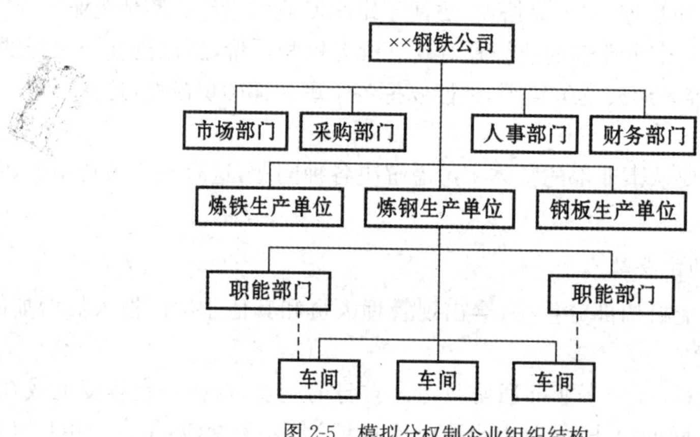

图 2-5 模拟分权制企业组织结构

1. 模拟分权制组织结构的主要优点

(1) 通过模拟分权可以减轻高层领导管理者处理日常事务的负担，而可将精力更多地投入到企业战略研究上。

(2) 企业内部通过模拟形成生产单位后，各单位相对独立，可调动其积极性，也便于考核各单位成绩。

2. 模拟分权制组织结构的主要缺点

(1) 正因为是模拟分权，缺乏明确的标准，所以关于分权大小、幅度以及各个单位之间的统一管理和协调也不易量化和明确。

(2) 各个生产单位因为没有自己独立的外部市场，而在工序上或流程上又是相互衔接的，所以产品在内部转移时实行的是内部价格，确定该价格时也缺乏明确的标准，造成效益核算的不准确。

六、矩阵制组织结构

矩阵制组织结构是从专门从事某项工作的工作小组形式发展而来的一种组织结构，是一种既保持了直线—职能制组织形式(垂直领导系统)又成立了按规划目标划分的横向领导系统(可以加强横向部门之间的沟通协调)的企业组织结构,又称为目标规划管理制组织结构,其结构如图 2-6 所示。

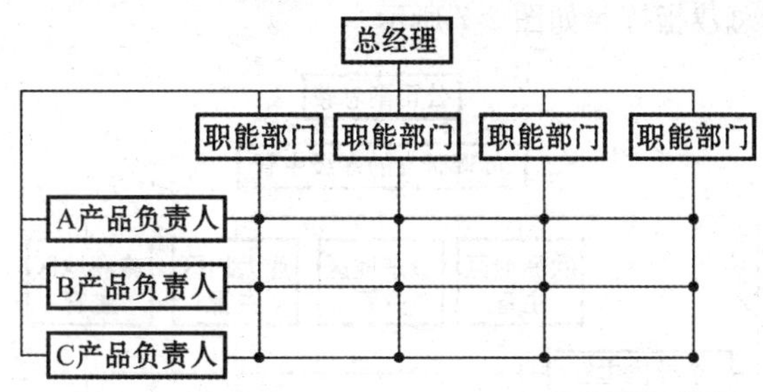

图 2-6　矩阵制企业组织结构

矩阵制组织结构适用于产品多且变化大、单件或极小批量生产的大型产品或工程项目,特别适用于以开发与实验项目为主的企业或单位,如应用研究单位。在传统的工业企业中,主要适用于企业中涉及面广、多个部门参与的、临时性的、复杂的重大工程项目,如企业新产品开发、技术项目攻关等。

矩阵制组织结构形式是改进了直线—职能制组织结构的横向联系差、缺乏灵活性的缺点而设计的一种企业组织结构形式。它的特点是围绕某项专门任务成立跨职能部门的专门机构。例如,企业进行新产品开发工作,则组成一个专门的产品(项目)小组,在研究、设计、实验、制造等各个不同阶段,由相关部门的相关人员参加,做到纵横结合,通过协调各个职能部门的关系,保证任务的顺利完成。这种组织结构的形式是固定的,而人员却是变动的,项目小组的负责人及组织内的人员是为了完成任务临时任命和组织的,完成任务后就退出组织,各自回到原来的职能部门,因此,矩阵制组织结构具有一定的临时性。

1. 矩阵制组织结构的主要优点

(1) 矩阵制组织结构灵活、机动,可随着项目的开发与结束而组合和解散。由于是根据项目来进行组织的,因此任务清晰,目标明确;而且各职能部门有专长的人员都是有备而来的,对于人员融入工作、加强组织纵向联系和横向联系很有益。

(2) 将各个职能部门的专业人员集中在一个项目小组进行工作比分散在各个部门更容易协调和管理。

(3) 参加项目攻关小组可增强参与人员的荣誉感,激发其工作积极性。

2. 矩阵制组织结构的主要缺点

(1) 一般在这种组织结构下,项目负责人的责任大于权力,使得其在某些特殊情况下开展工作时力不从心。

(2) 由于矩阵制组织结构是为了某种临时性的目的而形成的,项目小组成员仍隶属于原部门,成员存在受到项目负责人和原部门负责人双重领导的问题。另外,项目负责人缺乏足够的激励与约束手段来对成员进行管理,也是矩阵制组织结构的先天缺陷。

(3) 在矩阵制组织结构中,因项目小组多为攻关需要而成立,任务完成后各成员仍要回到原来的部门,因而容易产生一些临时心理,特别是在项目遇到挫折或重大困难时,成员心理不稳定,不利工作。

3. 矩阵式组织结构的发展趋势

在一些成功应用这种组织结构的企业里开始出现立体组织制组织结构(多坐标的矩阵式组织结构),其中可以包括直线—职能制组织、事业部、研发小组以及地区和时间等多维坐标,形成立体多维的矩阵组织。

采用矩阵制组织结构获得巨大成功的例子是摩托罗拉公司,他们曾经创造了 G9 矩阵制结构,由 4

个地区的高级主管以及事业群所属的4个事业部高级主管,再加上一个负责研发的高级主管,共同联合组成一个横跨地区业务、产品及研发的“9人特别小组”,定期开会及追踪各类产品的生产、销售及研发情况,该小组直属一位副总裁指挥。如图2-7所示。

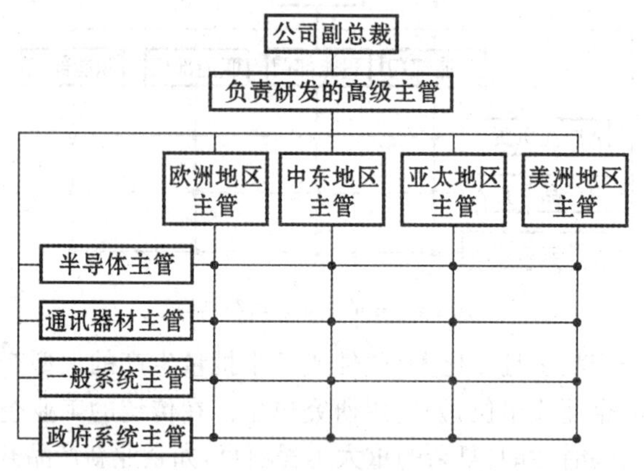

图2-7 摩托罗拉公司的G9矩阵制组织结构简图

得益于这种结构,在20世纪90年代,英特尔公司新产品研发周期一般为2～3年,而摩托罗拉公司为1.5年。

进入21世纪后,摩托罗拉公司根据自身发展战略需要,已调整了其组织结构,半导体事业部的全部资源已并入通讯器材事业部,并形成新的组织结构形态。

第三节 企业组织结构的发展趋势

企业组织的发展经历了一个漫长的阶段,随着社会进步、科技发展、市场环境变化,越来越多的企业仍在继续探索和实践更多新的、更适应企业状况、更有生命力的企业组织结构形式。

一、传统阶段

传统上,企业一般认为直线的等级制度最有效,那是因为早期企业结构简单,产品专业化程度不高,所以,对企业管理者来说,这种企业组织结构可以使管理者从现场得到大量精确、丰富的反馈;另外,企业的管理者需要做的决策大致相同,如简单地改进产品,协调生产等。因此,在这样一种状况下,直线制是最有效的企业组织结构形式,可以使命令畅通无阻地层层下达。

二、现代阶段

随着社会的发展、市场的发展、需求的不断变化,企业的规模越来越大,内部专业化分工越来越细,涉及的领域也越来越广泛,企业的外部环境也更具动态性,这些变化促使现代企业组织从传统的权力集中、等级森严的金字塔形组织结构向权力分散、结构平等、横向联系密切的大森林型扁平化组织结构转变。从现实看,企业组织结构出现了下面一些特征或现象:

(1) 分厂制代替总厂制。

(2) 分层决策制代替集中决策制。

(3) 以产品事业部代替传统的职能管理制。

(4) 以平等制代替等级制。

随着企业的变革不断深化,还将出现许多不同形式的企业组织结构形式。我国的经济体制改革,从纵向管理体制上,就是要减少层次,改变各级政府、上级主管包得太多、管得太死的现象,让企业在市场成为独立的商品生产者和经营者，企业之间形成平等的商品交换关系。在企业内部，要权力下放，建立分厂或成立事业部，划下核算单位，实行层层经济责任制等。

三、企业组织结构未来发展趋势

未来的企业组织结构可能呈现出柔性化、扁平化、无边界化、虚拟化、人性化等特点。

1. 柔性化

未来的企业将在一种动荡的、竞争激烈、快速多变的市场环境中经营，企业组织必须经受住不断的变化，从管理结构到管理方法都应是柔性的，即企业应具有更强的适应性和灵活性，能够进行自我调整以寻求更新的状态，不再长期保守一种固定的组织形式。

企业组织结构的柔性化就是要求在企业现有组织结构基础上，根据环境的变化，调整组织结构，建立临时的以任务为导向的团队式组织。组织柔性的本质是保持变化与稳定之间的平衡，它需要管理者具有很强的管理控制力。同时，企业组织结构应能使企业在各方面的响应速度上更加敏捷，如对市场动向、客户需求等快速做出反应。

2. 扁平化

美国管理大师彼得·德鲁克曾预言：未来的企业组织将不再是一种金字塔式的等级制结构，而会逐步向扁平式结构演进。

企业组织结构的扁平化，就是通过减少管理层次、裁减冗余人员来建立一种紧凑的扁平组织结构，使企业变得灵活、敏捷，提高企业效率和效能。

企业组织结构的扁平化，主要有以下几个优点：①信息流通畅，可以减少信息的失真，增加上下级的直接联系，信息沟通与决策的方式和效率均可得到改变，使决策周期缩短；②创造性、灵活性加强，致使士气和生产效率提高，员工工作积极性增强；③企业组织结构的扁平化可以减少企业管理层次和员工人数，提高工作效率，降低产品成本，从而降低公司的整体运营成本，增强市场竞争优势；④有助于增强组织的反应能力和协调能力。企业的所有部门及人员更直接地面对市场，减少了决策与行动之间的时滞，增强了对市场和竞争动态变化的反应能力，从而使组织能力变得更柔性、更灵敏。

3. 无边界化

无边界化是指企业内部各部门间、企业与外界间的界限模糊化，目的在于使各种边界更易于渗透，打破部门之间的沟通障碍，有利于信息的传送。未来企业组织结构的无边界化体现在以下几个方面：

(1) 企业内部的无边界化，即未来的企业中，团队管理更加重要，团队指的是职工打破原有的部门边界，绕开中间各管理层，组合起来直接面对顾客和对企业总体目标负责的以群体和协作优势赢得竞争优势的企业组织形式。这种组织成为组织结构创新的典型模式，一般是长期性的，常从事于日常性的企业业务工作。

(2) 企业间的无边界化，即未来企业会更加重视和强化企业间的协作，企业间的无边界化包括纵向联系和横向联系。纵向联系即由行业中处于价值链不同环节的企业共同组成的无边界网络型组织，例如供应商、生产商、经销商等上下游企业之间组成的网络，如通用汽车公司和丰田汽车公司就分别构建了一个由众多供应商和分销商组成的垂直型网络。这种模式打破了传统企业间明确的组织界限，大大提高了资源的利用效率及对市场的响应速度。横向联系指由处于不同行业的企业所组成的无边界网络，这些企业之间发生着业务往来，在一定程度上相互依存。最为典型的例子是日本的财团体制，大型制造企业、金融企业和综合商社之间在股权上相互关联，管理上相互参与，资源上共享，在重大战略决策上采取集体行动，各方之间保持着长期和紧密的联系。

4. 虚拟化

随着信息技术的高度发展、互联网普及、网络应用的不断增加，未来企业组织结构也呈现**虚拟化**的特点，主要是未来的企业利用先进信息技术把企业中的人、资金、知识等资源注入一个无形（区别于实物形态的统一的办公大厦、固定资产和固定的人员等）的企业组织结构内，以实现一定的企业经营目标的过程。

虚拟化的企业组织不具有常规企业所具有的各种部门或组织结构，而是通过网络技术把实现企业经营目标所需要的知识、信息、人才等要素联系在一起，组成一个动态的资源利用综合体。虚拟企业组织结构的典型应用是创造虚拟化的办公空间和虚拟化的研究机构。前者是指同一企业的员工可以置身于不同的地点，但通过信息和网络技术连接起来，如同在同一办公大厦内，同步共享和交流信息和知识；后者是指企业借助于通信网络技术，建立一个分布于世界各地的属于或不属于本企业的研究开发人员、专家或其他协作人员联系在一起，跨越时空的合作联盟，实现一定的目标。

5. 人性化

随着社会发展、科技进步，企业生产力将极大提高，FMS、CIMS等系统的运用，将使未来企业的整体人员需求量减少，而专业技术人员的数量将相对增加，员工整体素质（包括知识结构、技术技能、学习能力、创新能力等）不断提高。同时，员工和企业形成更加牢固的关系，对企业的影响力和参与热情有更大提升。

企业的管理采取一种更柔性、更灵活而不是强迫的方式，重点在于更好地制定企业长期发展战略，并使基层员工更好地理解和支持企业发展战略，并共同为实现企业战略目标共同努力。

另外，随着企业开放度的不断提升，未来的企业越来越不限于在本地需求员工，跨地区、跨省份、甚至是跨国家的人才使用将成为一种普遍状况，这也要求未来的企业组织结构能适应这种多种族、多文化的人才特点。

【内容点睛】

未来具有不确定性，虽然无法准确把握，但通过对未来的展望和预测，可以让我们更好地规划企业发展，为长期经营做好准备。

随着社会发展，市场越来越成熟，我们的身边必将涌现出越来越多的新兴企业，同时也会出现越来越多新型的企业组织结构形式。我们要记住的是，无论出现什么样的组织结构形式，它都是为了使企业组织变得更加高效、结构变得更加合理，更加适应市场的要求，也更有助于企业经营管理目标的实现。

课后练习

1. 思考题

(1) 简要阐述企业组织结构的设计内容和原则。

(2) 对常见的企业组织结构进行综合分析，明确各自的适用情况、优缺点等。

(3) 尝试基于所学知识，设计一种新的企业组织结构。

2. 案例分析

书吧的组织结构设计

根据你的规划，你自己对书吧的日常工作总负责，同时重点做书籍、报刊分类采购；书吧财务管理等工作。为了维持书吧的正常运转，找了两个关系好的同学来帮忙，其中一个同学游锋承担书吧的日常借阅、整理工作；另一个同学汪凯专门做书吧宣传和会员管理。因为书吧成立初期，规模较小，人员较少，你选择了最简单的直线制组织结构，你统筹管理你的两个同学。

你以勤工俭学的名义给两个同学按月发补贴，而且承诺半年后如果书吧收益理想，可以分出30%的股份给这两个同学。

请分析：

(1) 直线制企业组织结构的优缺点各是什么？这种组织结构适合书吧目前的发展需要吗？在实际运行中要注意哪些方面？

(2) 如何进行书吧日常管理的权力分配？如何做好权责对等？

(3) 从书吧的长远发展考虑，假如将来发展到一定阶段，你准备在本地其他高校周围开设连锁书吧，还要注意什么事情？

3. 实训题

(1) 假如你创立了一家生产休闲食品的企业，请设计合理的组织结构，并分析这种结构的优缺点。

(2) 假如你是一家连锁企业的发起者，设计该连锁企业的组织结构及连锁规则。

第三章 现代企业人力资源管理

学习目标

(1) 明确人力资源的含义、特点及在经济发展中的重要性。
(2) 熟悉人力资源管理的含义及主要内容。
(3) 能够运用人力资源管理中的核心工作要点,如选聘、培训、激励等分析解决企业中的实际问题。
(4) 能够对组织的人力资源进行正确的评价。

课程导入案例

“用工荒”,你能轻松应对吗

2013年春节前的一天上午,在南方某城市的一家大饭店门前,打出了这样一则招聘广告:招聘服务员120名,传菜生100名,杂工30名,收银员8名,迎宾8名。即使春节期间朋友聚会、亲戚聚餐骤然增加,客流量比较大,但一个经营正常的饭店需要这么大张旗鼓地进行如此大规模的招聘吗?询问了店内的负责人,方才明白,虽然此次招聘人员有部分将派往本地其他分店,但主要还是担心年底“用工荒”的问题,所以想扩招用以人员储备。

2013年春节后,全国各地陆续开展的招聘会上,印证了饭店老板的远见。无论是服务行业、电子生产行业等招聘会,尽管人山人海,但观望者居多,前来应聘的人寥寥无几。比如招聘的服务员、清洁工和保安,即使把年龄上限放宽到45周岁,也没有多少人来询问。

近年来,春节前后“用工荒”在很多行业年年上演。随着年底临近,众多企业为避免出现此类问题,开始提前打响人员储备战。有些企业在了解了求职者的心理后,在招聘广告中,明确标注工作单位附近的公交路线,距离市区较远的企业还标注“单位配备有班车”。在南方某些企业,甚至大打温情牌,全体高管人员在年后开工第一天,集体站在大门口,躬身迎接员工上岗。面对这种情况,如果你是企业负责人,该如何应对春节前后的“用工荒”问题?企业站在应聘者的角度来思考问题,采取积极的措施来吸引人才、留住人才,这样做能让企业达到预期目的吗?

思考上面的问题,讨论一下,然后进行本章内容的学习。

第一节 人力资源和人力资源管理

一、人力资源的概念和特点

1. 资源和人力资源

资源是一个经济学的术语,它泛指社会财富的源泉。资源一般分为两大类:物力资源和人力资源。生产力的发展,社会财富的创造和丰富,正是这两种资源相互结合的结果。

物力资源主要指各种物质资源，如企业生产用到的原材料、机器设备等。**人力资源**，是在20世纪60年代开始形成并逐步被人们广泛接受的，又称人力资本，是指能够推动生产力发展，创造社会财富的、能进行智力劳动和体力劳动的人们的总称。它是以社会中的人为主体，蕴藏在人体内的一种潜在的生产力，如果能够充分发挥出来，则可转化成为现实的生产力，为经济建设服务。

2. 人力资源的特点

与物力资源相比，人力资源有以下特点：

(1) 主导性。人类社会的生产需要人力资源和物力资源的结合运用，然而人是活的、主动的，物是死的、被动的，对物的开发和利用要靠人去发现、认识、设计、运用或创造。因此，与物力资源相比人力资源占主导地位。

(2) 社会性。人类劳动以结合的方式进行，人具有社会属性，个人创造力受社会环境、文化氛围的影响和制约。

(3) 主动性。人不仅能适应环境，更重要的是人可以改变环境、创造环境，人具有主动性。

(4) 自控性。人力资源的利用程度由人自身控制，积极性高低调节着人的作用的发挥程度。

(5) 成长性。物力资源一般来说只有客观限定的价值，而人的创造力可以通过教育培训以及实践经验的积累不断成长，人的潜力是无限的。

(6) 有限性和无限性。人力资源就其具体形式，即具体表现于某个人、某群人或者某一代人来说，也同自然资源一样是有限的，但有限之中包含着无限，人力资源是有限和无限的统一。在人的生命完结时，人力资源特别是智力资源开发和使用的过程是不会停止的，每一代人都把他们的知识和技术以及其他认识成果传输给下一代，世世代代的相传相承，形成一条永无止境的知识长河。

3. 人力资源的作用

经济学家常用生产函数来说明在社会经济发展过程中人力资源是处于起决定性作用的第一资源。生产函数即：

$$P = f(K,L)$$

其中 P 是产出，K 是资本，L 为劳动量，f 为生产函数。广而言之，K 包括物力资本(机器、厂房设备等)与一切应用于生产的有形资源(矿藏、水利等)；L 包括所有投入生产的技术、专业、行政管理等人力资源。人力在经济活动中所占的地位有两个：其一就是直接供应劳动力，即上式中的“L”；其二就是决定生产函数“f”的形态，使得能以最佳组合运用一切有形和无形的资本与资源，发挥最高效率，获得最适当的产出。前者重量，后者重质。人力资源量的增加固然有利于产出的提高，但人力资源质的提高对改进生产效率的效果则更显著。

【内容点睛】

人力资源的特点，让人力资源与其他资源有了重要的区分，也为人力资源的管理工作奠定了相应的基础，能够更好地理解人力资源的作用和人力资源管理的核心工作。

二、人力资源管理

1. 人力资源管理的含义

人力资源管理作为企业管理的重要组成部分之一，主要指对人力这一资源进行有效开发、合理利用和科学管理的活动的总称。针对企业而言，指企业为实现其既定的组织目标，运用心理学、自然科学、社会学和管理学等相关知识及原理、方法措施和手段，对人力资源进行规划、选择、培训、开发、考核和激励的计划、组织、控制和协调等一系列活动的总称。

从人力资源开发的角度看，既包括人的智力、体力的现有能力的充分发挥，又包括对人力潜在能力的有效挖掘；从利用的角度看，它包括对人力的发现、鉴别、选拔、分配和合理利用的过程；从管理的角度看，它既包括人力资源的预测与规划、也包括对人力的组织和培训。

2. 人力资源管理的主要内容

人力资源管理可根据管理范围的不同，分为相对于全社会人力资源的宏观人力资源管理和相对于企业、事业单位人力资源的微观人力资源管理，本章主要讨论后者。现代企业人力资源管理的内容相当丰富，概括地讲包括三个方面：

(1) 人力资源的规划与决策。

(2) 人力资源的招聘、培训及激励。

(3) 人力资源的评价。

第二节　现代企业人力资源开发与管理

一、人力资源规划

人力资源规划是预测企业未来的人才需求情况，并通过相应计划制订和实施使供求关系协调平衡过程，是企业计划的重要组成部分，也是人力资源管理活动的起点和依据，是人力资源管理的工作指南。人力资源规划的程序大体上可以分为5个步骤：

(1) 分析企业的战略决策及经营环境，是人力资源规划的前提。不同的产品组合、生产技术、生产规模，经营区域对人员会提出不同的要求。而诸如人口、交通、文化教育、法律、人力竞争、择业期望则构成外部人力供给的多种制约因素。

(2) 分析企业现有人力资源的状况，是制订人力规划的基础工作。实现企业战略，首先要立足于开发现有的人力资源，因此必须采用科学的评价分析方法，对本企业各类人力数量、分布、利用及潜力状况、流动比率进行统计。

(3) 预测企业人力资源需求与供给，是人力资源规划中技术性较强的关键工作，全部人力资源开发与管理的计划都必须根据预测决定。预测的要求是指出计划期各类人力的余缺状况。

(4) 制订人力资源开发、管理的总计划及业务计划，是编制人力资源规划过程中比较具体细致的工作，这是人力资源开发与管理的行动纲领。人力资源总体规划是指在计划期内对人力资源管理的总目标、总政策、实施步骤和总预算的安排。而人力资源业务计划则是总体规划的展开和具体化，每一项业务计划都由目标、任务、政策、步骤及预算等部分构成。包括人员补充计划、分配计划、提升计划、教育培训计划、工资计划、保险福利计划、劳动关系计划、退休计划等。

(5) 对人力资源计划的执行过程进行监督、分析，评价计划质量，找出计划的不足，给予适当调整，以确保企业整体目标的实现。

二、人员选聘

人员选聘包括招聘和选拔两个方面，是企业寻找、吸收那些有能力、又有兴趣到本企业任职，并从中选出适宜人员予以录用的过程。企业能否选聘到所需的高质量人才，意义十分重大，关系到整个员工队伍的素质，直接影响到生产经营活动的成败。

1. 人员选聘的原则

在人员选聘工作中应坚持以下3条基本原则：

(1) 计划性原则。新建的企业，应根据企业不同阶段对人力的需求，制订分阶段的人员招聘计划；

已投入正常运行的企业，为了解决随人事变化、生产经营变化甚至行业变化而来的人员短缺问题，也必须制订人力需求计划来指导员工招聘工作。如果企业只采取紧急招聘的无计划的短期行为来满足企业对人力的需求，那将会使企业的人员招聘工作陷入不断应付的被动局面，无法满足企业发展对人力资源的需求。

(2) 公正性原则。对来自不同渠道的应聘人员采取一视同仁、任人唯贤、择优录用的态度，使应聘人员有平等的竞争机会，否则，不仅影响录用人员素质及日后绩效，而且会严重损害企业形象，不利于企业发展。

(3) 科学性原则。必须制订科学而又切合实际需要的岗位用人标准和规范，为严格考核选拔合格人员提供录用客观依据；形成一套科学的考核方法体系，保证招聘工作的公正性；制订出一套科学而实用的操作程序，使招聘工作有条不紊地进行，提高工作效率。

2. 人员选聘的程序

企业选聘员工的基本目的就是争取以最小的代价去获得能满足企业需要的合格员工。因此，企业选聘员工应采取科学、合理的程序进行，企业员工的挑选过程可以划分为以下3个主要阶段：确定企业的用人要求、要吸引人们前来应聘和从求职者中选聘员工。

1) 确定企业的用人要求

在这个阶段，主要是在企业人力规划指导下，根据企业的需要，通过工作分析，确定企业用人的数量、类别、工作条件等。

2) 吸引人们前来应聘

企业能否吸引人们前来应聘，取决于许多因素。如企业的发展前景、形象与声誉、工作条件和地点、工资、福利待遇以及提升机会，等等。企业要想吸引人们前来应聘，必须设法增强自身的吸引力，这就要求企业自身具备一定的条件，同时也要对应聘者提出一定的要求。企业在招聘员工的过程中，始终要努力设法使企业的目标与应聘者的个人目标、企业的需要与应聘者的个人需要协调统一起来，才能吸引人们来此工作。

3) 从求职者中选聘员工

各个企业的规模不同、生产技术特点不同、招聘规模和要求不同，因此，各企业员工挑选工作的繁简也各不相同。但一般来说员工选聘工作可按以下步骤进行：

(1) 收集、整理应聘者的信息。把收集到的有关应聘者的情报资料进行整理、汇总、归类，制成标准格式。并将应聘者的情况与企业的要求进行比较，初步筛选，缩小挑选范围。

(2) 面试。面试是公司挑选员工的一种重要方法。面试给企业和应聘者提供了双向交流的机会，能使企业和应聘者之间相互了解，更准确地做出聘用与否、受聘与否的决定。

(3) 进行各种测试。企业挑选员工，不能完全依据应聘者过去的经历来预见其工作能力，在这种情况下，采用测试的方法是有效可行的。各种测试方法中比较常用的两类：一是素质测试，如对应聘者的智力测试、性格测试、职业适合性测试等；二是特长测试，如对应聘者进行技能测试、职业兴趣检查等。

(4) 征询意见。在对应聘者进行完面试及各种测试之后，正式决定录用之前，为对应聘者有更为深刻的了解，企业还可向企业内外征询有关拟录用对象的意见。征询意见的主要目的，就是进一步认定以前各个步骤所获得的消息的真实性、可靠性。征询意见常采取当面征询、电话征询、书面征询等方式。

(5) 签订录用合同。企业征询意见，得到满意结论后，就可以正式做出录用决策。以书面形式将有关事宜正式通知被录用者。经被录用者认可、接受聘用，企业和被录用者之间签订录用合同。

三、企业员工的培训

企业在挑选、录用员工的时候，虽然进行了大量的工作，采用了考试、测试及其他科学方法，但这些新员工并不是一开始就具备完成规定工作所必需的知识和技能，也缺乏在企业集体中同心协作的工作态度。因此，企业为使他们掌握必要的知识、技能和应具备的工作态度，需要对他们进行教育培训。

同时，企业是在一个不断变化的经济技术环境中生存和发展的，企业员工的知识、技能和工作态度必须与这种不断变动的外部环境相适应。因此，通过员工培训，提高员工队伍素质，以适应现代生产技术对人力资源水平不断提高的要求，适应激烈的国内外竞争的要求，是企业人力资源开发与管理的战略任务之一。

1. 人员培训的内容

人员培训的对象既包括新录用的员工，也包括企业现有的员工，其培训内容包括以下几个方面：

(1) 思想政治教育。包括政治观教育，如爱祖国的教育、爱企业的教育、四项基本原则的教育和形势政策教育等；人生观教育，如共产主义理想教育、职业道德教育、为人民服务教育、文化传统教育等。

(2) 基础文化知识教育。通过培训，应该使员工具备完成本职工作所必需的基本知识，而且还应让员工了解企业经营的基本情况，如企业的发展战略、目标、经营方针、经营状况等，便于员工参与企业活动，增强员工主人翁精神。

(3) 技术业务培训。包括有关专业知识方面的培训、有关工艺规程和技术技能方面的培训、各类岗位及技术等级的应知应会培训，如谈判技能、操作技能、处理人际关系的技能等。

(4) 员工态度培训。员工态度如何对员工的士气及企业的绩效影响甚大。必须通过培训，建立起企业与员工之间的相互信任，培养员工对企业的忠诚，培养员工应具备的职业道德和敬业精神。

(5) 法律政策及制度培训。包括社会主义法制教育、企业规章制度和纪律教育、安全思想、安全制度及安全技术等方面的培训。

2. 人员培训的形式

培训的形式多种多样，在实际工作中，要依据企业培训的需要和可能，合理地选择采用。企业人员培训的形式有以下几种：

1) 在职培训和脱产培训

在职培训是指为了使人员具备完成工作所需的知识、技能和态度，在工作进行中，由上级有计划地对下级进行的教育培训。**脱产培训**是指离开工作现场，由直接领导以外的人，就履行职务所必要的基础的、共同的知识、技能和态度进行的教育训练。

2) 直接传授式培训

直接传授式培训的主要特征就是信息交流的单向性和培训对象的被动性。尽管这种方法有不少弊端，但仍有其独特作用。其具体形式主要有以下几种：

(1) 个别指导。类似于传统的“师傅带徒弟”。这种方法能清楚地掌握培训进度，让培训对象集中注意力，很快适应工作要求。

(2) 开办讲座。主要是向众多的培训对象同时介绍同一个专题知识，比较省时省事，但是如果没有一定的技巧，则达不到应有的效果。

3) 参与式培训

参与式培训的主要特征是，每个培训对象积极主动参与培训活动，从亲身参与中获得知识、技能和正确的行为方式。其主要方法有：①会议；②小组培训；③案例研究；④角色扮演；⑤模拟训练法；⑥头脑风暴法；⑦参观访问；⑧工作轮换；⑨影视法。

4）其他方法

除上面介绍的培训方法之外，还有几种方法是通过参加者的自身努力、自我约束能够完成的，企业只起鼓励、支持、引导的作用。如开展读书活动；参加函授、业余进修；征集论文、提建议活动等。

企业应根据培训对象的不同层次，实施培训的不同时间、地点以及培训的不同内容和性质，从实际出发，形成一个主体的培训模式，为制定有效的人员培训计划提供依据。

四、人员激励

1. 人员激励的含义

人员激励，就是在企业人力资源管理过程中，采用激励的理论和方法，对职工的各种需要予以不同程度的满足或限制，以此引起他们心理状况的变化，达到激发动机、引起行为的目的，使职工的每一种内在的动力，朝着所期望的组织目标做出持久努力，再通过正反两方面的强化，对行为加以控制和调节。

2. 现代人员激励理论

近半个世纪以来，西方管理学家、心理学家和社会学家们，在动机激发模式的基础上，从不同的角度研究了怎样激励人的问题，提出了许多人员激励理论。这些理论大致可以分为3类：内容型激励理论、过程型激励理论和行为改造型激励理论。

(1) 内容型激励理论。该理论着重研究激发动机的因素，认为人的劳动行为是有动机的，而动机的产生是为了满足人的某种需要。人的需要包括自然需要和社会需要两个方面。人的自然需要靠外在的物质生活资料去满足，人的社会需要要通过社会或他人对自己的评价和从工作中去满足。因此通过适当的物质和精神激励，可以激发人的劳动动机，促使人通过劳动来满足需要。该理论主要包括马斯洛的“需要层次论”、赫茨伯格的“双因素理论”、麦克利兰的“成就激励论”等。

(2) 过程型激励理论。该理论着重研究从动机的产生到具体采取行为的心理过程，试图弄清人付出劳动、功效要求和奖酬价值的认识，以达到激励的目的。其观点是，当人们有需要，又有达到目标的可能，其积极性才高，激励水平取决于期望值和效价的乘积；人的工作动机，不仅受其所得绝对奖酬的影响，而且受相对奖酬的影响。这类理论主要有弗鲁姆的“期望理论”和亚当斯的“公平理论”等。

(3) 行为改造激励理论。该理论以操作性条件反向论为基础，着眼于行为的结果。认为当行为的结果有利于个人时，行为会重复出现；反之，行为则会削弱或消退。研究的目的是为了改造和修正行为。这类理论主要包括斯金纳的“强化论”等。

学习和借鉴这些理论，对领会激励的深刻内涵，形成人员激励的机制，正确运用科学的激励方法，做好人员激励工作，具有很重要的现实意义。

3. 激励的途径和手段

在管理实践中，激励的手段主要有物质激励和精神激励两种。

1）物质激励

常用的物质激励形式主要是工资、奖金和福利。

工资是员工定额劳动报酬，奖金是员工超额劳动的报酬。这两部分对于员工劳动行为的激励作用都不可忽视。从能力的角度看，取得工资说明员工具备担任目前岗位职务的能力，取得奖金意味着具有超过担任目前工作的能力。由于它们决定着人们基本需要的满足状况，同时由于它们影响到自己能力的评价，因此它们又在一定程度上影响到人的精神需要的满足状况，如社会交往、文化娱乐、继续教育甚至社会地位等。

除了工资和奖金，福利也是一个较重要的激励手段。福利问题解决不好，往往直接给员工造成家庭负担过重和后顾之忧，导致员工不能安心工作。

在我国目前的经济和生活水平状况下，物质激励仍然是最基本、最有效的激励手段。然而，知道物质激励的作用，并不说明就能达到激励的效果。科学、公正、合理的工资奖金分配制度、住房制度、福利制度等是达到有效激励的基础，这就要求人力资源管理部门制定公平合理、客观的劳动成果评价标准，在真正体现按劳分配的基础上，才能激发员工的积极性和竞争意识，取得良好的激励效果。

2）精神激励

精神激励的主要形式包括表彰与批评、吸引员工参与管理和满足员工的成就感等。精神激励的内容十分丰富，常用的有以下几种：

(1) 目标激励。把员工个人的目标与组织的目标协调一致，通过目标激励可以使员工的自身利益与组织的集体利益相吻合，可以使员工看到自身的价值，获得一种满足感。

(2) 荣誉激励。对员工的成绩公开承认，并授予象征荣誉的奖品、光荣称号等，可以满足员工的自尊需要及成就感，达到激励的目的。

(3) 培训激励。通过培训可以提高员工达到目标的能力，同时也使员工感到组织对他的重视，从而既满足了求知的需要，又调动了工作积极性。

(4) 晋升激励。通过提升员工到更重要的岗位上，给员工以希望，满足他自我实现的需要。

(5) 参与激励。通过一系列制度和措施，使员工在企业的重大决策和管理事务中发挥作用，培养员工的参与意识，激发他们的工作动机。

(6) 环境激励。创造一个良好的环境，即优美的工作与生活环境、良好的上下级关系和融洽的同事之间的关系，从而让员工心情舒畅、精神饱满地工作。

无论是物质激励和精神激励，必须把两者有机地结合起来，在不同历史阶段、不同的环境条件下，采取恰当的“激励组合”，才能达到良好的激励效果。

【内容点睛】

人力资源管理中选人、育人、用人和留人是核心内容，在这部分中，应正确理解各项工作的宗旨，不拘泥形式，寻求最适合本组织的人力资源管理工作方式和方法。

五、人力资源评价

(1) 岗位评价。岗位评价侧重于对事不对人，是人力资源开发与管理的一项基础性工作，主要是进行岗位分析、岗位规范制订、岗位任职资格评价和岗位相对价值评价等。

(2) 能力测试。能力测试侧重于对人不对事，即以人为评价客体，运用各种考核、测试手段，判断评价客体的知识、技能、心理等内在素质以及其他相关方面的能力。

(3) 绩效考核。绩效考核也称为人事考核，侧重于人与事相结合后的结果，考察员工对岗位所规定的职责的执行程度，从而评价其工作成绩和效果。

课后练习

1. 思考题

(1) 简述人力资源对企业的重要性。

(2) 简述人力资源管理的主要内容。

(3) 简述企业人员选聘的原则和程序。

(4) 企业员工培训的内容和形式有哪些？

(5) 在人力资源管理中应如何对职工进行激励？

2. 案例分析

留住人才出奇招

又到了大学生毕业的季节，各大高校毕业生也都陆续返校，忙着办理各种离校手续，在同学分别之际，喝茶、聚餐、聊天，纪念美好的大学生活，交流着新就业单位的各种信息，不时听到有同学这样描述和抱怨。

同学甲说："我们单位真狠，和我们这批人签了三年协议，怕我们中途离职，规定我们如果违约的话，每少任职一年，要向单位交8 000元违约金呢！"

同学乙说："你们老板确实厉害，嘿嘿，用钱就把你们给困住了，不然的话，会落得像我现在这家企业的下场。去年在咱们学校招了40多人，还允许我们在单位实习，结果到现在，人还没有正式毕业呢，留下的还不到10个！"

同学丙说："我刚去我们单位报到时，正好碰到有几位老员工辞职，估计都是有功之臣，企业不舍得，管人事的主任苦口婆心地相劝，几个人还是铁了心要走。结果，我返校前，就听说他们几个出来单干了，因为对这个行业很熟悉，生意做得还风生水起的。要是我以后能像他们这样就好了。"说着话，还一脸的羡慕。

同学丁刚好被分在人力资源部上班，他无奈地笑了一下，说："你们说的，基本上我们企业都遇到过，但要走的还是走了，企业每年都要招聘新人，培训新人，对企业影响还是很大。后来，我们领导不知道向谁讨了个奇招——反其道而行之。你们不是要走吗？人往高处走，水往低处流，这是大势所趋，不可阻挡，那就干脆遂了你们的心愿，并且还重奖跳槽者。老板让人在公司大门口贴出一张布告：本公司员工跳槽后，所去企业和本企业相当或比本企业更好者，在新企业中，如果被任命为部门经理的奖5 000元；被任命为公司副总的奖10 000元；被任命为公司总经理的奖20 000元。刚开始，有人不相信，觉得老板就是个疯子，人走了还有奖金发？但事实证明老板所言非虚。本来还怕公司会由此而产生人才断档，结果，招聘时，不愁没人，来了的人都很努力，即使有些员工学会本事出去了，可是在学习的过程中，公司还是受益匪浅呀。我都有点崇拜他了。"

此言一出，让很多同学都颇有感慨，对企业的留人招数众说纷纭。

请分析：

(1) 同学丁的老板所采用的留人方法为什么会产生这样的效果？

(2) 作为应聘者，在事先知道的情况下，你如何看待本案例中公司的各项留人政策？

3. 实训题

模拟招聘会：把班级同学分组，假设每组都是一家新公司，请为各自的公司制订一份人力资源规划，并根据人力资源规划内容，请各组进行模拟招聘，选出组织所需要的人员。

第四章 管理及企业管理

学习目标

(1) 理解管理的内涵、特性,理解管理系统的构成要素及关系。

(2) 理解管理者的内涵、角色、技能、职能等。

(3) 了解管理理论的产生与发展。

(4) 理解企业管理的概念、研究内容和原则等。

(5) 能够初步应用所学管理理论解决日常工作生活中碰到的管理问题。

课程导入案例

什么是管理

经过前期紧张筹备,刘飞和同学组建的动画设计工作室终于开始试营业了,而且经过大家的努力,居然还有了第一个客户——一家生产家用电器的企业,希望刘飞他们的动画工作室能够给该企业设计一套企业 CIS 宣传动画视频。

大家都非常重视第一个客户,经过和客户的多次沟通后,开始进行方案设计。在方案设计过程中,因为大家读书时都是同一个学校同一个专业的,因此关于技术方面的问题沟通得很快。但在最核心方案的主题确定上,却发生了争执,大家讨论了几天,各不相让,始终也没有一个统一的结果。

作为总经理,刘飞犯难了,他开始思考:什么是管理?总经理是做什么的?如何协调工作关系和同窗关系?当大家意见分歧时应该怎么样进行集中?

在这个案例中,刘飞遇到的问题是对企业管理的一些基本理念还缺乏总体的感性认识。下面将就案例中出现的问题进行阐述,要了解和熟悉管理、企业管理的相关概念,对企业管理有个宏观认识,学习相关的管理思想,为下一步结合企业各方面进行专业化管理奠定基础。

第一节 管理概述

一、管理的概念

管理是社会协作劳动的要求,它伴随着人类的生产实践活动而产生和发展。可以这样认为,有了人类就有了管理,管理的历史同人类历史一样悠久,比如原始社会部落首领分配食物、结绳记事,古代社会的军事烽火台,等等,都是管理现象很早就存在的例证。

早期的管理,由于历史条件的局限性,管理思想简单且不成体系,到了 20 世纪初,管理思想才趋于成熟,并形成较完整的管理理论体系(见图 4-1)。

从字面上理解,管理即管辖与治理。但究竟什么是管理,尚没有一个统一的、为大多数人所接受的

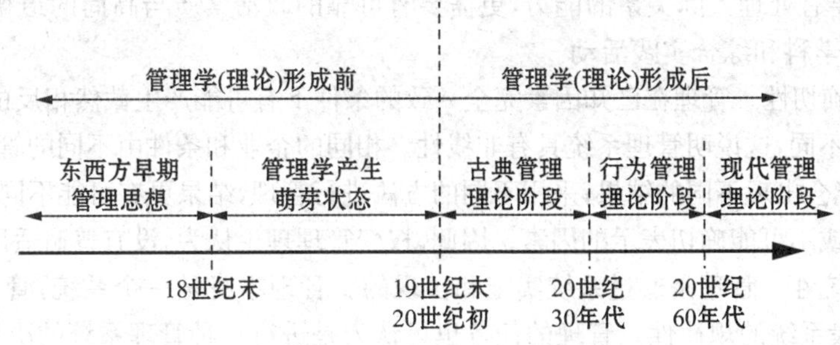

图 4-1　管理理论的形成阶段

定义。中外从事管理学研究的专家、学者对管理的定义各不相同，其原因主要是由于他们各自所处的社会环境不同，所站的角度不同，所管理的对象不同。

本书采用下面关于管理的定义。**管理**就是管理者或管理机构，在一定范围内，通过计划、组织、控制、指挥、激励等措施，对组织所拥有的资源（包括人、财、物、时间、信息等）进行合理配置和有效使用，以实现组织预定目标的过程。

【内容点睛】

从现实情况看，管理属于软科学的范畴，更多的是一种“务虚”的行为，准确全面理解管理的内涵，才能在“务虚”中抓住管理问题的关键，达到实际的期望效果。

上述定义有以下 5 层含义：

(1) 管理活动是由管理者（即管理主体）主导进行的，管理者在管理活动中的地位和作用非常重要，中国俗语中所谓“兵熊熊一个，将熊熊一窝”，指的就是管理者的重要性。

(2) 管理者普遍采用的措施是计划、组织、控制、指挥和激励这 5 项基本活动，这 5 项活动又被称之为管理的 5 大基本职能，这 5 项管理职能由管理者作用于被管理者（管理客体）。

(3) 管理的本质是协调，即利用上述 5 项措施来协调人力、物力和财力等方面的资源，进行优化配置。所谓协调是指同步化与和谐化。管理要有成效，组织要均衡地实现目标，必须使组织中的各个部门和单位及个人的活动同步化与协调化，组织中的各种资源的配备也同样需要同步与和谐。

(4) 管理的核心任务是实现组织的预定目标，而该目标仅凭个人的力量是无法实现的。例如，企业通过管理实现其赢利的目标，国家通过管理以实现长治久安和社会发展目标等。

(5) 管理是一个过程，是管理者进行分配和协调的活动过程。

二、管理的特性

管理作为一种社会实践活动，具有以下几个特性：

(1) 管理的科学性。管理是由一系列概念、原理、原则和方法构成的科学体系，它具有科学的特点：客观规律性，真理性，实践指导性，系统性，可发展性和可完善性，等等。管理理论对管理实践有很大的指导作用，它能够阐明实践、指导实践，并能够帮助管理人员从过去的经验和教训中吸取精华，找出在不同情况下的因果关系，并应用这种知识去解决新的问题。

(2) 管理的艺术性。管理既是一门科学，也是一门艺术。这种艺术性主要指管理的技巧和根据管理对象、环境而有效应变的技艺。此外，管理的艺术性也指领导的感召力，使员工能够感受到领导者所要求达到的目标、准则、期望。管理是一项创造性的劳动，依赖于管理者的艺术创造。

(3) 管理的综合性。管理是渗透在各项业务活动之中实现的。由于管理的对象、过程、目的诸要素都很复杂，管理者只掌握某一方面的知识和技能是远远不够的。管理者既需要有管理素质，又需要有业务基础,还需要有处理人际关系的能力,更需要有可靠的政治素质与高尚的道德素质。此外,管理本身也是一门综合学科和综合实践活动。

(4) 管理的不确切性。管理在已知因素完全一致的条件下有可能产生截然相反的结果,即投入资源相同而产出却可能不同,这说明管理系统具有非线性。相同的企业和条件由不同的管理者采用相同的方法进行管理,很可能会出现不同的结果;采用不同的方法进行管理,结果更有可能不同。管理中存在着很多无法预知的因素或不可能确切表示的因素。因此,权变管理理论认为,没有普遍适用的管理模式。

(5) 管理的系统性。管理是通过系统实施和实现的。管理本身是一个系统,管理活动也是一个系统工程,它尊重一般系统的规律性。管理的任务也可认为是进行一种管理系统的决策。

(6) 管理的二重性。社会生产过程具有两重性,即是物质资料的再生产,又是生产关系的再生产。因此,对生产过程的管理也存在二重性:一方面是与生产力相联系并反作用于生产力的管理的自然属性,另一方面是与生产关系相联系并反作用于生产关系的管理的社会属性。管理的自然属性和社会属性两位一体,不能截然分开。

三、管理系统

管理作为一种社会现象,一般有以下 4 个组成部分:

(1) 管理主体。即管理者,指的是在管理系统中,由谁来管,是管理系统的驱动者和控制者。

(2) 管理客体。即管理对象,既包括管理系统中的被管理的人,也包括管理系统中的其他各种物质资源,如资金、设备、原材料等。

(3) 管理活动。即管理职能,指的是管理主体怎么样来管理,怎么样来实施自己的管理措施。

(4) 预期目的。即管理主体为什么要实施管理活动,管理主体希望通过一系列管理活动作用于管理客体后,产生什么样的结果,预期目的是管理系统的核心内容。

【内容点睛】

管理者是管理系统中至关重要的一个要素,既主导了管理系统的其他要素,又是管理预期目的能否实现的保证,我们要对管理者有一个深入全面的认识。

四、管理者的角色和技能

1. 管理者的角色

就像一个人在生活中扮演着多种角色一样,管理者在管理活动中也扮演着多种角色,管理者通过扮演各种角色,从而能够顺利应对各种管理问题,促使管理系统良好稳定的运行。

亨利·明茨博格 20 世纪 60 年代末期在其《经理工作的性质》一书中提出:在管理系统中,管理者扮演着三大类 10 种角色。

1) 人际角色

人际角色主要来自于管理者的正式权力,具体包括以下 3 种角色:

(1) 代表人角色。如参加仪式,接待重要访客,参加员工婚礼,与重要客户共进午餐等等,根据一项研究表明,管理者大概有 12%的时间以代表人角色出现。

(2) 领导者角色。即管理者和成员一起工作,通过大家的努力来达到管理预期目标的实现,并对管理组织的成败负责。

(3) 联络者角色。通过管理者的联络作用,管理者将管理组织成员紧密联系在一起,同时将本组织与外界紧密联系在一起。一般,管理者的联络者角色时间分配为,同级、企业外人事时间占 45%,下属时间占 45%,上级时间占 10%。

2) 信息角色

管理者在组织中承担着信息传递中心的作用,要确保组织成员获得足够、正确的信息,从而确保工作完成。同时,管理者还承担着组织与外界的信息传递渠道的作用。具体而言,管理者的信息角色包括以下3种角色:

(1) 监督人角色。管理者要时刻关注组织内外各种变化,及时获取信息,并借助这些信息识别组织面临的机会和威胁。

(2) 传播者角色。即管理者要及时把自己获取的大量信息传播给成员,以利于其开展工作,当然有时管理者处于特殊需要,会隐藏一些特定的信息。

(3) 发言人角色。管理者可以代表组织对外发言,表达组织的立场、观点,或宣布组织的相关信息,比如股东说明企业的财务状况,向社会宣布企业的重大事项,向消费者表达对某事件的态度,等等。

3) 决策角色

管理者在组织中,可以通过对获取的信息进行处理后得出结论、作出判断、下达决定等,同时对这些结论、判断、决定负责,这是管理者的决策角色,具体而言,包括以下4种角色:

(1) 企业家角色。管理者可以对发现的机会进行投资或发展决策。

(2) 冲突管理者角色。管理者必须善于处理组织面临的各种冲突和问题,如平息客户对企业的不满、同不合作的供应商谈判、调节员工矛盾等。

(3) 资源分配者。管理者可以决定对组织的各种资源的分配,比如资金的分配,人员的分配,设备的分配,时间的分配等。

(4) 谈判者角色。管理者为确保预期目标的实现,要和各种对象进行谈判,以解决影响目标实现的问题,具体体现在组织内谈判和组织外谈判,前者指管理者有时需要和内部成员进行谈判,如工资、待遇等;后者指管理者有时需要和外界谈判,如供应商、客户、合作伙伴、新闻媒体等。

2. *管理者的技能*

管理者不但应扮演好各种角色,还应该具备一定的技能。美国管理学家罗伯特·卡茨1955年在美国哈佛商业评论发表了《高效管理者的三大技能》一文,提出管理者应该具备以下3种技能:

(1) 技术技能。管理者掌握和熟悉自己管理的专业领域的过程、方法、技术、工具的能力,如企业的财务总监应该能看懂财务报表,能进行财务分析等。

(2) 人际技能。管理者应该具备和上下左右各类相关人员打交道和处理人际关系的能力。

(3) 概念技能。管理者应该具备一定的抽象思维能力,对一些问题能进行分析、判断,看到问题的本质,抓住问题的重点,找到解决问题的突破口,并提出具体的解决问题的新方法、新方案等。

需要注意的是,虽然管理者应该具备这3种技能,但对不同的管理者,这3种技能的要求是不一样的。一般而言,对基层管理者而言,其侧重的是技术技能;对中层管理者而言,其侧重的是人际技能;对高层管理者而言,其侧重的是概念技能。

五、管理者的职能

管理者的技能重点研究的是管理者开展工作前,根据实际需要应该具备基本能力;而管理者的职能,研究的是管理者应该做好哪些方面的工作,即管理者的职责和工作,也就是说管理者通过什么工作来实现管理目标,表现为管理活动。

不同的人对管理职能有不同的认识,下面介绍几种有代表性的观点。

1. *法约尔的五职能论*

法国管理学家亨利·法约尔认为管理者应该做好5个方面的工作,即计划、组织、指挥、协调、控制。

1) 计划

法约尔认为管理意味着展望未来,预见是管理的一个基本要素,预见的目的就是制订行动计划。

企业管理者在制订企业计划时，应对企业经营状况有个整体的了解，要有积极参与的观念，并且应对企业每天、每月、五年、十年的经营状况进行预测，企业各个部门的负责人都应对自己的部门进行总结和预测，对自己部门的计划负责，并根据实践的推移和情况的变化适当地改变计划。高层管理人员主要负责制订计划，而基层管理人员主要负责执行计划。

2）组织

组织就是为企业经营提供必要的原料、设备、资本和人员，一般来说，组织分为物质组织和社会组织两大部分，管理中的社会组织。只负责企业的部门设置和各职位的安排以及人员的安排，企业资源大体相同，但是如果它们的组织设计不同，其经营状况也会有很大差异。

在法约尔的组织理论中，组织结构的金字塔是职能增长的结果，其发展是水平方向的，因为随着组织承担工作量的增加，职能部门的也要增多，而且，随着企业规模的扩大，需要增加管理层次来指导下一层的工作，所以纵向的等级也是逐渐增加的。

对于组织中的管理人员，法约尔根据自己多年的管理经验提出了自己的看法：挑选人员是一个发现人员的品质和知识，以便填补组织中各级职位的过程。产生不良挑选的原因与雇员的地位有关。法约尔认为，填补的职位越高，挑选时所用的时间就越长，挑选要以人的品质为基础。

3）指挥

法约尔认为，当社会组织建立以后，就要让指挥发挥作用，通过指挥的协调，能使本企业的所有人做出最好的贡献，实现本企业的利益。

法约尔认为指挥人员要做到：透彻了解自己的手下人员；能够淘汰没有工作能力的人；十分通晓约束企业和雇员的协议；做好榜样；对组织的账目定期进行检查，并使用概括的图表来促进这项工作；召开会议；不要在工作的细节上花费精力；在员工中保持团结、积极、创新和效忠精神等。

4）协调

法约尔认为，协调就是使企业的一切工作都要和谐地配合，以便于企业经营的顺利进行，并且有利于企业取得成功。

法约尔认为，在企业内，如果协调不好，就容易造成很多问题，这样企业的发展就容易陷入困境。法约尔进一步提出例会制度可以解决部门之间的不协调问题，这种例会的目的是根据企业工作进展情况讲明发展方向，明确各部门之间应有的协作，利用领导们出席会议的机会来解决共同关心的各种问题。例会一般不涉及制订企业的行动计划，会议要有利于领导们根据事态发展情况来完成这个计划，每次会议只涉及一个短期内的活动，一般是一周时间，在这一周内，要保证各部门之间行动协调一致。

5）控制

法约尔认为，控制就是要证实企业的各项工作是否已经和计划相符，其目的在于指出工作中的缺点和错误，以便纠正并避免重犯。当某些控制工作显得太多、太复杂、涉及面太大，不易由部门的一般人员来承担时，就应该让一些专业人员来做，即设立专门的检查员、监督员或专门的监督机构。

从管理者的角度看，应确保企业有计划，并且按计划执行，而且要反复地确认修正控制，保证企业社会组织的完整。由于控制适合于任何不同的工作，所以控制的方法也有很多种，有事中控制、事前控制、事后控制等。

【内容点睛】

法约尔是最早提出管理职能理论的管理学家，后续的管理职能理论，基本都以法约尔的五职能论为基础，或者做出一些微调，或者做出一些补充，因此，法约尔的五职能论是认识管理者管理活动的基本理论。

2. 西蒙的七职能论

美国管理学家、诺贝尔奖获得者赫伯特·西蒙认为管理者应做好7个方面的工作:即决策、计划、组织、指挥、协调、控制、教育激励。西蒙因为提出并创立了科学决策理论体系而被称为"决策理论之父",所以这里重点介绍西蒙提出的决策职能。

西蒙提出的决策理论的理论基础是经济理论,特别是消费者抉择理论,即在一定的"合理性"前提下,通过对各种行为的比较和选择,使总效用或边际效用达到最大。因此,它们也是决策理论学派的主要决策对象。

西蒙指出组织中经理人员的重要职能就是做决策,关于这种观点,主要有以下内涵:

(1) 决策是管理的中心,决策贯穿管理的全过程。任何作业开始之前都要先做决策,制订计划就是决策,组织、领导和控制也都离不开决策。

(2) 在决策准则上,用满意性准则代替最优化准则。在现实中,完全的合理性是难以做到的,管理中不可能按照最优化准则来进行决策。

(3) 集体决策对决策结果的影响。企业管理者的职责不仅包括本人制定决策,也包括负责使他所领导的企业或企业的某个部门能有效地制定决策。他所负责的大量决策制订活动并非仅仅是他个人的活动,同时也是他下属人员的活动。通过群体参加决策可将问题分成若干部分、分别交给专家处理,从而加速问题的解决和提高解决的质量。

3. 杨文士的五职能论

我国学者杨文士认为管理者应做好5个方面的工作,即计划、组织、人员配备、指导与领导、控制。

4. 周三多的五职能论

我国学者周三多认为管理者应做好以下5个方面的工作,即决策与计划、组织、领导、控制、创新。

其实通过这些学者提出的观点的深入分析,可以发现其共性的内容是很多的。这是因为管理是人们进行的一项实践活动,在不同的管理者的管理工作中,管理者往往采用类似的程序和具有某些共性内容的管理行为,比如计划、组织、控制等,对这些管理行为加以系统性归纳,就逐渐形成了"管理职能"。

另外,随着社会的发展变化,人类社会不同阶段对管理职能的认识也不同,具体如图4-2所示。

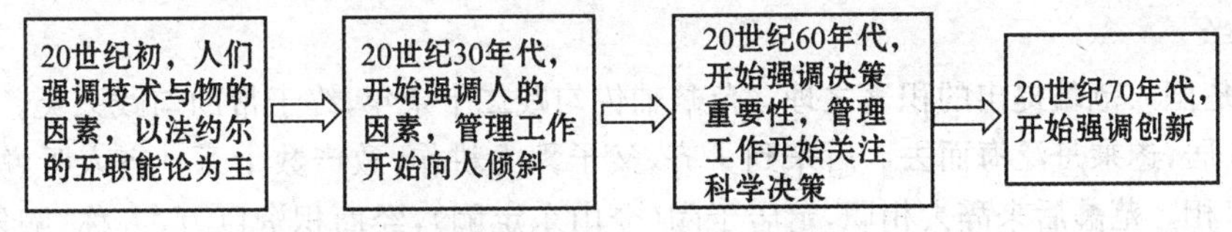

图4-2　人类社会不同阶段对管理职能的认识

第二节　管理思想的产生与发展

一、早期管理思想

自从有了人类历史就有了管理活动,因为人是社会动物,人们所从事的生产活动和社会活动都是集体进行的,要组织和协调集体活动就需要管理。

原始人在狩猎时,往往由一群人来搏杀一头猎物。这是由于他们认识到单个人没有这种能力,只有许多人同时从事这一活动,才能既保全自己,又捕获猎物。在这种情况下,需要大家配合行动,一些人举着火把,一些人抛掷石块,还有一些人拿着木棒,还有一些人挖好陷阱埋伏等待。组织这种相互配合的活动实际上就是管理,尽管当时他们还不知道"管理"这一词语。

管理思想是随着生产力的发展而发展起来的。原始社会的生产力水平非常低下,当时的管理水平也与之相适应。随着人类的不断进步，管理思想也有了很大发展。世界上的一些文明古国对早期的管理思想都做出了突出的贡献，下面选择其中有代表性和影响力的一些来学习。

1. 中国早期管理思想

中国是一个文明古国，有着灿烂悠久的历史，在管理思想的发展史上占有重要地位。中国古代的管理思想，最有影响力的是富国之学和治生之学。

1) 富国之学

中国古代的富国之学，主要研究的是封建王权对国民经济的宏观调控，从而使国家更加繁荣富强，这类思想在中国历史上可谓是百家争鸣、百花齐放，我们也是有选择地进行介绍。

孔子及其后人创立的儒家思想，可谓是富国之学的典型代表，对我国整个社会历史发展起到了深远的影响，在我国也有"半部论语治天下"的说法，可见儒家思想的深厚内涵。在儒家思想中，提出了"仁义、仁政、以德治国"的管理思想，认为管理者通过仁义道德的感化和熏陶，可以提升国民素质，最终达到"路不拾遗，夜不闭户"的理想社会状态。尽管儒家思想有腐朽、落后、不合时宜的地方，但也不足以掩盖其辉煌灿烂的精华部分。

老子创立的道家思想，也是有中国特色，同时影响深远的富国之学之一。在道家思想中，老子倡导按照自然及人类社会的"道"进行"无为而治"，强调管理者在管理中应顺其自然、以柔克刚，找准规律，这样就能实现"水滴石穿"的效果。"无为而治"其实也是现在我们常说的"领导在不在一个样"的管理期望。

2500多年前的春秋战国时期，杰出的军事家孙武所著的《孙子兵法》不仅在军事上，而且在管理上对今天的工作都有着重要的参考价值，其中的"上兵伐谋，其次伐交，其次伐兵，其下攻城"更是揭示了管理活动的不同层次。日本和美国的一些大公司甚至把《孙子兵法》列为培训经理的必读书籍。1991年第一次海湾战争时，美军给前线每一位参战士兵发了一本《孙子兵法》，并要求认真阅读，深刻理解，灵活应用。

2) 治生之学

中国古代的治生之学，主要研究的是古代人们直接从事经济活动实现富足的规律。治生之学研究的主要是中国古代的商业活动规律，很多也是现代企业管理思想的雏形，主要介绍以下一些比较有代表性的治生之学。

春秋末期楚国人范蠡提出的积著之理。范蠡辅佐勾践二十余年，终于帮助勾践灭吴。范蠡以为大名之下，难以久居，遂乘舟泛海而去。后来到了齐，父子戮力耕作，致产数十万。齐人听说他的本事很大，推荐他为宰相。范蠡后来辞去相职，定居于陶(今山东定陶)，经商积资巨万，人称"陶朱公"。范蠡后来把自己经商的经验思想著成《计然篇》、《陶朱公生意经》等，也被后人称为"商圣"。范蠡提出的积著之理主要有以下思想：一是经商要任时，即抓住时机，而抓住时机的前提是"知天地之恒制"；二是根据待乏原则进行市场预测，并在商机到来时做到"无敢居贵"，以加速资金周转；三是财源滚滚而来的关键是"务完物，无息币"，即买卖的商品要讲究质量，资金要流动如水。

战国时期周人白圭提出的是经营之道，被司马迁称为"治生之祖"。白圭的治生思想主要有以下几点：一是要抓住时机，关键是"人弃我取，人取我予"；二是要善于精神激励，无论自己财富有多少，都要"与用事童仆同苦乐"。

2. 国外早期管理思想

古巴比伦的汉谟拉比法典，提出用法典来规范社会的管理思想；古埃及在建造金字塔时，提出了劳动分工的管理思想；古罗马的罗马帝国，鼎盛时期，西起英国，东至叙利亚，包括整个欧洲和北非，管理这么幅员辽阔的疆土，靠的是严格的等级制度及权力体系。

除了这些杰出的管理思想之外，还有其他比较系统的管理学。

1) 亚当·斯密的管理思想

在18世纪60年代以后,西方国家开始进行产业革命。这场革命使生产力有了较大的发展。随之而来的是企业规模不断扩大、劳动产品的复杂程度与工作专业化程度日益提高、企业经理人员也逐渐摆脱了其他工作专门从事管理,管理思想愈加充实。

这期间,苏格兰的政治经济学家与哲学家亚当·斯密在1776年发表了他的代表作《国富论》。该著作不但对经济和政治理论的发展有着突出贡献,对管理思想的发展也有重要的贡献。

亚当·斯密在他的《国富论》中以制针业为例说明了劳动分工给制造业带来的变化。他认为劳动分工之所以能大大提高生产效率,可归结为3个原因:①增加了每个工人的技术熟练程度;②节省了从一种工作转换为另一种工作所需要的时间;③发明了许多便于工作又节省劳动时间的机器。

2) 查尔斯·巴贝奇的管理思想

在产业革命后期,对管理思想贡献最大的人物应算英国人查尔斯·巴贝奇。巴贝奇还是一位数学家、科学家和作家。他在进行管理研究时曾走遍英国和欧洲大陆,了解有关制造业方面的各种问题,并研究了经理人员解决这类问题的办法。巴贝奇以自己的亲身经验,奉劝当时的经理人员尽量采用劳动分工。通过时间研究和成本分析,他比亚当·斯密更全面、更细致地分析了劳动分工使生产效率提高的原因。

巴贝奇还提出了一种工资加利润的分享制度,以此来调动劳动者工作的积极性。他认为,工人除了拿工资外,还应按工厂所创利润的百分比额外地得到一部分报酬。这种工资加利润的管理思想对我们今天的工作仍然有一定的参考价值。

另外,巴贝奇还在他的著作《机械及制造业经济》中对经理人员提出了许多建设性意见。

巴贝奇的这些思想无论在深度上还是广度上都较前人甚至同代人有较大进步,他几乎研究了制造业的各个方面,他提出的许多原则不但适用于企业,也适用于其他类型的组织。

二、古典的管理理论

管理理论比较系统地建立是在19世纪末和20世纪初。这个阶段所形成的管理理论称为"古典管理理论"或"科学管理理论"。

1. 泰罗的科学管理理论

弗雷德里克·温斯洛·泰罗(1856～1915)生于美国费城,1875年开始当学徒,1878年进入美国米德维尔钢铁公司当技工,后来很快提升为工长、总技师和总工程师。1898年泰罗开始进入伯利恒钢铁公司研究管理。泰罗有着从工人到高层管理人员的亲身经历,非常熟悉管理者和工人的工作实践。他在1911年出版的代表作《科学管理原理》一书中详细阐述了他的科学管理理论,其主要观点和贡献如下:

(1) 工作定额原理。泰罗认为工人的工作定额可以也应该通过调查研究的方法科学地加以确定。制订出有科学依据的工作定额,可以发掘工人们劳动生产率的潜力。为此必须进行时间和动作研究。但是工作定额是一把双刃剑,泰罗制在美国推广的过程中,工作定额成了资本家变相剥削工人的工具,最终导致了20世纪30年代美国乃至资本主义世界严重的劳资对立。

(2) 差别计件付酬制。泰罗认为,工人磨洋工的重要原因之一是付酬制度不合理。他分析了原有的报酬制度后提出了差别计件工资制,将工人的劳动报酬与工作定额联系起来,即计件工资率随完成定额的程度而上下浮动,从而更好地激发了工人的工作积极性。

(3) 能力与工作相适应原理。泰罗认为,为了提高劳动生产率,必须改变工人挑选工作的传统,而坚持以工作挑选工人,每一个岗位都挑选第一流的工人,以确保较高的工作效率。

(4) 标准化原理。标准化原理是指工人在工作时要采用标准的操作方法,而且工人使用的工具、机器、材料和所在的工作现场环境等都应该标准化,以利于提高劳动生产率。

(5) 计划职能与执行职能相分离。为了提高劳动生产率必须明确划分计划职能和执行职能，计划职能归管理当局，并设置计划部门来承担，计划部门从事计划工作并对工人发出命令。工人承担执行职能，按照计划部门制定的操作方法和发出的指示，使用规定的标准化的工具实际操作。

由于泰罗在管理上的杰出贡献，被后人誉为“科学管理之父”。

2. 法约尔的一般管理

亨利·法约尔生于法国，是与泰罗同时代的法国人，1860 年开始在法国一家矿业公司工作，是一个采矿工程师，后来担任总经理。他把公司由破产的边缘整顿改组成为稳定发展的大企业。法约尔把企业作为一个整体来研究其管理问题，补充了泰罗管理理论的不足，他在 1916 年发表的《工业管理一般管理》一书中，提出了自己的管理理论。

法约尔认为：企业无论大小，简单还是复杂，其全部活动都可概括为 6 个方面：技术工作（生产、制造）、商业工作（采购、销售和交换）、财务工作（资金的取得与控制）、会计工作（盘点、会计、成本与统计）、安全工作（商品及人员的保护）和管理工作。法约尔将管理活动从企业经营活动中分离出来，是其管理理论的出发点。

在此基础上法约尔将管理工作划分为计划、组织、指挥、协调和控制五大职能，并对这五大职能进行了详细的分析和讨论。

法约尔在总结实际工作经验的基础上，提出了 14 条管理原则：①分工；②权限和责任；③纪律；④命令的统一性；⑤指挥的统一性；⑥个人利益服从整体利益；⑦报酬；⑧集权；⑨等级系列；⑩秩序；⑪公平；⑫保持人员稳定；⑬首创精神；⑭集体精神。

3. 韦伯的理想行政组织体系

马克斯·韦伯生于德国，是德国社会学家，他提出了行政组织体系理论，指出行政组织结构应分为高、中、低三级管理层，每一层各有自己的职能。韦伯于 1915 年发表了《社会组织与经济理论组织》一书。韦伯认为，一切社会组织都是建立在等级、权威、行政制的基础之上，为了实现组织的目标，要把组织中的全部活动分解为各种基本业务，以分配给组织中的每个成员。要求用责权合一的等级原则把各类成员组织起来，形成一个指挥体系或者阶层体系。组织中各人员的工作完全以理性为准则。而这种思想的行政组织体系能够提高工作效率，具有精神性、稳定性、纪律性和可靠性。

三、行为科学管理理论

当泰罗等人创立的科学管理的实质被工人识破，而开始日益无效时，从 1930 年到 1945 年，以梅奥、马斯洛为代表的资产阶级经济管理学者为了挽救颓势，把资本主义的社会学和心理学等引进了企业管理领域，提出了用调节人际关系、改善劳动条件、注重人的内在因素等办法来提高劳动生产率。

1. 霍桑实验和梅奥的人际关系学说

霍桑实验是从 1924 年到 1932 年在美国芝加哥郊外的西方电气公司的霍桑工厂中进行的。霍桑工厂具有较完善的娱乐设施、医疗制度和养老金制度，但是工人仍然有很强的不满情绪，生产效率低下。为此美国国家研究委员会组织了有多方面专家参加的著名的霍桑实验。实验分为 4 个阶段：照明试验、继电器装配工人小组试验、大规模访问交谈和对接线板接线工作室的实验。

梅奥于 1927 年被邀请参加并主持霍桑实验，他推测，影响劳动生产率的原因并不是物质条件的变化，而是其他方面的因素。在随后的几年试验和研究中，梅奥的假设得到了证实。

梅奥总结了霍桑实验的成果，于 1933 年发表了《工业文明中的问题》一书。在书中他阐述了与古典管理理论不同的观点——人际关系学说，其主要观点有以下几个方面：

(1) 工人是“社会人”，而不是“经济人”。科学管理学派认为金钱是刺激工人积极工作的唯一动力，把人看做经济人。梅奥认为，工人是社会人，除了物质方面的因素外，他们还有社会、心理方面的需求;生产率的高低主要取决于职工的“士气”,而士气则取决于家庭、社会生活及企业中人与人之间的关系。因此不能忽视社会和心理因素对积极性的影响。

(2) 企业中存在着非正式组织。企业成员在共同的工作过程中,相互间必然会产生共同的感情、态度和倾向,形成共同的行为准则和管理,要求个人服从。这就构成一个体系,即“非正式组织”。这种无形的组织有其特殊的规范,影响群体成员的行为,利用得当将是正式组织的一种有益补充。

(3) 生产率的提高主要取决于工人的工作态度以及他与周围人的关系,即孙子兵法里提到的“士气”。梅奥认为,提高劳动生产率的主要途径是提高工人的满足度,即工人对社会因素,特别是对人际关系的满意程度。新型的领导能力在于通过职工心理需求的满足来达到提高劳动生产率和工作效率的目的;新型的领导艺术在于使正式组织满足职工经济需要的功能与非正式组织满足职工的社会心理性需求之间保持平衡。

梅奥的人际关系理论第一次正式地把社会学、心理学引入到企业管理领域中来,有力地冲击了传统管理理论,使管理者认识到他们的下属都是有思想、有情感的活生生的人。人际关系理论的出现,使资本家认识到人才是企业的真正主体,只有充分发挥人的主动作用,才能充分发挥现代技术的作用。

2. 马斯洛的需要层次理论

20 世纪 40 年代美国心理学家亚布拉罕·马斯洛出版了《人的动机理论》一书,论述了作为人的动机基础的需要层次理论。他认为人是有需要的动物,只有未被满足的需要才会对人的积极性产生影响;人有 5 种需要:生理、安全、社交、尊重和自我实现(进入 21 世纪后,有学者把马斯洛的这一理论进一步发展,增加了求知和求美的 2 种需要),而且由低级向高级发展,形成阶梯形的层次,如图 4-3 所示。要激发人的心理内在诱因去努力工作,提高工作效率,就要采取有效的管理措施去满足职工的上述要求。

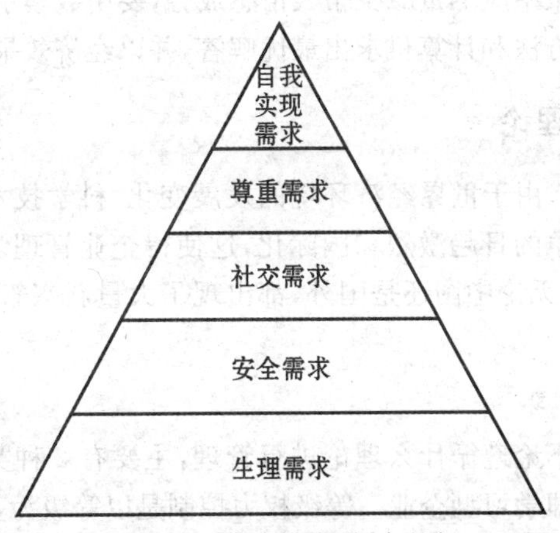

图 4-3　马斯洛的需要层次理论

【内容点睛】

在日常工作生活中,我们都有各种各样的需求,我们也在不断付出努力使自己的需求不断得到满足,使自己的状况不断改善和提升。作为管理者,如何将需求作为一种有益的管理手段,如何探索社会变化引起的需求的新变化,是值得研究的管理问题。

四、现代管理学派

第二次世界大战以后,世界政治形势日趋稳定,各国都致力于发展经济,工商企业活动日益广泛,对企业管理的研究日益深入,出现了百家争鸣的局面,也有人因此称这一阶段为“管理理论的疯人院时代”。现将各种理论学派的基本原理和主要观点分述如下：

(1) 社会系统学派。社会系统学派的代表人物是切斯特·巴纳德。他认为社会的各级组织都是一个由相互协作的个人组成的系统。它包括3个要素：协作的意愿、共同的目标、信息的联系。非正式组织与正式组织互相创造条件，并对正式组织产生积极影响。同时要求各级管理人员在系统中成为相互联系的中心，对协作进行协调，使之保持活力。

(2) 决策理论学派。决策理论学派的代表人物是西蒙。他认为管理的关键是决策，并且决策贯穿于管理的全过程；决策分为程序化决策和非程序化决策；决策和决策者在系统中具有重要作用。

(3) 系统管理学派。系统管理学派的代表人物是弗里蒙特·卡斯特，著有《系统理论和管理》一书。他认为企业是一个人造的开放系统，由多个子系统组成，并与环境保持协调；管理靠系统实现。他侧重从系统的观点来考查和管理企业，以提高生产效率。他对当代系统管理经济中的自动化、控制论、管理情报系统、权变理论的发展有重要影响。

(4) 经验主义学派。经验主义学派的代表人物有彼得·德鲁克和欧内斯特·戴尔等。德鲁克的代表作是《管理的实践》和《管理：任务、责任、实践》；戴尔的代表作是《伟大的组织者》。他们认为以往的“科学管理理论”和行为科学已不能适应现代管理的需要，管理科学应建立在目前成功或失败的企业管理经验和教训之上，并以此作为当代经济管理理论的基点。

(5) 权变理论学派。权变理论学派的代表人物有伍德沃德和杰伊·洛希。伍德沃德著有《工业组织：理论和时间》一书，洛希著有《企业分类研究法》一书。他们认为组织和成员的行为是复杂和变化的，因此不存在一成不变、普遍适用的“最好的”管理理论和方法，一切应因时、因地、因人、因事、因环境而变化。这种经济理论有一定的实用价值。

(6) 管理科学学派。管理科学学派的代表人物有埃尔伍德·斯潘赛·伯法等人，伯法著有《现代生产管理》一书。他认为在决策中应尽量减少个人情感成分，要用数学手段来表示计划、组织、控制、决策等合乎逻辑的程序，用数理方法和计算机求出最优解答，并以经济效果作为决策的依据。

五、新兴管理思想和理论

进入20世纪90年代以后，由于世界经济环境的发展变化，科学技术尤其是信息技术的突破性的进展和广范围的应用，市场竞争的日趋激烈和国际化，这使得企业管理学在管理思想、方法、手段和组织等诸多方面都有新的进展。无论中国还是国外，都出现了大量新兴管理思想和理论，这里介绍一些比较著名的管理思想和理论。

1. 彼得·圣吉的学习型组织

当今世界上所有的企业，不论遵循什么理论进行管理，主要有2种类型：一类是等级权力控制型；另一类是非等级权力控制型，即学习型企业。等级权力控制是以等级为基础，以权力为特征，对上级负责的垂直型单向线性系统，它强调“制度＋控制”，使人“更勤奋地工作”，达到提高企业生产效率、增加利润的目的。权力控制型企业管理在工业经济时代前期发挥了有效作用，它对生产、工作的有效指挥具有积极意义。但在工业经济后期，尤其是进入信息时代、知识代以后，这种管理模式越来越不能适应企业在科技迅速发展、市场瞬息万变的竞争取胜的需要。企业家、经济学家和管理学家们都在探寻一种更有效的能顺应发展需要的管理模式，即另一类非等级权力控制型管理模式，学习型组织理论就是在这样一个大背景下产生的。

学习型组织最初的构想源于美国麻省理工大学佛瑞斯特教授，作为佛瑞斯特的学生，彼得·圣吉称为学习型组织理论的奠基人。他用了近十年的时间对数千家企业进行研究和案例分析，于1990年完成其代表作《第五项修炼——学习型组织的艺术与实务》。他指出现代企业所欠缺的就是系统思考的能力。它是一种整体动态的搭配能力，因为缺乏它而使得许多组织无法有效学习。之所以会如此，正是因为现代组织分工、负责的方式将组织切割，而使人们的行动与其时空上相距较远。当不需要为自己的行动的结果负责时，人们就不会去修正其行为，也就是无法有效地学习。

1) 学习型组织的内涵

(1) 学习型组织基础——团结、协调及和谐。组织学习普遍存在"学习智障"，个体自我保护心理必然造成团体成员间相互猜忌，这种所谓的"办公室政治"导致高智商个体，组织群体反而效率低下。从这个意义上说，班子的团结，组织上下协调以及群体环境的民主、和谐是建构学习型组织的基础。

(2) 学习型组织核心——在组织内部建立完善的"自学习机制"。组织成员在工作中学习，在学习中工作，学习成为工作新的形式。

(3) 学习型组织精神——学习、思考和创新。此处学习是团体学习、全员学习，思考是系统、非线性的思考，创新是观念、制度、方法及管理等多方面的更新。

(4) 学习型组织的关键特征——系统思考。只有站在系统的角度认识系统，认识系统的环境，才能避免陷入系统动力的旋涡里去。

(5) 组织学习的基础——团队学习。团队是现代组织中学习的基本单位。许多组织不乏就组织现状、前景展开的热烈辩论，但团队学习依靠的是深度会谈，而不是辩论。深度会谈是一个团队的所有成员，摊出心中的假设，而进入真正一起思考的能力。深度会谈的目的是一起思考，得出比个人思考更正确、更好的结论；而辩论是每个人都试图用自己的观点说服别人同意的过程。

2) 学习型组织的五项要素

(1) 建立共同愿景。愿景可以凝聚公司上下的意志力，透过组织共识，大家努力的方向一致，个人也乐于奉献，为组织目标奋斗。

(2) 团队学习。团队智慧应大于个人智慧的平均值，以做出正确的组织决策，透过集体思考和分析，找出个人弱点，强化团队向心力。

(3) 改变心智模式。组织的障碍，多来自于个人的旧思维，例如固执己见、本位主义，唯有透过团队学习，以及标杆学习，才能改变心智模式，有所创新。

(4) 自我超越。个人有意愿投入工作，专精工作技巧的专业，个人与愿景之间有种"创造性的张力"，正是自我超越的来源。

(5) 系统思考。应通过资讯搜集掌握事件的全貌，以避免见树不见林，培养纵观全局的思考能力，看清楚问题的本质，有助于清楚了解因果关系。

学习是心灵的正向转换，企业如果能够顺利导入学习型组织，不仅能够获得更高的组织绩效，还能够带动组织的生命力。

2. 卡普兰的平衡计分卡

平衡计分卡是哈佛大学教授卡普兰与诺朗顿研究院的诺顿对美国12家绩效管理成绩卓著的公司进行一年的研究之后，于1992年总结其经验提出的管理工具，是一种新的战略性绩效管理系统和方法，其将传统的财务指标和非财务指标结合起来评估企业的绩效。

平衡计分卡的核心思想就是通过财务、客户、内部流程及学习与发展四个方面的指标之间的相互驱动的因果关系展现组织的战略轨迹，实现绩效考核、绩效改进以及战略实施、战略修正的战略目标过程。它把绩效考核的地位上升到组织的战略层面，使之成为组织战略的实施工具。

(1) 财务——"股东如何看待我们"。它主要考量管理者的努力是否对企业经济收益产生了积极的作用，因此是其他3个方面的出发点和归宿。财务指标主要包括收入增长指标如销售额、利润额，成本减少或生产率提高指标，资本利用率或投资战略指标等。由于财务数据是有效管理企业的重要因素，因此财务目标大多是管理者优先考虑的目标。

(2) 顾客——"顾客如何看待我们"。"顾客满意度的高低是企业成败的关键"，因此现代企业的活动必须以客户价值为出发点，以顾客的角度从时间（交货周期）、质量、服务和成本几个方面关注市场份额以及顾客的需求和满意程度来看一个企业。顾客指标体现了企业对外界变化的反应，主要包括市场份额、客户保留度、客户获取率、客户满意度、客户利润贡献率、送货准时率、产品退货率、合同取消数等。

(3) 内部业务流程——“我们擅长什么”。它反映企业内部效率，关注导致企业整体绩效更好的，特别是对顾客满意度有重要影响的过程、决策和行动。主要指标有：①评价企业创新能力的指标，如新产品开发所用的时间、新产品销售额在总销售额中所占的比例、所耗开发费用与营业利润的比例等；②评价企业生产经营绩效的指标，如产品生产时间和经营周转时间、产品和服务的质量、产品和服务的成本等；③评价企业售后服务绩效的指标，如企业对产品故障的反应时间和处理时间、售后服务的一次成功率、客户付款的时间等。

(4) 学习与成长——“我们是在进步吗”。它将注意力引向企业未来成功的基础，涉及人员、信息系统和市场创新等问题，评估企业获得持续发展能力的情况，主要包括：①评价员工能力的指标，如员工满意程度、员工保持率、员工工作效率、员工培训次数等；②评价企业信息能力的指标，如信息覆盖率、信息系统反映的时间、当前可能取得的信息与期望所需要信息的比例等；③评价激励、授权与协作的指标，如员工所提建议的数量、所采纳建议的数量、个人和部门之间的协作程度等。根据指标彼此的“因果关系”形成相辅相成的链条，并以兼顾4方面的“平衡”来追求组织的整体效益和健康发展。

平衡记分卡中“平衡”的意义在于：短期目标与长期目标之间的平衡；财务指标与非财务指标之间的平衡；滞后指标与领先指标之间的平衡；外部人员与内部人员之间的平衡。

平衡记分卡方法的引入改变了企业以往只关注财务指标的考核体系的缺陷，仅关注财务指标会使企业过分关注一些短期行为而牺牲一些长期利益，比如员工的培养和开发，客户关系的开拓和维护等。

平衡记分卡最大的优点在于：它从企业的4个方面来建立起衡量体系：财务、客户、业务管理和人员的培养和开发。这四个方面是相互联系、相互影响的，其他3类指标的实现，最终保证了财务指标的实现。同时平衡记分卡方法下设立的考核指标既包括了对过去业绩的考核，也包括了对未来业绩的考核。

另外，卡普兰认为，运用平衡计分卡的难点在于试图使其“自动化”。平衡计分卡中有一些条目是很难解释清楚或者是衡量出来的。财务指标当然不是问题，而非财务指标往往很难去建立起来。平衡计分卡的另外一个缺点是它很难去执行。一份典型的平衡计分卡需要5～6个月去执行，另外再需几个月去调整结构，使其规则化。从而总的开发时间经常需要一年或者更长时间。衡量指标有可能很难去量化，而衡量方法却又会产生太多的绩效衡量指标。

3. 长尾理论

长尾理论是网络时代兴起的一种新理论，由美国人克里斯·安德森提出。长尾理论认为，由于成本和效率的因素，当商品储存流通展示的场地和渠道足够宽广，商品生产成本急剧下降以至于个人都可以进行生产，并且商品的销售成本急剧降低时，几乎任何以前看似需求极低的产品，只要有人卖，都会有人买。这些需求和销量不高的产品所占据的共同市场份额，可以和主流产品的市场份额相比，甚至更大。

简单地说，所谓**长尾理论**是指，商业和文化的未来不在于传统需求曲线上那个代表“畅销商品”的头部；而是那条代表“冷门商品”经常为人遗忘的长尾。举例来说，一家大型书店通常可摆放10万本书，但亚马逊网络书店的图书销售额中，有四分之一来自排名10万以后的书籍。这些“冷门”书籍的销售比例正高速成长，预估未来可占整个书市的一半。这意味着消费者在面对无限的选择时，真正想要的东西和想要取得的渠道都出现了重大的变化，一套崭新的商业模式也跟着崛起。

4. 蓝海战略

蓝海战略最早是由W·钱·金和勒妮·莫博涅于2005年2月在两人合著的《蓝海战略》一书中

提出。

蓝海战略认为，聚焦于红海等于接受了商战的限制性因素，即在有限的土地上求胜，却否认了商业世界开创新市场的可能。运用蓝海战略，视线将超越竞争对手移向买方需求，跨越现有竞争边界，将不同市场的买方价值元素筛选并重新排序，从给定结构下的定位选择向改变市场结构本身转变。

如果把整个市场想象成海洋，这个海洋由红色海洋和蓝色海洋组成，红海代表现今存在的所有产业，这是已知的市场空间；蓝海则代表当今还不存在的产业，这就是未知的市场空间。那么所谓的蓝海战略就不难理解了，**蓝海战略**其实就是企业超越传统产业竞争、开创全新市场的企业战略。“红海”是竞争极端激烈的市场，但“蓝海”也不是一个没有竞争的领域，而是一个通过差异化手段得到的崭新的市场领域，在这里，企业可以凭借其创新能力获得更快的增长和更高的利润。用简单的话来解释：红海就是红色的大海，防鲨网的范围之内，水质混浊，营养贫乏，人很多，在这个小范围之内竞争激烈；而相对蓝海就是蓝色的大海，防鲨网之外海之深处，水质良好，营养物丰富，范围也相当广泛，竞争的人也少，蓝海竞争的胜者将得到比红海竞争者更多的利益。

第三节 企业管理概述

一、企业管理的含义

企业管理就是由企业管理人员或管理机构对企业的经营活动过程进行计划、组织、指挥、控制和激励，以提高经济效益，实现赢利这一目的活动的总称。

现代企业管理就是在企业采用先进的生产技术条件下，把管理看成一个过程体系，以电子计算机为手段，与现代通信技术、管理信息技术相结合，把系统工程学、工业工程学、控制论、运筹学、数理统计以及社会学、行为科学、管理心理学等，应用于生产经营的研究和管理，按照自然规律、技术规律、经济规律等规律，正确处理人与人、人与物、物与物的活动规律的科学，它是一门多学科的综合性学科。

二、企业管理的任务

企业管理的根本任务是：根据国家计划和市场需求，发展商品生产，创造财富，增加积累，满足社会和人民群众日益增长的物质和文化生活的需要。生产经营活动是企业的主要活动，企业管理的上述任务主要是在生产经营活动过程中实现的。为此，搞好企业管理必须搞好生产经营活动的投入、转换、产出等工作，以提高企业的经济效益，实现管理目标。

企业管理还必须在坚持物质文明建设的同时，坚持社会主义精神文明建设，为培养一支有理想、有道德、有纪律、有文化的职工队伍做贡献。要通过企业的思想政治工作、文化培育、生产经营活动的实践实现以上任务。这两方面的任务是相互结合、互为联系的。

三、企业管理的内容

企业管理的研究内容主要包括以下几项：

1. 人事、组织和计划的管理

人指的是企业职工、领导者与被领导者、管理者与被管理者、技术人员与管理人员、基本生产工人与辅助生产工人等。组织、计划的管理包括：建立民主与集中的领导体制，建立企业领导班子，发挥领导权威，改进领导作风和工作方法；建立合理的管理体制、组织机构和规章制度；设置主要职能机构和配备管理人员，划分各级管理机构的业务范围和职责权限，推行责任制度；职工的录用与考核，干部的配备、遴选，职工培训，职工奖惩；职工的思想政治工作，职工“四有”队伍的建设，精神奖励与物质利益，职工的劳动工资管理，集体福利事业的管理等。

2. 经营决策管理

根据国家计划和市场需求确定经营目标,制订经营计划,组织力量实施经营计划,并把商品销售到社会、市场、消费者中去。具体内容包括:经营管理的外部环境分析,企业内部条件分析,经营的预测与决策,经营的计划工作,产品计划与决策,销售决策与计划,财务决策与计划等。

3. 生产管理

生产管理主要是对工业企业的生产活动进行管理。通过计划、组织、指挥与控制等,保证企业按既定的目标产品品种、数量、质量、期限、成本生产产品。生产管理具体内容包括:生产技术经济准备,生产过程组织,劳动组织与劳动定额,生产计划,生产作业计划与控制,生产调度,原材料、元器件采购供应和在制品管理,安全生产,文明生产等。

4. 技术与质量管理

企业的科学技术与质量管理,是为了保证生产经营活动有效地进行而开展的。技术与质量管理包括:新产品的开发,老产品的改造;生产技术准备工作,技术革新、技术改进、技术经济分析与价值工程的应用;设备更新、维护与修理,安全与环保;质量管理与可靠性分析等。

5. 成本财务管理

成本财务管理包括:成本管理、价格管理、利润管理、固定资金和流动资金管理,财务收支计划和企业内部经济核算的组织等。

第四节 企业管理的新发展

企业管理学不同于其他学科,它是一门实践导向很强的科学,是一门科学,也是一门艺术。纵观企业管理思想和理论的发展历史,它经历了古典管理理论阶段、行为科学阶段和现代管理理论阶段,形成了庞大的企业管理学知识体系。客观地讲,面对长期以来形成的管理思想和理论相关的庞大知识体系和众多流派,而且这些内容还在不断地丰富、细化、交叉和发展,管理学的新学科、新分支还在不断地产生,因此很难归纳出一条企业管理学发展的逻辑主线。

进入 20 世纪 90 年代以后,由于世界经济环境的发展变化,科学技术尤其是信息技术的突破性的进展和广泛应用,市场竞争的日趋激烈和国际化,这使得企业管理学在管理思想、方法、手段和组织等诸多方面都有新的发展。其中具有相当影响的主要包括:战略管理领域的核心能力理论、动态能力理论、战略联盟、知识管理、企业资源理论、嵌入理论、社会资本理论等;组织管理领域的学习型组织、危机管理、流程再造、虚拟企业等;人力资源管理领域的心理契约、EVA 法、平衡计分卡、职业生涯设计、人本管理、团队管理、员工持股计划、股票期权计划等;生产管理领域的供应链管理、企业资源计划、六西格玛管理、敏捷制造、精益生产、计算机集成制造、大规模定制、界面管理、标杆管理、清洁生产等;营销管理领域的顾客价值管理、客户关系管理、网络营销、绿色营销、关系营销、整合营销、服务营销、直复营销、渠道管理、顾客忠诚管理、顾客满意度管理、连锁经营等;企业文化领域的跨文化管理、企业形象设计等。

应该说,这些理论、方法或者思想有些是可以具体对应到分支学科,属于这些分支学科的新进展,但有些则难以仅仅归结到一个学科分支中,有的则可以认为属于创建了一个新的企业管理学学科分支。实际上,这些创新和发展正逐渐改变传统的企业管理学教科书内容,企业管理学正悄悄地进行着一场革命。未来的企业管理,将有以下趋势和特点。

一、战略管理成为企业发展的蓝图和指针

企业战略研究的重点是怎样有效地配置稀缺资源的艺术,是关于怎样在这种变化不定的大环境中

进行协调各种因素和矛盾并进行决策的学问。这对企业来说，决定着其在一个不可预测的环境中如何求得生存和发展，是对企业具有全局意义的大问题。

由于受全球化的影响，现在企业要立足当地，放眼世界，不能再把视野局限于自己所在地区。市场的全球化已导致竞争的全球化。现在一个企业如果不将其所在领域中处于领先地位的同行所设置的标准来作为衡量自己的尺度，作为自己的战略目标，那么这个企业在竞争中就难以发展，甚至难以生存。

在这变幻不定的时代，一个企业最要不得的是思维方式一成不变。关键是要去尝试一下不同于以往的做法。能否打破常规，去改变原来的经营之道，往往成为企业间竞争胜负的分水岭。

二、网络及信息系统成为企业的神经系统

信息革命的到来，互联网络的冲击，网络的兴起与普及都影响和改变着着传统的经营思路与经营方式，工业经济时代的游戏规则正在改变，网络带来了一种全新的经济模式，这对企业管理带来的变化是革命性的。

网络的出现使企业内外环境产生了巨大变化，这对企业传统的经营思路与经营方式产生了重大冲击。这一点在近几年电子商务的出现与迅猛发展上体现得尤为突出。对企业来说，电子商务使其经营方式出现了与传统方式根本不同的变化。最典型的例子是美国西雅图的亚马逊网上销售公司，它既没有店铺，也没有库房，节省大量租金、库存与员工的管理费用，现在成了美国最大的书商。

电子商务方便、快捷的特点与优点对传统商业产生了巨大冲击，显然这已成为世界商务领域的新潮流。这个浪潮来到之迅速，影响之深，收益面之广泛，超过了以往任何一次技术革命。但现在还只是刚刚开始，预计前景将会有更大、更快的发展。电子商务的应用，对企业来说提供了新的无限商机。但是正因为网络的特点，对所有网户机会均等，仅仅由于你比别人慢半拍，一个好的机会就会眼看着落入你竞争对手之手。

三、知识及知识工作者成为企业重要的生产力

人类社会的发展以农业经济为主长达数千年，随着工业革命而转向以工业经济为主。现在正面临着第三次转变，即在工业经济发展到成熟期后，出现了另一种经济形式，即知识经济正在逐步发挥出主导作用。

应该说知识不同于其他物质资源，物质资源在使用中是不断消耗的，而知识则是越使用越能增值，而且其传播不受时空限制。特别是现在，借助于网络，它的传递可瞬间到达全球各处，科技创新则是知识经济的本质要素。在新的世纪里，知识将越来越成为发展经济的关键资源与动力。

随着知识对发展经济的作用被认识和发挥，在劳动人口中从事知识工作的知识工作者也在不断增加。他们正成为发达国家重要的劳动力构成。美国的知识工作者已占全美劳动力的 2/5，而其作用也日益显示出来。

新世纪对管理的最重要贡献将是提高知识工作者的生产力，这也是 21 世纪对管理的最大挑战。

知识工作者与上级不是从属关系，而是伙伴关系。对知识工作者不能用简单化的发号施令，而是要通过协商说服和引导。要了解他的价值观是什么，他能够作出的贡献是什么。对知识工作者的管理是要使他心悦诚服地在其工作岗位上发挥自己的才能，而不再去寻找另外的机会。

从经济学的理论来说，劳动力是成本，这对手工工作者是正确的。可是对知识工作者来说，则不应看做是“成本”，而应看做是一份“资产”。成本是要加以控制和降低的，而资产则是应使之增值的。

美国管理学家彼得·德鲁克曾预言，在今后 50 年，世界经济的领导地位将会让位于能最系统并最成功地提高知识工作者生产力的国家和产业。总之，知识工作者及其生产力的问题将成为今后几十年发展经济的关键问题，会对经济体制的结构和性质带来根本性变化。

四、柔性管理将进一步突出

柔性管理从本质上说是一种对“稳定和变化”进行管理的新方略。柔性管理理念的确立，以思维方式从线性到非线性的转变为前提。线性思维的特征是历时性，而非线性思维的特征是共时性，也就是同步转型。从表面混沌的繁杂现象中，看出事物发展和演化的自然秩序，洞悉下一步前进的方向，识别潜在的未知需要和市场，进而预见变化并自动应付变化，这就是柔性管理的任务。

柔性管理以“人性化”为标志，强调跳跃和变化、速度和反应、灵敏与弹性，它注重平等和尊重、创造和直觉、主动和企业精神、远见和价值控制，它依据信息共享、虚拟整合、竞争性合作、差异性互补、虚拟实践社团等，实现管理和运营知识由隐性到显性的转化，从而创造竞争优势。

“柔性管理”是相对于“刚性管理”提出来的。“刚性管理”以“规章制度为中心”，用制度约束管理员工。而“柔性管理”则“以人为中心”，对员工进行人格化管理。

“柔性管理”的最大特点，在于它主要不是依靠外力。如发号施令，而是依靠人性解放、权利平等、民主管理，从内心深处来激发每个员工的内在潜力、主动性和创造精神，使他们能真正做到心情舒畅、不遗余力地为企业开拓优良业绩，成为企业在全球激烈的市场竞争中取得竞争优势的力量源泉。

“柔性管理”的特征是内在重于外在，心理重于物理，身教重于言教，肯定重于否定，激励重于控制，务实重于务虚。显然，在知识型企业管理柔性化之后，管理者更加看重的是职工的积极性和创造性，更加看重的是职工的主动精神和自我约束。

“柔性管理”在未来企业管理中的作用表现在以下几个方面：

(1) 激发人的创造性。

(2) 帮助企业更好地适应瞬息万变的外部环境。

(3) 满足企业柔性生产的需要。

五、加强风险控制是成就百年企业的基本

企业经营风险普遍存在，主要包括各种潜在的损失、损坏以及因未采取保险措施而对企业造成的损失。常见的风险有火灾、盗窃、风灾、员工或顾客发生意外、坏账损失、业务中断、丧失经营机会以及企业经营者在日常生活中的个人风险等，这些潜在的损失都应该引进足够的重视，就像重视产品质量或经营效果一样。在当今瞬息万变的经营环境中，企业更应该重视风险，否则就可能出现“千里大堤，溃于蚁穴”的严重后果。

因此，近些年来风险管理逐步成为国际上关注的热点，在一些发达国家，风险管理不仅在理论上发展迅速，而且很多企业都已认识到风险管理的重要性，越来越多地将风险管理应用到企业管理的各个方面。尤其是在诸如安然、世通等事件发生后，风险管理更加为各国所重视，美国还出台了萨班斯—奥克斯利法案来规范上市公司的行为，萨班斯—奥克斯利法案被称为是自罗斯福总统以来对美国商业界影响最为深远的改革法案。

我国对风险管理的研究开始于20世纪80年代，一些学者将风险管理和安全系统工程理论引入国内，在少数企业试用中感觉比较满意。中国大部分企业缺乏对风险管理的认识，也没有建立专门的风险管理机构。作为一门学科，风险管理学在中国仍旧处于起步阶段。在我国，风险管理理论的发展及应用相对滞后，有相当一部分企业普遍存在风险管理意识不足、缺乏风险策略、风险管理较为被动、缺少风险管理专业人才以及风险管理技术、资金不足等问题。

课后练习

1. 思考题

(1) 管理的特性有哪些？管理系统都包含哪些内容？

(2) 简要阐述管理者的角色和技能。

(3) 管理者的主要职能是什么?

(4) 谈谈你印象最深或感受最深的管理思想和理论。

(5) 分析一下未来世界管理发展的新趋势。

2. 案例分析

书吧的日常管理

经过3个月的运行,书吧的各项工作看似逐渐进入正常的轨道。不过最近,作为“老板”的你,经常听到游锋抱怨说自己的工作量大,占用时间多,影响了本职学习任务;而做书吧宣传和会员管理的汪凯就轻松多了,就是在校园里贴贴海报,到宿舍搞搞宣传推广,不用天天待在书吧里。受此影响,游锋工作热情开始下降,书籍、报刊的损坏情况开始严重,摆放也变得有些凌乱。同时,你发现,你们三个人本来关系挺好的,现在开始有隔阂了。

(1) 你认为你碰到的是什么问题?

(2) 作为管理者,如何协调大家之间的关系?

(3) 下一步你准备采取哪些办法改善这种状况?

3. 实训题

(1) 假如你是班长,请设计一套方案,解决班里日益严重的学生逃课问题。

(2) 假如你和几个志同道合的同学创立了一个学生街舞社团,你准备怎么去管理。

第二篇　现代企业战略管理

商场如战场，企业战略管理就如同作战的指导方针，引导着战争的走向。战略管理不当，会让企业偏离方向，误入歧途。正确的企业战略管理会引着企业避过险滩、暗礁，最终到达胜利的彼岸。

在进行企业战略管理时，首先要了解自己，了解对手，了解所处的环境。所谓"知己知彼，方能百战百胜"。尤其是竞争激烈的今天，外部环境变化迅速，企业战略也要随之进行相应的调整。因此，了解企业管理环境，是企业战略管理的必要前提。

企业战略管理既是企业开业时的既定方针，同时也是企业经营过程中需要不断调整的重要企业管理内容。企业战略的既定方针是在创办企业时就要思考的问题：企业的战略选择是什么？企业的竞争地位处在什么位置？采取什么样的竞争战略与现有企业展开竞争？等等。这些内容都是需要在创建企业时就认真思考并做出决定的。企业战略的不断调整是指在企业运行过程中，随着外部环境的变化，随着竞争企业的战略调整，企业自身的经营战略也要适时而变，及时调整，以适应竞争的需要。

第五章 现代企业管理环境

学习目标

(1) 认识到研究和理解企业环境的重要性。
(2) 掌握企业的宏观环境和行业环境因素。
(3) 学会分析企业的竞争优势所在。
(4) 学会使用 SWOT 分析法。

课程导入案例

柯达帝国衰落的启示

2012 年 1 月,柯达这个拥有 130 多年历史的摄影器材公司,正式向法院递交破产保护申请。虽然破产保护并不意味着柯达从此丧失重生的希望,但是曾经的摄影帝国走到如今衰落的境地,绝非偶然。柯达在辉煌时期,曾经占据全球 60%的市场份额,是无可置疑的霸主,本着“只要是图片就是我们的业务”,创造了全球传统胶卷市场的神话。然而,随着数码成像技术的发展与普及,消费者的需求迅速从“胶卷”转向“数码”,而柯达所能提供给消费者的利益日渐无法满足消费者的需求。截至 2002 年底,2 300万的美国家庭拥有了数码相机,比上一年增加了 57%。当时据美国胶片市场国际协会预测,2003 年将是美国有史以来数码相机销量超过传统胶片相机的第一年,数码相机销量将达到 1 570 万台,而传统相机销量为 1 060 万台。数字化的潮流已无法逆转。在 2005～2010 年,柯达仅有一年盈利,其余年份均亏损。2011 年 7 月份以来,柯达希望通过出售 1 000 多项专利来提高经营业绩,据分析,这些专利的出售将会给柯达带来 20 亿美元至 30 亿美元收入。但是,这仍无法弥补公司主营业务业绩下滑带来的冲击。仅 2011 年三季度,柯达公司的亏损额就高达 2.22 亿美元。

其实柯达还是数码影像技术的开创者。早在 1976 年,柯达就发明了世界上第一台数码相机,并将其用于航天领域;至今柯达拥有多达 1 000 多项的数码成像专利技术,为同行业之最。1998 年,柯达开始生产民用数码相机,但是缺乏长远而明晰的战略——对传统影像业务的倚重,担心数码新业务会对传统业务造成不利影响而将数码影像技术“雪藏”,并坚持固守传统胶片市场,使得柯达错估了数码影像市场的发展速度。

百年巨头柯达轰然倒下的主要原因,在于未能认清行业的发展趋势并顺势为之,以致其产品逐渐失去了消费者的青睐。由于对于现有技术带来的现实利润和新技术带来的未来利润之间的过渡时机把握不当,造成柯达大量资金用于传统胶片工厂生产线和冲印店设备的低水平简单重复投资,挤占了对数字技术和市场的投资,加大了退出和更新成本,使公司陷于知错难改的窘境。另外,决策层迷恋既有优势,管理层作风偏于保守,满足于传统胶片产品的市场份额和垄断地位,缺乏对市场的前瞻性分析,没有及时调整公司经营战略重心和部门结构,决策犹豫不决,错失良机。

生于胶片,死于数码,柯达破产的悲剧告诉我们:企业在抱残守缺中死亡,在创新和转型中发展壮大。成熟技术有被新技术替代的风险，今天的畅销品也许明天就将无人问津。在市场竞争中，没有经久不衰的企业，没有经久不衰的产品，只有经久不衰的创新和转型。

第一节　企业外部环境分析

任何一个组织都不是孤立存在的，总要与周围的环境发生各种联系。企业作为一个开放的系统，在其内部以及和它的外部环境要素之间发生着物质和信息的交换，通常企业的活动会受到内部和外部环境的影响。

企业外部环境是指存在于企业之外，对企业的生存和发展产生决定性影响的各种因素的总和。企业外部环境极其复杂，按照其对企业影响的范围和深度的不同，一般可分为两大类：一是企业的一般宏观环境因素，包括政治法律因素、经济因素、社会文化因素和科技因素，它们对企业的影响往往是间接的或潜在的；二是行业环境因素，包括购买者、供应商、替代品、竞争者和潜在进入者等，它们对企业的影响往往是直接的或明显的。这两类环境因素与企业内部条件的关系如图 5-1 所示。

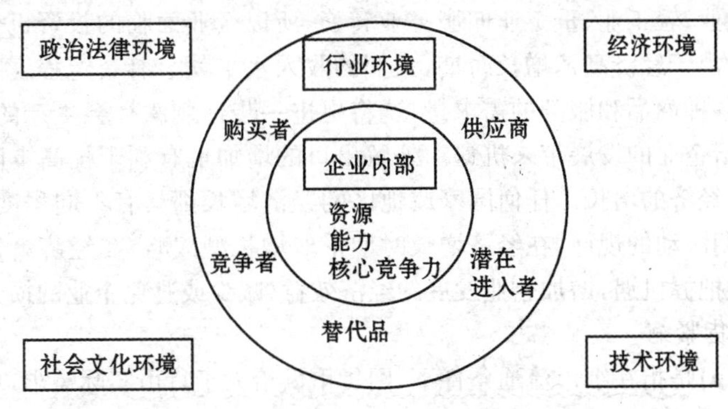

图 5-1　企业与环境关系示意图

一、企业的宏观环境

宏观环境又称一般环境，是指能影响一切行业和企业的间接环境因素。对于宏观环境因素，不同行业和企业根据自身特点和经营需要，分析的具体内容会有差异，但是一般采用 PEST 分析法，即分析政治法律(Political)环境、经济(Economical)环境、社会文化(Social)环境和技术(Technical)环境。

1. 政治法律因素

政治法律因素是指对企业经营活动具有现存的和潜在作用与影响的政治力量，同时也包括对企业经营活动加以限制和要求的法律和法规等。具体说，政治因素包括国家的政治体制、执政党所要推行的基本政策及稳定性和连续性、国际关系等方面。这些基本的政策包括产业政策、税收政策、补贴政策等。

产业政策就是当一国产业处于比其他国家产业落后的状态的时候，为加强本国产业所采取的各种政策，或者政府为改变产业间的资源分配和各种产业中私营企业的某种经营活动而采取的政策。

税收政策同样影响着企业的战略决策，企业总是愿意将资金投向那些具有较高需求，且税率较低的产业。

国家财政补贴政策是国家协调经济运行和社会各方面利益分配关系的经济杠杆，也是发挥财政分配机制作用的特定手段。我国财政补贴大部分用于以粮、棉、油、猪为主的农产品价格补贴来支持农业生产的发展。

为了促进和指导企业的发展，国家颁布了一系列用于规范企业与市场行为的法律法规，如企业破产法、企业所得税法、物权法、价格法、劳动法、商标法、质量法等。企业在制订战略和进行管理时，要了解既有法律的规定，也要特别关注一些酝酿之中的法律一旦被通过给企业带来的是机会还是威胁。如2007年底，国务院下发《国务院办公厅关于限制生产销售使用塑料购物袋的通知》(限塑令)明确规定："从2008年6月1日起，在全国范围内禁止生产、销售、使用厚度小于0.025毫米的塑料购物袋"，一些大型塑料生产商因较多的产品不符合要求面临倒闭，零售商和服装行业都受到了较大的影响。

2. 经济环境

经济环境是指构成企业生产和发展的社会经济状况以及国家和地区的经济政策，包括经济发展阶段和周期、经济增长速度、通货膨胀(紧缩)、汇率、是否实行外汇管制等。

1) 经济发展阶段和周期

罗斯托的经济成长阶段论是按照科学技术、工业发展水平、产业结构和主导部门的演变特征，将一个地区、一个国家，甚至全世界的经济发展历史分为6个"经济成长阶段"。即传统社会阶段、为起飞创造前提阶段、起飞阶段、向成熟推进阶段、高额群众消费阶段和追求生活质量阶段。在一个国家发展的过程中，主导产业从农业、轻工业、重工业向服务业转换，所以企业面临的投资机会是不同的。具体来说，当一个国家或地区出于经济高速增长时期，人们的收入水平就会有一定程度的提高。人们收入水平的提高自然会增加各种商品和服务的需求量，这将更进一步地刺激社会生产的需求，使经济增长进一步加快，这时候，会给企业的发展带来机遇。外贸出口的增加也有利于提高本国或本地区居民的收入水平，有利于本地区经济的增长。任何国家或地区的经济增长都具有不同程度的周期性，企业要注意或正确把握经济周期波动的规律，在经济增长时期采取增长型战略，在经济萧条时期到来之前采取紧缩战略，就可以合理把握机遇，增加企业发展的经济效益，减少或避免企业的损失。

2) 通货膨胀或通货紧缩

通货膨胀(Inflation)是指在纸币流通条件下，因货币供给大于货币实际需求，也即现实购买力大于产出供给，导致货币贬值，而引起的一段时间内物价持续而普遍地上涨现象。**通货紧缩(Deflation)**是指当市场上流通的货币减少，人们的货币所得减少，购买力下降，使物价进一步下跌。

无论是通货膨胀，还是通货紧缩，对经济发展都有严重的影响，主要体现在以下方面：

(1) 通货膨胀对经济的影响。一方面，在名义收入不变的前提下，通货膨胀率越高，实际收入就越低，这就导致消费者的实际购买力下降，从而对市场产品有效需求下降；另一方面，消费者又担心手中持有的货币会随着通货膨胀的持续升高而更加贬值，所以也会将手头的货币急于转化为商品，这又会增加当前市场的需求，可见，通货膨胀对市场需求具有双重的影响。正是由于通货膨胀使未来经济环境很难预测，带来企业制订计划的困难，因此企业需要特别关注通货膨胀的变化。

(2) 通货紧缩对经济的影响。当商品和劳务价格持续下降，货币供应量相应下降，并伴随经济衰退时，经济趋向通货紧缩。通货紧缩使企业经营环境恶化，一方面物价下跌势必导致企业同等规模的生产量只能获得更少的销售收入，从而在生产成本不变时导致企业收益减少；另一方面，在名义利率不变时物价下跌同时意味着实际利率的提高，从而意味着企业的实际偿债负担加重，无论是收益减少，还是实际偿债负担加重，都会导致企业经营环境的恶化。通货紧缩的同时，消费需求也会低迷。因为当物价下跌导致企业销售收入和经营收益下降时，企业一般要对工资进行调整，而工资水平的降低又会导致家庭可支配收入相对减少，从而进一步减少家庭消费需求，使物价进一步下跌。长期的货币紧缩会抑制投资与生产，导致失业率升高及经济衰退。

3) 利率水平

利率水平对企业经营有重要的影响。**利率**是利息率的简称，是指借贷期内的利息额与所借贷金额的比率。利率水平的高低可以反映金融市场上资金的供求关系，是影响企业经营活动的一个重要的经济因素，也是国家对国民经济进行宏观调控的一种重要的经济手段。调整利率水平，可以影响整个社会商品的供求关系。当商品供不应求时，国家就会提高利率，使存款增加，减少社会投资总额，从而使得供求关系趋于平衡。反之，国家就会降低利率。中国人民银行规定的利率水平，对我国金融市场上的利率水平有重要影响。不论是效益好的企业还是效益差的企业，在金融市场上都是资金的需求者，在不考虑其他情况下，市场利率水平的高低直接影响着企业资金成本水平的高低，进而影响企业预期利润的多少，这是企业进行投资决策的重要影响因素。当市场利率下降时，企业的资金成本就低，社会投资规模就会扩大，市场需求就会增加。同时，由于存款利率的降低，居民会把一部分存款用于消费，这些都有利于企业产品的销售，为企业的发展提供了很好的机会。反之，则不利于企业产品的销售。

4）外汇管理

汇率又称汇价，是指一国货币兑换另一国货币的比率，是以一种货币表示另一种货币的价格。由于世界各国货币的名称不同，币值不一，所以一国货币对其他国家的货币要规定一个兑换率，即汇率。汇率是国际贸易中最重要的调节杠杆。因为一个国家生产的商品都是按本国货币来计算成本的，要拿到国际市场上竞争，其商品成本一定会与汇率相关。汇率的高低直接影响着一个国家对外贸易的发展。当一个国家的货币相对于另一个国家的货币升值时，用该国货币表示的同种商品的价格，用另一国的货币表示时就会升高，就不利于该国对另一国的商品出口；反之，就有利于该国对另一国商品的出口。另外，汇率的变动，对一个国家利用外汇的多少也有一定的影响。当一个国家的货币持续不断地贬值时，外资就会不断地从这一国家撤走，不利于该国利用外资。

3. 社会文化环境

社会文化环境包括社会结构、生活方式、城乡差别、就业状况、人口状况、社会风俗、宗教信仰等。这些因素的变化严重社会对企业产品和服务的需求，也改变着企业的战略。一般将其分为人口和文化两个方面。

1）人口因素

人口发展趋势是指未来人口变化情况，包括人口的规模、结构和分布的变化趋势。一个国家或地区未来人口的变化趋势对其今后的经济、社会和人口政策以致整个发展进程都会产生重要的影响和作用。

长期以来，中国引人注目的低成本和高生产率始终是吸引外资和左右全球制造业投资决策的重要因素。但是，由于人口发展变化，中国劳动力成本优势逐渐失去，据统计，我国纺织业的劳动力成本为每小时 0.69 美元，东南亚一些新兴纺织品出口国的成本约为 0.4 美元，使得很多跨国公司准备将部分产品的生产及采购从中国转移出去。当然，老年人市场正在逐步扩大，老年人的消费能力逐渐增强，这就为生产老年人产品或提供老年人服务的企业提供了一个发展机会。

其实，更重要的是人口教育水平，其直接影响着企业人力资源状况，同时，人们受教育水平不同，对商品的需求和鉴别接受能力也不同，接受文字宣传的能力也有区别。

2）文化因素

社会文化是人们的价值观、思想、态度、社会行为等的综合体。人们的购买决策和消费行为都要受到文化因素的影响。不同国家或地区有不同的文化传统，也有不同的亚文化群、不同的社会习俗和道德观念，如朝鲜族人喜食狗肉、辣椒，喜欢穿色彩鲜艳的服饰，群体感强，男子的地位相对要高一些；回族人喜欢白色，禁食猪肉，朝拜是他们生活的重要内容。中国文明的川菜、湘菜等八大菜系，风格各异，就是因地域不同而形成，北方人冬天吃火锅，南方人喜欢吃泡菜、熏肉等。

4. 技术因素

技术因素是指一个国家和地区的技术水平、技术政策、新产品开发能力以及技术发展的动向等。技术的变革在为企业提供机遇的同时，也对它的发展构成了威胁。因此，技术力量可以从两个方面影响企业的战略决策：一方面技术革新为企业创造了机遇，新技术的出现使得社会和新兴行业增加对本行业产品的需求,从而使得企业可以开辟新的市场和新的经营范围。技术进步可能使得企业通过利用新的生产工艺或新的材料等各种途径,生产出高质量、高性能的产品,同时,也可能使产品成本大大降低。另一方面,新技术的出现也使企业面临着挑战。技术进步会使社会对企业产品和服务的需求发生重大变化。如现代存储技术对传统出版、图书馆构成了威胁,数码产品的创新使胶卷和随身听产业全面萎缩;塑料制品业的发展在一定程度上对钢铁业形成了挑战;随着信息技术和互联网的发展,人们更愿意在网上买便宜的东西,使实体店面的销量有下降的趋势,等等。

二、企业的行业环境

与宏观环境相比,行业环境对竞争优势和超额利润的影响更直接。**行业**是指按企业生产的产品或服务的性质、特点,以及它们在国民经济中所起的作用的不同而划分形成的工商业类别,或者说行业是生产相同或类似产品或服务的企业的集合体。一个行业的竞争程度和行业利润潜力可以有 5 个方面的竞争力量反映并决定,即波特五力分析模型。

波特五力分析模型是迈克尔·波特于 20 世纪 80 年代初提出,对企业战略制订产生全球性的深远影响。5 种竞争力量分别是:潜在竞争者进入的能力、供应商的讨价还价能力、购买者的讨价还价能力、替代品的替代能力、行业内竞争者现在的竞争能力。

1. 潜在进入者的威胁

行业的潜在进入者通常会给行业内的原有企业带来很大的威胁,因为它们会与原有企业争夺相同的资源和市场。这种威胁的状况取决于原有企业的反击程度和进入障碍。原有企业对潜在进入者的反击程度,一般视潜在进入者的实力和规模而定,对实力弱、规模小的潜在进入者,原有企业的反击程度不大;对势均力敌的会进行激烈的抵抗;对比自己实力强、规模大的进入者,众多企业可能会联合起来一起反击。当企业发现要进入一个新的行业很困难,或者觉得进入一个新行业将处于竞争劣势,那么这个行业就存在进入障碍。如果进入障碍高,原有企业反击激烈,潜在进入者就难以进入该行业,进入者的威胁就小。

进入障碍主要包括规模经济、产品差异化、资金需求、转换成本、分销渠道、政府行为与政策(如国家综合平衡统一建设的石化企业)、与规模经济无关的成本优势(如商业秘密、产供销关系、学习与经验曲线效应等)、自然资源(如冶金业对矿产的拥有)、地理环境(如造船厂只能建在海滨城市)等方面,这其中有些障碍是很难借助复制或仿造的方式来突破的。

2. 供应商的讨价还价能力

供应商主要通过提高价格或降低产品的质量,来影响行业中现有企业的盈利能力与产品竞争力。如果企业无法通过价格结构消化增长的成本,它的利润就会由于供应商的行为而降低。

供应商讨价还价能力主要取决于他们所提供给买主的是什么投入要素,当供方所提供的投入要素其价值构成了买主产品总成本的较大比例、对买主产品生产过程非常重要、或者严重影响买主产品的质量时,供方对于买主的潜在讨价还价力量就大大增强。一般来说,满足如下条件的供应商会具有比较强的讨价还价能力:

(1) 供方行业为一些具有比较稳固市场地位而不受市场激烈竞争困扰的企业所控制,其产品的买主很多,以至于每一单个买主都不可能成为供方的重要客户。

(2) 供方各企业的产品各具特色,以至于买主难以转换或转换成本太高,或者很难找到可与供方企业产品相竞争的替代品。

(3) 供方能够方便地实行前向联合或一体化,而买主难以进行后向联合或一体化。

3. 购买商的讨价还价能力

购买商可能要求降低购买价格,要求高质量的产品和更多的优质服务,其结果是使行业的竞争者们互相竞争残杀，导致行业利润下降。在下列情况下，购买商有较强的讨价还价能力：一是购买商购买了行业产出的一大部分；二是从这个行业购买的产品占购买商成本的很大部分；三是购买商的行业转换成本低；四是行业产品差别不大或标准化，并且购买商后向一体化进入该行业的可能性很大。

4. 替代产品

替代产品是指那些与本行业的产品有相同功能的其他产品。两个处于不同行业中的企业，可能会由于所生产的产品是互为替代品，从而在它们之间产生相互竞争行为。这种来自替代产品的竞争压力的强度取决于3个方面：首先，现有企业产品售价以及获利潜力的提高，将由于存在着能被用户方便接受的替代品而受到限制；第二，由于替代品生产者的侵入，使得现有企业必须提高产品质量、或者通过降低成本来降低售价、或者使其产品具有特色，否则其销量与利润增长的目标就有可能受挫；第三，源自替代品生产者的竞争强度，受产品买主转换成本高低的影响，常见的转换成本包括可能的额外价格、可能的设备成本、测试替代产品质量和可靠性的时间和成本、断绝老供应关系建立新供应关系的成本、职员培训成本等。综上可知，替代产品价格越低、质量和性能越高、用户转换成本越低，其所能产生的竞争压力就强。

【内容点睛】

所有产业都面临替代的威胁，有的是经济因素，如人造革代替皮革；人造蟹肉代替天然蟹肉。有些是原材料短缺，如各种化学纤维代替棉麻，大豆和玉米可以提炼乙醇来替代石油；有些是技术进步的结果，如电饭锅、电磁炉等对煤气炉的替代，笔记本电脑对台式电脑的替代，平板电脑对笔记本电脑的替代等。

5. 现有竞争者之间的竞争程度

对于大多数行业来说，行业利润水平主要决定于现有企业间的竞争程度。某种形式的竞争，如价格战，对行业稳定性产生很大的破坏，甚至会导致全行业亏损；另一些行业的竞争主要集中在广告、售后服务、技术创新和其他非价格因素上。现有企业竞争的激烈程度主要取决于以下几方面：

(1) 行业内有大量的或势均力敌的竞争者。当行业中存在大量企业时，各企业势必采取更有力的行为，以占有更大的市场份额，这势必在现有竞争者之间形成激烈的竞争。即使行业中企业并不多，如果各企业实力相当时，由于它们都有支持竞争和进行强烈反击的资源，也会使现有企业间的竞争加剧。

(2) 行业增长速度。当行业增长缓慢时，为了尽可能减少闲置生产能力以降低固定成本的影响，企业更愿意在价格或促销上展开激烈的竞争，以争夺市场份额；当行业增长较快时，各个企业都有自己的发展空间，可能不得不动用所有的财务资源和竞争资源去满足公司已有顾客的要求，而不用去挖掘竞争对手的顾客，因而竞争并不激烈。

(3) 固定成本和库存成本。如果行业有非常高的固定成本时，企业为了降低单位产品的固定成本，势必采用增加产量的措施，结果往往导致价格迅速下降。另外，产业的库存成本如果很高，比如产品的体积很大、容易变质或贬值、存储条件要求高，那么企业通过降价或奖励促销的竞争方式扩大销量的动机就越强烈。

(4) 产品差别化和转换成本。当产品缺乏差异时，购买者选择该产品可能考虑更多是价格，这就使生产者在价格上展开竞争，竞争将会激化。同样，转换成本低时，购买者有很大选择自由，也会产生相同的作用。

另外，还有行业生产规模和能力的状况、行业历史和企业战略的不同诉求、退出行业的障碍等都影响着现有企业的竞争关系。

【内容点睛】

五力分析模型深入透彻地阐述了某一给定市场的竞争模式:5种竞争力量的能力,5种竞争力量所带来的竞争压力的特征,整个竞争结构。一般说来,5种竞争力量的影响越强,行业中竞争厂商的联合利润水平就越低。如果进入壁垒很低以至于每一个新厂商都可以获得一个市场立足点,替代品的竞争很激烈,供应商和顾客都有相当的谈判优势,那么从利润角度来看,行业结构是没有吸引力的。

第二节 企业内部环境分析

企业内部环境又称企业内部条件,是指存在于企业之内,企业自身能够自主控制的因素的总和。企业内部条件是企业经营的基础、制订战略的出发点、依据和条件,是竞争取胜的根本。在21世纪的竞争格局中,传统的条件和因素,如劳动力、原材料、地理位置等仍然能为企业创造一定的竞争优势,但是,这些因素的作用和地位逐渐减弱。在新的格局中,资源、能力、核心竞争力组成了企业的内部条件,它们可能比外部环境中的条件对企业的业绩产生更重要的影响。本节内容将依据企业的资源、能力和核心竞争力的逻辑关系展开。

一、企业资源

资源是指一国或一定地区内拥有的人力、财力、物力等各种要素的总称。**企业资源**则是指企业投入生产过程的生产要素,是企业可以控制或拥有的有效要素的总和。企业资源可以是有形的,也可以是无形的。

1. 有形资源

有形资源是指可见的、能量化的资产,主要包括企业的财务资源、实物资源、组织资源和人力资源4个方面。

(1) 财务资源。是指企业的筹资能力和内部资金的再生能力,主要评价指标有资产负债率、资金周转率、信用等级等。

(2) 实物资源。主要是指在使用过程中具有物质形态的固定资产,包括工厂车间、机器设备、工具器具、生产资料、土地、房屋等各种企业财产。在传统工业中,固定资产是企业资源系统的重要组成部分,它是衡量一个企业实力大小的重要标志。

(3) 组织资源。是指企业报告系统以及它正式的计划、控制和协调系统,包括企业组织结构类型、正式的计划和协调机制、各种规章制度等。

(4) 人力资源。是指一定时期内企业中的人所拥有的能够被企业所用,且对价值创造起贡献作用的教育、能力、技能、经验、体力等的总称。人力资源是企业最为重要的资源,如果一个企业在人力资源方面没有优势,那么,没有资金可以筹措、借贷,没有厂房可以建造、添置,没有信息可以收集、分析。如果企业人力资源的劣势凸显,那么其他资源的作用也在减弱,企业肯定停滞不前,甚至经营失败。人力资源状况的评价指标有员工知识结构、受教育水平、平均技术等级等。

2. 无形资源

无形资源是指那些植根于企业的历史、长期以来积累下来的资产。因为它们是以一种独特的方式存在的,所以并不容易被竞争对手了解和模仿。无形资源包括技术资源和商誉资源。

广义的技术资源包括形成产品的直接技术和间接技术以及生产工艺技术、设备维修技术、财务管理技术、生产经营的管理技能。此外,技术资源还应包括市场活动的技能、信息收集和分析技术、市场营销方法、策划技能以及谈判推销技能等市场发展的技术。技术资源是决定企业业务成果的重要因素，其效力发挥依托于一定水平的财力和物力资源。

商誉是指在同等条件下，由于其所处地理位置的优势，或由于经营效率高、历史悠久、人员素质高等多种原因，能获取高于正常投资报酬率所形成的价值。企业商誉的高低反映了企业内部、外部对企业的整体评价水平，决定着企业的生存环境。其评价指标有品牌知名度、美誉度、品牌重构率、企业形象等。

企业资源分析目的是确定企业资源状况、企业在资源上表现出的优势和劣势，以及相对未来战略目标存在的资源缺口等。对资源进行分析的步骤是：列出企业目前拥有和可能获得的资源清单，运用投入产出的比率来分析企业资源利用情况，进行企业资源配置的平衡分析，确定企业资源的强势和弱势。

一旦公司的管理者确定了公司的资源强势和弱势，就必须认真地估量这两大因素，因为它们对战略制订有着重要的意义。某种资源可能比另一些资源强势更具有重要的竞争意义，因为它们更有助于制订强大的战略，更有助于建立强大的市场地位，更有助于决定公司的赢利水平；有些资源弱势如果不予弥补的话，可能会对公司产生致命的打击，而另外有一些资源弱势则不那么重要，它们很容易得到矫正，或很容易被公司的强势资源抵消。

【内容点睛】

有形资源和无形资源在创造竞争优势途径和方式上面存在差异。有形资源的特性决定其创造的竞争优势持续性相对较短，持续的竞争力和维护的成本较高，由于其价值可以准确定价和衡量，容易被模仿和购买，从而使其他竞争方也同样拥有同等的竞争实力。无形资源由于其特有的属性，往往很难定价和交易，培育和扶植需要较长的持续时间，一旦获得就难被竞争对手模仿和复制，有利于持续的竞争优势，领先于行业的平均获利和成长水平。

二、企业能力

企业的资源并不能产生实际的生产力，真正的生产力来源于各种资源的组合，而正是某种有效的资源组合构成了企业生存和发展的能力，所以企业能力就是整合企业资源，使企业价值不断增加的技能。企业能力通常是在某种职能领域（如生产、研发、营销等）或某一职能领域的部分领域中得到发展。有研究表明，企业在某个职能领域建立起来的竞争能力与企业的经营状况相关，那么对企业基本能力的分析，就可以从企业生产经营所必需的各种功能来分析。

1. 财务能力分析

判断企业实力和对投资者吸引力大小的最好办法是进行财务状况分析，了解企业在财务方面的长处和弱点，对于制订有效的企业战略具有十分重要的意义。分析企业财务状况广泛使用的方法是财务比率分析。财务比率分析评价体系主要由五大类指标构成，即收益性指标（考察企业一定时期的收益及获利能力）、安全性指标（考察企业一定时期内的偿债能力）、流动性指标（考察企业一定时期内资金周转状况和资金运用效率）、成长性指标（考察企业一定时期内经营能力的发展变化趋势）、生产性指标（考察企业一定时期内的生产经营能力）等。

2. 营销能力

企业的市场**营销能力**是适应市场变化，积极引导消费，获取竞争优势以实现经营目标的能力。它是企业的产品竞争能力、销售活动能力、新产品开发能力和市场决策能力的综合体现。市场营销能力的强弱是决定企业经营成果的优劣、影响企业盛衰成败的关键。

产品竞争能力分析是企业当前销售的各种产品的市场地位、收益性、成长性等方面的分析；销售活动能力分析是在产品竞争力分析基础上，以重点发展产品和销路不畅产品为对象，对其销售组织、销售绩效、销售渠道等方面进行分析；新产品开发能力分析则着重从新产品开发计划、开发组织、开发过程和开发效果等方面进行分析；市场决策能力分析是以产品竞争能力、销售活动能力和新产品开发能力为基础，对照企业当前实施的经营方针和经营战略来发现企业在市场决策中的不当之处，评估判断企业领导者的市场决策能力，并探讨企业中长期所应采取的经营战略，以提高企业领导层的决策能力和决策水平，使企业获得持续成长和发展。

3. 组织效能分析

企业的一切活动都是在组织中的活动，组织是实现目标的工具，是进行有效管理的手段。因此，分析组织效能，了解企业管理状况是很重要的。组织就是要决定谁做什么和谁应该向谁负责。管理的组织职能包括3种相互联系的活动：工作专业化、部门化和授予权力。将任务分解为具体工作需要对工作进行说明与细致规定，这可以使管理者和员工明确知道各项工作的具体内容；工作的组合形成了部门，并进一步决定了组织结构、控制范围和指挥链条；组织中权力的下放和集中则影响着员工的积极性和企业整体的控制性。一个效能较高的组织至少应该符合目标明确、组织有效、统一指挥、权责对等、分工合理、协作明确、信息通畅等原则。

4. 生产管理能力分析

企业的生产能力是将投入品转为产品或服务的所有活动。在大多数行业中，企业生产经营投入的大部分成本多发生于生产过程中，因此生产管理能力的高低决定公司战略的成败，而生产管理的首要任务是开发和管理一个有效的生产体系。生产管理能力分析一般从加工工艺和流程、生产能力、库存、劳动力和质量五个方面展开。

三、企业核心竞争力

企业财务、营销、生产等基本的能力，某一个欠缺或者薄弱，都将成为企业发展的短板，企业将无法获得行业平均利润，会很快出现生存危机。然而企业要更好地生存，长期的发展下去，必须在这些基本的能力中找到自己的特长，才能获得更明显的竞争优势，这就是企业的核心竞争力。

美国大企业20世纪50年代起实行的多元化战略在70年代达到高峰，80年代进入战略转换期，90年代多数企业实施归核化战略。**归核化**意指企业将其多种业务集中到其资源和能力具有竞争优势的领域，强调企业的业务与企业核心能力的相关性，强调业务向企业的核心能力靠拢，资源向核心业务集中。

核心竞争力的概念是1990年美国密西根大学商学院教授普拉哈拉德和伦敦商学院教授加里·哈默尔在其合著的《公司核心竞争力》一文（发表在1990年的5月到6月的《哈佛商业评论》上）中首先提出来的。他们对核心竞争力的定义是："在一个组织内部经过整合了的知识和技能，尤其是关于怎样协调多种生产技能和整合不同技术的知识和技能"。从本质上看，**核心竞争力**就是企业发展独特技术、开发独特产品和创造独特营销手段的能力。如夏普公司在平板显示技术上的核心能力使得它能够垄断全球液晶显示器市场；丰田、本田在低成本、高质量的制造技术和很短的"设计—市场"周期两个方面的核心能力一直是它们在全球汽车市场上的竞争优势；英特尔公司在快速开发新一代更强大的半导体芯片方面所拥有的核心能力使得该公司在个人计算机行业拥有了垄断地位；等等。

1. 企业核心竞争力的评价标准

要分析企业的核心竞争力，首先应建立对核心竞争力的判断标准。判断企业的资源和能力是否是核心竞争力的唯一标准，是看其能否产生持久性竞争优势。而要产生持久性竞争优势，它应符合4项具体标准，即有价值的能力、独特的能力、难于模仿的能力和不可替代的能力。不能满足这4种标准的能力就不是核心竞争力。在实际操作中，一种能力要想成为核心竞争力，必须是"从客户的角度出发，是有价值并不可替代的；从竞争者的角度出发，是独特并不可模仿的”。

(1) 有价值的能力。核心竞争力应当有利于企业效率的提高，能够使企业在创造价值和降低成本方面比竞争对手更优秀，应当能给消费者带来独特的价值和效益。普拉哈拉德和哈默尔认为，核心竞争力给顾客带来的价值应是核心的价值。

(2) 独特的能力。**独特能力**是指那些现有和潜在竞争对手极少能拥有的能力。从竞争角度看，一项能力要成为核心能力必须有一定的独特性。如果某种能力为整个行业普遍掌握，就不能成为核心竞争力，除非这家企业的能力水平远远高出其他企业。例如，戴尔公司的直销商业模式，沃尔玛高效的物流配送系统，摩托罗拉的无缺陷制造技术，都是靠企业自身通过不间断地学习、创造、提高而逐步建立起来的，具有与众不同的独到之处，竞争对手无法靠简单模仿而获取，因而能给企业带来持久的竞争优势。

(3) 难于模仿的能力。核心竞争力是在企业长期的生产经营活动过程中积累形成的，深深地印有企业发展的烙印，其他企业难以模仿的特色。一般能力是可以被竞争对手模仿的，只有那些不易模仿的能力与技能才是有价值的核心能力。基于以下一种或三种因素的混合，有可能产生难于模仿的能力：①企业资源本身的独特性，如茅台酒的核心竞争力就表现在无法复制的地理属性和独特的酿造工艺；②该方面能力的建立需要时日而且难以加速建立起来，如知名品牌的塑造，精湛技艺的掌握；③需要大量资金，如要建造一个具有成本效益的生产半导体芯片的工厂大约需要 10～20 亿美元的成本，从而使竞争对手难以进入该领域。

(4) 不可替代的能力。**不可替代的能力**是指那些不具有战略对等资源的能力。它是成为竞争优势来源的最后一个条件，就是一定要不具备战略对等的资源，虽然这些资源本身并不是稀有的，也不是不可以模仿的。总的来说一种能力越难被替代，它所产生的战略价值就越高。能力越是不可见，企业就越难找到它的替代能力，竞争对手就越难模仿它的战略以产生价值。企业的专有技术、专用性人力资本以及融洽和谐的人际关系和沟通制度等，都是很难被了解，也很难被替代的能力。

总之，只有符合有价值、独特的、难以模仿的和不可替代的这 4 项标准的能力才是核心竞争力，而只有核心竞争力才能帮助企业获得持久的竞争优势。这 4 个评价标准结合的结果如表 5-1 所示。

表 5-1　核心竞争力的四个标准结合的结果

资源和能力是否有价值	资源和能力是否独特	资源和能力是否难以模仿	资源和能力是否不可替代	竞争结果	业绩评价
否	否	否	否	竞争无优势	低于平均回报
是	否	否	是/否	竞争对等	平均回报
是	是	否	是/否	暂时性的竞争优势	高于平均回报
是	是	是	是	持久性的竞争优势	高于平均回报

【内容点睛】

核心竞争力对企业的重要性是毋庸置疑的，但是我们也不要把核心竞争力看成无所不能的灵丹妙药，因为核心竞争力本身的专注性，可能会使企业创新性不足；其持续性，又可能会形成企业发展的障碍。

2. 企业核心竞争力的形成

核心竞争力是使企业能够实现战略目标的一个重要因素，是企业在长期的市场竞争中形成的一种独特的智慧，其形成过程也是复杂的，既受到企业决策者及员工的知识、能力和素质，企业的经济实力、技术力量、管理机制和企业文化等内部条件的制约，也受到外部市场环境等客观因素的影响。一般来说，企业核心竞争力的形成要经过以下三个阶段：

(1) 确认阶段。企业应对现有资源和竞争力及其在市场中的价值加以系统考察，进而确认企业的核心竞争力。从管理团队中选出一支拥护核心竞争力的主体队伍来使高层管理者对“企业核心竞争力”有一个综合的认识。企业核心竞争力是指一个企业所拥有的技能知识和独特能力，从而将企业与其他组织区分开来，通过把这些技能、知识和独特能力有效捆绑在一起，企业可以形成自身的竞争优势，增加客户价值，并拓展市场地位。要检验管理团队对核心竞争力的了解情况，管理人员必须了解核心竞争力并达成共识，这是形成核心竞争力首先必须要做的事情。

(2) 培养阶段。核心竞争力一旦得到确认，企业就应该不遗余力地加以培养。培养过程是核心竞争力的形成过程，也是最复杂、最关键的过程。首先是开发、获取构成核心竞争力的技巧、技术等各种要素，为核心竞争力的形成打下物质基础。这一阶段的核心是获取最关键的技术和人才，并争取时间捷足先登。实现这一目标的模式可以是内部发展型，即通过企业内部资源的积累逐步实现；也可以是外部扩张型，即通过吸收外部资源来实现。其次是整合技巧、技术等各种竞争力要素。核心竞争力是有不同要素有机联系而成的整体竞争实力，核心竞争力要素的整合，涉及企业内部管理的各个方面。核心竞争力的形成需要多方面管理工作的整合。

(3) 扩展阶段。扩展有三方面的含义：一是将核心竞争力应用在最终产品或市场的开发上；二是利用核心竞争力开发中间产品，这些中间产品往往会被用在多个最终产品领域，并对最终产品市场产生决定性的影响；三是发展和更新核心竞争力，因为核心竞争力并不是一种固化的竞争力，而是一个动态系统，随着科学技术的进步和市场环境的变化，原有的核心能力可能会演变成为一般的能力而使企业逐步丧失竞争优势，因而企业必须时时关注核心竞争力的发展演变，并不断推进、丰富甚至更新。

第三节　企业内外环境综合分析

通过对企业外部环境的分析知其存在的机会或威胁；同时，通过企业内部条件分析知其存在的优势或劣势。企业外部环境的机会能否成为企业的机会，企业外部环境的威胁能否被企业克制或回避，这要看企业是否具有利用这种机会或克制这种威胁的条件。因此，必须把内外部环境结合起来研究。企业环境综合分析，就是在外部环境研究和内部条件分析的基础上将两者结合起来以确定企业机会和威胁，从而找到适宜的战略对策，保障企业扬长避短，最终实现企业的战略目标。这里以 SWOT 分析法为例，对综合分析企业内外环境的思路和方法作出介绍；以 BCG 矩阵为例，对公司依据环境条件制订投资组合的思路作出介绍。

一、SWOT 分析法

1. SWOT 分析法的概念

SWOT 分析法是战略管理中环境分析的常用方法之一。该思想是由安索夫于 1956 年提出来的，后来经过多人的发展而成为一个用于战略分析的实用方法。它根据企业拥有的资源，分析企业内部优势与劣势以及企业外部环境的机会与威胁，进而选择适当的战略。SWOT 中的 S 是指企业内部的优势(Strength)；W 是指企业内部的劣势(Weakness)；O 是指企业外部环境的机会(Opportunity)；T 是指企业外部环境的威胁(Threat)。

2. SWOT 分析法的应用

SWOT 分析法是根据企业的总体目标和总体战略的要求，列出对企业发展有重大影响的内部及外部环境因素，确定标准，进行评价，判断是优势还是劣势，是机会还是威胁。企业内部优势和劣势可以表现在资金、设备、产品、技术、市场、人力资源等方面。企业的外部机会是指环境中对企业有利的因素，如政府支持、良好的供应和销售关系等。企业外部的威胁是指环境中对企业不利的因素，如金融危机的影响、技术升级换代趋势、供应商或购买商的讨价还价能力的增强等。SWOT分析实际上是对企业内外条件各方面内容进行综合和概况，进而企业的优劣势，面临的机会和威胁，形成不同的内外组合战略，再对具体战略进行选择。SWOT分析的具体步骤如下：

（1）罗列企业的优势和劣势，可能的机会和威胁。

（2）将优势、劣势与机会、威胁相组合，形成SO,ST,WO,WT战略。

（3）对SO,ST,WO,WT战略进行甄别与选择，确定企业目前应该采取的具体战略与策略。

表5-2是对某企业进行SWOT分析的一部分。

表5-2 SWOT分析矩阵

公司面临的潜在机会(O)： 1. 将公司的技能或技术诀窍转移到新产品或业务 2. 客户群将会扩大或者业务扩张进入新的市场 3. 扩展产品线的宽度，为更大客户群服务 4. 市场进入壁垒降低 5. 可以前向或后向整合资源 6. 购并竞争对手 ……	危及公司利益的外部威胁(T)： 1. 强大的新的竞争者将进入该市场 2. 大量替代品的出现 3. 行业增长率缓慢 4. 顾客或供应商的谈判能力将会增强 5. 有关部门所采取的政策措施会使公司付出很大的代价 6. 容易受到经济萧条和业务周期的冲击 ……
竞争优势(S)： 1. 有充足的财务资源 2. 在关键领域内的技能或者专门的方法 3. 具有企业文化优势，公司声誉很高，品牌知名度高 4. 能够利用规模经济和经验效应 5. 具有专有技术和自有知识产权 ……	竞争劣势(W)： 1. 战略方向不明确 2. 资产负债状况不佳，债务负担较大 3. 产品单位成本很大 4. 与竞争对手相比产品线过于狭窄 5. 品牌实力不强 6. 工厂生产能力的利用率很低 ……

在完成环境因素分析和SWOT矩阵的构造后，便可以制订出相应的行动计划。制订计划的思路是：发挥优势因素，克服劣势因素，利用机会因素，化解威胁因素；考虑过去，立足当前，着眼未来。运用系统分析的综合分析方法，将排列与考虑的各种环境因素互相匹配起来加以组合，得到一系列企业未来发展的可选择战略，如图5-2所示。

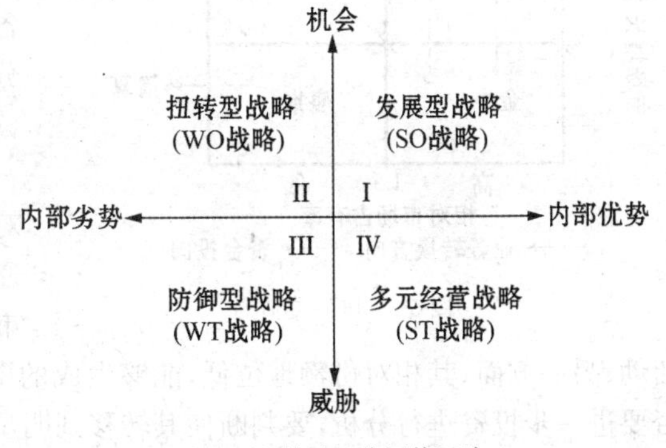

图5-2 战略地位评估矩阵

（1）SO战略。第Ⅰ象限的企业，具有很好的内部优势以及众多的外部机会，应当采取发展型战略。企业应该集中于某单一经营领域，利用自己的优势占领市场。企业可以选用纵向一体化战略，向自己的上游供应商或下游销售商扩展。企业可以对少量相关产品进行多样化的经营，同时利用自己的优势，拓展市场上的机会。

（2）WO战略。第Ⅱ象限的企业，面临巨大的外部机会，却受到内部劣势的限制，这时，企业需要扭转现状，摆脱自己的劣势竞争地位。企业可以在某一经营领域制订集中化战略，以某一领域为突破口改变现状。如果条件合适，企业应考虑与同行业的其他企业合并，以增强自己的实力。为了减少风险，企业可以进行多样化经营，产品和当前企业相关度大小均可。但是，如果这些战略没有效果，企业就可以考虑放弃该市场了。

（3）WT战略。第Ⅲ象限的企业，内部存在劣势，外部面临强大的威胁，应采取防御型战略。这时，企业不应该也没有实力实施扩张战略，因此适合采取比较保守的战略，以避开威胁并逐步消除劣势。具体来说，企业可以谋求与竞争对手合作或合并，以加强竞争地位。企业也可以从某一领域寻求突破，制订集中化战略。如果难以成功,企业可以将该市场中的业务剥离出去,或者把资源抽回,用到更有潜力的领域中。

(4) ST 战略。第Ⅳ象限的企业,具有一定的内部优势,但外部环境存在威胁,应采取多元经营战略。这样可以利用自己的优势,同时通过多元经营分散环境带来的风险。

通过 SWOT 分析和战略地位评估,企业可以了解内部条件和外部环境的共同作用,明确自身的战略地位,并初步选定企业可能采取的战略类型。具体的战略类型将在下一章中详细论述。

【内容点睛】

SWOT 分析法自形成以来,广泛应用于战略研究与竞争分析,成为战略管理和竞争情报的重要分析工具。分析直观、使用简单是它的重要优点。即使没有精确的数据支持和更专业化的分析工具,也可以得出有说服力的结论。但是,正是这种直观和简单,使得 SWOT 不可避免地带有精度不够的缺陷。

二、BCG 矩阵法

1. BCG 矩阵法分析

BCG 矩阵法,即波士顿矩阵法,又叫增长率—市场占有率矩阵法。它是美国波士顿咨询公司在 20 世纪 60 年代为美国米德纸业公司提供咨询服务时提出的一种投资组合分析方法。这种方法是多元化公司进行战略制订的有效工具,是把企业生产经营的全部产品或业务的组合作为一个整体进行分析,用来分析企业相关业务之间现金流量的平衡问题。该分析法选取两个参数,市场增长率和相对市场占有率,各以 10%和 1.5 为高、低分界线,从而构成四个象限,分别对应幼童、明星、金牛和瘦狗四类产品(业务或经营单位),如图 5-3 所示。

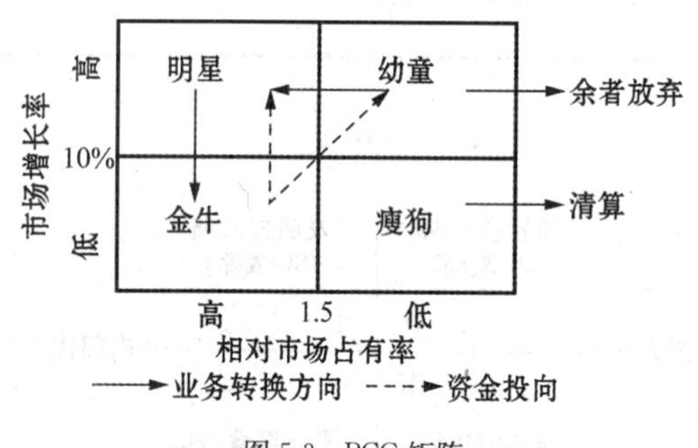

图 5-3 BCG 矩阵

(1) 幼童业务区。**幼童业务**是指市场增长率高、相对市场占有率低的业务。一般是企业的新业务,所以通常处于最差的现金流量状态。一方面,所在行业的市场增长率高,企业需要大量的投资支持其生产经营活动;另一方面,其相对份额地位低,能够生成的资金很少。所以,企业要对处于这类区域内的业务是否要进一步投资进行分析,要判断使其转移到明星业务所需要的投资量,分析其未来的盈利情况,研究是否值得投资等问题。

(2) 明星业务区。**明星业务**是指市场增长率高、相对市场占有率高的业务。这是由一部分幼童业务继续投资发展起来的,可以视为迅速成长市场中的领导者,它将成为公司未来的金牛业务。但是因为市场还在高速成长,企业必须继续投资,以保持与市场同步增长,并击退竞争对手,所以明星业务时期是企业资金大进大出的阶段。为了保护或扩展明星业务在增长的市场中占有主导地位,企业应该在短期内优先供给它们所需的资源,支持它们的发展。

(3) 金牛业务区。**金牛业务**是指低市场增长率、高相对市场占有率的业务。这是成熟市场中的领导者,它是企业现金的来源。由于市场已经成熟,企业不需要继续大量投资,就享有规模经济和高利润的优势,给企业带来大量资金,用以支持其他业务的发展。

(4) 瘦狗业务区。**瘦狗业务**是指低市场增长率、低相对市场占有率的业务。这类业务处于饱和的市场当中,竞争激烈,可获利润很低,不能成为企业资金的来源。如果这类经营业务还能自我维持,则应缩小经营范围,加强内部管理;如果这类业务已经彻底失败或被全新产品所替代,企业应及早采取措施，清理业务或退出经营。

2. BCG 矩阵的应用

通过 BCG 矩阵模型，企业的管理者能够迅速看到企业每项业务在整个业务组合中的位置，以便制订出整个企业未来发展的动态战略。一般来说，企业可以采取以下 4 种不同的战略。

(1) 发展战略。采用这种战略的目的是扩大产品的市场份额，甚至不惜放弃近期收入来达到这一目标。这一战略特别适用于问题类产品，如果它们要成为明星类产品，其市场份额必须有较大的增长。发展战略也适合于明星类产品。

(2) 维持战略。采用这种战略的目的是为了保持产品的市场份额，这一战略适用于金牛类产品，因为这类产品能够为企业挣得大量的现金流。

(3) 收获战略。采用这种战略的目的是增加短期现金收入，而不考虑长期影响。这一战略适用于处境不佳的金牛类产品，这种产品前景黯淡，而又需要从它身上获得大量现金收入。收获战略也适用于幼童类和瘦狗类产品。

(4) 放弃战略。采用这种战略的目的是出售或清理某些产品，以便把资源转移到更有潜力的领域。它适用于瘦狗类和问题类产品。

第四节　企业国际化经营的环境因素分析

企业在决定将其业务向海外扩展之前，必须充分而全面地了解国际化经营环境的现状和发展动态。这是企业国际化经营取得成功的前提和基础。

一、国际贸易体制

国际贸易体制，其全称是国际多边贸易体制，即世界贸易组织(WTO)所管理的体制。大多数国家和地区，包括世界上几乎所有主要贸易国，都是该体制的成员，但仍有一些国家没有加入，因此使用“多边”一词。多边贸易体制所涉及的因素主要包括关税壁垒和非关税壁垒。

1. 关税及贸易总协定(GATT)与世界贸易组织(WTO)

1947 年诞生的关税及贸易总协定(GATT)和 1995 年取而代之的世界贸易组织(WTO)被人们通称为多边贸易体制。其宗旨在于通过组织多边贸易谈判来增加国家与国家之间的贸易，规范贸易行为，解决贸易纠纷，从而使国际贸易更加自由、资源得到更有效的配置。多边贸易体制所涉及的国际贸易政策主要包括两大类：关税壁垒和非关税壁垒。

与关税及贸易总协定(GATT)相比，世界贸易组织(WTO)的职能涵盖了货物贸易、服务贸易和知识产权贸易三大领域，有明显的可持续发展的特征，而关税及贸易总协定(GATT)只适用于商品货物贸易。世界贸易组织(WTO)以其法人地位制订市场运行规则，并对所有成员国都有法律约束力。世贸组织(WTO)还定期审议各成员的贸易政策，对各成员的贸易体制和政策进行监督，并承担协调和解决贸易争端的重要使命。

多边贸易体制的建立，最直接的好处是简化了多国之间的贸易行为。在多边贸易的背景下，需要与多国发生贸易关系的国家，可同时与多个贸易伙伴进行谈判，达成适用于各伙伴国的统一协议，而不用与各国分别达成协议，从而大大简化了国家贸易的开展，促进了国际贸易量的增长。

2. 关税壁垒

关税是一国政府对进出该国的产品所征收的税金。各国对关税制度的分类不完全相同，一般有两种：一种是单列税制，即一个国家的关税对各国同一类商品采取一个税率，无优惠待遇；另一种为双列税制，即一个国家对同一种商品采取两种以上的不同税率，对最惠国家实行低税率关税。关税一般是根据商品重量、体积或价格来规定税率。关税可以是增加国家收入关税，也可以是保护本国企业的保护关税。在后一种情况下，国家往往对进入的货物征收倾销税。

《关税与贸易总协定》第六条规定，用倾销的手段将一国产品以低于正常价格的办法挤入另一国贸易时，如因此对某一缔约国领土内已建立的某项工业造成重大损害或产生重大威胁，或者对某一国内工业的建立产生严重阻碍，这种倾销应该受到谴责。缔约国为了抵制和防止倾销，可对倾销的商品征收数量不超过这一产品倾销差额的反倾销税。因此，反倾销税是对商品倾销国货物征收的一种进口附加税，目的在于保护本国产业和国内市场，抵制外国进口商品的竞争。

3. 非关税壁垒

非关税壁垒是指除关税以外的限制商品进口的各种措施。非关税壁垒名目繁多，据统计，已有850多种。其中主要有进口配额制、进口许可证制、外汇管制、最低限价和禁止进口、技术标准及检验制度、卫生检疫规定、商品包装和标签的规定、繁杂的海关手续、政府的采购政策等。其中最常用的是进口配额，它是指输入国对某一产品领域同意进口，但对进口商品总量规定限额。其目的是为了保护国内某些产品和就业。

二、政治和法律环境

政府对国际化经营环境的影响是通过政府政策、法令规定以及其他限制性措施而起作用的。政府对外商的政策和态度，反映出其改善国家利益的根本想法。目标国政府的政策，尤其是针对外国企业和外国产品的政策，对国际经营环境有决定性的影响。企业从事国际化经营活动既要遵守不同目标国家法律的制约，又要遵守世界范围内的共同的行为准则。因此，企业在进入一个国家之前必须尽可能评估该国的政治和法律环境。企业国际化经营中的政治法律环境中应考虑的几方面因素：①政局是否稳定；②政府对国际贸易和国际投资的政策和态度；③政府的官僚制度；④政府政策的长期性；⑤与国际化经营相关的法律法规，如涉及海外子公司设立的公司法、劳工立法、商标法、专利法、所得税法，与竞争有关的法规，与进口有关的法规，投资保护法规等；⑥其他政治风险，如没收、征用和国有化、本土化、外汇管制、进口限制、劳动力使用限制等。

三、经济环境

经济环境是影响国际经营活动的关键因素之一，是国际经营环境分析的重点。国际化经营活动中的**经济环境**主要涉及国际宏观经济运行状况、涉外经济状况和集团贸易及区域经济等方面内容。

1. 国际宏观经济运行状况

衡量宏观经济发展的指标有国民收入、国内生产总值及其变化情况，以及通过这些指标能够反映的国民经济发展水平和发展速度。当东道国家或地区的经济形势处于高速发展状态，国民收入稳定并逐步提高时，宏观经济的发展和繁荣显然会为企业的生存和发展提供有利的机会，而萧条、衰退的形势则可能给所有企业带来生存的困难。宏观经济发展状况又会直接影响企业所在地理区域和所服务的市场区域消费者收入水平、消费偏好、储蓄情况和就业程度等因素的变化，这些因素直接决定着国际化经营企业目前及其未来的市场规模。

2. 涉外经济状况

(1) 国际收支状况。**国际收支**是指一国在一定时期内全部对外经济往来所发生的系统的货币记录，它也表明了该国在这一时期所拥有的对外债权和债务关系。国际收支对企业国际经营的影响主要是通过支付能力的改变和有关政策调整来实现的。

(2) 国际贸易状况。**国际贸易状况**包括对外贸易规模和水平、国际贸易政策等。

(3) 国际金融状况。**国际金融状况**包括汇率和货币稳定性、外汇市场、外汇管制程度、国际储备状况和外债规模等。据中国人民银行公布的数据显示，截至2012年末，中国国家外汇储备余额为3.31万亿美元，高额外汇储备促进了人民币加速升值，必然对我国的国际贸易产生深远的影响。

3. 集团贸易与区域经济

自从20世纪80年代以来，世界经济出现一个重要现象是集团贸易和区域性经济集团的兴起。集团贸易与区域性经济合作的模式，包括建立共同市场(削减或取消内部关税及增设共同对外关税和完全的海关联盟)、自由贸易区、区域开发合作集团等多种形式。业已建立和将要成立的区域性经济集团有欧洲联盟、北美自由经济贸易区(美国、加拿大和墨西哥)、东盟自由经济贸易区、亚太经济合作组织(APEC)等。世界上主要的合作集团是欧佩克，即石油输出国组织，它的目的是在成员国之间控制石油生产水平和油价。

四、ISO14000环境管理体系标准

ISO14000是国际标准化组织(ISO)第207技术委员会(TC207)从1993年开始制定的一系列环境管理国际标准，它包括了环境管理体系(EMS)、环境管理体系审核(EA)、环境标志(EL)、生命周期评价(LCA)、环境绩效评价(EPE)、术语和定义(T&D)等国际环境管理领域的研究与实践的焦点问题，向各国政府及各类组织提供统一、一致的环境管理体系、产品的国际标准和严格、规范的审核认证办法。

从微观方面讲，ISO14000是企业自愿采用的，自我约束性的标准，它的管理对象是某一具体组织运行活动的外部存在，是与该组织的活动、产品或服务发生相互作用的微观生态环境及其要素。但是，由于在其发展过程中受到市场、法律和政治、企业自身经济利益等多种力量的驱动，ISO14000这个国际标准已逐渐成为一种国际语言，通过国际化经济和商务的作用，将其影响迅速扩展到全球经济的每个角落，并对企业国际化经营产生了深远的影响，这主要体现在以下几个方面：

ISO/TC207在制定ISO14000时的指导思想之一是："不增加并努力消除贸易壁垒，无论对环境好还是环境差的地区"。客观上ISO14000系列标准统一了环境管理体系的基本要求，使那些以此制定贸易壁垒的国家有所收敛；标准要求各国公开其有关体系、产品标准和认证方法，为其贸易伙伴提供条件，有助于消除贸易壁垒。另一方面，ISO14000系列标准的实施又是另一种壁垒，它对那些信息不通，行动缓慢的国家和组织将造成实际上的贸易障碍。各发达国家对ISO14000系列标准持积极态度，在标准尚为草案时就开始了试点认证工作；发达国家也以环境为借口向发展中国家提出了要求。因而，发展中国家要摆脱其受控制的地位就必须迅速着手开展ISO14000实施工作。从这一意义上说，ISO14000的认证是通向未来国际贸易市场的通行证。事实上，环境问题在国际贸易中的地位日益明显，环境已与安全、卫生等方面的因素联结起来，形成了严重的技术贸易壁垒。这种壁垒是各国为保护其国内人民和国内市场而刻意制造的，是近期内难以消除的。

ISO14000强调污染预防和持续改进，规定了一个以"规划－实施－检查－改进(PDCA)"螺旋上升的开环为核心的负反馈管理机制，如果得到正确理解和有效实施，将使我国企业旧有的环境管理模式发生一个革命性的转变，带来许多实际的好处。通过对ISO14000获证企业的调查显示，采用ISO14000管理模式有助于提高管理者和员工的环境意识，改善企业形象，减少法律纠纷和环境投诉，申请银行贷款，降低保险费，改进工艺，提高技术水平，节能降耗，减少排污收费，避免环境事故的和环保处罚，遵守环境法律法规要求，通过环境方面的竞争优势来赢得客户，提高国际竞争力，扩大市场份额等。虽然企业实施ISO14000环境管理模式将投入一定的人力、物力和财力，对企业造成一定程度的负担，但是相对于因此而产生的经济效益、环境效益和社会效益来说只是暂时的、次要的。

五、地理、社会人文环境

1. 地理环境

(1) 气候与地形。一个国家的地形与气候条件，不仅影响着产品的生产与适应能力，也关系着市

场的建立与发展。此外,海拔、温度、温差都会给产品的功能和使用带来影响。

(2) 地理位置因素。**地理位置因素**包括与投资国的距离,与重要国际运输路线的距离,与资源产地的距离,与市场的距离等。

(3) 自然资源因素。**自然资源**是指天然存在的,对人类生存和发展起着重要作用的各种资源,包括矿产资源、水资源、各种原材料等。资源是跨国经营必不可少的重要条件。自然资源的位置、质量及可供应量影响着投资的规模和技术选择。

2. 社会人文环境

(1) 人口状况。包括人口总量规模,人口增长趋势,人口密度,以及按年龄、性别、教育程度、职业、城乡和地理位置划分的人口分布状况及变化趋势。此外,还要研究家庭结构。因为家庭结构不同,对商品的需求存在明显差别。

(2) 基础设施。社会基础设施包括交通运输条件、能源供应、通迅设施和商业设施。商业设施包括广告、销售渠道、银行和信贷机构。基础设施越发达,国际企业就越能顺利地在目标国开展投资、生产和销售活动。

(3) 教育水平。人们受教育程度不同,对商品的需求、对商品的鉴别接受能力也不同,接受文字宣传的能力也有区别。

(4) 宗教信仰。不同的宗教信仰有不同的文化倾向与戒律,影响着人们认识事物的方式、行为准则、价值观念以及对商品的需求,包括商品的结构、外形、颜色等都有特殊的要求。此外,社会、人文环境还包括诸如该国的生活方式、占统治地位的社会价值观念、审美观念、风俗习惯、语言文字等因素。

课 后 练 习

1. 思考题

(1) 简述企业外部环境的构成内容。

(2) 简述企业内部条件的主要内容。

(3) 试述企业核心竞争力的内涵及其评价标准。

(4) 简要介绍 SWOT 分析法的基本原理。

(5) 详细说明 BCG 矩阵的内容及其指导意义。

(6) 简要介绍企业国际化经营的环境因素。

2. 案例分析

案例一:中国手机行业的波特五力模型分析

从 1876 年贝尔发明电话以来,经历了长达一个多世纪的发展,电话通讯服务已走进了千家万户,通信的地点由固定方式转向移动方式。随着中国经济的快速发展,居民收入的提高和消费的扩大,中国已经是世界上第一大手机市场。随着手机产品的日新月异,与时尚潮流的紧密联系,人们对手机的需求和高品质的追求也愈演愈烈。不仅重视手机产品质量,还对手机的外观、质感的追求及娱乐上的要求更加关注。中国手机市场连续数年保持 20%的增长速度,不断扩大的手机市场引来众多厂家和经销商在此“逐鹿中原”。20 世纪国外手机一统天下的局面在 90 年代末期已经逐渐被打破,国产品牌手机全面起步,波导、科健、康佳、中兴、联想、多普达、夏新、TCL 等诸多国产品牌手机如雨后春笋般争相破土而出。

请用波特五力模型进行分析:

(1) 中国手机行业现有厂商的竞争能力如何?

(2) 该行业五种基本竞争力量中,哪一种为企业带来的竞争压力最大? 为什么?

(3) 评价该行业的总体竞争结构及其行业环境。

案例二:中国汽车产业的SWOT模型分析

我国汽车产业经过50多年的发展,进步显著,但是与国外的汽车产业相比可以说在很多方面相当稚嫩,国人普遍为入世后我国汽车产业捏一把汗。出人意料的是,在2002年入世的第一年,国际汽车巨头的冲击远小于预期,进口汽车的市场占有率不到4%,以国产汽车为绝对主力的市场出现"井喷式"产销两旺局面。汽车产量从2001年的234万辆猛增到326万辆,增长39.3%,产销率达到444.4万辆,增长35.2%,产销率达到98.8%。自从20世纪90年代以来国内市场出现如此局面的商品屈指可数。汽车产量从200万辆级到300万辆级再到400万辆级只用了短短的2年时间,我国继美国和日本之后成为世界第三汽车大国。然而在汽车产业表面繁荣的背后,行业组织结构的不合理、产业集中度低的局面没有得到根本性的改善。中国有整车生产厂商123家,生产能力在100万辆以上的汽车企业已经不能独立生存,200万辆以上的汽车企业也面临着重组的压力。因此,中国汽车工业的合并重组是汽车工业发展中的题中要义,是必须要迈过的一道坎。中国的汽车产业已经确定了在国民经济中支柱产业的地位,在未来这一地位将进一步得到巩固和提升,汽车产业结构将围绕产能规模的扩大和市场份额的争夺而不断出现调整和重组,未来几年并购重组依然是汽车行业发展的主线。与此同时,新能源汽车已经成为未来汽车产业的发展趋势。在被列入国家战略性新兴产业之后,我国的新能源汽车产业已经步入了快速发展期。

请运用SWOT分析法分析:

(1) 我国汽车产业面临的机会和威胁是什么?

(2) 我国汽车产业的竞争优势和劣势是什么?

(3) 我国汽车产业发展的战略思路是什么?

3. 实训题

运用SWOT分析法分析模拟企业的内外部环境。

(1) 选取某行业中的一家企业,以小组为单位(6~8人),对该企业进行SWOT分析。

(2) 查阅相关资料,了解所选企业的现行状况。具体步骤如下:

① 确定企业当前执行的战略;

② 确定企业外部环境的关键条件,把握可能出现的机会和威胁;

③ 根据企业的资源组合状况,确认企业的优势和劣势;

④ 对所列出的外部环境和内部条件的各关键因素逐项打分,然后按因素的重要程度加权并求其代数和;

⑤ 将上述结果在SWOT分析表中具体定位,确定企业战略能力。

(3) 实训要求:

① 每组提交一份企业总体环境的简要报告;

② 选有代表性的报告让学生进行简要汇报;

③ 由教师对学生的报告及汇报表现评定分数。

第六章 现代企业战略

 学习目标

(1) 理解企业战略的内涵和特征。
(2) 理解企业战略及其战略管理的结构层次。
(3) 了解企业总体战略的主要形式。
(4) 理解3种基本竞争战略的基本概念。
(5) 把握企业战略管理的过程。

课程导入案例

战略管理的核心

有两个相互竞争的企业老板通过野炊休闲的方式商讨两家公司合作,避免恶性竞争的问题。讨论中两个老板各不相让,都坚信可以在竞争中战胜对手。突然,森林中跑出一头野兽。一个老板急忙打开背包拿出一双运动鞋穿在脚上。另一个老板不解地问:“难道你穿上运动鞋就能够跑过野兽吗?”这位老板回答说:“我很可能跑不过野兽,但只要跑过你就可以了。”

这一故事抓住了战略管理的核心思想:获得并保持竞争优势。故事中包含了企业战略管理几个方面的内容:首先,战略管理包含企业对环境的反应(来了一头野兽);其次,战略管理包括一系列的重要决策(是坐以待毙,赶快离开,还是与野兽搏斗);战略管理包括行动(穿运动鞋,快跑);最后,战略管理是根据环境确定达到的目标(比竞争者跑得更快)。

当前,世界已经进入了战略制胜的时代,战略管理活动已经成为企业家“最占时间、最为重要、最为困难”的事情。本章将介绍战略及战略管理的基本知识。

第一节 企业战略的概念及其特性

一、企业战略

战略一词来源于军事术语,它是相对于战术而言的。后来,战略一词被广泛应用于政治、经济、科技及社会等各个领域。最早把战略的思想内容引入企业经营管理领域的是美国管理学家切斯特·巴纳德,他在其代表作《经理的职能》一书中,开始运用战略因素这一思想对企业诸因素(物质、生物、个人和社会等)及其相互之间的影响进行分析。在企业经营管理及经济领域广泛使用战略概念的是美国学者安索夫,他在《企业战略》一书中详细论述了企业战略观。

企业战略经过几十年的发展,许多学者从多种角度进行探讨,不同的管理学家或企业管理工作者因具有的管理经验和对管理认识的不同赋予了企业战略不同的含义。有的认为企业战略应该包括企

业目标，即广义的企业战略，有的认为企业战略不应该包括企业目标，即狭义的战略。综合国内外众多学者的观点，并结合我国企业的实践情况，一般认为，**企业战略**是企业在市场经济条件下，根据企业内外环境及可取得资源的情况，对其总体、长远生存和发展目标及达到目标的途径和手段的综合谋划。即企业战略是指一个企业在复杂的环境里，利用各种资源以获得竞争优势的理性思考和行动纲领。

【内容点睛】

战略与战术的区别有3个方面：一是战略针对整体性问题，战术针对局部性问题；二是战略针对长期性问题，战术针对短期性问题；三是战略针对基本性问题，战术针对具体性问题。

二、企业战略的特征

(1) 企业战略具有全局性。这是企业战略最根本的特征。企业战略是企业发展的蓝图，制约着企业经营管理的一切具体活动，它追求企业的总体效果。企业战略是对企业的未来经营方向和目标的纲领性的规划和设计，对企业经营管理的所有方面都具有普遍的、全面的、权威的指导意义，只考虑局部利益的计划不能列入企业战略。

(2) 企业战略具有长远性。企业战略的着眼点是企业的未来，是为了谋求企业的长远利益，而不是为了求得眼前的利益。有效的企业战略可以避免企业经营管理的短视症。经验表明，企业战略通常着眼于未来3～5年乃至更长远的目标。

(3) 企业战略具有指导性。企业战略规定了企业在一定时期内的基本发展目标，以及实现这一目标的基本途径，指导和激励着企业全体员工努力工作。

(4) 企业战略具有风险性。企业战略是对未来发展的规划，而环境总是处于变幻莫测的趋势之中，任何企业战略都伴随着风险。

(5) 企业战略具有创新性。企业战略的创新性源于企业内外部环境的发展变化，因循守旧的企业战略是无法适应时代发展的。

【内容点睛】

企业战略的正确制订，对企业发展至关重要。没有战略，企业也能生存，但不能持久生存；没有战略，企业也能成长，但不能持续成长。

三、企业战略的结构层次

一般来讲，在大中型企业中，企业战略可以划分为企业总体战略、经营单位战略和职能部门战略3个重要的层次。

(1) **企业总体战略**。是企业总体的、最高层次的战略。总体战略的侧重点在两个方面：一是从企业全局出发，根据外部环境的变化及企业的内部条件，选择企业所从事的经营范围和领域，即要回答“我们的业务是什么，我们应当在什么业务上经营”的问题；二是在确定所从事的业务后，要在事业部门之间进行资源分配，以实现企业整体的战略目标。根据公司所处客观环境、条件以及企业总体战略所追求的企业经营态势，总体战略又可以细分为发展战略、防御战略等类型。

(2) 经营单位战略。在大型企业，特别是在企业集团里，为了提高协同作用，加强战略实施与控制，企业从组织上把具有共同战略要素的若干事业部或某些下属企业合成一个经营单位，在这样的经营单位内，一般有着自己的产品和细分市场。有时，在企业内，如果各个事业部的产品市场具有特殊性，这时也可视作独立的经营单位。

经营单位战略就是战略经营单位、事业部或者子公司的战略，又叫竞争战略。它处于战略结构中的第二层次。这种战略所涉及的决策问题是在选定的业务范围内或在选定的市场一产品区域内，事业部门应在什么样的基础上来进行竞争，以取得超过竞争对手的竞争优势。为此，事业部门的管理者需要努力鉴别并稳固最有盈利性和最有发展前途的市场面，发挥其竞争优势。经营单位战略的常见形式有3种，即低成本战略、差异化战略和专一经营战略。

(3) **职能战略**。又称职能层战略、职能部门战略，是企业内主要职能部门的相对涵盖面较窄，涉及时限较短的局部性或短期性战略。该战略使职能部门的管理人员能更清楚地认识到本职能部门在实施企业总体战略中的责任和要求，有效运用研究开发、营销、生产、财务、人力资源等方面的经营职能，保证实现企业目标。职能战略是总体战略和经营战略在各专业职能方面的具体化，它使笼统的战略内容更加明确化，以指导各项具体业务决策，为实施以上两个层次的战略服务。职能战略通常包括研究开发战略、市场营销战略、生产战略、财务战略、人力资源战略等。

企业总体战略、经营单位战略以及职能战略构成了企业的战略层次，它们之间相互作用，紧密联系。如果企业整体要想获得成功，必须将三者有机地结合起来。企业中每一层次的战略构成下一层次的战略环境，同时，低一级的战略为上一层次的战略目标的实现提供保障和支持。如果说公司战略和事业部战略强调"做正确的事情"的话，职能战略则强调"将事情做好"。

第二节 企业战略的类型

一、企业总体战略

1. 一体化战略

一体化战略是指企业充分利用自身产品或业务在生产、技术和市场等方面的优势，沿着其产品或业务经营链条的纵向或横向，不断通过扩大其业务经营的深度和广度来扩大经营规模，提高其收入和利润水平，使企业不断地得到发展壮大。一体化战略分为横向一体化战略和纵向一体化战略。

1) 横向一体化战略

横向一体化战略又称水平一体化战略，是指获得同行业竞争者的所有权或加强对它们的控制，或建立同企业原来产品或服务相同的新工厂或新公司。

2) 纵向一体化战略

纵向一体化战略是指企业在业务链上沿着向前和向后两个可能的方向延伸、扩展企业现有经营业务的一种发展战略，包括前向一体化战略和后向一体化战略。

(1) **前向一体化战略**。即沿着与企业当前业务的输出端(价值系统的下端)有关活动向下延伸(如运输、销售、维修和售后服务以及深加工等，都是围绕输出端的活动)。例如，钢铁厂与一家购买钢材的钢管厂实行联合；可口可乐公司不断收购本国及外国的零售商和分销商，并提高它们的销售效率，获得了可观的利润。

(2) **后向一体化战略**。即沿着与企业当前业务的输入端(价值系统的上端)有关的活动向上延伸(如原材料、能源、设备、劳动力都是制造类企业的重要输出要素)。例如，一家啤酒厂以前是从玻璃厂购买啤酒瓶，而现在与玻璃厂实现某种程度的联合，让它专门生产啤酒瓶，或者它自己建厂生产啤酒瓶。

【内容点睛】

一体化战略有利于提高经营效率，实现规模经济，提升控制力或获得某种程度的垄断。但也存在脱离行业困难、管理复杂、可能产生能力不平衡、不利于技术和产品研发的风险。

2. 多元经营战略

著名企业战略管理家伊戈尔·安索夫于1957年在《哈佛商业评论》上发表了论文《多元化战略》，标志着多元化战略研究的开始。此后，在20世纪70年代，该战略风靡一时，各国企业争先采用。据统计，1970年，美国最大的500家工业公司中有94%的公司从事多元化战略。

多元化战略又叫多样化战略或多角化战略，是指一个企业同时在两个或两个以上行业中经营，或者一个企业同时生产或提供两种或者两种以上的产品或服务。

多元经营战略分为三种基本类型，即集中化多元经营、横向多元经营和混合型多元经营。

(1) **集中化多元经营**。增加新的但与原有业务相关的产品与服务被广泛地称为集中化多元经营。

(2) **横向多元经营**。向现有用户提供新的、与原有业务不相关的产品或服务被称为横向多元经营。这种战略不像混合式经营那样具有很大的风险，因为企业对现有用户已比较了解。

(3) **混合式多元经营**。增加新的与原有业务不相关的产品或服务被称为混合式多元经营。一些公司采取混合式多元经营战略，部分是基于这样一种预期，即从分解和部分地出售被收购公司而获利。

【内容点睛】

多元化与产品差异是不同的概念。所谓产品差异是指同一市场的细分化，但在本质上是同一产品。而多元化经营则是同一企业的产品进入了异质市场，是增加新产品的种类和进入新市场两者同时发生的。所以多元化经营是属于经营战略中的产品——市场战略范畴，而产品差异属于同一产品的细分化。同时，对企业的多元化经营战略的界定，必须是企业异质的主导产品低于企业产品销售总额的70%。

3. 防御型战略

除一体化战略和多元经营战略外，企业还可以采取合资经营、收缩、剥离和结业清算或组合等**防御型战略**。

1) 合资经营

当两个或更多的公司想结成暂时的合作关系以共同利用某些机会时，进行合资经营是一种流行的战略。因为企业没有独自地进行某项投资，这种战略被看做是防御性的。通常的做法是，两个或更多的发起公司共同组建一个独立的组织，并按照各自的股份而分享这一新建实体的所有权；另一种合作形式是合作经营，其形式包括合伙研究与开发、相互销售产品、相互特许经营、交叉生产及共同投标联盟等。

合资经营和合作经营形式正越来越多地被采用，因为这些形式有利于企业改进与外商的交流，扩大经营网络，也有利于企业降低风险。

2) 收缩战略

收缩战略又称转向战略或者重组战略，指企业通过减少成本与资产重组企业，以扭转销售和盈利的下降，收缩战略的目的在于加强组织所具有的基本的和独特的竞争能力。在施行收缩战略时，战略制订者可利用的资源有限，并且要面对股东、雇员和新闻媒体的压力。收缩战略的具体内容包括出售土地和建筑物以换取现金，压缩产品系列，停止几乎不赚钱的业务，关闭废弃的工厂，推行工艺自动化，削减雇员及建立支出控制系统。

3) 剥离战略

剥离战略又叫放弃战略，是指企业的一个或几个主要部门转让、出卖或停止经营。这个部门可以是一个经营单位，一条生产线或者一个事业部。剥离经常被用于为下一步的战略性收购或投资筹款。剥离可以是全面收缩战略的一部分，其目的在于使组织摆脱那些不盈利、需要太多资金或与公司其他活动不相匹配的业务。

剥离战略在美国已成为非常流行的战略，其原因在于众多企业致力于集中加强自己的核心优势，降低多元经营的程度。1994年，美国公司完成的剥离总值达226亿美元，进行剥离的公司的股票市值在第一年平均上升了20.2%，而同期标准普尔股票价格综合指数仅上涨了1.5%。

4）清算战略

清算战略又称清理战略，是指企业受到全面威胁、濒于破产时，通过将企业的资产转让、出卖或者停止全部经营业务结束企业的生命。也就是指企业由于无力偿还债务，通过出售或转让企业的全部资产，以偿还债务或停止全部经营业务，从而结束企业生命的一种战略。

制订清算战略，企业可以有计划地逐步降低企业的市场价值，尽可能多地收回企业资产，从而减少全体股东的损失。因此，清算战略在特定的情况下，也是一种明智的选择。要特别指出的是，清算战略的净收益是企业有形资产的出让价值，而不包括其相应的无形价值。

5）组合战略

即使不是绝大多数公司，也有很多公司同时采用两种或更多种的战略，但过分采用组合战略会是异常危险的，没有一家公司能有足够的资源来实施对其有益的所有战略，必须确定优先采用的战略。这需要做出困难的决策。像任何个人一样，公司也只拥有有限的资源。企业和个人都必须对不同的战略做出决策并避免过度的负债。

资源和人才的分散等于使竞争者得到优势。因此，公司不可能同时做过多的事情。在大型多元经营的公司中，由于不同的部门采取不同的战略，组合式战略被广泛地采用。正在为生存而挣扎的公司也可能同时采用数种防御性战略，如同时采用剥离、清算和收缩战略。

二、国际化经营战略

进行国际化经营的企业比仅在国内经营的企业的经营空间更加广泛，经营环境更加复杂，竞争更加激烈，所以企业要获得成功，必须全面地了解国际环境的现状和发展状态，制订出合适的国际战略以及选择合适的进入国际市场的方式。

1. 国际化经营战略

国际化经营战略是企业产品与服务在本土之外的发展战略，是企业总体战略在国外的应用。随着企业实力的不断壮大以及国内市场的逐渐饱和，有远见的企业家们开始把目光投向中国本土以外的全球海外市场。该战略是公司在国际化经营过程中的发展规划，是跨国公司为了把公司的成长纳入有序轨道，不断增强企业的竞争实力和环境适应性而制订的一系列决策的总称。企业的国际化经营战略将在很大程度上影响企业国际化进程，决定企业国际化的未来发展态势。国际化经营企业有国际化战略、多国本土化战略、全球化战略和跨国战略等几类。

1）国际化战略

国际化战略是指企业以扩大出口为目标，产品很少调整，基本上是本国生产，然后通过出口的方式销往国外。在这一时期，企业面临的国际化经营成本压力虽然比较低，但对方市场的需求也比较低，更多的时候，企业对整个国际市场还不太了解，对消费者的需求没有完全的把握，因此，需要用现在的产品进行试探，通过销售反馈分析国际市场的反应，推测国际市场的需求。

2）多国本土化战略

多国本土化战略是国际化经营企业将生产、营销、管理、人事等全方位融入东道国经济的过程，要求企业最大限度地满足当地的需求，不仅包括产品的使用功能、性能等方面，而且包括产品的色彩、质感等。这种战略，比较适用于当地需求比较高，而成本压力比较小的地区。

3）全球化战略

全球化战略是指跨国公司以全球为中心，向全世界的市场推广标准化的产品和服务，在比较有利的国家集中地进行生产经营活动，由此形成规模经济和经验效益，以获得高额利润。企业采取这种战略主要是为了实行成本领先战略。麦当劳、肯德基等企业的扩张方式就是如此。在成本压力大而当地特殊要求小的情况下，企业采取全球化战略是合理的，但是，在要求提供当地特色的产品的市场上，这种战略是不合适的。

4）跨国战略

跨国战略是本土化战略与全球化战略的结合，即寻求全球化的效率和本土化的反应敏捷的有机统一。实施跨国战略，一方面需要全球协调，紧密合作；另一方面需要本土化的弹性，关键在于创建一个网络，将相关的资源和能力联系起来。跨国战略的显著特点是业务经营的多样化和国家市场的多样性。

2. 企业进入国际市场的方式

企业进入国际市场的方式，是指企业将其产品、技术、工艺、管理及其他资源进入国外市场的一种规范化部署。从经济学角度看，企业进入国外市场仅有两条道路：一是在东道国以外的地区生产产品向东道国出口；二是向东道国输送技术、资金、工艺，直接或者采用联合方式运用当地的资源生产产品并在当地销售。从经营管理的角度看，上述两条道路可以分成几种对国际化经营企业具有不同成本和利益的进入方式，即贸易进入战略、合同进入战略和投资进入战略。

1）贸易进入战略

贸易进入战略就是通过产品进出口的方式，进入国际市场的战略。从严格意义上来说，进出口贸易不算是跨国经营，但企业往往先把贸易作为试探，积累经验，在国内外建立起流通渠道和业务关系，为进一步"参与"铺平道路。贸易进入战略以出口最为常见，产品出口包括间接出口、直接出口、自己出口三种类型。

（1）**间接出口**。是指企业通过一系列中间商来进行产品出口贸易。中间商包括本国出口商、进口国的进口商及其批发商和零售商等。间接出口方式投资少、风险小，有利于集中生产形成规模经济。但这种方式中间环节较多，不但会减少企业盈利水平，而且不利于企业了解国际市场和消费信息。这时的企业不是真正意义上的跨国企业，只是为进入国际市场做准备。

（2）**直接出口**。是企业将产品直接销售于国际市场，即直接将产品销售给国外的进口商，这里的进口商不是进口代理商，而是国外的批发商和零售商。这种方式中间环节少，企业在价格上更有竞争力，而且企业直接参与国际市场，可以了解国际市场的发展变化，掌握消费信息。

（3）**自己出口**。就是企业通过自己的国际营销系统将产品直接销售给国外消费者。这种方式没有中间环节，可以提高企业的盈利水平，但同时销售费用也会相应增加。对企业而言，自己出口的真正意义在于企业实际参与国际市场竞争，有利于积累跨国经营的经验，从而为进一步进入国际市场创造条件。

贸易进入战略是国际企业进入国际市场的基本战略，一般也是一个必经阶段。与其他进入战略相比，贸易进入战略具有很大的局限性，它是跨国企业国际市场进入战略中的低层次战略。其局限性主要表现在以下三个方面。

一是贸易进入战略受关税和非关税壁垒影响大。世界各个国家和地区出于对本国产业发展、就业和国际贸易平衡的考虑，对产品进口往往采取一些限制措施，尽管这些措施由以前的关税壁垒转变为更隐蔽的非关税壁垒，但它仍然给国际企业产品出口造成极大的障碍。

二是影响企业市场目标的实现。贸易进入战略较多采用直接出口和间接出口方式，往往通过中间商完成产品出口过程。由于企业对市场渠道控制程度低，中间商为了获得更多的收益，经常偏离企业的目标市场战略,致使企业的市场战略失败。

三是企业经营效率差。一方面中间环节多,信息反馈速度慢,使企业不能及时掌握市场信息,无法有效利用市场机会;另一方面,较多的中间环节使物流速度慢,交货期难以保证。因此,贸易进入战略只是企业进入国际市场的一种初级战略。

2) 合同进入战略

合同进入战略是指企业与目标国家的法人之间在转让技术、工艺等方面订立长期的、自始至终的、非投资性的合作合同。合同进入战略是20世纪70年代以后发展起来的一种国际市场进入战略,具体形式有许可证合同、特许经营、交钥匙工程合同、管理合同等。

(1) 许可证合同。**许可证合同**是指拥有技术和商标所有权的国际企业通过发放许可证的方式参与国际经营活动,以开拓某些特定国际市场的战略。许可证交易的核心在于技术使用权、产品制造权和产品销售权得到许可。许可证交易的内容主要有专利、专有技术和商标三个方面。由于许可证交易涉及专利、专有技术和商标等影响企业长期发展的因素,国际企业在进行许可证交易时应十分谨慎,充分认识许可证交易的优点和不足。

许可证交易的优点主要体现在三个方面:一是费用低,新技术的研究开发已经耗费了大量资金,如果再到目标国家设厂制造,应用该项新技术,则支出更大,不如迅速转让技术,可以分摊研究成本;二是障碍少,世界各国对有形货物的进口限制很多,尤其在非关税措施方面,更是壁垒森严,难以逾越,有些国家还对某些产品特意保护,禁止外资流入,如广播、电视、电讯等。但各国对许可证贸易并无严格限制,而且许多国家还鼓励技术流入;三是风险小,当目标国政府对外资实行征用或国有化时,直接投资的政治风险和经济损失要大于许可证协议这一进入方式,因为后者不过是失去提成费而已。

许可证交易的缺点主要表现在三个方面:一是控制力量弱,供方为实施目标市场的控制,在许可证协议中订有若干条款来保证这种控制,但自己在目标市场上并非直接经营,归根结底仍须依赖受方,而受方为追求利润常会有短期行为,这势必有损供方所转让技术或商标的信誉;二是机会成本大,独占性许可证协议规定受方在一定地区内享有使用该技术从事独家经营的权利,这意味着供方放弃(牺牲)了其他的进入方式(如对该地区出口自己的产品),故供方的机会成本大;三是潜在竞争强,受方利用转让的技术,经过一定时期的经营,在目标市场积累经验,开拓业务关系,树立自己的形象,当协议满期,供方想再进入该市场时,可能遇到的最大障碍就是受方这个潜在的竞争者。

(2) 特许经营。**特许经营**是由特许授予人准许被授予人使用他的企业商号、注册商标、经营管理制度与推销方法等从事企业经营活动。被授予人则给特许授予人一定代价,授予人对被授予人以有效协助,被授予人则给特许授予人一定代价,授予人对被授予人以有效协助,被授予人有义务接受其监督与控制。

特许经营和许可证贸易尽管类似,但在动因、提供的服务和有效期限等方面是不一样的。在特许经营中除了转让企业商号、注册商标和技术外,特许者还要在组织、市场及管理等方面帮助特许证人,以使经营能持续下去。

(3) 交钥匙工程合同。**交钥匙工程合同**主要用于成套设备的交易,通常发展中国家输入技术和设备时,无力单独完成建厂任务,而与供方(例如发达国家的跨国企业)订立这类合同,由供方负责项目的全过程,包括从可行性研究到设计定案,再从采购设备、建厂施工到试车运转和正式投产,这时合同履行始告结束。在合同执行过程中,受方(输入方)根据合同规定的工程进度和金额,分阶段付款。企业可以利用自己在设计、施工和生产一系列环节中积累的专门知识和经验,以及完成项目工程的综合优势,通过这种方式进入目标市场,特别是进入落后的发展中国家。

(4) 管理合同。根据这种合同,本国企业或合营企业的全部业务,交由一家外国公司全权负责加以管理,合同规定管理期限和付酬办法,通常有以下几种:①按利润额或销售额的百分比提取;②按每一单位销售额提取固定报酬;③按具体服务支付规定的费用;④总付。管理合同都会明确企业的基本方针和重大决策仍由委托人(受方)自行掌握。

3) 投资进入战略

投资进入战略就是通过对外直接投资的方式进入国际市场的战略。直接投资进入有两种具体做法:即购并和新建。购并指甲公司收购乙公司的股权或资产,特别是要掌握其控制股,从而接管乙公司。新建指建立新企业或新工厂,形成新经营单位或新的生产能力。无论购并还是新建,对外直接投资都是以控制企业经营权为核心,以获取利润为目标,与其他进入战略相比,投资进入战略涉及的内容更广泛。它不仅涉及产品的跨国销售,而且涉及产品的国外生产;它不仅卷入国际产品生产,而且拥有和控制国外的生产和服务企业。因此,投资进入战略是一种极具发展潜力的进入国际市场的战略,也是一种充满活力的国际化经营方式。

对外直接投资缩短了生产与销售的距离,减少了中间环节和销售成本,可以避开关税和非关税的限制,便于取得原料和其他有利条件,便于利用销售网开拓销路,便于直接面向消费者,了解市场动态,所以是一种被普遍采用的进入方式和经营方式。

当然,作为一种十分深入国际市场的经营方式,对外直接投资也有其不足。对外直接投资受国内和国际两种社会环境和市场条件的影响,投资和经营风险很大,企业缺乏灵活性;而且受国外法律的制约,企业资产保密性较差。这在一定程度上影响了企业的经营和发展。

三、经营单位战略(竞争战略)

迈克尔·波特的《竞争战略》、《竞争优势》和《国际竞争优势》形成了波特的理论。各种战略使企业获得竞争优势的三个基点是:成本领先、差异化和专一化经营。波特将这些基点称为一般性战略。成本领先战略强调以很低的单位成本价格为敏感用户生产标准化的产品;差异化战略旨在为对价格相对不敏感的用户提供某产业中独特的产品与服务;专一化经营战略指提供满足小用户群体需求的产品和服务。

波特的战略意味着不同的企业应采取不同的组织安排、控制程序和激励系统。可得到更多资源的大公司一般以成本领先或差异化为基点进行竞争,而小公司则往往以专一化经营为基点进行竞争。

1. 成本领先战略

成本领先战略又称低成本战略,即企业生产成本低于竞争对手的成本,甚至是同行业中最低的成本,从而获得竞争优势的一种战略。实施成本领先战略成功的关键,在于满足顾客认为最重要的产品特征或服务的前提下,实现相对于竞争对手的可持续性成本优势。

波特认为获取成本优势有两种主要方法:一是控制成本驱动因素。企业可以在获得成本中占有重大比例的价值活动,研究其驱动因素,获取优势;这些驱动因素有规模经济、经验效益、关键资源的投入、企业内业务单元的协作与配合实现资源共享等。二是重构企业价值链。企业价值链是企业从事的各种活动(设计、生产、销售、发送以及支持性活动)的集合体。改造企业的价值链,省略或跨越一些高成本的价值链活动,从而降低成本。如简化产品,改进设计,节约原材料,降低工资费用,实行生产自动化等。

【内容点睛】

成本领先战略也可能给企业带来风险,如降价过度引起利润率降低,新加入者可能后来居上,丧失对市场变化的预见能力,容易受外部环境的影响等。

2. 差异化战略

差异化战略指企业向顾客提供的产品或服务于其他竞争者相比独具特色、别具一格,从而使企业建立起独特竞争优势的一种战略。不同的战略会导致不同程度的差异化。差异化不能保证一定会带来竞争优势,尤其是当标准化产品可以足够地满足用户需求,或竞争者有可能迅速地模仿时。最好能设置防止竞争者迅速模仿的障碍，以保证产品具有长久的独特性。

决定采取某种差异化战略，必须首先仔细研究购买者的需求和偏好，以便决定将一种或多种差异化特征结合在一个独特的产品中，达到所需要的产品特性。成功的差异化战略能够使企业以更高的价格出售其产品，并通过使用户高度依赖产品的差异化特征而得到用户的忠诚。产品差异化主要体现在服务水平、零配件的提供、工艺设备、产品的性能、寿命、能耗及使用的方便性等方面。

采取差异化战略的一种风险是：用户对某种特殊产品价格的评价不足以使其认同该产品的高价格。在这种场合，成本领先战略会轻而易举地击败差异化战略。采取差异化战略的另一种风险是竞争者可能会设法迅速模仿产品的差异化特征。公司必须长久地保持产品的独特性，使这一独特性不被竞争公司迅速而廉价地模仿。

成功的差异化战略对一般组织工作的要求包括：对研究开发和市场营销功能的强有力的协调，以及提供能够吸引科学家和创造性人才的宜人的工作环境。

3. 专一化经营战略

专一化经营战略又称集中化战略，是指企业主攻某个特殊的顾客群、某产品线的一个细分区段或某一地区市场。正如差异化战略一样，专一化经营战略可以具有许多形式，如顾客集中化战略、产品线集中化战略和地区集中化战略等。低成本与差异化战略都是要在全产业范围内实现其目标，专一化经营战略的整体却是围绕着很好地为某一特殊目标服务这一中心建立的，它所开发推行的每一项职能化方针都要考虑这一中心思想。

专一化经营战略的成功实施，要求所经营的产业部门有足够的规模，有良好的增长潜力。诸如市场渗透和市场开发这样的战略可提供相当大的专一经营优势。中型和大型企业要想有效地采取专一化经营战略，必须将其与差异化战略或成本领先战略结合起来使用。所有公司实际上都在采取差异化战略。因为在任何产业中，只有一家公司能够以最低的价格实现差异化，其他公司则必须以其他途径使自己的产品实现差异化。

当用户有独特的偏好或需求，以及当竞争公司不想专业化于同一目标市场时，专一化经营战略最为有效。

采用专一化经营战略的风险有：由于狭小的目标市场难以支撑必要的生产规模，所以该战略可能带来高成本的风险，从而又会导致在较宽范围经营的竞争对手的竞争；由于技术进步、替代品的出现、价值观念更新、消费偏好变化等多方面的原因，企业原来赖以形成该战略的基础失掉了；如果实施集中化战略的企业的目标市场与其他细分市场并无差异，那么该战略就不会成功。

第三节 企业战略管理

一、企业战略管理的概念

战略管理一词最初是由安索夫在其1976年出版的《从战略规划到战略管理》一书中提出的。他认为，**企业的战略管理**是指将企业的日常业务决策同长期计划决策相结合而形成的一系列经营管理业务。而斯坦纳在他1982年出版的《企业政策与战略》一书中则认为，战略管理是确定企业使命，根据企业外部环境和内部经营要素确定企业目标，保证目标的正确落实并使企业使命最终得以实现的一个动态过程。

由此，可以将战略管理定义为：企业确定其使命，根据组织外部环境和内部条件设定企业的战略目标，为保证目标的正确落实和实现进行谋划，并依靠企业内部能力将这种谋划和决策付诸实施，以及在实施过程中进行控制的一个动态管理过程。

二、企业战略管理的特征

(1) 企业战略管理是一种高层次管理。企业战略管理的核心是对企业现在及其未来的整体经营活动实行战略性的管理,是一种关系企业长远生存与发展的管理,而不是企业的日常管理,也不是企业的各项职能管理。它必须由企业的高层领导推动方能顺利进行。

(2) 企业战略管理是一项整合性管理。企业战略管理不单纯是制定企业进攻、防守、紧缩等大的战略,也不单纯是制订市场营销、研究开发、生产、财务等职能战略。**企业战略管理**是从企业整体的、全局的角度出发,综合运用职能管理理论,处理涉及企业整体的和全面的管理问题,使企业的管理工作达到整体最优的水平。

(3) 企业战略管理是一种全过程的管理。企业战略管理不仅涉及战略的制订和规划,而且也包含着将制订出的战略付诸实施的管理,因此是一个全过程的管理。

(4) 企业战略管理是一种动态性的管理。企业战略管理不是静态的、一次性的管理,而是一种循环的、往复性的动态管理过程。它是需要根据外部环境的变化、企业内部条件的改变,以及战略执行结果的反馈信息等,而重复进行新一轮战略管理的过程,是不间断的管理。

三、企业战略管理过程

战略管理是对一个企业的未来发展方向制定决策和实施这些决策的动态管理过程。一个规范性的、全面的战略管理过程可大体分解为 3 个阶段,分别是战略分析阶段、战略选择及评价阶段、战略实施及控制阶段。但是在进行战略分析之前,首先要确立或审视企业的使命,把此项工作过程也当做战略管理的步骤之一,则企业战略管理过程即为 4 个阶段,该过程可用图 6-1 表示。

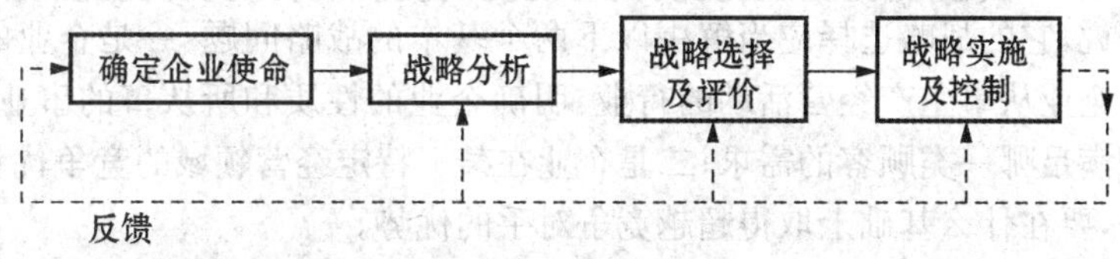

图 6-1　企业战略管理过程

1. 确定企业使命

无论是对于一个刚刚创立的企业,还是对一个已经确立起来的历史悠久的、有多种经营业务的联合公司来说,在制订企业战略之前首先应弄清企业应负担什么样的社会责任,是一个什么性质的企业,它应从事什么事业,总之要弄清企业的使命。企业使命是企业经营者确定的企业生产经营的总方向、总目标、总特征和总的指导思想。简单地理解,企业使命应该包含以下的含义:

(1) 企业的使命实际上就是企业存在的原因或者理由,也就是说,是企业生存的目的定位。不论这种原因或者理由是“提供某种产品或者服务”,还是“满足某种需要”或者“承担某个不可或缺的责任”,如果一个企业找不到合理的原因或者存在的原因连自己都不明确,或者连自己都不能有效说服,企业的经营就容易出现问题,也可以说这个企业“已经没有存在的必要了”。就像人一样,经常问问自己“我为什么活着”的道理一样,企业的经营者们更应该对企业使命了然于胸。

(2) 企业使命是企业生产经营的哲学定位,也就是经营观念。企业确定的使命为企业确立了一个经营的基本指导思想、原则、方向、经营哲学等,它不是企业具体的战略目标,或者是抽象地存在,不一定表述为文字,但影响经营者的决策和思维。这中间包含了企业经营的哲学定位、价值观凸现以及企业的形象定位:我们经营的指导思想是什么?我们如何认识我们的事业?我们如何看待和评价市场、顾客、员工、伙伴和对手?等等。

(3) 企业使命是企业生产经营的形象定位。它反映了企业试图为自己树立的形象,诸如“我们是一个愿意承担责任的企业”、“我们是一个健康成长的企业”、“我们是一个在技术上卓有成就的企业”等，在明确的形象定位指导下，企业的经营活动就会始终向公众昭示这一点，而不会“朝三暮四”。

【内容点睛】

如果把企业看做生物体，使命就是不可或缺的“DNA”，它具有自己独特的个性，与其他个体区别开来，并“遗传”下去，所以我们在制订企业战略之前必须先确定企业使命。

2. 战略分析

战略分析是指对企业的战略环境进行分析、评价，并预测这些环境未来发展的趋势，以及这些趋势可能对企业造成的影响及影响方向。一般说来，战略分析包括企业外部环境分析和企业内部环境或条件分析两部分。企业外部环境一般包括下列因素或力量：政治法律因素、经济因素、技术因素、社会因素以及企业所处行业中的竞争状况。企业外部环境分析的目的是为了适时地寻找和发现有利于企业发展的机会，以及对企业来说所存在的威胁，做到“知彼”，以便在制定和选择战略中能够利用外部条件提供的机会而避开对企业的威胁因素。

企业的内部环境即是企业本身所具备的条件，也就是企业所具备的素质，它包括企业的有形资源和无形资源，企业的财务能力、营销能力、生产管理能力、组织效能、企业文化等的企业能力，企业核心竞争力等。企业内部条件分析的目的是为了发现企业所具备的优势或弱势，以便在制定和实施战略时能扬长避短、发挥优势，有效地利用企业自身的各种资源，发挥出企业的核心竞争力优势。

3. 战略选择及评价

战略选择及评价过程实质是战略决策过程，即对战略进行探索、制订以及选择。通常，对于一个跨行业经营的企业来说，它的战略选择应当解决以下两个基本的战略问题：一是企业的经营范围或战略经营领域。即规定企业从事生产经营活动的行业，明确企业的性质和所从事的事业，确定企业以什么样的产品或服务来满足哪一类顾客的需求；二是企业在某一特定经营领域的竞争优势。即要确定企业提供的产品或服务，要在什么基础上取得超越竞争对手的优势。

一个企业可能会制订出达成战略目标的多种战略方案，这就需要对每种方案进行鉴别和评价，以选出适合企业自身的方案。目前对战略的评价已有多种战略评价方法或战略管理工具，如市场增长率—相对市场占有率矩阵法、行业生命周期法等。这些方法已广泛地在跨行业经营的企业中得到应用。

4. 战略实施

一个企业的战略方案确定后，必须通过具体化的实际行动，才能实现战略及战略目标，也就是说，企业不仅需要制定战略，还需要将战略有效实施，然而，即便是处于最佳运作状态中的企业，也常常不能自动达到自己原先所设定的目标，因为在战略实施中会遇到一些非常关键的约束条件，例如企业资源、组织结构、领导风格等。

美国管理学家博诺玛用图 6-2 形象地阐明了战略制订与战略实施的关系。从该图可以看出，即使是一个合适的战略，如果不能很好地实施，也会导致整个战略的失败，但是有效的战略实施不仅可以保证一个合适的战略成功，而且还可以挽救一个不合适的战略或者减少它对企业造成的损害。

如何有效地实施一项战略？人们已经从实践中认识到，只有当企业的各种因素相互适应和相互匹配时，战略实施才更有可能取得成功。这就意味着，为了达到战略目标，成功的管理者必须取得战略与其内部因素之间的匹配，具体包括以下几个方面：

(1) 资源分配与战略实施的匹配。企业战略目标的实现需要资源的配合。资源不仅包括物力资源和财力资源，更重要的是人力资源。企业的各事业部和职能部门对资源的要求跟其承担的任务密切

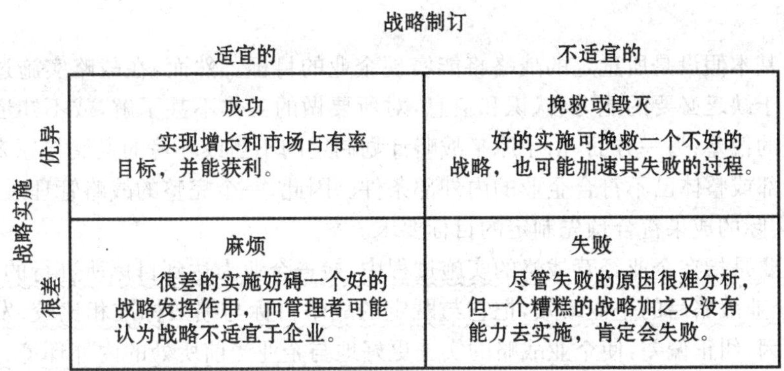

图 6-2 战略制订和战略实施的关系

相关，因此资源分配，特别是人力资源如何有效合理配置，以满足战略实施的需要应该引起足够的重视。由于资源分配受到诸多因素的制约，又很难具体的量化，再加上我国企业在资源的科学分配上缺少成熟的行之有效的方法，常常出现企业经营战略与实际资源分配严重脱节的现象，具体执行部门由于缺少必要的资源，不能保证战略的贯彻执行。

(2) 组织结构与战略实施的匹配。组织是战略执行中最重要的、最关键的要素。完善而有效的组织不仅为资源或要素的运行提供最为适当的空间，而且可以部分地补足或缓解资源、要素等方面的缺陷。只有战略与组织结构达到最佳配合时，才能有效实现战略目标，但由于战略的前导性和组织结构的滞后性使组织结构的变革往往跟不上战略实施的需要，组织工作的首要任务就是在经营战略的基础上选择适宜的组织结构。当前企业面临更为动态的市场环境，经营战略的调整和变革均比以前大为加快，致使企业组织工作也处在动态之中。我国企业通常是制定了新的战略和目标，而组织结构依然如旧，“脱胎不换骨”，战略实施的结果也就可想而知。

(3) 领导风格与战略实施的匹配。在战略实施中战略与领导的匹配构成战略与企业内部要素配合的一个主要方面。由于不同的战略对战略实施者的知识、价值观、技能及个人品质等方面有不同的要求，因此战略要发挥出最大的功效，需要战略与领导者特点的匹配，例如当企业采取扩充战略时，需要具有开拓精神的经理人员；采取收缩战略时，需要一个理财型的经理人员等。一般要从对企业或管理的熟悉程度、产业经验、管理职能的背景情况、冒险性、自主性或被动性、人际关系的能力等六个方面来考察总经理的特征，从而判断领导与战略要求的匹配性。就这一点来讲，我国特殊的国情决定了目前企业很难根据战略选择合适的经理人，这就直接影响到战略和领导之间的匹配性，进而影响战略实施效果。

(4) 企业文化与战略实施的匹配。加强企业文化建设，保证企业文化同企业宗旨、理念、目标的统一，是企业战略实施成功的一个重要环节。通过企业文化的导向、激励和凝聚作用把员工统一到企业的战略目标上是战略实施的保证。因此企业文化应适应并服务于新制定的战略。但由于企业文化的刚度较大，且具有一定的持续性，当新战略要求企业文化与之相配合时，企业原有文化的变革会非常慢，旧的企业文化常常会对新的战略实施构成阻力，而我国企业在战略实施过程中，常常忽视企业文化建设，从而也影响到了战略实施的效果。

【内容点睛】

企业经营要想成功，策略与执行力缺一不可。许多企业虽有好的策略，却因缺少执行力，最终导致失败。市场竞争日益激烈，在大多数情况下，企业与竞争对手的差别就在于双方的执行能力。如果对手在执行方面比你做得更好，那么它就会在各方面领先。

5. 战略控制

战略管理的基本假设是所选定的战略将能实现企业的目标。然而,在战略实施过程中,一方面企业中每个人会由于缺乏必要的能力、认识和信息,对所要做的工作不甚了解,或不知道如何做得更好,从而出现行为上的偏差;另一方面,由于原来战略计划制定的不当或环境的发展与原来的预测不同,造成战略计划的局部或整体已不符合企业的内外部条件。因此,一个完整的战略管理过程就必须具有战略控制,以保证实际的成果符合预先制定的目标要求。

战略控制主要是指在企业经营战略的实施过程中,检查企业为达到目标所进行的各项活动的进展情况,评价实施企业战略后的企业绩效,把它与既定的战略目标与绩效标准相比较,发现战略差距,分析产生偏差的原因,纠正偏差,使企业战略的实施更好地与企业当前所处的内外环境、企业目标协调一致,使企业战略得以实现。

1) 控制的类型

如同战略结构中有公司总体战略、经营单位战略和职能战略一样,企业也存在着控制的结构,如图 6-3所示。劳瑞格等人认为,在企业中有 3 种类型的控制,即战略控制、战术控制和作业控制。

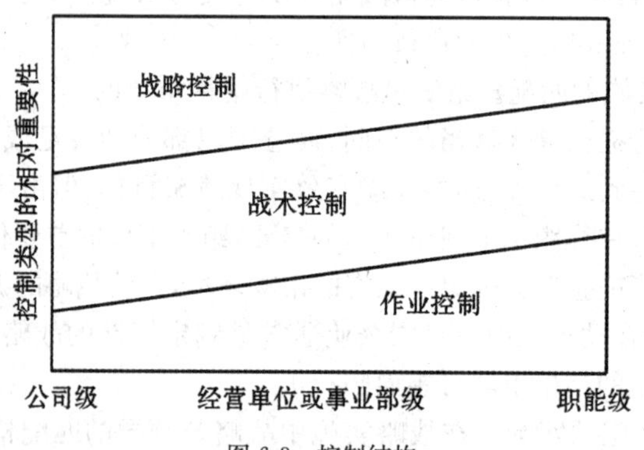

图 6-3 控制结构

(1) 战略控制。**战略控制**以企业高层为执行主体,重点关注内外部战略环境和企业绩效,审视战略的前提和假设,检查战略的可行性和偏差,对战略进行修改、调整。战略控制具有较高的开放性,偏重于定性目标,关注影响重大的现象和活动,主要解决企业效能问题。

(2) 战术控制。**战术控制**又称业务控制,是指企业下属单位,包括战略业务单位、子公司、分公司、职能部门等,主要关注下属单位在实现构成企业战略的各部分策略及中期计划中的工作绩效,竞争战略、职能战略执行情况是否达到企业战略的要求,是否对整个公司的战略形成支撑,是否存在需要调整战略的环境变化,战术层次的控制应由企业高层和下属单位负责人共同进行。战术层次控制的目标比较具体,偏于定量化,主要解决企业效能和效率问题。

(3) 作业控制。**作业控制**是对日常作业活动的控制,比如销售活动、融资活动、班组生产、质量检测等,重点控制内容是这些活动的进行状况、绩效完成情况、执行者是否履行规定的职责。作业控制虽然集中在运营和操作层面,但作业活动往往获取的是第一手、最真实的信息,最贴近顾客和供应商,而这些信息往往对战略层次、战术层次的控制非常重要,这些信息如果得不到及时的反馈和沟通,战略和战术控制就会脱离实际,企业战略将会面临很大风险。作业控制非常具体,目标主要是量化的、明确的,而且具有一定刚性,相对比较封闭,作业控制重点针对企业效率的提高。

2) 控制过程的三要素

战略的控制过程中要注意把握以下三个要素。

(1) 确定评价标准。**评价标准**是企业工作成绩的规范,它用来确定战略措施或计划是否达到战略目标。一般来说,评价标准同战略目标一样,应当是可定量的,易于衡量的。选择合适的评价标准体系主要取决于企业所确定的战略目标及战略。

(2) **评价工作成绩**。是指将实际成绩(即控制系统的输出)与确立的评价标准相比较,找出实际活动成绩与评价标准的差距及其产生的原因。这是发现战略实施过程中是否存在问题和存在什么问题,以及为什么存在这些问题的重要阶段。

在评价工作成绩时,企业不仅将实际成效与评价标准或目标相比较,而且也应当将自己的实际工作成绩与竞争对手相对照。这样的比较更能发现自身的长处或弱点,以采取适当的纠正措施。

对于竞争对手以及同行业平均的绩效水平,可以从统计年鉴或行业协会所发表的季度或年度报告中获取。

评价工作成绩中的主要问题,是要决定将在何时、何地以及间隔多长时间进行一次评价。为了提供充分而及时的信息,工作成绩应当经常地评价。如果工作评价过于频繁,可能会产生负面影响;另一方面,也会使得评价过程的费用变得太高,消耗许多资源。因此,要根据所评价问题的性质及对战略实施的重要程度,确定合理的评价频度。此外,紧迫性是工作成绩评价中要考虑的另一个重要问题,必须及时地识别问题,并采取纠正措施。

(3) 反馈。企业在战略控制中,对通过评价工作成绩所发现的问题,必须针对其所产生的原因采取纠正措施,这是战略控制的目的所在。如果制定了评价标准,并对工作成绩进行评价,但并未接着采取恰当的行动,则最初的两步将收效甚微。当然,如果工作成绩标准恰好令人满意地得到满足时,完全可能不采取必要的纠正行动。但如果评价标准没有被满足,管理人员就必须找出偏差的原因并加以纠正。

实际工作成绩与评价标准发生偏差的原因很多,发生偏差的某些可能原因有:战略目标不现实;为实现战略目标而选择的战略错误;用以实施战略的组织结构错误;主管人员或作业人员不称职或玩忽职守;缺乏激励;等等。

这些原因表明,战略控制过程的输出结果影响着战略管理过程的其他阶段。例如,如果某一战略经营单位或事业部的利润低于预期水平,则需要重新检查该单位的战略目标及战略;如果工作成绩欠佳可能是由于主管人员的不称职或玩忽职守,在这种情况下就必须撤换这些经理人员。这样,整个企业的战略管理过程实际上是一个反馈系统,它依据控制系统和组织环境的信息而必须经常地加以调整。

课后练习

1. 思考题

(1) 简述企业战略及其结构层次。

(2) 简述一体化战略和多元经营战略的适用条件及其优缺点。

(3) 举例说明企业进入国际市场的方式。

(4) 简述迈克尔·波特竞争战略的主要内容。

(5) 简述企业战略管理过程。

2. 案例分析

格兰仕集团的成长战略

格兰仕集团创建于1978年,是一家定位于“建百年企业、造世界品牌”的世界级品牌家电制造企业,在广东顺德、中山拥有国际领先的微波炉、空调及小家电研究和制造中心,在中国总部拥有13家子公司,在全国各地共设立了60多家销售分公司和营销中心,在香港特别行政区、首尔、北美等地都设有分支机构。2009年,该集团的总产值约为300亿元,顺利实现了年度产值目标。作为中国制造和中国民营企业的杰出代表之一,格兰仕过去30年实践中稳健成长、发展和壮大的历史,是中国改革开放成功推进的一个企业标签。该集团的发展历程,可以划分为创业、转型和国际化三个发展阶段。

1）创业：羽绒、服装（1978～1992年）

1978年9月，梁庆德带领十几个人筹办了羽绒制品厂。1979年，作为格兰仕的前身的广东顺德桂洲羽绒厂成立，主要以手工洗涤鹅鸭羽毛供外贸出口，年产值46.81万元，当时职工仅有100多人。1983年，桂洲羽绒厂与广东省畜产进出口公司合资兴建的华南毛纺厂建成并投产，同时引进了日本最新的粗梳毛纺生产线，年产量300吨，主要产品供出口，年创汇400多万美元。1984年，桂洲羽绒厂扩建，年产值达300多万元。1985年，桂洲羽绒厂更名为桂洲畜产品工业公司，拥有职工600多人。到1987年，与港商合资成立华丽服装公司，生产羽绒服装和羽绒被直接出口。1988年，桂洲畜产品企业（集团）公司成立，年产值超过亿元。1989年，与港商合资的桂洲毛纺有限公司投产；1990年，公司全面实行现代企业制度改革；1991年，中外合资的华诚染整厂有限公司建成投产。至此，公司的经营业务包括染色纱出口、纱线染色加工、羽绒被、服装等制品生产和出口。同时，格兰仕牌羽绒被和服装开始在国内市场销售，仅羽绒被年销售额就达1500万元。此外，公司获得“中国乡镇企业十大百强企业”的殊荣，产值超亿元。1992年6月，公司更名为广东格兰仕企业（集团）公司，格兰仕牌羽绒系列制品全国总销售额达3000万元，集团公司总产值达数百亿元人民币，年出口达2300万美元。

2）转型：微波炉（1992～1997年）

1991年，格兰仕决策层在充分调查的基础上经过反复分析论证，提出把轻纺工业为主体的经营格局转移到以家电产品为龙头的多元化经营。羽绒服装及其他制品的出口前景不佳，公司应该逐渐放弃该业务；广东顺德及其周围地区是中国最大的家电生产基地，以此为依托，可以进入家电行业。当时，大家电（冰箱、彩电等）的竞争较为激烈，格兰仕主攻小家电，最后在小家电中确定主攻微波炉。因为当时，国内微波炉市场刚开始发育，生产企业只有4家，其市场几乎被外国产品所垄断。之后，格兰仕高层请到了全国著名的微波炉专家，很快形成了一支技术人员队伍。并用创业10多年的资金积累，从日本东芝集团引进了具有20世纪90年代先进水平的自动化生产线，并与其进行技术合作。1992年9月，格兰仕电器有限公司开始试产，第一台以“格兰仕”为品牌的微波炉终于诞生了。

1993年，格兰仕试产微波炉1万台，开始从纺织业为主转向家电制造业为主。但是，格兰仕集团的产品销售额中，微波炉所占的份额还不到10%。

1994年，格兰仕实现产销量10万台的目标，获得销售额、利润“双超历史”的业绩。同时，格兰仕集团推行股份制改革，集团骨干人员贷款购买公司股份成为公司的主要股东，并依照现代企业制度重组公司治理结构，初步建立了一个遍布全国的销售网络。

1995年，格兰仕的营销策略获得巨大的成功，微波炉销售量达25万台，市场占有率为25%，在中国市场占据第一位，获得惊人的业绩。

1996年8月，格兰仕集团开始舞动价格棒，降价幅度平均达40%，带动中国微波炉市场从1995年的不过百万台增至200多万台。格兰仕集团以全年产销量65万台的规模，占据中国市场的34.7%，部分地区和月份的市场占有率超过50%。

1997年2月，国家统计局授予格兰仕“中国微波炉第一品牌”称号；经国家权威部门评估，格兰仕品牌的无形资产达38.1亿元；10月，格兰仕集团第二次大幅降价，降价幅度在29%～40%之间；全年微波炉产销售量达198万台，市场占有率达47.6%以上，稳居第一。在格兰仕集团的销售额中，微波炉业务占集团的销售收入已经接近80%。至此，格兰仕基本上从一个羽绒生产厂商转为微波炉制造商。

3）国际化与多元化（1998年开始）

自1995年至今，格兰仕微波炉国内市场占有率一直居第一位。1998年5月市场占有率达到73.5%，为历史最高点。当年，在国内市场微波炉单项冠军地位巩固的基础上，格兰仕集团开始实施新的战略：通过国际化与多元化，实现全球市场小家电多项冠军的宏伟目标。

1998年，格兰仕微波炉年产销量达450万台，成为全球最大规模化、专业化微波炉制造商。同时，格兰仕集团投资1亿元进行自主技术开发，并在美国建立研究开发机构；1998年下半年利用欧盟对韩国微波炉产品进行反倾销制裁的机会，格兰仕微波炉大举进入欧盟；从单项微波炉走向产品多元化，全年豪华电饭煲产销规模达到250万台，成为全球最大的电饭煲制造商。

1999年1月，格兰仕卖掉最后一个轻纺产业毛纺厂，全面转型为家电集团；3月，格兰仕北美分公司成立，同时在美国成立微波炉研究所；向市场推出新开发的100多种产品，其产品融入新开发出的专有技术；全年销售额达29.6亿元，微波炉销售量达600万台，其中内销与出口各占50%，国内市场占有率为67.1%，稳居第一位，欧洲市场占有率达25%；在关键元器件供应领域，开始采取垄断战略；电饭煲国内市场占有率达12.2%，居第三位。

2000年，格兰仕集团微波炉生产能力将达到1 200万台，居全球第一位，且是产能第二位企业的2倍多。格兰仕大幅提高产品的技术含量，不断推出新产品。2001年，推出全球第一台光波微波炉，加速加热技术的“光波革命”；2003年，推出第一台变频微波炉，引发节能高效的“变频革命”；2008年，推出以“中国红”为代表的一系列兼具炖、烤、煮、蒸等多种烹饪模式的全能型微波炉，启动微波烹饪的“功能革命”；2010年，格兰仕接连推出中国第一台一级能效微波炉和第一台光波变频微波炉，引发微波炉行业新一轮的“能效革命”；2011年，格兰仕发布全球首款向上开启圆形微波炉UOVO，开启了微波炉“圆美时代”。格兰仕集团不断扩大其国际地位和影响力，不断推进国际化和多元化的进程，实现了一个又一个宏伟目标。

请分析：

(1) 格兰仕集团经营成功的关键因素是什么？

(2) 试分析格兰仕集团在成长的过程中使用了哪些企业总体战略和竞争战略？

3. 实训题

1) 调查和访问某个企业，了解其战略管理思想

(1) 以小组为单位(6～8人)，利用课余时间，选择1～2个中小企业进行调查和访问。

(2) 在调查访问之前，每组根据课程所学知识讨论并制订访谈的提纲，调研的主要问题与具体安排如下：

① 近几年，企业有哪些重大的战略变革？

② 重点访问一位管理者，根据其管理层级，了解他的职位、工作职责、该职位所必需的管理技能，以及该部门的战略思想是什么，具体战略是什么，该管理者参与了哪些层次的战略制订等情况。

(3) 实训要求：

① 每组写出一份简要的调查访问报告。

② 调查访问结束后，组织一次课堂讨论。

③ 由教师根据各成员的调查报告与在讨论中的表现情况评定成绩。

2) 如何理解企业多元化经营战略

(1) 以小组为单位(6～8人)，利用课余时间，选取一家实施多元化经营战略的企业为例进行分析。

(2) 查阅相关背景资料文献，具体问题可参考如下：

① 多元化经营战略的适用条件。

② 实施多元化经营战略的企业的内外部环境特征。

③ 该企业实施这种战略的优势和面临的风险。

(3) 实训要求：

① 每组提交一份案例分析报告。

② 选择有代表性的报告让学生进行简要汇报。

③ 由教师对学生的报告及汇报表现评定成绩。

第七章 现代企业信息管理

学习目标

(1) 明确现代企业实行信息管理的重要性。
(2) 理解企业信息管理的含义。
(3) 熟悉管理信息系统规划的内涵。
(4) 掌握管理信息系统的开发方法。
(5) 了解 ERP 的发展过程及相关理论。
(6) 能够从信息化的角度分析和解决企业现实问题。

课程导入案例

蒙牛的财务信息化

蒙牛集团成立于1999年7月,在短短数年时间内,主营业务收入在全国乳制品企业中的排名由第1116位上升至第2位。目前,公司已在全国15个省级行政区建起20多座生产基地,市场覆盖全国,直销40多个国家和地区,是中国乳业牛奶出口最大的企业。

随着企业规模和市场的不断扩大,企业运营中也出现了一些亟待解决的问题,集中体现在:①信息不畅成为集团决策层在高速发展之中面临的主要管理挑战;②成本控制、市场预测、客户管理、风险规避等没有客观数据支撑;③企业的战略管理、系统管理、权变管理等问题需要信息化支撑;④配合国际化策略,各生产性子公司的财务信息急需整合。在进行广泛调研和比较后,蒙牛集团选择在企业中推行信息化管理,并选择采用金蝶系列产品。

蒙牛乳业集团财务信息系统的实施工作从2001年10月正式启动,3个月后,蒙牛集团5家子公司同时脱离手工账,携手进入了财务信息化的新阶段。2003年,外埠生产性子公司财务信息化实施工作拉开了序幕,蒙牛公司以平均每家20天实施时间的“蒙牛速度”成功完成了湖北、浙江、山西、北京、天津等省市的21家生产性子公司的财务信息化实施工作,集团总部和下属生产企业实施了总账、往来款管理、固定资产管理、仓存管理及成本核算等功能模块。通过金蝶K/3,蒙牛集团实现了成本精细化管理,月底的核算工作和报表编制时间由2周缩短到3天,并能提供实时的业务和财务数据,方便领导查询,为决策提供依据。同时,能够对下属生产工厂的库存、采购、应付款进行监控,做到单品本量利分析。

根据蒙牛乳业管理上的行业特征,金蝶K/3通过金蝶BOS平台的灵活配置,仅一个月就快速实现了行业插件设计开发,由蒙牛人自行设计、自主开发的费用报销系统、管理会计报表、原奶收购等系统在各事业部成功运行,满足了行业化应用需求。

第一节　管理信息系统概述

一、管理信息系统的含义

20 世纪 60 年代，美国经营管理协会及其事业部第一次提出管理信息系统（Management Information System, MIS）的设想，但是效果不明显。20 世纪 70 年代后，随着技术的发展及经济管理模型的实际应用日益广泛，管理信息系统得到较大发展。

如同管理学的概念一样，管理信息系统的定义也没有一个统一表述，现列出如下几个定义进行说明。

（1）管理信息系统是个由人、计算机组成的进行信息收集、传递、储存、加工、维护和使用的系统。它能实测企业的各种运行情况，利用过去的数据预测未来，从企业全局出发辅助企业进行决策。利用信息进行控制企业的行为，帮助企业实现其规划目标。

（2）管理信息系统是一个以人为主导，利用计算机硬件、软件、网络通信设备及其他办公设备，进行信息收集、传输、加工、储存、更新和维护，以增强企业战略竞争优势，提高效益和效率为目的，支持企业高层决策、中层控制和基层运作的集成化人机系统。

（3）管理信息系统是对一个组织（单位、企业或部门）进行全面管理的人和计算机结合的系统，它综合运用计算机技术、信息技术、管理技术和决策技术，与现代化的管理思想、方法和手段结合起来，辅助管理人员进行管理和决策。管理信息系统不仅是一个技术系统，同时也是一个社会系统。

以上概念侧重点各有不同，第一个概念强调信息数据的处理过程，利用处理的信息进行帮助管理控制；第二个概念进一步说明管理信息系统是可以涉及管理各个层面（高层、中层、基层）的综合集成化系统，比较接近现代管理系统的应用方向；第三个概念把管理系统和组合的全面管理结合来看，体现其立体性和全面性，把现代管理思想融入进去，提升了管理系统的内涵。

本书关于管理信息系统的概念是：管理信息系统是以人为主导，利用计算机软硬件环境及相关通信技术和设施，以现代管理思想为指导，进行信息收集、传输、加工处理等工作，以达到更好服务于组织的目的。

【内容点睛】

管理信息系统是对一个组织进行全面管理的人机结合系统，利用计算机软硬件环境及相关通信技术和设施，以现代管理思想为指导，进行信息收集、传输、加工处理等工作，以便更好服务于组织的目的。现代企业，尤其是大规模企业和跨国企业，普遍采取信息化管理，并取得良好的效果。

二、管理信息系统发展

管理信息系统的发展经历了从低水平到高水平、低层次到高层次的发展过程。这也是辅助经营管理活动从初级到高级的不断发展过程。管理信息系统经历了由单机到网络，由低级到高级，由电子数据处理到管理信息系统再到决策支持系统，由数据处理到智能处理的过程。

1. 电子数据处理系统（Electronic Data Processing Systems, EDPS）

1946 年计算机诞生后，人们开始尝试使用计算机帮助人们进行企业管理中的数据处理。随着工业社会中企业自动化水平的不断提高，管理工作变得复杂，人们对数据处理提出更高要求。20 世纪 50～70 年代，人们使用计算机的目的主要是提高文书、统计、计算、制表和文字处理。这类信息主要包括事务处理系统和办公自动化系统。前者主要进行日常业务的记录、汇总、综合和分类等工作，它输入的是原始单据，输出的往往是分类或汇总的报表，报告或文档资料；后者用于办公自动化和办公管理。

这个层次的信息化建设一般没有太大阻力，主要问题是操作人员对计算机使用是否熟悉，这可以通过培训解决。由于面对的多是较低的管理层次，实时性要求较高，重复性强，数据处理大，处理步骤固定，系统功能较为简单，主要采用低端的信息处理技术。

2. 管理信息系统(Management Information System，MIS)

20 世纪 70 年代初，随着数据库技术、网络技术和科学管理方法的发展，计算机在管理上的应用日益广泛，管理信息系统逐渐成熟起来。单项事务处理系统的主要目标是提高管理和业务工作人员的日常事务效率。但是这种单个处理事务的方式，远不能满足企业管理决策和业务的需要。企业经营管理与外部发生往来关系日趋复杂化。信息处理过程中，若不考虑信息的综合性，必然会给企业带来不良后果。为系统综合处理各项信息，及时有效的管理企业，20 世纪 60 年代中期逐渐发展起来的管理信息系统主要应用在管理层，帮助中层管理人员了解日常业务，提供对各项职能的综合管理服务，以便有效的计划、组织、控制等工作，实现组织的整体目标。这类系统主要包括市场管理系统，财务管理系统，人力资源管理系统等。与单项事务处理系统相比，更强调信息处理的协调性、综合性及事务处理的高效率，也强调对各级管理决策的有效支持。

管理信息系统的最大特点是高度集中，能将组织中的数据和信息集中起来，进行快速处理，统一使用。具有一个中心数据库和计算机网络系统是管理信息系统的重要标志。管理信息系统的处理方式是在数据库和网络基础上的分布式处理。随着计算机网络和通信技术发展，管理信息系统不仅能把组织内部的各级管理连接起来，而且能够克服地域局限，把分散在不同地区的计算机网络互联，形成跨地区的各种业务信息系统和管理信息系统。管理信息系统的另一特点是利用定量化的科学管理方法，通过预测、计划优化、管理，调节和控制等手段来支持决策。

3. 决策支持系统(Decision Support Systems，DSS)

决策支持系统不同于传统的管理信息系统。**决策支持系统**是辅助决策者通过数据、模型和知识，以人机交互方式进行决策的计算机应用系统。传统的管理信息系统主要提供预测的报告，而决策支持系统则是在人和计算机交互的过程中帮助决策者探索可能的方案，为管理者提供决策所需的信息。决策支持系统是管理信息系统的重要组成部分，它是以管理信息系统管理的信息为基础，在功能上进行了延伸。从某种程度来说，决策支持系统是管理信息系统发展的新阶段，而决策支持系统是把数据库处理与经济管理数学模型的优化计算结合起来，具有管理、辅助决策和预测功能的管理信息系统。

管理信息系统是一个不断发展的概念。20 世纪 90 年代以来，决策支持系统与人工智能、计算机网络等结合形成了智能决策支持系统(Intelligence Decision Supporting Systems，IDSS)。又如，电子数据处理系统、管理信息系统和办公自动化(Office Automation，OA)技术在商贸中的应用已发展成为电子商贸系统(Electronic Business Processing System，EBPS)，这种系统以通信网络上的电子数据交换(Electronic Date Interchange，EDI)标准为基础，实现了集订货、发货、运输、报关、保险、商检和银行结算为一体的商贸业务，大大方便了商贸业务和进出口贸易。

三、管理信息在工商业中的应用

1. 管理信息系统在工业企业中的应用

工业企业管理信息系统发展至今大致经历了以下几个阶段：

(1) 20 世纪 40～50 年代。在这一时期管理信息系统主要用于解决库存管理有关问题，提出了经济控制模型、定期订货模型和定量订货模型等。

(2) 20 世纪 60 年代。在库存管理模型优化基础上，人们开始重视企业内部物流问题。这个时期开发了带时间段的物料需求计划 MRP(Material Requirements Planning)。

(3) 20 世纪 70 年代。考虑到生产能力、产品和库存的反馈信息，形成了闭环 MRP。在 20 世纪 70

年代末，IBM公司推出了主要面向机械加工企业生产与控制的系统（Communication Oriented Production Information and Control System，COPICS）。

(4) 20世纪80年代。在企业闭环物料需求计划的基础上，从企业广义的资源（物料、设备、资金、人力等）需求出发，考虑到企业经营的战略级、中短期管理级及车间执行级的情况，信息管理系统的功能覆盖了企业管理的方方面面，并形成以经营、销售、生产、物料需求、采购、生产能力、车间作业等计划为中心的一体化计划管理系统（Manufacturing Resources Planning，MRPⅡ）。

目前应用于工业企业的与信息管理系统有关的系统还有：计算机辅助管理/生产管理系统（Computer Aided Management/Manufactory System，CAMS）、柔性生产制造系统（Flexible Manufactory System，FMS）、计算机辅助生产过程控制系统（Computer Aided Production Process，CAPP）、计算机辅助设计（Computer Aided Designing，CAD）、计算机辅助生产（Computer Aided Manufactory，CAM）等，近年来又提出并开始研制了应用融生产管理和工业工程两方面内容为一体的计算机集成制造系统（Computer Integrated Manufacturing System，CIMS）。

2. 管理信息系统在商业企业中的应用

商业企业通过计划决策来指导进货和销售，根据反馈信息来检查计划的实施，并不断调节计划，减少库存积压，加速资金周转，使效益达到最佳点，从而实现动态的优化管理。商业企业要求反馈信息必须及时、准确、可靠，从而使管理人员及时做出决策。

商业管理信息系统的发展是与电子收款机（Electric Cash Register，ECR）相联系的。最早出现的现金收款机是在1879年由美国的詹姆斯·利迪制作的“拨盘式现金出纳机”，当时研制这种收款记录机的出发点，是作为一种防范措施，监督雇员的不轨行为，即主要用于劳务管理。实践证明这种工具不但有助于劳务管理，而且在会计账务处理、商品管理以及如何提高会计业务的准确性和次序性等方面都有很好的效果。1897年，开发出了利用针在纸上打孔以记录营业交易，并包含出纳柜（现金出纳抽屉）和安全柜锁（开柜铃响）的现金收款机。20世纪60年代后期，随着电子技术的发展，日本研制成功了电子收款机。20世纪70年代后期，由于大规模集成电路的发展，开发出了基于4位微处理器的电子收款机。进入20世纪80年代，开发出了8位微处理器的电子收款机。到20世纪80年代后期，随着微型计算机的普及和价格的不断下降，人们又开发出了基于个人计算机（PC-BASED）的高档收款机。

商业企业MIS发展至今形成了POS、EOS、EDI、VAN四种典型系统。

(1) POS系统。POS（Point of Sales）即销售终端，是一种多功能终端，把它安装在信用卡特约商户和受理网点中与计算机联成网络，就能实现电子资金自动转账。它具有支持消费预授权、余额查询和转账等功能，使用起来安全、快捷、可靠。随着研究的深入，POS系统的应用已不再局限于商业领域，而是呈现出多样化发展的趋势，如证券市场管理、饭店管理、停车场及加油站管理、银行应用管理等，均引入了POS系统。

(2) EOS系统。EOS（Electronic Ordering System）即电子订货系统，是把订单数据输入计算机，通过计算机网络把资料送到总部、制造商、供应商等。利用POS系统对销售经营进行管理，同时利用EOS系统加以配合，可以大大节约订货成本，它是一种在公司之间传输订单、发票等作业文件的电子化手段，是计算机通信和现代管理技术结合的产物，提高商品流通效率。EOS系统的广泛使用，也进一步促进了EDI的发展。

(3) EDI系统。EDI（Electronic Data Interchange）即电子数据交换系统，也就是通常所说的无纸贸易系统，其以电子数据形式进行信息传输，目的是减少商业贸易中的票据单证数量，加速贸易过程。EDI系统广泛使用于连锁商店、国际贸易及工厂、运输、银行、保险与商贸的联营系统。因而，EDI是单位之间的横向联系系统，它与其他系统的单位、部门内部信息流构成了信息的纵横交错连接。

(4) VAN系统。VAN（Value-Added Network）即增值网系统，它可以将金融业与商业联合，通过

POS系统直接进行电子转账结算，将POS系统直接接入社会公共数据网。这种开放式的增值网，任何终端机都可以连接，其功能也在不断扩大。

四、管理信息系统面临的挑战

信息技术和管理信息系统的发展极大地促进了生产、经营，促进了管理，同时也产生了许多需要认真思考的问题。

(1) 使经营管理与信息技术有机融合。自管理信息系统发展以来，历经了多个不同层次的发展阶段。有些管理系统发挥作用，提升了效率，增强了企业的竞争优势。但也有许多管理系统在耗费了大量人力、物力、财力之后根本没有实现原定开发目标，这是长期以来困扰着人们的一个问题。现在人们日益深刻地认识到，把信息技术应用与环境分离是办不到的。管理信息系统不仅是技术系统，还是社会系统。管理信息系统技术的复杂性只是问题的一个方面，更重要的是涉及管理思想、管理制度、管理方法等，这是在开发和实现管理信息系统过程中要明确的问题。

(2) 为信息系统的实施创造有利的环境。对计算机系统而言，要得出有意义的结果，首先要保证原始数据真实有效。如果输入的数据不可靠，就不能获得有用的管理信息。要保证数据的可靠有效，既要对工作流程熟悉理解，同时也要清楚管理系统的计算逻辑过程的含义，否则无法真正有效的发挥其作用。提高管理水平，一个重要内容是提高人的素质，让工作人员能积极主动的参与进来，并深刻理解其工作的内涵。

信息技术的飞跃，正在促使企业管理发生深刻的变化。比如信息系统改变了企业的通信状况，可以引起企业重组工作流程、重新分工、重新进行企业组织设计，甚至服务地点、时间、办公的相对位置等也可能有很大的调整。

(3) 政府部门应促进信息系统的应用和发展。企业的发展不仅需要良好的市场环境，同时也要有协调的社会总体环境。信息技术成果的商品化不仅于企业本身工作有关，还受到整个社会信息交流环境的影响。政府部门应积极推动网络建设，促进信息交流，加强信息标准化工作，从而为企业创造良好的发展环境。

五、管理信息系统的战略规划及开发

1. 管理信息系统战略规划

管理信息系统战略规划是关于管理信息系统发展的长期计划，是企业战略规划的重要组成部分。管理信息系统建设费时多、耗资大、技术复杂，管理信息系统建设的好坏对企业运营经营效率高低、决策是否及时正确有重要影响。管理信息系统战略规划的作用表现在3个方面：一是合理分配和利用资源信息，以节省信息系统的投资；二是通过制定规划，找出存在的问题，正确识别为实现企业目标管理信息系统必须完成的任务，促进信息系统的应用，为企业带来更多的经济效益。三是指导管理信息系统系统开发，把规划作为将来考核系统开发工作的标准。管理信息系统内容广泛，现从如下几方面说明：

(1) 信息系统的规划框架。信息系统的目标决定了管理信息系统应实现的功能；信息系统的约束包括管理信息系统的实现环境、条件（如管理的规章制度、人力、物力等）；信息系统的总体结构指明了信息的主要类型和主要的子系统。

(2) 组织现状。包括计算机硬件及软件情况、产业人员的配备情况以及开发费用的投入情况等。业务流程的现状及存在问题将对流程的重组产生影响。企业流程重组实际上是根据信息技术的特点，对手工方式下形成的业务流程进行根本性的再思考、再设计。

(3) 近期计划。对近期做出相对具体的安排，以保证计划的有效执行。包括：硬件设备采购时间表、应用项目开发时间表、人力资源需求计划及培训时间表、资金需求等。

(4) 对影响规划信息技术发展的预测。这里涉及的信息技术主要包括计算机的硬件技术、网络技术及数据处理等。这些技术的推陈出新将在相当程度上给管理信息系统开发带来影响(如处理效率、响应时间等),并决定将来的管理信息系统性能的优劣。因此,规划及时吸取相关的新技术,则开发出的管理信息系统具有更强的生命力。

管理信息系统的战略规划需要根据实际环境的变化做出相应调整。长期不做调整的信息系统可能隐含着管理滞后的问题。

2. 管理信息系统的规划步骤

(1) 确定规划基本问题。从宏观上把握大的方面,如明确管理信息系统战略规划的年限、方法和采取进取还是保守的策略。

(2) 收集相关信息。通过各种渠道,包括企业内外部、书籍、报纸杂志和互联网等。

(3) 进行战略分析。对管理信息系统的目标、开发方法、信息部门的状况、财务情况、人员经验及企业状况进行分析。

(4) 识别计划约束条件。根据组织的人力、物力和财力限制,识别约束条件。

(5) 确定战略目标。包括应具有的功能、质量和政策等。

(6) 确定具体开发方案。如系统开发策略、顺序等。

(7) 制订项目进度计划。各个环节进行控制。

(8) 相关负责人批准同意。

3. 管理信息系统的开发方法

20 世纪 50 年代中期,计算机开始应用于管理工作,当时的立足点是硬、软件费用和功能,不是考虑组织需要什么,而是考虑限定条件下计算机能干什么,应用的方法并不强调要调查研究以及与组织的结合,而是基于闭门造车式的编写程序,应用价值不够高,自然应用不广泛。20 世纪 70 年代开始,各国开始重视建设方法的研究,研究出了众多的开发方法以及与开发方法相适应的开发工具。其中大部分的方法从其认知体系到开发战略都不是孤立的,而是相互在局部的方法和步骤上进行改进。其开发方法包括以下几种:

1) 结构化系统开发方法

结构化系统开发方法的基本思想是根据系统工程思想,用结构化、模块化、自顶向下的方法对系统进行分析设计。将整个系统的开发过程划分为系统规划、系统分析、系统设计、系统实施、系统运行和维护等阶段。

(1) 系统规划阶段。系统规划阶段的任务主要是根据组织发展战略确定信息系统的发展战略,对组织所处的环境、组织的目标和组织现状进行调查。分析和预测建设新系统的需求,考虑建设新系统面临的约束条件,从技术和经济等方面进行可行性分析。

(2) 系统分析阶段。根据系统化规划方案对目前的系统进行详细调查,描述出实际的业务流程,在此基础上,建立新系统的逻辑模型,逻辑模型是对系统提出的将要实现的功能性要求,但不包括如何具体去实现。系统分析阶段形成系统说明书,其主要作用是作为开发人员进行系统设计和实施的基础。它也作为设计人员对用户实现哪些功能的协议说明,并以此作为完成设计任务后的验收和评价标准。

(3) 系统设计阶段。系统设计阶段的主要任务是根据系统说明书中的规定,具体设计逻辑模型的技术方案。这一阶段与前一阶段关系密切,在具体实施过程中,也会对系统分析工作不足之处做进一步完善。

(4) 系统实施阶段。在系统设计阶段完成后,进行具体的实施工作。主要任务包括硬件的购买、安装、调试、程序的编写、人员的培训、系统的调试等。实施阶段应写出实施进度报告。

(5) 系统运行和维护阶段。在系统投入运行之后，要进行系统的维护，记录系统运行情况，根据具体实际情况作出必要的修改，评价其运行效果。

2) 原型法

原型法(Prototyping Methodolologies，PM)是20世纪80年代随关系型数据库系统(RDBM)、第四代语言(4GL)和信息系统的各种开发生成环境产生的基础上而提出的一种从设计思想、工具、手段都全新的系统建设方法。

与结构化系统开发方法不同，原型法不太关心对管理系统的全面、系统详细的调查与分析，而是本着系统开发人员对用户需求的理解，先快速实现一个原型系统，然后通过反复修改来实现管理信息系统。原型法在分析设计需要信息系统"做什么"和"怎么做"时，对用户的透明度较高，它在实现一组基本需求后立即设计系统，并对用户进行演示，随着用户和开发人员对系统的理解加深，一些新的需求随之产生，然后对这些需求进行补充和细化。系统的完成是在逐步发现的过程中进行的，而不是一开始就预见一切。建设管理信息系统原型的过程包括以下4个阶段：

(1) 定义组织的基本需求。在这一阶段中，应用人员根据用户对系统的描述说明，结合信息要求和业务要求识别用户基本需求，这种需求是比较粗糙的，但也是最基本的。

(2) 研制初步的管理信息系统的原型。在这一阶段中，要建立一个符合基本信息需求的可使用的系统。因此，设计人员有责任强调系统建立的速度，而不是系统的效率。初步原型只是实现用户的基本需求，这是不完善的早期原型，把这些尚不完善的模型交给用户试用。

(3) 通过试用发现新的需求。在这一阶段中，把原型交给用户试验使用，从试验过程中弄清哪些信息需求已经实现，哪些尚未实现，要应用人员提出初始模型需要改进的地方和增加的功能等。将需要变化的部分记录存档，以备以后进行修改。整个原型研制过程都是这样控制的。

(4) 对原型系统进行修改和完善。根据用户使用过程中提出的问题，与用户进行研究确定修改原型的方案，经过修改和提高得到新原型。

这4个阶段中，后2个阶段可以反复进行，直至应用人员满意为止。

3) 面向对象方法

面向对象方法(Object—Oriented Method)产生于20世纪60年代，因其直观、方便的优点，在20世纪80年代后获得广泛应用。面向对象方法以类、类的继承、聚集等概念描述客观事物及其联系，为管理信息系统的开发提供了全新的思路。面向对象方法以对象为中心，具有以下特点：

(1) 封装性。面向对象方法中，程序和数据是封装在一起的，对象作为一个实体，其操作隐藏在方法中，其状态由对象的"属性"来描述。并且只能通过对象中的"方法"来改变，从外界无从得知。封装性构成了面向对象方法的基础。

(2) 抽象性。面对对象方法中，把从具有共同性质的实体中，抽象出来的事物的本质特征概念，称为"类"(Class)，对象是类的一个实例，类中封装了对象共有的属性和方法，通过实例化一个类创建的对象，自动具有类中规定的属性和方法。

(3) 继承性。继承性是人类特有的性质，类可以派生出子类，子类自动继承父类的属性与方法。这样，在定义指令时，只须说明它不同于父类的特性。从而大大提高软件的可重用性。

(4) 动态连接性。对象间的联系是通过对象间的消息传递动态建立的。面向对象的系统开发分为3个阶段：面向对象分析(OOA)、面向对象设计(OOD)和面向对象程序设计(OOP)。

需求分析是无论采取何种开发方法都必须首先进行的，面向对象程序设计则是面向对象设计的结果向计算机实现的直接影射过程。

第二节　企业资源计划(ERP)相关理论

一、MRP

20 世纪 60 年代,美国奥列基博士提出物料需求计划的思想,对物料的概念进行定义说明。他认为企业生产中涉及的所有产品、零部件、原材料、中间件都被称之为物料。另外他还定义了独立需求和相关需求的概念,由企业外部的需求所决定的需求被称为独立需求,如对产成品的需求;反之,相关需求不是直接依赖于外部需求,而是由各种物料彼此间的结构关系所产生的需求,如半成品、零部件、原材料等。

MRP 管理模式为实现准时生产、减少库存的基本方法是:将企业产品中的各种物料分为独立物料和相关物料,并按时间段确定不同时期的物料需求;基于产品结构的物料需求组织生产,根据产品完工日期和产品结构制订生产计划,从而解决库存物料订货与组织生产问题。

最初 MRP 是一种基于物料库存计划管理的生产管理系统。它围绕所要生产的产品,要求在正确的时间、正确的地点、得到真正想要数量的物料;根据各种物料真正需要的时间来确定订货与生产日期,从而实现减少和降低库存的目的。MRP 的逻辑流程如图 7-1 所示。

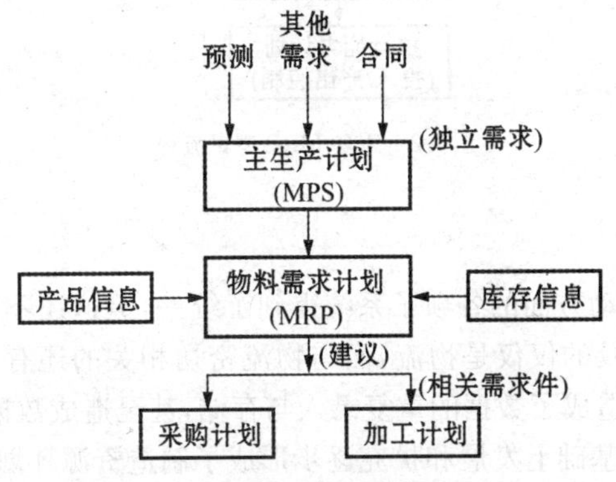

图 7-1　MRP 逻辑流程

二、闭环 MRP

MRP 经过一段时期的发展后形成了闭环 MRP 生产管理系统。最初的 MRP 没有能力平衡考虑,难以保证计划的有效实施。闭环 MRP 在原来 MRP 的基础上,增加能力需求计划,这使物料需求计划的可行性得到增强。在闭环 MRP 中,车间现场管理和采购的执行结果能够立即取得和更新。

物料需求计划 MRP 的实施,是事先进行计划,而不是等到短缺发生后才想办法解决。计划中增加了生产能力计划、生产活动控制、采购和物料管理计划三方面的功能。闭环 MRP 模式下,生产规划的建立要根据需求来确定,主生产计划依据生产规划制定,主生产计划可进行粗能力计划平衡的模拟。把主生产计划、库存状况和物料清单的数据,进行物料需求的计算,得到分时间阶段的物料计划。为了使物料计划可行,要通过细能力计划的平衡,只有在细能力计划的平衡后才发放订单至车间和采购。无论粗能力计划还是细能力计划,都是根据物料清单和制造工序而建立的。还要注意,进行采购和车间生产安排都要考虑现有库存状况。闭环 MRP 将是一个集计划、执行、反馈为一体的综合性系统,它能对生产中的人力、机器和材料各项资源进行计划与控制,使生产管理的应变能力有所加强。但它仅局限在生产中物的管理方面。闭环 MRP 的逻辑流程如图 7-2 所示。

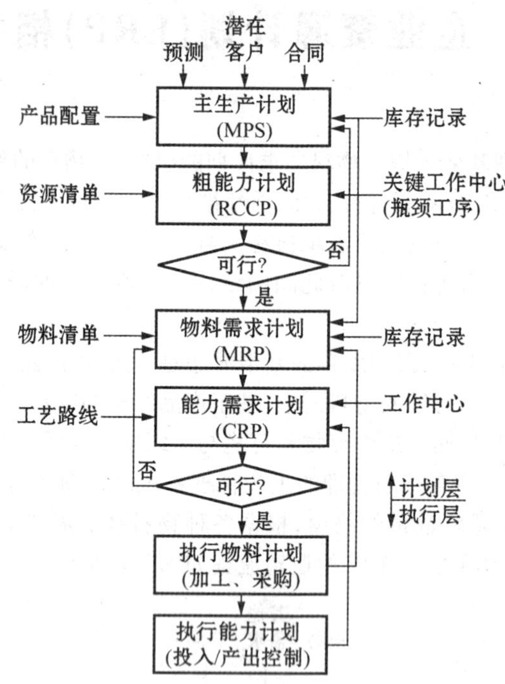

图 7-2 闭环 MRP 逻辑流程

三、MRPⅡ

闭环 MRP 系统使生产活动方面的各项子系统得到了统一，但这还不够，因为在企业的管理中，生产管理只是一个方面，它所涉及的仅仅是物流，而与物流密切相关的还有资金流。这在许多企业中是由财会人员另行管理的，这就造成了数据的重复录入与存储，甚至造成数据的不一致。20 世纪 70 年代末和 80 年代初，在闭环 MRP 基础上发展和扩充逐步形成了制造资源计划的生产管理方式。制造资源计划(Manufacturing Resources Planning)是指以物料需求计划 MRP 为核心的闭环生产计划与控制系统。它使生产、销售、财务、采购、工程结合在一起，通过信息共享形成一个集成化的全面生产管理系统。和先前的物料需求计划相比，该系统内容更加丰富。物料需求计划与制造资料计划的英文缩写相同，为避免混淆，将物料需求计划称作 MRP，制造资源计划称作 MRPⅡ。

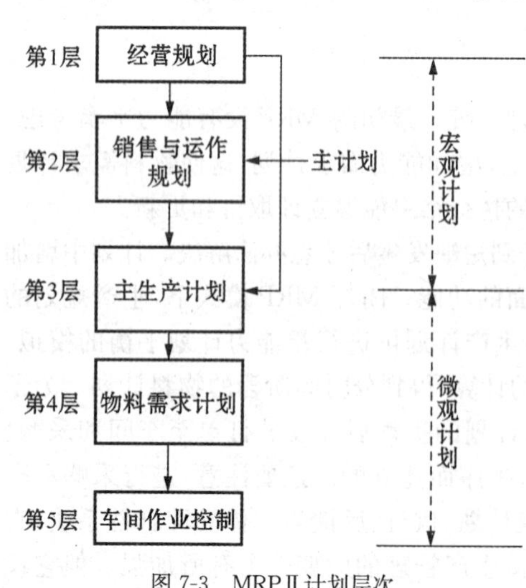

图 7-3 MRPⅡ计划层次

MRPⅡ包含 5 个计划层次：经营规划、销售与运作规划、主生产计划、物料需求计划、车间作业控制(见图 7-3)。其中，经营规划和销售与运作规划，属于宏观性质的规划，属于高层次计划；主生产计划是宏观计划向微观计划过渡性质的计划；物料需求计划是具体的详细计划，车间作业控制或采购作业控制是进入执行或控制阶段的计划，它们都属于微观层面的计划。

在 MRPⅡ中，所有的制造资源都被考虑进来。MRPⅡ系统为企业生产经营提供一个完整而详尽的计划，使企业内各部门的活动更加协调发挥出整体优势，从而帮助企业提高效益。MRPⅡ在制造类企业中应用日趋广泛。

四、ERP

20 世纪 90 年代，美国著名的 IT 咨询公司 Gartner Group Inc. 总结 MRPⅡ提出了企业资源计划 ERP 管理模式。与 MRPⅡ相比，ERP 除了包括和加强了 MRPⅡ各种功能之外，还融合了准时化生产、优化管理思想以及全面质量管理思想等先进管理理念，其功能更为强大。它不仅包含企业内部的人、财、物资源管理，还把客户需求以及供应商制造资源集成，对企业整个供应链进行有效管理；在满足传统生产方式基础上，突出了对多品种、小批量生产方式的支持；ERP 支持联机分析处理，为企业提供了对质量控制、客户满意以及绩效指标的实时分析能力。

【内容点睛】

ERP 代表了当前集成化企业管理软件系统的最高水平，是信息时代的现代企业向国际化发展的更高层管理模式，ERP 系统的管理对象涉及企业的各种资源和生产要素。通过 ERP 的使用，企业的生产过程能够及时、高效地完成客户的订单，最大限度发挥这些资源的作用，并根据具体订单及生产状况做出调整资源的决策。

ERP 技术及系统有以下几个特点：

(1) ERP 使企业和市场结合更紧密，能够对市场快速响应；它具有的供应链管理功能，使供应商、制造商与分销商之间形成更紧密的合作伙伴关系，从而增强企业的竞争力。

(2) ERP 重视企业流程改造，打破企业按职能设置部门的管理方式，代之以业务流程为中心，重新设计企业管理过程，从整体上确认企业的作业流程，追求全局最优。

(3) ERP 具有较完善的企业财务管理体系，企业的资金流、物流、信息流更为紧密，提高了财务管理的应用水平。

(4) ERP 更适应现代化生产的要求，满足多种类型的生产方式。ERP 支持 MRPⅡ与准时生产方式的混合生产管理模式，也支持离散制造、连续流程制造等管理模式。

(5) ERP 采用了最新的计算机技术，如面向对象技术、电子数据交换 EDI、多数据库集成/服务器分布式结构、第四代语言及辅助工具、电子商务平台等。

另外，ERP 具有较强的定制功能，根据用户实际需求，实现某种特定功能。比如有的 ERP 系统包括了质量管理、项目管理、金融投资管理、法规与标准、过程控制等补充功能。这大大增强了 ERP 的适应性，灵活高效的使用 ERP 管理技术，将会给企业带来更长远的经济效益。

课后练习

1. 思考题

(1) 简述管理信息系统的含义。

(2) 简述管理信息系统战略规划的作用、内容及步骤。

(3) 说明 ERP 发展过程中的几个阶段及其思想内涵。

2. 案例分析

波司登产品分销系统的信息管理

1) 背景

波司登是国内羽绒服龙头企业，共有波司登、康博、雪中飞、冰飞、冰洁等 5 大品牌，销售量、市场占有率、市场覆盖率等指标均居同行业首位。波司登采取代销的方式，实行营销中心、产品事业部、分公司、办事处、经销商的 3 级管理 3 级核算体系，各分支机构负责本区域内的销售和管理业务，在全国有 3 000 多家分销机构。

2）措施

波司登为了提高管理效率，决定借助信息化平台加强分销系统的管理，经过考察，公司总部选择在企业内部推行用友公司开发的信息管理软件。分销系统由销售采购管理、生产计划管理、物流库存管理、财务结算开票、领导综合查询5个部分组成。首先总公司先启动，分公司逐步推广，最后实现销售终端控制，具体规划分步实施。

3）效果

通过信息管理，波司登实现了全面条码化管理，提高了物流效率；规范了分支机构业务流程；提高了信息准确度，减低了企业直接经济损失；实现了企业异地化财务、商务集中处理，信息共享；及时把握各地库存，确保及时供货，同时降低库存资金及风险。

请分析：

(1) 波司登为什么率先选择其分销系统实行信息管理？

(2) 该管理系统中5个组成部分的信息化改造的重点是什么？

3. 实训题

(1) 你参观或实习的企业运用ERP系统软件了么？能否陈述一下该企业的运用过程和效果？

(2) 假设你创办一家企业，最少应该有哪些电子信息化设备和软件才能开张或应对开业后的企业运作需要？

第三篇　现代企业营销管理

通过对前面几章的学习，了解了企业的基本概念，办理了营业执照，即将开始实施企业经营活动。那么，企业如何开始生产经营活动呢？

首先企业应该有订单才能生产。订单从何处来？需要开展营销活动，营销员将企业能够提供的样品或图纸拿给客户，客户认可了，同时对价格、供货、付款、发货等细节进行谈判，谈妥了才可以签订合同。

那么，企业的样品或图纸从何处来？这是企业在对市场需求进行调研的基础上，对市场进行了市场细分，确定了目标市场，对产品进行了定位之后，才开始设计的。设计出适合市场需求的产品之后，企业才可以派销售人员开展营销活动。

本篇的主要任务是：学习市场调研的常用方法和技巧，然后对调研内容进行分析，对市场进行细分，为企业选择目标市场，给企业产品定位，之后开展营销活动。营销组合是营销管理的主要内容，对此进行深入学习，同时还要学习促销组合，为签订销售合同或销售已经生产的产品做好知识储备。

第八章 市场调研

学习目标

(1) 明确市场调研的作用和意义。
(2) 掌握市场调研的常用方法和技术。
(3) 能够设计调研问卷。
(4) 掌握市场调研的技巧。
(5) 熟悉市场调研的工作流程。

课程导入案例

宝洁公司反败为胜的启示

美国宝洁公司成功全球化推广其产品的过程中,也经历过失败,最惨痛的一次发生在日本市场。当时,宝洁公司打算把其婴儿纸尿裤品牌“帮宝适”引入日本市场。于是该公司将美国产品外包装进行修改,同时将正在美国播出的产品广告没做变动就直接复制到日本,推荐给日本消费者。广告展示的是一只栩栩如生的鹤在给各个家庭分发“帮宝适”尿片。广告投放后,结果非常令人失望,因为日本的消费者难以正确理解广告的内容,他们不明白为什么这只大鸟在分发一次性尿片。原来在美国流传有鹤接生婴儿的说法,但是根据日本的民俗,婴儿出生于漂流在河里的大桃园,然后漂到父母身边。所以,这个广告没有得到消费者的理解,缺乏说服力。

此后,宝洁公司进行了大范围的市场调查,根据调查结果对广告进行了更换,引入一位双重身份的“专家妈妈”,既是婴儿专家,也有亲身经验的母亲,从专业角度向消费者推荐产品。之后,“帮宝适”的营销取得了广泛成功。

企业在开展经营活动之前,首先要对市场需求进行调研,以便企业向客户提供客户所需要的产品或服务。有时,企业已经经营了一段时间,但随着市场竞争的加剧,企业经营困难或效益下降,这时企业仍需要开展市场调研,以便了解企业与市场需求之间的矛盾冲突。了解了企业与市场需求的不协调之处,企业也就有了改正的思路。总之,市场调研,无论在企业经营之前还是经营之中,都是企业一项经常性的工作。

第一节 市场调研概述

市场调研是指企业在一定的市场营销条件下,系统地搜集、分析和报告有关市场营销信息的过程。

市场调研的基本功能是收集、研究、报告市场信息。在当今社会,任何形式的商品交换、市场活动都必须进行信息沟通,没有信息流通便没有商品流通。然而,在收集市场信息的时候,必须做一些实际工作,实地调查研究,使企业获得对自己有用的市场信息。这就是市场调研的本义。

企业要正确决策、获得有用的决策依据，就必须通过市场调研收集、掌握市场情况。企业要正确开展市场营销活动，一方面取决于决策者的能力与素质；另一方面取决于企业的内部条件以及企业所面临的营销环境。解决这一问题的关键就是企业开展市场营销调研活动，使市场营销管理工作做到有计划、有步骤地开展工作。

企业要开展正常的市场调研工作，就一定要把基础工作做好。这些工作应包括：树立正确的态度和认识，建立健全常设的机构，培养一批专业的人才，形成一套规范的工作流程，掌握一些灵活实用的调研工具和方法，学会准确地分析调研信息，以及在此基础上设定的科学的市场营销决策工作程序，等等。

市场调研工作非常复杂，其成败与市场营销管理工作的成败直接相关，因此对企业的市场调研工作一定要严格要求。一般情况下，企业市场调研活动有以下几方面要求：

(1) 科学性。市场调研工作内容复杂，因而需要有一套科学的调查研究方法作保证。市场调研人员要以科学的态度对待调查工作，并以科学的方法完成调研工作。

(2) 调研过程的复合性。市场调研最忌简单化、走过场。由于调研工作面对的市场环境复杂多变，接受的信息复杂多变，本身的工作性质也是复杂多变，因此解决问题的方法就不能过于简单，要具有复合性。所谓复合性，就是要采用不同的调查方式、方法进行调研，对信息与结果反复验证，切忌方法单一、主观臆断。

(3) 调研信息的价值性。市场调研需要大量的市场信息，它应以获取有价值的信息为目的。当调研工作结束时，它的成果往往是一个总结和概括，而这就是调研本身的价值所在。要想使结果具有价值，就必须依赖于收集的信息有价值。

(4) 调研工作的创造性。市场调研也和市场营销的其他工作一样，具有很强的创造性，因此要求调研者具有创新精神。调研者在市场调研过程中，要善于运用创新精神，及时发现新问题、新思路，并为解决问题提出创造性的方案。

第二节　市场调研抽样技术与常用的方法

一、市场调研的抽样技术

市场调研可以分为普遍调查和部分调查两种。普遍调查虽然可以获取全面准确的统计数字，但往往由于调研范围太大而无法操作实施，即使在较小的范围内进行普遍调查，也常常因时间、成本等原因而不可取。因此开展市场调研常更多的是使用部分调查。部分调查是对调查对象总体中的若干个体进行的调查，通过对个体进行调查来推断整体的方法。常用的有抽样调查法。

1. 抽样调查法的特点

(1) 客观性。抽样调查分随机抽样和非随机抽样两种，一般多采用随机抽样方法。随机抽样按随机原则抽取样本，具有较强的客观性，这种方法可以排除人为主观因素影响，保证样本总体的客观性。

(2) 节约性。所谓抽样调查法是对总体中少数样本的抽取调查，因此它节省了大量的时间和费用，这对于提高效率起到重要作用。

(3) 准确性。抽样推断过程要以数学概率论为基础，这样可以保证统计推断的准确性和可靠性。在实践中，抽样推断的抽样误差还可以根据市场情况、研究对象误差加以修正。

(4) 广泛性。抽样调查是一种科学的工作方法，它不仅可以应用于市场调研，还可以应用到各行各业的各项工作中。

2. 抽样调查的程序

抽样调查，尤其是随机抽样调查具有严格的工作程序。只有严格按程序操作，才能保证调查结果的科学准确。抽样调查的程序一般有如下几个步骤：

(1) 确定调查总体。根据调查目的来明确调查的对象范围，并对其进行必要的分析。抽样调查是对一部分单位进行调查，从而推断总体特征。如果不事先确定调查总体，也就无法明确部分，更无法测定样本指标的误差。

(2) 设计抽样。设计是对抽样工作的研究和安排。设计包括两项工作内容：一是确定样本容量的多少，也就是样本所包含的部分单位的总的个数；二是选择具体的抽样方式，也就是根据调查目的和调查总体的具体情况选择适当方式抽样。

(3) 收集样本资料。收集样本资料就是对确定的样本个体进行信息采集和收取，一般要做大量的现场采集工作，以保证收集到的信息的真实性和可靠性。收集样本资料可以采用一次信息(也叫第一手资料)，也可以采用二次信息(也叫第二手数据)，具体情况应根据需要来确定。

(4) 计算样本指标。收集到样本资料后，要对资料做整理分析，以便计算出有效的数据。这项工作要在实验室中完成。

(5) 推断调查总体指标。即根据样本指标对总体做出结论。

3. 抽样调查的方式

抽样调查一般可以再划分为随机抽样调查和非随机抽样调查。

非随机抽样调查的方法又有配额抽样法、任意抽样法和判断抽样法等。非随机抽样调查的样本是由调研者凭经验主观选定的，因而更多地依赖于调研者的经验与能力，所以，一般企业不宜采用此种方法。

随机抽样调查是根据随机原则从总体中选取一部分调查对象作为样本用来推算总体的一种方法。随机抽样调查可以排除主观意识干扰，使总体中每一个个体被抽取的机会都一样，从而具有客观性，因而更具有代表性。所以随机抽样调查被广泛地应用于市场营销调研，这种方法又可进一步分为如下几种：

(1) **简单随机抽样**。即在调查对象总体中不作任何主观选择，纯粹用随机方法抽样，使每一个个体被抽作样本的机会均等。其做法是，将所有调查总体中的个体逐一编号，然后用随机数表抽取所需的样本。样本的大小可以根据市场调查的要求，可以用数理统计的方法求得，也可以根据经验估定。一般来说，样本越大误差越小，但成本往往也高。一般在个体差异不明显，或调查对象的区分特征不明显时，用简单随机抽样法较好。

(2) **等距随机抽样**。也叫机械随机抽样或系统随机抽样。是将总体中的个体按某一标志顺序排列并编号，然后再用总体中的总个数除以所抽样本数取得抽样间隔，同时在第一个抽样间隔内随机抽取一个单位作为样本，最后按抽样距离等距抽样，直到抽满为止。这种方法能使样本在总体中分布比较均匀，抽样误差少，适合于同质性较高的总体，而对于类别区分比较明显的总体不适用。

(3) **分层随机抽样**。也叫类型随机抽样。即借助于反映调研对象特征的辅助资料，把总体按照一定的标准进行分层，在每一层中用简单随机抽样方式抽取样本。该方法可以增加样本的代表性，避免样本集中在某个层面(或类别)。这种方法适用于总体单位数量较大，或内部类别比较明显。例如对人群分类，以性别分层之后，还可根据收入、年龄等分层。在进行了分层(分类)之后，再按单位随机抽样或等距随机抽样的方式抽取样本。

(4) **分群随机抽样**。就是先把调研对象总体机械地划分为若干群体，以简单随机抽样法选取一定数量的群体作为样本，然后再对抽取的样本群体进行普遍调查，以此来推断总体特征方法。这种方法一般是按地理区域进行分群。分群随机抽样能使样本单位集中，便于开展调查工作。这种方法比较适合总体较大，而又无明显类型差别的调查对象。

二、市场调研常用的方法

市场调研常用的方法有观察法、访问法和实验法。企业可以根据调研对象、目的等选择适当的方法。

1. 观察法

观察法即调研者通过直接观察调查对象的行为，在现场进行记录，然后对记录做出统计分析，最后获得所需资料的调查方法。观察法是一种单向调研法，不需要调查对象配合，甚至是在对方不知情的情况下进行的。观察法可以采用跟踪的方法观察对方，即在不同的地点连续跟踪观察；也可以采用定时的方法，即在一定时间内对调查对象从不同侧面进行观察；还可以采用定点的方法，即在一个地点，对调查对象进行不同时间的观察，等等。

根据观察者是否参加到被观察现场活动中，观察法又可以分为参与观察和非参与观察两种。参与观察法就是对方知道你在干什么。非参与观察法是隐蔽的或不告知对方你在干什么。运用观察法应注意以下几点：

(1) 选择好观察对象。就是选择那些符合调查目的，便于观察的对象进行观察。如果是采用抽样调查法，则要按所抽样品进行观察。这样不存在选择对象的问题了。

(2) 确定好时间(或地点)。观察调查对象，一定要在最能反映其本质特征的时间或地点进行。如果时空选错，则效果尽失。例如，观察某商店门前的客流量，星期几、具体时间段等都是必须考虑好的。

(3) 安排好观察顺序。顺序安排法一般有三种：一是主次顺序安排法，即先观察主要的对象，后观察次要的对象；二是方位顺序安排法，即按观察对象所处位置由远到近或由近及远、由上到下或由下到上、由左至右等观察；三是综合分解顺序法，即把观察对象从整体到局部进行分解，然后再按照先局部后整体或先整体后局部的顺序观察。

(4) 减少对被观察者的干扰。参与观察法强调不能干扰被观察者。要让观察者在不受干扰、不受影响、没有心理负担的情况下，自然而然地从事他的工作。如果被观察者被干扰，那么其心态就会受到影响，导致观察失败。

(5) 做好记录。用观察法观察要在事先设计好记录表格，以便及时正确地做记录，同时也为事后整理资料提供依据。否则，不仅现场很忙乱，事后还无法整理资料。

2. 访问法

访问法是与被调查对象进行双向沟通的调查法。它包括口头访问调查、书面访问调查、E-mail问卷调查、电脑辅助电话访谈法和网络调研等。

【内容点睛】

市场调研方法中，应用最为广泛的是访问法，通过访问者与被访者之间的双向交流，能够消除陌生人之间的隔膜，拉近人与人之间的距离，有助于及时准确获得调查结果，取得调研成功。

1) 口头访问调查法

口头访问又分为面谈和电话两种。采用这种方法时，调研人员需逐个询问调查对象，或用座谈会的形式，一次调查一组对象。无论是哪一种方法，调查人员都要掌握好调查技术和技巧。这些技术、技巧应用很容易，只要做好5个基本要求即可：一是调研人员事先做好调查提纲或是问询表；二是调研人员要态度和善，语言亲切，有礼貌；三是当涉及个人隐私时，调查人员应声明承担保密义务，打消调查对象的顾虑；四是调研人员应当善于启发和引导调查对象，但调研时不要作倾向性暗示或诱导；五是要善于提出问题，巧妙地把调查目的包含在问题中。

2) 书面访问调查

书面访问调查也是问卷调查。这种调查法的关键是问卷的设计，设计的关键是提出哪些问题，怎样提出问题。根据调查目的反复研究问卷，以免漏掉关系重大的内容。同时还应注意，问卷一般不宜太长，以免被调查者嫌麻烦而失去耐心。

问卷提问分为开放性与闭合性问题两种。所谓开放性问题，是被提问者可以自由回答，提问者对回答的内容不做限制，也不知回答者会回答什么，怎么回答，回答多少内容。闭合性问题是被问者应在提问的范围内做出答复，不能回答问题以外的话，或回答者在列出的范围内选择某一结果回答。在书面访问中，往往给出一系列答案，由被调查者选择。

3) E-mail 问卷调查

E-mail 问卷调查也是一种问卷调查法，只不过它是借用电子邮件发给适当的调查对象，被调查者回答后将问卷回复给调研机构。E-mail 问卷分发速度快，节省费用，成为近年来一种比较流行的问卷调查方式。E-mail 问卷调查的缺点是回收率低。

4) 电脑辅助电话访谈法

电脑辅助电话访谈法是利用电脑储存调查问卷、纪录调查数据的一种电话调查访问方法。电话访问时，访问者面对显示器，选择键入答案，屏幕自动下翻；访问结束，电脑自动统计数据。一般的电脑辅助电话访问多提一些闭合性问题，被访者只要回答"是"、"否"、"不置可否"等即可。这种方法还可以及时修改问题。比如当有 98%的被调查者对同一问题的回答一致时，说明这个问题没有价值，可以从电脑中将其删除，集中时间多问其他问题。

5) 网络调研

目前已有专门为网络调研设计的问卷链接及传输软件。一些企业已开始大量使用这种方法。这种软件设计成无须使用程序的方式，操作者可以根据情况进行整体问卷设计。

3. 实验法

所谓**实验法**，是指将选定的刺激措施引入被控制的环境中，进而通过指标调整改变刺激程度，以测定顾客的行为反应。由于排除或控制了许多没有研究意义的因素，因此研究人员所观察到的影响可以被认为是采取的某些刺激措施所致。如果把实验本身视为一个由许多投入影响主题并导致产出的系统，则可对实验法有一个更清楚的认识。实验法包括实验主体、实验投入、环境投入、实验产生、实验设计等。

1) 实验主体

实验主体是指可被施以活动刺激，以观测其反应的"单位"。在市场营销实验室里，主体可以是消费者，也可以是商店及销售区域等。但人是营销实验的最后主体，因此要处理好如下问题：

(1) 测量仪器。就是要找到一个能十分准确的测量知觉、偏好或购买行为的工具。

(2) 配合组。就是在实验开始之前要找到一组可供比较的主体。

(3) 一致性。就是要在实验室中对相同的环境投入因素确保展露的可比性。

(4) 反应偏差。就是指要从参与实验的群体中获得可信赖的行为。

2) 实验投入

实验投入是指研究人员试验其影响力的措施及其变量。在营销实验里，实验投入可能是价格、包装、陈列、销售奖励或市场营销等。

3) 环境投入

环境投入是指影响实验投入及其主体的所有因素。在市场营销实验里，环境投入包括竞争者行为、天气变化、不合作的经销商等。一般情况下，许多环境投入因素可以忽略不计，这是因为它们对于实验结果并无太大影响。而那些对结果有影响的环境投入，则得到了某种程度的控制，或至少可加以测量。一般困难在于那些尚未觉察，或虽已觉察，但其影响不能控制或测量的环境投入。解决这一难题的办法有两种：一是扩大样本数，把偶发的例外环境因素造成的影响冲淡；二是设立一个相当于实验组大小但不接受实验投入因素的控制组，通过这一控制组对所有非控制投入因素产生影响，以利于调整被混淆的实验组产出。

4) 实验产生

实验产生即实验结果。这种结果在营销实验里主要包括销售额的变化、顾客态度与行为的变化等。在评估市场营销刺激的影响时,销售额既是最后的产出,也是最有力的产出。为了便于对实验结果进行评估,在实验前就应预先制定出决策准则。例如,假定两种包装所导致的销售差异等于或大于某数值,则企业应选择那种受欢迎的包装投入生产;假定两种包装的销售差异小于某一数值,则任何一种包装都可投入生产(选成本低的)。在这里,选择销售差异的数值是重要的。管理人员必须认真考虑现行决策准则的误差特征和各种可能性误差的经济损失以及决策前的判断等问题。

5) 实验设计

实验设计就是决定主体数目的多少、实验时间的长短以及控制的类型等问题。实验设计主要又分为以下五种:

(1) 简单时间序列实验。就是先选择若干经销商,检查其每周销售情况;然后再举办展销会并测量其销售额;最后,将该销售额与以前的销售额相比较,做出最后决策。

(2) 重复时间序列实验。就是将展销会时间延长,然后在一段时间内停止展销,再展销一段时间后又停止,如此进行几次反复循环,在每一个循环时间内都要注意销售变化并求出其平均值。在这一过程中,尤其要注意剔除特殊事件的影响(如国庆、春节等)。

(3) 前后控制组分析。在展销前首先选定两组经销商,并分别检查其销售状况。然后,只对其中一组进行展销活动,并同时检查两组的销售状况。最后,比较控制组与实验组的销售情况,对其销售差异进行统计分析。

(4) 阶乘设计。除了举办展销会外,市场营销研究人员还可通过调整其他营销投入进行实验。例如,制造商可以对两种展销会、两种价格水平、两种保证措施进行实验。这里就可以产生出8种(2×2×2)实验投入组合,我们可以用8个组合同时进行实验,以估计不同的展销会、不同的价格水平以及不同保证的个别影响力量。

(5) 拉丁方格设计。当实验投入因素之间不存在相互关联性时,就不必用阶乘设计法那样进行8种组合,而可以用拉丁方格设计法,只试验6种(2+2+2)组合就可以了。这样还可以减少投入成本。

市场营销实验活动与自然科学的实验活动原理相同,但环境各异。自然科学实验环境仿真即可,而营销实验必须是在现实市场环境中进行,因此情况会更复杂多变,特别是以活生生的人作为实验对象,就会有更多的变数出现,因此,应特别注意变化,刻意安排。

第三节 市场调研的步骤

市场调研工作是市场营销管理的基础工作,各项营销管理都离不开前期的市场调研,因此,营销人员要掌握好这项工作技能。市场调研步骤也有一定的程序,一般可分为确定调研目的、确定调研方法和技术、确定调研目标和调研对象、设计调查问卷、培训调查员、实地调查、资料统计和撰写调查报告8个阶段。

一、确定调研目的

市场调研没有"自己"的目的,市场调研是为营销管理服务的,市场营销管理的目的,基本上就是市场调研的目的。不能正确理解领会营销管理主题而展开的市场调研,会将调研工作指向错误思维路线。因此,开展市场调研之前,一定要认真理解营销管理目的。

营销管理工作的目的一般是为了解决企业经营中存在的问题。在进行营销管理时,首先要对企业面临的问题进行研究分析,确定一个大致方向,即营销管理要达到什么目的。围绕这个方向或目的,管理人员才可以开展市场调研,经过市场调研,使问题明朗化。管理人员首先要确认影响当前企业发展的关键问题是什么,这个关键问题就是下一步开展营销管理应该解决的目标。然后,围绕目标,管理人员进一步开展阶段性管理工作。

例如,某企业开发出一种改装新产品,很受欢迎,企业现生产能力有些跟不上,打算建新厂。这个决定是否正确?围绕这个方向(扩大销售),企业开展市场调研。在调研中发现,这种改装新产品其实还是老产品的改型,整个产品仍沿着生命周期轨迹走向衰退。如果建新厂,很难在其成熟期结束之前收回投资。一旦产品进入衰退期,则投资难以收回。为此,企业以扩大产能为营销管理目标,进行市场营销阶段性管理。最终,企业决定以虚拟制造的方式,向有生产能力的企业订购配件,来厂组装,贴标销售,解决当前供不应求的局面。

从上例可见,市场调研是为营销管理服务的,是它的前期工作。营销管理目标的确定,是依据市场调研的结果来确定的。营销管理人员一定要记住这一点。

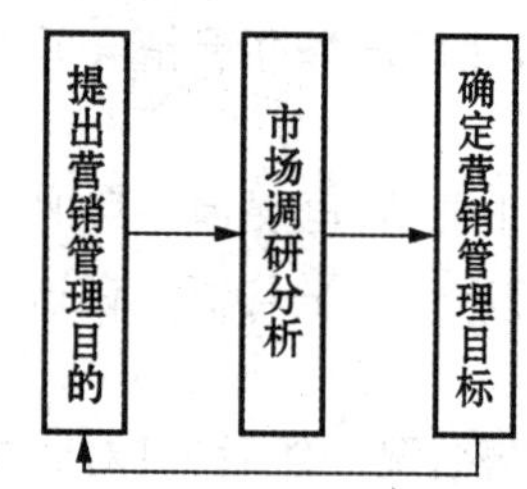

图 8-1 营销管理目的、市场调研目的、营销管理目标之间的关系

一般来说,营销管理的目的、市场调研目的与营销管理目标之间的关系如图 8-1 所示。

有时,营销管理目的很明显,可以直接进行市场调研,确定为营销管理目标。有时,营销管理目的比较模糊,可能仅仅是一个方向,这时就要先调研,再确定营销管理目的,同时,也确定了营销管理的目标。

二、确定调研方法和技术

确定调研目的以后,要根据目的的需要,确定采用哪一种调研方法。上一节已讲过的调研方法有 3 种:观察法、访问法、实验法。并不是每种方法都适合于所有调研目的,不同的方法适用于不同的调研目的,应根据目的,确定选用某一种方法。

观察法常用来研究正在进行的某一特定市场营销过程。比如超市货架如何陈列商品,可以通过观察顾客在商店内的购物过程,据此来重新陈列商品。甚至可以在货架上安装摄像镜头,观察顾客选购商品时目光的运动路线,以弄清顾客如何浏览各种商品。观察法一般用于研究售货技术、顾客行为、顾客反应等。其优点在于客观、公正、真实地反映现状,不足之处是不能了解被观察者的内在信息,如收入、教育、心理、动机等,另外,被观察者的行为或环境也无法加以控制。

访问法在市场营销调查中常用来搜集有关产品特征、广告文稿、广告媒介效果、促销及分销渠道等信息。通过访问法还可以搜集社会经济,消费者的态度、意见、动机以及公开行为等。两者相比,观察法搜集到的对象信息较为客观,访问法搜集到的信息包含较多主观色彩。

实验法最大特点是可以对环境加以控制。即把选定的刺激措施引入到被控制的环境中,通过对环境的改变,系统地测定顾客在整个过程中的行为反应。实验法也可以在大投入、大规模营销活动之前进行预演。

确定调研方法的同时,还要确定具体的收集信息的技术。收集信息的技术,是指在采用某种调研方法后,配以某一种手段,具体来说有以下 4 种:

(1) 问卷技术。就是以书面提问的方式询问被访者以获取信息。

(2) 量表技术。就是用量表来调查被访者,了解其态度看法等。量表包括等级量表、程度量表、混合量表、知觉印象等。

(3) 观察技术。就是用直接观察的方式记录了解被访者的态度和行为等。

(4) 询问技术。就是面对面地询问,由被访者自由表达自己对某个事物的看法、想法等。

有时,在采用某种调研方法时,可能会采用两种以上的具体技术。如采用访问法,可以采用问卷和询问两种技术。如果采用一种,则有可能使对方限制自己的想法,表达不出来,或者不能使对方畅所欲言。

三、确定调研目标和调研对象

调研目的、调研方式和技术确定之后，需要进一步确定调研目标和调研对象。调研目标一般也就是营销管理阶段性目标。这时营销管理目的、目标和调研的目的、目标是一致的。因为调研是为管理服务的，调研获得的信息越准确及时，管理的成功率越高。所以，调研目的、目标不能随意改变，一定要按营销管理意图办。

调研对象是获得有效调研的前提和保证。市场调研目标确定之后，还必须选准调研对象。比如，某企业为实现年度销售收入增长的目的，决定通过开展促销活动(也可以通过产品降价，但只能选择最重要的方式，作为营销管理目标)作为调研目标。如何进行这一调研活动，它的调研对象有许多，如"计划近期购买该产品的消费者"、"计划在任何时间购买该产品的消费者"、"计划购买该产品的中低收入者"……企业如果对以上所有对象都进行调研是不精确的，因为企业的目的是年度销售收入，因此，选择调研对象就成为必然。

这就是本章第二节所讲的市场调研的抽样技术中的内容。用抽样技术对调研对象进行选择，企业从无数的对象中选出一部分，使调研工作变得简单易行。

四、设计调查问卷

调查问卷要根据调研目的、调研目标、调研对象、调研内容及企业、品牌、产品渠道等相关背景来设计。设计出问卷后，还应在小范围内进行试验，针对发现的问题给予修改，最后再确定正式问卷。

【内容点睛】

一份好的调查问卷可以在保证小投入的情况下，获取到尽可能多的市场信息，能够全面反映被访者的真实诉求，为整个市场营销决策提供可靠的第一手资料。

调查问卷包含闭合式问题和开放式问题两大类：

1. 闭合式问题

闭合式问题所列答案包括了所有可能的回答，被调查者从中选择一个答案即可。例如铁道部对京津高速铁路进行问卷调查，其问卷设计可以是以下几种。

(1) 两分法。即一个问题提出两个答案供选择。例如：

您是否坐过高铁？(　　)

A. 是。　　B. 否。

(2) 多项选择法。即一个问题提出三个或更多的答案供选择。例如：

您乘坐高铁是因为(　　)。

A. 好玩　　B. 公费出差　　C. 更快到达　　D. 其他

(3) 李克特量表。即被调查者可以在同意和不同意之间进行选择。例如：

如果是公费出差，您把乘坐高铁作为首选吗？(　　)

A. 坚决同意。　　B. 同意。　　C. 不同意也不反对。D. 不同意。

E. 坚决反对。

(4) 语意差别。即在两个意义相反的词之间列上一些标度，由被调查人选择能代表其意愿的某一点。例如：

京津高铁：

A. 规模大________:________:________:________:________:规模小。

B. 服务优________:________:________:________:________:服务差。

C. 现代化________:________:________:________:________:老式。

(5) 重要性量表。即对某些属性从“根本不重要”到“极重要”进行分等,由被调查者选择。例如:

京津高铁服务对我(　　)。

A. 极重要　　B. 很重要　　C. 有点重要　　D. 不重要

E. 非常不重要

(6) 排序量表。即对某些属性从“质劣”到“极好”进行分等,由被调查者进行选择。例如:

京津高铁的食品服务(　　)。

A. 极好　　B. 很好　　C. 好　　D. 说得过去

E. 极劣

2. 开放式问题

开放式问题允许被调查人用自己的话来回答,且一般不受太多限制。

(1) 自由格式。即被调查者几乎不受任何限制地回答问题。例如:

您对京津高铁有什么意见?

答:____。

(2) 语句完成法。即提出一些不完整的语句,由被调查者完成该语句。例如:

当您选择乘坐高铁时,选择高铁的重要依据是________________________。

(3) 词汇联想法。即列出一些词汇,由被调查者提出他头脑中出现的第一个词。例如:当您看到下列文字时,您脑海里涌现的第一个词是什么?(　　)

A. 火车　　B. 旅行　　C. 京津高铁

(4) 故事完成法。即提出一个未完成的故事,由被调查人来完成。例如:

我购买了京津高铁的车票,走进候车大厅________________(请您讲完这一段旅行过程中,引起注意的一件事或几件事)。

(5) 图画完成法。即画一幅画。例如,一个人正在发表对京津高铁的意见,另一个人也要求回答,请被调查者在空格中发表意见,等等。

设计问卷,要注意问题的次序。一般情况下,应首先提一些能引起被调查者兴趣的问题,特别要注意避免涉及个人隐私。所提问题还应符合思维习惯,由简单到复杂,由表面到深层。其次,设计问卷还应考虑结构和长度。问卷的结构应分为开头、整体、结尾三部分。开头提几个基本问题,往往是闭合式提问,如职业、年龄、性别等,正题是主要内容。结尾要表达感谢等。问卷长度要适当,不可太长。否则被调查者会失去耐心,匆忙答题,没有了真实意义。

五、培训调查员

调查员也叫访员,是直接与被调查者接触、收集信息的人员。调查人员的工作态度和能力将对调研的质量产生直接影响。因此,选择聘用、培训和管理调查员是必不可少的。

选拔的调查员要有一定的文化基础,企业常常利用在校大学生进行调查。如以实习的名义开展活动等。选出调查员后应对其进行培训,培训的重点包括如下几项:

(1) 讲一些基本知识。如果是非营销专业的学生或低年级学生,要简单讲解一些市场营销课程内容,让调查员对营销管理、市场调查有一些基本概念和一般性知识,以便于对调查活动有深刻理解。

(2) 讲一些访问接近技巧。如怎样与陌生人交谈,如何获得陌生人对你的调查支持理解并接受等。这些技巧还包括自我介绍时的神态、语言、行动及简单内容等。

(3) 调查人员要保持中立态度。调查人员对被调查者的表情、语言、态度等要表现出友好、可亲,但不能流露出倾向性。对所提问题,要任凭被调查者回答,不能展露感情色彩,如惊奇、疑问、反对,甚至提示对方。调查人员进行调查时,态度要热情,但观点要求是中立的,不能对问题做任何表情反应。

(4) 要掌握提问和追问的技巧。按问卷顺序提问时,要按问卷措词提问,要问出疑问语气。另外,提问速度要掌握好,语速不可太快。追问的技巧性更强。追问是对回答内容不满意的控制措施,调查人员要有礼貌地追问到满意为止。比如,调查员问:"您觉得这雪糕怎么样?"被调查者:"不错,挺好的!""好在哪里? 请您说具体点好吗?""味道好!""您说的味道是指什么?""甜度合适。果味清淡,香型独特!"这时的回答才算到位。

培训调查员,一般应结合具体项目进行,针对问题培训,培训工作准备得越好,调查工作开展会越顺利。

六、实地调查

调研信息的采集,强调实地调查。它是调查研究的重点之一,它的质量直接影响市场调研质量。如何做好实地调查,这里强调以下 3 个方面:

(1) 要设置适当的报酬。给予被调查者一点好处,是实地调查顺利进行的重要步骤。有的企业不给被调查人员好处,这样会使调查工作难度增加,对调查人员的素质要求更高。其实,这些好处很简单,如赠送一张明信片、一个钥匙链、一片书签等。也可以选聘女士调查男士,男士调查女士,等等。

(2) 要重视与被调查者的接触。调查者接触被调查者,会引起对方的警觉。这时,调查者一定要做到:面带微笑,自然大方;语气亲切,态度诚恳;问句明白,快慢适度;表示感谢,赠送礼品。

(3) 要控制调查误差。在实地调查时,会发生许多意外的事。当发生意外时,调查员要及时汇报,领导要及时调整,减少失误。比如拒绝回答,调查员遇到这种情况后,就应该对这样的调查对象进行补充。调查员遇到被调查者对某一问题回答不圆满时,也应做出记录,减少统计误差。

指挥人员每天都要对调查区域进行检查,如抽样情况,问卷情况,询问调查员的调查执行情况,了解调查员遇到的问题,讨论解决的办法,同时还应注意调查问卷是否完整,有无遗漏等。

七、资料统计

资料统计是为撰写调研报告提供依据的重要步骤。信息资料收集后,一般应按如下程序进行资料统计。

(1) 校验。首先要检查一下调查问卷,确定其是否是一个有效的问卷。检查的内容包括:所有问卷是否完整齐全;有效问卷份数是否达到所要求的数量;有效问卷数量不足时,应及时从残缺项目的问卷中补充,也可以减少单元数量,从中选择、归类、整理分析。

(2) 录入。即对数据进行录入和统计。统计要用专用表格,以使数字统计正确,便于分析。

(3) 制表、制图。对收集到的数字信息,还要进行归类。用不同的表格对数字进行归类,或者用图形对相关数字进行表达等。

(4) 分析。分析各种数据的关系,或揭示调研时的新发现,或提出调研的结论。如果是探索性调研,应明确指出调研问题的性质。如果是描述性调研,应将市场因素之间的关系描述清楚。如果是因果性调研,则应将市场因素之间的因果关系揭示出来。

八、撰写调查报告

调查报告是整个营销管理活动的一个重要部分,尤其是结论部分会对营销管理产生直接影响。调研报告的撰写要求较为规范,其内容和形式一般包括以下几个部分:

(1) 封面。要写明报告的题目、调研企业的名称、调研执行的单位、主持人姓名、执行时间和报告日期等。

(2) 目录。将调研报告的主要项目内容编录进目录。

(3) 调研结果与建议。这是正文之前的页码,简明扼要陈述调研结果与建议,以便于阅读者理解领会调研成果与结论。

(4) 正文。这是市场调研报告的主要部分。要写出调研方法、调研程序、调研结果、调研分析与建议等。正文的主要篇幅是数字和表格、数据解释与分析为主,是对调研结果和建议的佐证和说明,还要交代调研活动存在的不足,甚至要分析指出这些不足对调研结果的影响程度等。最后还要对所提建议作一些补充说明,以便阅读者进一步分析判断。

(5) 附件。就是将那些过于细致、复杂或专业性比较强的内容放在附件中,以备专家、学者对调查产生疑问时进一步论证。比如调查问卷、抽样方法、调查对象名单、联系电话、地址、地图、统计方法、计算方法,等等。而且要将附件排序编号,以便查询。

课后练习

1. 思考题

(1) 什么是随机抽样调查和非随机抽样调查,它们又各有哪几种形式?

(2) 市场调研的常用方法有哪些?他们分别适用于哪些调研目的?

(3) 问卷调研的开放性问题和闭合式问题是什么意思?其设计内容有哪些?

(4) 调研报告包含哪些内容?

2. 案例分析

中国凉茶市场品牌知名度调查

加多宝集团和广药集团之间的“王老吉商标之争”落下帷幕,加多宝集团开始启用新的商标品牌,并加入到更加激烈的市场竞争中。这次商标之争充分显示了品牌战略的重要性,为了充分了解消费者对新建立的加多宝品牌的认知度,加多宝公司委托北京华经纵横咨询有限公司进行品牌市场调研工作。

调研过程中,考虑到城市经济发展水平和销售区域的覆盖性,选取长春、济南、郑州、成都、杭州六个城市的750位消费者作为对象,并进行了线上线下定量问卷调研和焦点小组座谈会,全面了解消费者的倾向。

调研结果显示,2007~2011年,中国凉茶饮料以年均30%的增速发展。

如图8-2所示,“王老吉”品牌不仅凭借其准确的市场定位和有效的宣传成为行业领先者,还带动了整个行业的发展。加多宝品牌由于建立时间短,品牌影响力虽居第三位,但是与排在其后其他品牌之间的品牌识别度差异不大。

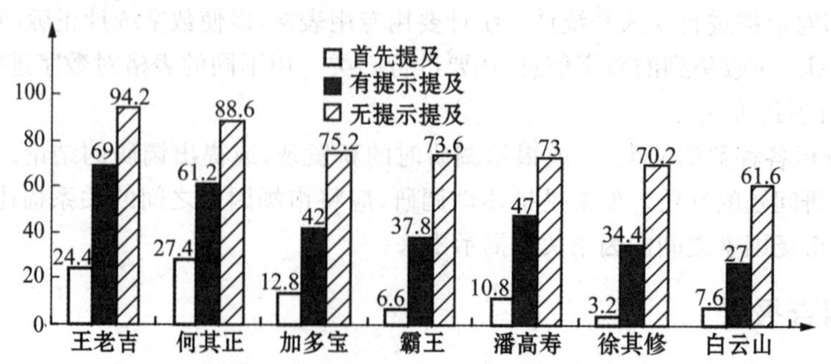

图8-2 中国凉茶市场主要品牌知名度

请分析:

(1) 调研样本选择的依据是什么?

(2) 所选择调研方法的优缺点是什么?

(3) 根据该调研结果，分析加多宝集团应采取何种营销策略。

3. 实训题

(1) 对本校某一年级的学生进行随机抽样调查，调查本校某年级大学生业余生活是如何安排的？以便给校学生会提供改善大学生业余生活管理的依据。

(2) 对本校通过四级英语考试的学生进行抽样调查，了解通过四级考试的学生是如何学习的？以便给没有通过四级的同学提供学习参考经验。

第九章 市场细分、目标市场选择与定位

学习目标

(1) 明确什么是市场细分,如何进行市场细分。

(2) 在对消费者进行细分之后,还要掌握如何对细分市场进行评估。

(3) 明确什么是目标市场,如何选择出有利于企业经营的目标市场。

(4) 明确什么是定位,学会如何为企业进行准确的定位。

(5) 明确企业在经营过程中将根据市场变化情况对市场进行重新细分,并选择目标市场,且再次进行定位。

课程导入案例

完达山奶粉的STP战略

完达山乳业股份有限公司在20世纪90年代中期还默默无闻。当时,世界排名前20位的国际乳品企业(雀巢、惠氏等)纷纷涌入中国市场,占据了中国奶粉市场的主导地位。如何在竞争中取得一席之地?摆在了完达山人的眼前。为此,完达山派出调研小分队,对国内市场需求进行深入分析,了解中国消费者的心理并对市场趋势进行研判。当时,在奶粉市场上,中国家庭正在从母乳喂养婴幼儿逐渐转向奶粉喂养。这就为完达山进军奶粉市场找到了突破口。他们以婴幼儿配方奶粉市场为主,快速占领了高端奶粉市场。

进入21世纪之后,奶粉市场发生了进一步分化,市场竞争进一步加剧。完达山面对新的竞争环境,及时采取新的策略。他们根据世界营养与食品发展的趋势确认,世界食品发展的主流是营养平衡产品,功能性食品将成为新的趋势,预计未来15~20年内,世界85%的食品都将成为功能性食品。为此,他们开发出代替母乳喂养的婴儿配方奶粉、用于中老年人补钙的配方奶粉、增强抵抗力的学生奶粉、甚至用于女性减肥的饮用脱脂奶粉,等等。紧接着,公司又开发了完达山乳珍和完达山牛胎盘这样的新概念、高技术含量的高端产品,并将它们定位为乳制品中的高端产品。同时在市场上刮起了一股"乳珍"和"牛初乳"营销旋风。

为了跟进开拓的新市场,他们先后投资10多亿元,建设烟台完达山300吨(日产)液态奶厂和800吨(日产)阳光乳业公司,投资控股河北贝兰德乳业公司,收购圣元宝泉岭乳业公司的资产等。使完达山奶粉在成人奶粉类别中,市场份额仅次于雀巢和伊利,名列第三。

菲利普·科特勒评价说:现代战略策划营销的核心可以被描述为STP营销——即细分(Segmenting)、目标(Targeting)和定位(Positioning)。2001年,美国市场营销学会评选有史以来对美国影响最大的营销观念,结果是1981年出版的,由杰克·特劳特和艾·里斯所著的《定位》一书。

【内容点睛】

美国市场营销学会对《定位》一书的评价很高，建议同学们课下到图书馆借一本阅读一下。同时，再向大家推荐一本书——杰克·特劳特和史蒂夫·瑞维金1996年出版的《The New Positioning(新定位)》。

STP战略就是通过市场细分，将整体市场按顾客类别分割成无数子市场，再依据企业的资源优势和企业目标选择适合自己企业的目标市场，然后进行市场定位，以确定企业产品特色。定位依靠前两步战略实现。STP战略管理步骤如图9-1所示。

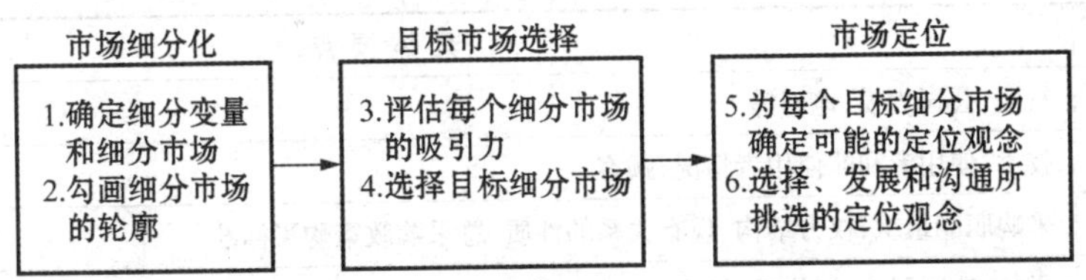

图9-1　STP战略管理步骤

第一节　市场细分

市场细分概念是由美国学者温德尔·史密斯于1950年中期提出的，其意为，企业以消费者的某些特征为标准，把整体市场划分为若干子市场的过程。后来经过学者进一步诠释，使其含义更加清楚明了。就是企业根据顾客购买行为与购买习惯的差异性，将某一特定产品的整体市场分割为若干个消费者群，以选择和确定企业的目标市场的活动。市场细分又称市场分割。

一、消费者市场细分的依据

市场细分应根据细分变量来进行。一般将细分变量划分为四个方面(见表9-1)。

表9-1　消费者市场细分变量

变量类别	具体细分变量
人口	性别、年龄、民族、种族、国籍、文化程度、职业、收入、宗教信仰、家庭规模、家庭构成、家庭生命周期阶段等
地理	地区(国际、国内、城市、乡村、沿海、山区、平原等)，地理环境、方位(东北、西北、西南、华北、华中、华东、华南等)，城市规模(特大、大、中、小)、人口密度、气候等
心理	生活方式、社会阶层、个性偏好等
行为	购买者类型、购买行为类型、追求的利益、对产品的态度、对品牌的忠诚度、购买时机、购买准备阶段、使用率、支付方式等

【内容点睛】

以往，许多学习营销专业的同学常常忽视这一环节的学习，当他们进入企业工作的时候，就不知道如何进行市场细分了。请一定记住市场细分的变量是什么，也就是进行市场细分的依据是什么，用它才能进行有效的市场细分。

其中值得解释的有以下几点：一是对年龄的解释。在营销学上，国际上通行的年龄组划分方法为：学龄前，学龄，少年10～19岁，青年25～40岁，中年40～65岁，老年65岁以上。二是家庭生命周期的概念：①单身；②新婚；③满巢阶段1——最小的孩子6岁以下；④满巢阶段2——最小的孩子大于6岁；⑤满巢阶段3——和成年子女同住；⑥空巢阶段1——子女已婚，父母仍工作；⑦空巢阶段2——子女已婚，父母退休；⑧鳏寡阶段1——夫妻一方亡，另一方仍工作；⑨鳏寡阶段2——夫妻一方亡，另一方退休。

二、产业市场细分的依据

产业市场细分的变量，有一部分与消费者市场细分相同，比如按地理因素、追求的利益、使用率、对品牌的依赖等，但由于其特殊性，同时也使用另外一些变量。博纳玛和夏波罗提出了业务市场细分的变量(见表 9-2)。

表 9-2 业务市场的主要细分变量

变 量	具体要点
人口	行业、公司规模、地理等
经营	技术、使用者和非使用者情况、顾客
采购方法	采购职能组织、权力结构、现有关系的性质、总采购政策购买标准
情境因素	紧急、特别用途、订货量、批次
个性特征	购销双方的相似点、对待风险的态度、忠诚度

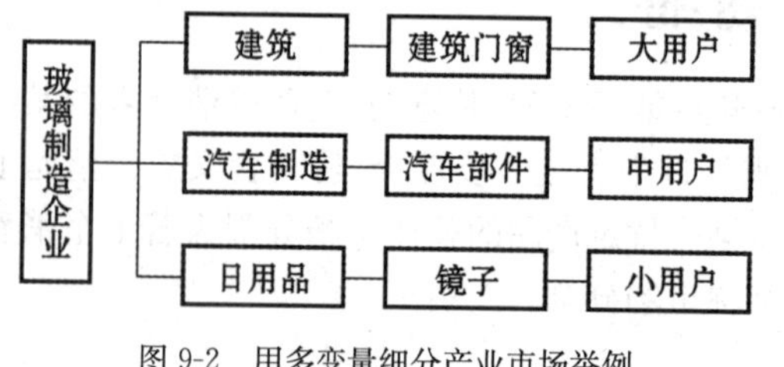

图 9-2 用多变量细分产业市场举例

其中，人口变量是最重要的，其次是经营变量，最后是顾客的个性特征。

有时，企业在进行业务市场细分时，不一定把这些细分变量都细分一遍，再选定目标市场。一般情况下，企业会选择其中几个变量，连续分隔几次之后，就会做出有用的细分。比如，以玻璃制造企业的细分市场举例(见图 9-2)。

【内容点睛】

提醒大家注意，图 9-2 里的市场细分变量是：行业、用途和用量。

三、市场细分的层次

随着人类生活水平的提高，人们越来越倾向于展示自己的个性，这为市场需求的多样化创造了条件，其结果便是加速了市场的细分速度。市场竞争也使企业更加注重那些小但却极多的商业机会，加速了精细化订单生产的步伐。随着科技水平的提高，如 IT 产业，电子商务，柔性生产技术及现代物流等；也使企业解决了随产品生产规模缩小而导致经济效益递减的难题。因此，市场细分不仅在营销理论上，且在实践操作上都成为可能。

菲利普·科特勒对此进行分析，提出了细分层次的概念。就是市场细分随着精细化程度的提高，能够呈现出细分市场、小环境市场、局部地区市场和个别市场 4 个层次：

(1) **细分市场**。就是按主要细分变量细分后得到的市场。如按人口变量或按地理变量进行分割得到的市场。

(2) **小环境市场**。就是将上一步市场进一步细分得到的次级细分市场。如按性别、年龄、收入等变量进行分割得到的市场。

(3) **局部地区市场**。就是在上一步细分市场中，进一步按地理进行分割后得到的市场。如大企业职工家属区、少数民族聚集区等。

(4) **个别市场**。就是按每位顾客区分的市场。即所谓的定制营销，就是针对个别市场进行的。

四、市场细分的步骤

美国学者麦肯锡提出了一套进行市场细分的程序，共分为以下 7 个步骤：

(1) 选择产品市场范围。就是企业要先确定进入什么行业，生产什么产品。当然，选择产品不能以产品本身的特性来确定，而是应以顾客的需求来确定。

(2) 列举潜在顾客的基本需求。就是企业通过调查，了解潜在顾客对某项产品的基本需求，这些基本需求包括安全、方便、设计、质量、价格等等。

(3) 了解不同潜在顾客的不同需求。就是不同潜在顾客对列举出的基本需求的侧重点的差异。通过对这种侧重点的差异比较，不同的顾客群体便可初步被区分出来。如有些偏重安全，有些偏重价格等。

(4) 去掉共同需求，保留特殊需求。就是将所有顾客都考虑到的需求去掉，只留下顾客的特殊需求作为细分的依据。比如质量是共同需要，便可去掉，价格和设计是特殊需要，便可保留。

(5) 根据保留的特殊需求的差异性进行划分。就是据此划分不同的群体或子市场，并赋予每一子市场一定的名称。如房地产公司可以把顾客分成新婚者、度假者等子市场。

(6) 进一步细分或合并。就是进一步分析每一细分市场的需求与购买行为的特点，并分析其原因，做出进一步细分、合并、保留的决策。

(7) 对每一细分市场总结概括。就是对每一细分市场进行评估，如规模、顾客数量、购买频率、每次购买数量等，同时对产品竞争状况及发展趋势作出分析。

根据以上步骤逐步将一个整体市场细分为企业即将进入的细分市场，如图 9-3 所示。

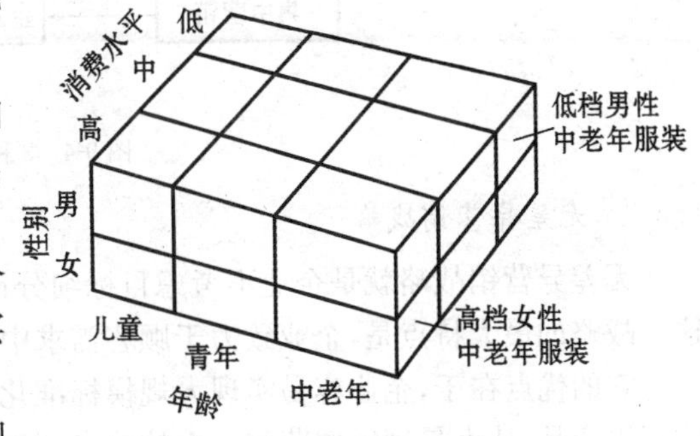

图 9-3　服装细分市场示意图

第二节　选择目标市场

一、选择确定目标市场

目标市场就是企业决定要进入的那个子市场，也即企业准备为之服务的那个顾客群。根据市场细分情况，企业可以选择一个或若干个细分市场，确定为企业的目标市场。企业可供选择的目标市场有五种模式：

(1) 密集单一市场。这也即最简单的市场进入方式，就是选择一个细分市场集中营销。企业通过密集营销，能更加了解细分市场内消费者的需要，为企业树立特别声誉，建立较为巩固的市场地位。但密集市场营销也有风险。如个别细分市场不景气，可能使企业收入锐减。所以有许多企业宁愿在若干个细分市场分散营销。这其实还是没有选择好目标市场。

(2) 有选择的专门化。这就是选择不同的产品，在不同的细分市场进行营销的模式。采用这种方法进入细分市场，要符合企业目标和资源优势。因为在各细分市场之间很少有或者根本没有任何联系，所以，企业资源就是首先应考虑的因素，不宜过于分散。但经营得好，却可以分散企业风险，即使个别细分市场失去吸引力，仍可以保持企业整体盈利。

(3) 产品专门化。这就是企业集中生产一种产品，向各类顾客销售。产品专门化很容易树立起行业权威，建立声誉，但如果有新的替代品出现，则很可能发生危机。

(4) 市场专门化。这就是企业专门为满足某个顾客群体的各种需要而进行服务。这使得产品变得多种多样，纯粹的市场专门化企业是很少的，因为需要生产的东西太多，并不利于企业利用资源。

(5) 完全市场覆盖。这就是企业用各种产品满足各种顾客的需要。这样的企业实在太少。这仅仅是一种理论分析。随着企业竞争加剧,企业会自动放弃这种方式。

二、目标市场营销战略

目标市场营销战略可分为无差异营销战略、差异营销战略和集中营销战略 3 种,如图 9-4 所示。

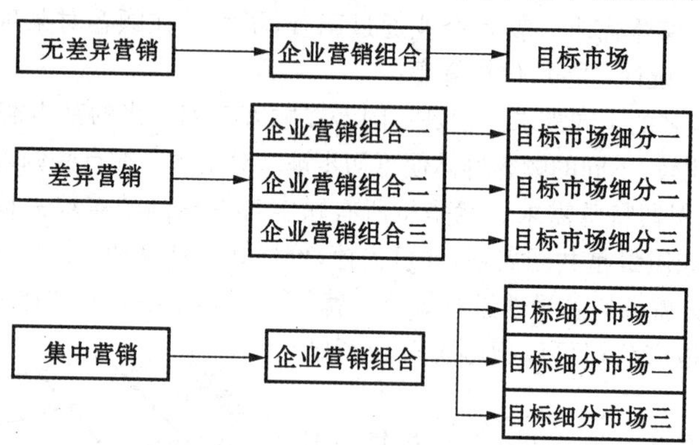

图 9-4 3 种目标市场营销战略

1. 无差异营销战略

无差异营销战略就是企业不考虑目标细分市场之间的区别,推出一种产品来追求整个目标市场。这一战略的最大特点是,企业致力于顾客需求中的相同之处,而不是他们的不同之处。

它的优点在于,企业容易实现大规模标准化生产,劳动生产率高,生产及营销成本低,能以较低价位销售产品,从大量销售中获利。它的缺点在于,忽视市场需求的差异性,容易被实施了更小市场细分战略的竞争对手击败。这种战略一般仅适合于产品生命周期引入阶段的独家经营者暂时采用。

2. 差异营销战略(市场细分战略)

差异营销战略就是企业同时经营几个细分市场,并为每个细分市场设计提供不同的产品。其最大特点是实行市场细分化,着眼于市场需求的差异性。同时为这些不同的细分市场提供特殊服务,满足这样差异性需求。

它的优点在于,满足消费者需求,培养顾客品牌忠诚度,塑造企业好形象。它的主要缺点是,容易分散企业资源,增加生产、营销成本。如果对市场过分细分,会导致产品价格不断增加,于是有人提出一种"反市场细分"概念。"反市场细分"并不反对市场细分,而是将许多过于狭小的细分市场组合起来,以便能以较低的价格满足这一细分市场的需求。

3. 集中营销战略

集中营销战略就是企业集中所有力量,以一个或少数几个性质相似的细分市场作为目标市场,在较小的细分市场上占领较大的市场占有率。一般对于资源有限的中小企业,或是新进入某市场的大企业,都可以采用这种战略。

它的优点在于,服务对象比较集中,对一个或几个特点细分市场有较深的了解,而且又实行了相对专门化,比较容易在特定市场范围内取得有利地位。缺点是目标市场范围比较小,一旦市场变化,企业危险性大。

三、目标市场选择因素

企业在制定目标市场战略时,应从 5 个方面来考虑,这些因素包括企业资源、产品同质性、市场同质性、产品生命周期阶段、竞争对手等。

1. 企业资源

企业资源雄厚，可以采用差异营销战略。对于中小企业，一般应采用无差异营销或集中市场营销战略。

2. 产品同质性

当企业产品具有同质性特点时，即产品在性能、特点等等方面差异性较小，企业宜实行无差异营销。对于异质产品即产品性能、特点等差异性较大，企业宜实行差异营销或集中市场营销战略。

3. 市场同质性

同质市场指市场上所有顾客在同一时期偏好相同，购买的数量相同，对营销刺激的反应一致。这时，企业宜实行无差异营销。如果市场需求差异较大，则为异质市场，企业宜采用差异营销或集中市场营销战略。

4. 产品生命周期阶段

新产品处在引入期或成长期前段，消费者没有需求差异时，企业应实行无差异营销，或采取针对某一特定细分市场的集中市场营销战略。产品进入成长期后期和成熟期时，市场竞争激烈，消费者需求日益多样化，企业应采用差异市场营销战略。

5. 竞争对手

企业的营销战略应根据竞争的需要不断调整。一般来说，企业的目标市场覆盖战略应与竞争强手有所区别。如果竞争较强对手已实行差异营销，企业应实行集中市场营销或更细分化的差异营销战略。如果竞争对手较弱，并实行差异营销，企业则不需改变战略，亦采用相同战略，用实力击败对手。

第三节　定位

定位就是对公司的产品进行设计，从而使其能在目标顾客心目中占有一个独特的、有价值的位置的行动。企业如何给产品定位？科特勒指出：定位需要公司决定向目标顾客推出多少差异以及推出哪些差异。

一、差异化变量

如果几家公司同时追逐一个目标市场，而他们的产品又无明显差异，则大多数买主都会向报价低的公司购买——这就是我国企业价格为什么越来越低的原因之一。

企业提供产品的差异化有 4 条思路可供思考："更好、更新、更快、更便宜。"但是什么东西更新？什么东西更好？什么东西更快？什么地方更便宜？在具体执行上，可以从另外 4 个具体的方面进行操作，这就是寻求差异化的变量，如表 9-3 所示。在这些变量中，企业可以思考，哪些会做得更好？哪些会做得更新？

表 9-3　寻求差异化的变量

产品	服务	人事	形象
特色 性能 一致性 耐用性 可靠性 可维修性 风格 设计	送货 安装 用户培训 咨询服务 修理 其他	能力 礼貌 可信任性 可靠性 责任性 沟通能力	标志 媒体 气氛 事件

【内容点睛】

定位现在已经被运用到了日常生活和工作的方方面面。现在不只为产品定位,还可以为企业、学校、医院等进行定位,甚至可以为人生定位。如果把定位运用于产品之外,那么,它的变量又该是什么呢?答案是:区分不同的属性,确定差异化。

二、定位战略选择

有了差异化变量,企业还不一定能准确定位。在寻找定位战略中,至少有7种定位战略可供选择。企业可以选择其中的一种,进行定位决策。

(1) 特色定位。就是选取企业或产品的主要特色的定位。

(2) 利益定位。就是侧重于顾客主要利益的定位。

(3) 使用/申请定位。就是企业服务于提出某些特殊需求的顾客群的定位。

(4) 使用人定位。就是企业按顾客类型进行定位。

(5) 竞争定位。就是针对市场竞争情况,展现企业优势的定位。

(6) 产品品目定位。就是在企业名称或产品类别上别出心裁,使之成为人们意料之外的不同于一般产品的定位。

(7) 质量/价格定位。就是以企业产品的质量与价值比作为主要依据。显示价格等值的定位。可以低质低价,也可高质高价。

三、定位的步骤

市场定位有时很简单,可能只是一种偶然事件,如“金利来”领带,原名“金狮”,英语是Goldlion。由于销路不好,企业管理者彻夜难眠,突然想起按英语意思和英语发音,改为“金利来”,定位在“成功人士”。

然而,偶然事件不是营销管理工作的全部。营销管理工作就是要按常规思路寻找出奇迹效果。当营销管理人员进行市场定位时,可以按以下步骤进行:

(1) 确定定位对象。就是要明确给谁定位。给整个企业定位?给企业产品定位或服务定位?还是给几个下属公司定位?

(2) 识别重要属性。就是要识别影响目标市场顾客购买的主要因素是什么?这些因素是所要定位的对象必须具备的属性。

(3) 绘制定位图。就是选出主要属性,标出本企业与竞争对手所处的位置。一般采用二维图。如果存在一系列重要属性,也应将之简化为能代表顾客偏好的二维变量。

(4) 评估定位选择。就是根据定位图示,做出定位选择。一是强化现有位置,避免正面冲突;二是寻找市场空隙;三是给竞争者重新定位。

(5) 提供哪些差异化。根据目标市场顾客的属性识别,确定企业给这些消费者提供哪些差异化,以求做到什么更好,什么更新,或者什么更快,什么更便宜。

课后练习

1. 思考题

(1) STP营销的具体内容是什么?

(2) 消费者市场细分和产业市场细分有什么不同,它们各自的变量有哪些?

(3) 假如你是一家皮鞋厂家的营销主管,现在企业决定生产运动鞋。请问,你如何为企业进行市场细分，并在细分市场的基础上选择目标市场，最后为企业产品进行定位？

2. 案例分析

海尔手机的市场定位

2000年，海尔刚推出自己的手机时，如何定位？首先摆在了海尔管理者的面前。经过调研，海尔手机瞄准了都市里勤奋向上的一大批年轻人，这些人各个充满豪情，希望能打拼出一片属于自己的天空。海尔就瞄准这一消费者群体的这一有着鲜明时代特点的青春属性，确定了海尔的定位。

海尔提出了“听世界、打天下”的消费诉求。这一诉求综合了消费者属性，与品牌特点进行了恰如其分的融合，既传达了海尔国际化品牌的意境，又考虑到目标市场群体的个性需求，推向市场后，取得了优良的市场业绩。

这是一个消费者定位案例，这种定位是按照产品与某类消费者的生活形态和生活方式的关联作为属性，做出选择之后定位的。当企业为产品定位时，要深入了解目标消费者群体希望得到的是什么利益和结果，然后再针对这一需求确定一个或几个对应的属性，围绕这个属性提供相对应的产品和利益给消费者。最后，在产品投向市场时，还要将产品定位通过广告诉求明白地宣示出来。

请分析：

(1) 这个案例是用什么属性进行定位的？

(2) 这个案例的定位内容是什么？

3. 实训题

(1) 当你走进网吧的时候，你是否注意到每一个上网者都在面对着不同的电脑画面？这其实就是消费者进行的自我市场细分。如果现在让你把使用电脑的人群进行细分，你将选择哪些变量？

(2) 我们都知道，奔驰汽车的定位显示的是“声望”，宝马汽车的定位显示的是舒适“驾驶”，那么，沃尔沃汽车的定位是什么？法拉利又是哪类汽车的代表？请上网查阅有关资料并进行分析。

第十章 市场营销组合

学习目标

(1) 掌握市场营销组合的内容。
(2) 掌握产品生命周期 4 个阶段的内容。
(3) 了解通常决定企业产品定价的因素。
(4) 明确企业选择定价的方法。
(5) 明确分销渠道的类型。
(6) 明确促销组合由哪些方式组成。
(7) 明确促销组合工具的具体内容有哪些。

课程导入案例

加多宝公司的市场营销组合

2003 年,加多宝公司经过市场调研,将传统老字号饮料定位为预防上火的饮料——王老吉。同时对产品包装进行重新设计,用红色罐装外形推向市场。企业还与大量经销商、零售商进行访谈,听取中间商的意见,之后对产品价格等也做出合理规定。一切妥当之后,企业投资 4 000 万元,通过中央电视台发布广告。在渠道方面,企业除了走传统的经销商、批发商、零售商路线之外,还新开辟了餐饮新渠道,并逐渐向全国扩展。当年,企业就取得了 6 亿元的销售回报。加多宝在此基础上继续高歌猛进,2010 年销售额达到 180 亿元。

市场营销组合是市场营销管理的重要组成部分。企业的市场营销管理包括两个重要的、不同的但又互相关联的部分,即目标市场和市场营销组合。**目标市场**是企业拟服务的投其所好的、需求相近的顾客群。**市场营销组合**是企业为了满足这个目标顾客群的需求,而提供给这个目标顾客群的可控的服务变量组合。市场营销组合中所包含的可控的服务变量很多。从顾客需求角度分析,有 4 个变量是顾客基本的需求,即产品(Product)、价格(Price)、地点(Place)、促销(Promotion)。由于这 4 个名词英文的第一个字母都是"P",所以市场营销组合又称为 4P 组合。

第一节 产品

一、产品理论的重要概念

1. 产品的概念

产品是指为满足消费者欲望和需要而提供给市场的一切东西。包括实物(如西装)、服务(如理发)、人员(如乔丹)、地点(如景区)、组织(如教会)、观念(如讲课)等。

【内容点睛】

可以称为产品的东西十分广泛，或者说，只要能够用来出售的东西都可以成为产品。

2. 产品层次

产品层次包括核心利益(顾客所购物品的真正服务或利益)、一般产品(核心利益借以实现的基本形式)、期望产品(顾客购买产品时期望得到的一组属性和条件)、附加产品(产品所包含的附加服务和利益)和潜在产品(产品最终可能的所有增加和改变部分或产品未来可能的发展方向)。

3. 产品项目

产品项目是指具体到特定的品种、规格、型号的产品。

4. 产品线

产品线是指一组密切相关的同类产品，又称产品大类或产品系列。

5. 产品组合

产品组合是指一个企业生产或销售的全部产品线和产品项目的组合。产品组合具有一定的宽度、长度、深度和相关度。

(1) 产品组合宽度。这是指在产品组合中包含的产品线的多少。一般来说，增加宽度，有利于扩展经营领域，分散经营风险。

(2) 产品组合长度。这是指一个企业产品组合中所包含产品项目的多少。一般来说，增加长度，有利于吸引消费者选购产品。

(3) 产品组合深度。这是指产品线中的每一产品所包含的不同花色、规格、尺码、型号、功能和配方等数目的多少。一般来说，产品组合的深度越深，可以占领同类产品更多的细分市场，满足更多消费者的需求。

(4) 产品组合的相关度。这是指各条产品线在最终用途、生产条件、分销渠道或其他方面的相关程度。产品组合的相关度高，有利于企业共享资源，发挥协同作用。

6. 产品生命周期

产品从投入市场到最终退出市场的全过程叫**产品生命周期**，一般经历引入期、成长期、成熟期、衰退期 4 个阶段。

【内容点睛】

产品生命周期的概念十分重要，一定要记住这个概念。当你将来走向社会就会发现，用它可以解决很多难题。比如，当你面对两家招聘单位的时候，一家是摩托车厂，一家是电动自行车厂，你选择哪家企业应聘？这时，你只要想想，摩托车产品已经进入衰退期，而电动自行车尚未完全进入成熟期，你就应该毫不犹豫地做出选择了。

7. 新产品

营销学对新产品的含义定义很广，除科技发现产生的新产品外，还包括在功能、形态上发生改变的产品。一般分为全新产品、模仿产品、改进产品、系列产品、降成本产品、重新定位产品等。

二、产品组合

产品组合是产品管理的重要内容，企业根据企业资源，市场需求等对产品组合进行适当调整，可以提高企业竞争能力，扩大经营成果。

1. 扩大产品组合

扩大产品组合就是指拓宽产品组合的宽度、增加产品组合的长度和加强产品组合的深度。

(1) 平行式扩展。这指企业在产品线层次上进行平行延伸,增加产品系列,扩大经营范围。

(2) 系列式扩展。这指企业产品向多规格、多款式方向发展,通过增加产品项目,在产品组合上向纵深扩展。

(3) 综合利用式扩展。这指企业生产与原有产品系列不相关的产品。

2. 缩减产品组合

缩减产品组合是指剔除掉获利小的生产线或产品项目,集中资源扩大生产获利多的产品线或产品项目。

(1) 削减产品系列。就是减少产品生产类别。

(2) 减少产品项目。就是减少产品系列中不同品种、规格和花色的产品的生产。

3. 产品线延伸

产品线延伸就是将产品线加长、增加企业的经营档次和范围。产品线延伸是为了满足不同层次的顾客需要和开拓新市场。

(1) 向下延伸。指企业原来生产高档产品,现在增加中档或低档产品。

(2) 向上延伸。指企业原来定位于低档市场,现在增加中档或高档产品项目。

(3) 双向延伸。指企业原生产中档产品,现在同时向高档和低档产品两个方向发展。

三、产品生命周期的营销管理

不同的产品生命周期阶段,市场特性、营销目标、企业战略是不一样的。营销管理人员要针对不同产品生命周期采取不同战略进行营销管理。科特勒对此进行了归纳,如图 10-1 所示。

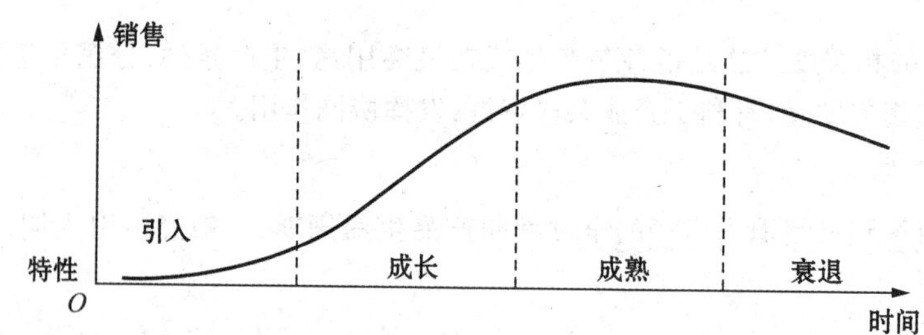

特性	引入	成长	成熟	衰退
销售	低销售量	销售量快速上升	销售量高峰	销售量衰退
成本	按每一顾客计算的高成本	按每一顾客计算的平均成本	按每一顾客计算的较低成本	按每一顾客计算的低成本
利润	亏损	利润上升	高利润	利润衰退
顾客	创新使用者	早期采用者	中间多数	落后者
竞争者	极少	逐渐增加	数量稳定或开始衰退	数量衰减
营销目标	创造产品知名度和试用	最大限度地占有市场份额	保卫市场份额获取最大利润	对该品牌消减支出和挤取收益

战略				
产品	提供一个基本产品	提供产品的扩展服务	品牌和样式的多样性	逐步淘汰疲软项目
价格	采用成本加成	市场渗透价格	较量和击败竞争者的价格	削价、降价
分销	建立选择性分销	建立密集性分销	建立更密集广泛的分销	进行选择：逐步淘汰无盈利的分销网点
广告	在早期采用者和经销商中建立产品的知名度	在大量市场中建立知名度和兴趣	强调品牌的区别和利益	减少到保持坚定忠诚者需求的水平
促销	大力加强销售，吸引消费者试用	充分利用有大量消费者需求的有利条件，适当减少促销	增加对品牌转换的鼓励	加大促销力度

图 10-1　产品生命周期特性、目标、战略一览

不同的产品在生命周期的每一阶段，其营销管理重点是不一样的。科特勒列举了杂货产品的生命周期营销战略管理的重点，如图 10-2 所示。

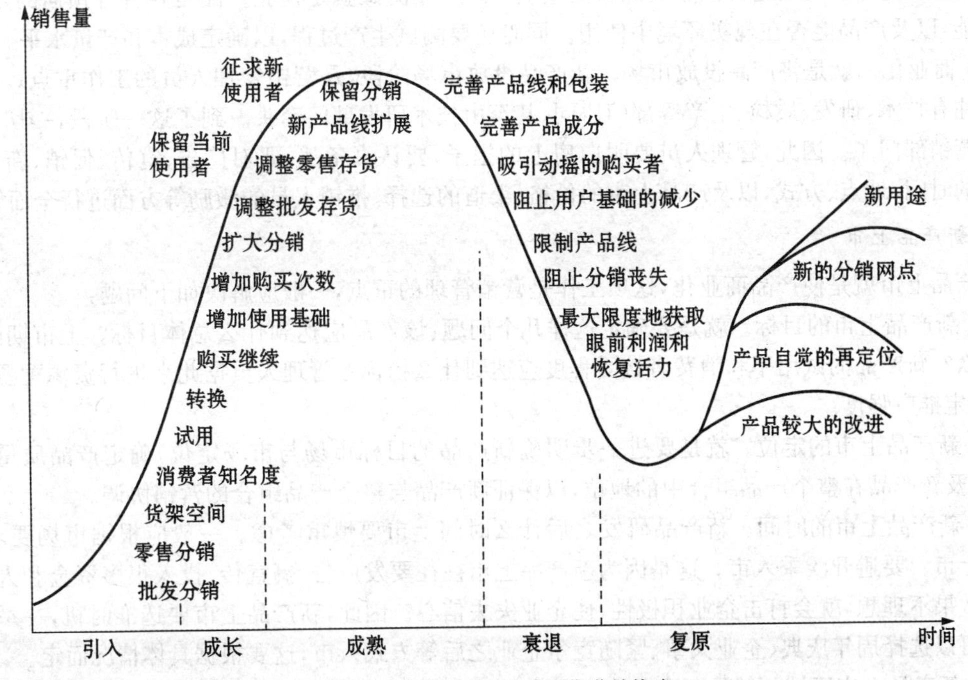

图 10-2　杂货产品的生命周期营销战略

四、新产品开发

1. 新产品开发的原则

据专家研究，在 11 个新产品创意中，有 3 个能进入开发阶段，1.3 个开发成功，仅有一个能够实现赢利。可见开发新产品的难度。为了保证新产品开发成功，管理者应遵循以下原则：

(1) 以市场为导向。开发新产品是为了满足市场需求，应以消费者需要为前提，舍此，不可开发。

(2) 选择有特色产品。特色产品是指能为消费者带来独特利益和超值享受的产品，只有这样，才能激发消费者的购买欲望，满足消费者的特殊偏好。

(3) 以企业资源为依托。即要开发与企业技术水平和市场营销能力相适应的产品。

(4) 遵循新产品开发程序。新产品开发是一项系统工程，稍有疏忽，便有可能出偏差，因此，一定要按照开发程序进行，防偏纠错。

2. 新产品开发过程

新产品开发虽然很难，但仍有规律可循，专家对此做出总结，提出了“八阶段法”和“五阶段法”。现以五阶段法为例：

(1) 创意产生与甄别。创意产生的来源包括企业员工、研究开发部门、生产管理部门、营销部门及顾客建议、竞争对手产品的比较、咨询机构等。创意产生以后，还要进行甄别，可以采用征求意见法、顾问分析法等，避免“误弃”、“误用”现象发生。

(2) 经济分析。就是对拟开发的产品从市场、技术和生产等方面进行分析评价。主要从目标顾客需求、市场定位、产品理念测试和竞争性分析，以及技术、工艺可行性、生产能力、生产成本、销售预测、效益预测等几方面着手。

(3) 开发。就是将产品概念发展成为实体产品。在此阶段，企业还应进行市场实验，检验该产品是否满足市场需求。

(4) 检验生产。就是进行产品测试和批量生产。产品测试就是检验产品是否符合预期的规格、要求和性能，以及产品能否在现实环境中使用。同时还要测试生产过程，以确定成本和产量水平。

(5) 商业化。就是将产品投放市场。新产品投放市场阶段，是营销管理人员的工作重点。前几个阶段往往有技术、研发、质检、生产等部门协同，甚至由技术研发部门牵头。到了这一阶段，一切工作就全交给营销部门了。因此，管理人员要明白肩上的担子，要认真备战，要对广告、宣传、促销、新产品进入市场的时间、地点、方式，以及产品上市的价格、渠道的选择、推销人员的激励等方面进行全面管理。

3. 新产品上市

新产品上市就是使产品商业化，这项工作是营销管理的重点，一般应解决如下问题：

(1) 新产品上市的目标。就是要确定这样几个问题：该产品应达到什么总体目标？上市期间的目标是什么？新产品的试用率和消费者接受程度应达到什么指标？管理人员据此来进行资源配置、制定预算、决定推广强度。

(2) 新产品上市的定位。就是要进一步明确新产品的目标市场与市场定位，确定产品质量档次、价格，以及新产品在整个产品组合中的地位，以保证新产品与整个产品组合的营销协调。

(3) 新产品上市的时间。新产品研发之后什么时间上市要慎重考虑。一般应根据市场要求在销售旺季上市。要避开淡季入市。这是因为新产品上市往往要发广告、搞宣传、投入很多资金和人力，如果上市效果不理想，就会打击企业积极性，使企业失去信心。因此，新产品上市要选准时机，一举成功。另外还可以选择周年庆典、企业大事、紧随竞争企业之后等方式入市，这要根据具体情况而定。

(4) 新产品上市区域。就是新产品上市时选择的市场范围。企业可以选择一省或数省，可以选择一个地区或数个地区。企业也可以选择更大范围或更小范围。这要依据企业实力，主要看营销能力和财力。

(5) 新产品上市的渠道。就是经什么渠道上市，选择哪一类型的经销商以及是宽渠道、窄渠道、长渠道还是短渠道等。这要依据产品定位、上市区域、上市时间等来统筹安排。

(6) 新产品上市价格。新产品定什么价，主要根据消费者心理可接受的程度确定。新产品价格要有竞争力。同时确定零售价、批发价，以及各级分销商进货价等。

(7) 新产品上市的广告安排。新产品上市是否刊发广告，广告怎样定位，诉求主题是什么，采取何种诉求方式，选择什么广告媒体，广告费用预算是多少，等等，管理人员都应根据产品的特点、消费者购买习惯、企业实力等综合考虑。

(8) 新产品上市的促销活动。新产品上市时是否开展具体的销售促进活动，需要开展什么样的活动，这些活动内容是什么，怎样开展，经费多少，等等，企业管理人员也应根据产品特点来确定。

(9) 新产品上市的公关活动。新产品上市是否需要开展公关活动，搞什么活动，怎样开展，等等，也需依据产品的特点来决定。

(10) 新产品上市的推销队伍管理。新产品上市前，推销员是否需要培训，培训什么，销售队伍怎样重新划分区域和责任，销售人员怎样激励，等等，也应考虑周到。

第二节　价格

在市场营销组合要素中，价格是唯一能产生收入的因素。同时，价格也是最灵活的要素，与产品、渠道不同，价格变化非常频繁。价格的变化，直接决定着企业的市场份额和盈利。企业考虑定价受成本制约最大，还要考虑竞争状态、消费者的接受能力等。因此，营销人员对价格的管理受到的客观制约因素最多。

一、影响定价的因素

影响产品定价的方法有许多，最基本的影响因素有以下几个：

(1) 产品成本。产品价格由三部分构成，成本、利润和税金。企业希望价格低一些，以便于占领市场，产品销得快一些。但许多企业做不到，这是由于生产产品的成本压不下来。

(2) 供求关系。供求关系影响价格。当产品的市场需求大于供给时，价格可以定高一些。当产品的市场需求小于供给时，价格就得低定一些。这种影响力企业往往不能抗拒。

(3) 竞争因素。在完全竞争条件下，市场完全开放，买者和卖者都大量存在，企业定价就得随行就市，企业的自控能力不强。在不完全竞争条件下，少数买者或卖者控制着市场交易行为，企业定价由少数买者或卖者决定。企业在定价时，受竞争因素影响也比较大。

(4) 消费者购买能力和心理。企业定价也要受消费者购买能力和购买心理的影响。消费者收入高、购买能力强，对价格反应不敏感，购买时不砍价，企业定价就自主性强，反之就弱。

(5) 企业形象和产品定位。企业形象好，产品定位高，价格就可以高一些。反之就只能低一些。

(6) 政府干预。政府为了维护市场秩序，保证经济稳定健康发展，会通过各种途径对市场价格进行干预。

二、一般产品定价方法

企业在定价时，会依据影响定价的几个因素进行综合权衡，最后，以某一个主要因素为主，实行定价。企业常用的定价方法有以下几种：

1. 成本导向定价法

成本导向定价法以产品成本为基本依据，再加上预期利润来确定价格，是企业最常采用的定价法。它又包括以下 4 种方法：

(1) 成本加成定价法。就是将生产某种产品发生的所有费用全计入成本，计算单位产品的变动成本，合理分摊相应的固定成本，再按一定的目标利润来决定价格。

(2) 目标收益定价法。就是根据企业的投资总额、预期销量和投资回收期等因素来确定价格。

(3) 边际成本定价法。就是以单位产品变动成本作为定价依据，以可接受价格的最低界限来定价。

(4) 盈亏平衡定价法。就是按照盈亏平衡点来制定产品价格。

2. 竞争导向定价法

竞争导向定价法就是企业依据竞争企业的品牌形象、产品质量、服务水平、价格高低等因素，结合企业自身情况来确定价格。它又包括以下 3 种方法：

(1) 随行就市定价法。就要按照市场平均价格水平定价。

(2) 产品差别定价法。就是通过对产品质量档次做出区分，针对不同质量档次做出定价。

(3) 招投标定价法。就是采用招投标的方式，通过竞争定价。

3. 顾客导向定价法

顾客导向定价法就是依据市场需求状况和消费者对产品的感觉差异来定价，也叫市场导向定价、需求导向定价。它又包括以下 3 种方法：

(1) 理解价值定价法。这是指以消费者对产品价值的理解度为定价依据，进行定价。企业采用此法应运用各种营销手段，影响消费者对产品价值的认知。

(2) 需求差异定价法。这是根据消费者的需求差异制定价格。这些差异是指地点、时间、部位、交易条件、流转环节等，企业视不同情况分别定价。

(3) 逆向定价法。这是根据消费者能够接受的零售价格，逆向上推，决定批发价和出厂价。

4. 心理定价法

心理定价法就是依据消费者心理反应，采取的定价方法。具体包括以下 4 种方法：

(1) 尾数定价法。就是在整价位上减去一点，给消费者心理上造成不足多少钱的感觉。如 998 元。

(2) 习惯性定价法。就是对消费者经常购买的产品采用普遍采用的价格。如理发、洗涤等。

(3) 招徕定价法。就是有意将少数、个别商品降价，以招徕大量顾客前来的定价方法，又称特价商品定价。

(4) 最小单位定价法。就是以最小包装单位制订基数价格，给消费者心理上造成不值多少钱的感觉。如小包装茶叶等。

另外还有折扣定价(数量折扣、现金折扣、交易折扣、季节性折扣、推广折扣、运费折扣)，地区定价(FOB 原产地定价、统一交货定价、统一商品定价)，分档定价等。

三、产品线组合定价

企业通常不只生产一种产品，而是一系列产品。产品定价应考虑产品结构，产品组合等一系列因素，达到整体价格优化。这是一种价格结构。

一般来说，个别产品的定价要依据其在产品线价值的相对关系而定，要考虑该产品在产品线中的地位、成本差异、顾客对各种产品的评价、竞争者的价格等。个别产品的定价还要针对市场细分及产品市场定位等因素进行。产品线组合定价又有两种具体方法：

1. 产品市场地位定价

产品市场地位定价即根据产品市场的地位不同，可以将产品分为形象产品、利润产品、上量产品和进攻产品，并分别定价，形成合理的产品价格结构。

(1) **形象产品**。是指支撑品牌形象的代表性产品。一般为技术含量最高、功能最全的产品，其价格也为最高。

(2) **利润产品**。是保证企业盈利的主要产品，其技术、功能和质量有相当的吸引力。其价格为中高价位。价格和销量的互动能达到利润最大化。

(3) **上量产品**。是销量最大的产品，技术、功能达到基本要求，符合大众消费需求，价格为中低价位。

(4) **进攻产品**。是用来与竞争者产品抗争的产品。其功能、技术与竞争产品相似，但价格比竞争产品低。

2. 产品组合矩阵定价

产品组合矩阵定价就是以产品的相对市场占有率和销售增长率为标准，将产品组合分为 4 个矩阵，形成 4 类产品，给予分别定价。

(1) 明星产品。销售增长率、相对市场占有率均高，代表企业品牌形象，价格处于产品结构中的最高位置。

(2) 金牛产品。市场占有率高，销售增长率下降；是一种进入成熟期的产品，正在为企业做利润奉献，价格处于中高位置。

(3) 幼童产品。高销售增长率、低相对市场占有率。产品前景看好，但本企业的相对市场份额不理想。是由于产品形象不好，还是质量、服务欠缺？企业可以加大改进力度。

(4) 瘦狗产品。销售量增长率和相对市场占有率均低。这样的产品应该淘汰。但有时企业其他产品未成长起来，或其他企业同类产品撤退过快留下短时市场空缺，该类产品也可以暂时以低价销售，维持一段时间。

四、产品组合定价

不同产品线之间的产品，如果存在连带性、选择性、关联性，则也应系统考虑定价，形成合理的价格结构。

1. 选择品组合定价

选择品组合定价就是将那些与主要产品有一定关联的可任意选择的产品组合到一起，给予适当定价。选择品组合定价可以为选择品定高价(如餐厅的饮料、烟酒等)，也可以为选择品定低价(如超市里的特价鸡蛋等)。定高价是为了搭主要产品的便车，定低价是为了招徕顾客。

2. 连带品组合定价

连带品又称受制约产品，是必须与主要产品一同使用的产品。采用这种策略，往往是主要产品定低价，连带品定高价。买了主要品，连带品又不得不买。如剃须刀架定价低，剃须刀片定价高；柯达相机定价低，柯达胶卷定价高等。

3. 副产品组合定价

生产加工企业常有副产品，如肉类加工厂有皮毛。副产品一般没有计算到企业生产成本中，企业若能为这些副产品找到合适销路，企业利润就会增加。如烧鸡店卖鸡毛，熟肉店卖骨头等。

五、产品生命周期定价

产品生命周期定价如图 10-1 所示。

六、销售渠道定价

销售渠道定价就是企业根据销售环节、销售区域设计定价。企业要设计销售各个环节的价格，如出厂价、一批价、二批价、甚至三批价、零售价，处理好它们之间的关系，保证厂家、中间商、消费者各方的利益。

1. 批发(经销)加价

批发商是靠加价和返利来盈利的。销售渠道有长度、宽度之分。渠道越长，批发级数越多，加价越多，到消费者手中时价格越高。因此，对于日用消费品和竞争激烈的产品，渠道不宜太长。宜建宽渠道、短渠道、减少级数，给零售商留下利润空间，给消费者留下购买利益。对于原材料和特殊商品可以建长渠道。

2. 零售差价

零售商是靠批零差价来赚钱的。零售商直接面对消费者，零售商卖什么价，要依消费者的接受能力来决定，厂家不能一厢情愿。企业要想让产品卖得快，就得从消费者购买的可接受价往回定价：零售价——批发价——出厂价。给厂家留的利润多，厂家赚钱；留的利润少，厂家应降低成本，挖内潜。

3. 地区差价

由于各地收入、消费、路程等差异，地区之间商品价格不一样。对于收入水平低、购买力弱、路途近的地区，价格可以略低，同时对折扣、运输仓储费等适当扶持，以培育市场。对于市场容量大，具有增长潜力，但由于产品品牌知名度低暂时未能打开销路的产品，可以适当定高价，同时大力开展广告宣传。

4. 规模差价

企业在任何销路环节上都可以根据定货量适当调整价格，一般可分为以下两种：

(1) 按客户购买实绩定价。就是对累计购买量大的客户，给予一次性返利或折扣。也可以将客户分成几类，不同购买量的客户，返利、折扣比率随之不同。

(2) 按客户一次购买量定价。就是对一次性购买的大客户给予特殊优惠价。

七、价格战定价

发动价格大战是企业依据企业实力、产品特点、市场竞争态势，主动调整价格，或涨价或降价的战略举措。

1. 发动涨价的条件

发动涨价的条件：①产品供不应求；②产品质量提高；③提升品牌形象；④营销策略和市场重新定位；⑤产品成本迅速上升；⑥其他。

2. 发动降价的条件

发动降价的条件：①企业生产能力过剩；②企业希望扩大市场份额；③市场疲软，行业整体下滑；④市场份额下降；⑤产品成本或质量下降；⑥资金压力大，为了回笼资金；⑦决定退出竞争；⑧其他。

3. 发动价格战的增减幅度

价格调整的幅度事关企业经营成败。因此，企业决定发动价格战之后，还要认真测算调价幅度。价格变化会直接影响收入、市场份额和利润，因此，营销人员应对此进行认真分析、测算，决定最终调价幅度。

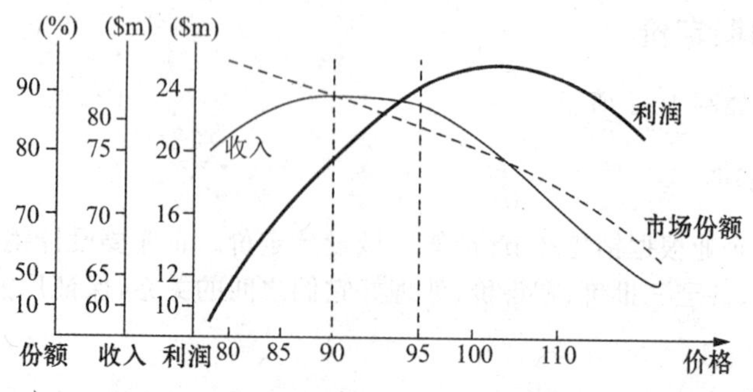

图 10-3 选择定价目标幅度

营销人员可以根据市场份额、收入、利润在价格变化时的走势测算，绘出图形，如图 10-3 所示。由图可知，当某产品从 80 美元升至 110 美元时，三项指标会发生不同变化，在 90～95 美元区，3 项指标结合状况较为理想，企业应选择的幅度应在此范围之内。

4. 发动价格战的时机、地点

以上问题解决之后，还应研究推出新价格的最佳时机和地点。时机可选择在淡季，也可在旺季；可在平时，也可在节日等，要根据具体产品(服务)类别决定。地点可以先选择在某一个区域(实验效果)，也可以在整个市场范围内全面铺开。

5. 其他问题

发动价格战要给自己找个合适的理由，这也属公关策略问题。没有理由的调价会让消费者起疑心。一些企业常打的招牌是“处理积压”、“出口转内销”等。长虹 1996 年挑起彩电大战的理由是“抗击洋货品牌，培育民族品牌”，TCL2000 年发动高端彩电大战的口号是“享受清晰，触手能及”，这些都是很好的理由，让消费者感到振奋，容易响应。

另外，为配合调价，企业也应做好原材料购置，扩大生产、加强储运、加大质量控制力度等一系列工作。

八、应对价格战定价

当产品由引入期进入成长期、成熟期之后，降价便不可避免随之而来。降价有时是由领先企业发起的，有时是互相竞争不断走低的。针对不同情况，企业有多种措施可以选择：

1. 维持原价

当市场降价时，企业可以维持原价，但要由以下几点权衡决定：一是降价会使企业亏损。企业降价不能抵平成本上升，降价导致企业不仅不会盈利，反而亏损，这时企业可以维持原价，但可维持的时间是短暂的。二是维持原价不会导致市场份额大幅度衰退。三是维持原价有利于维护品牌形象，可以留住忠诚顾客，且能增加新的品牌质量信任者。

2. 采取非价格措施

如果企业仅仅是维持原价不变，则显得过于被动。这时企业可以配合以其他非价格措施，对市场份额予以保卫。这些措施包括：改进产品、完善服务、加强广告投放次数、开展公关活动、开展销售促进活动等。

3. 提高价格

有时，优秀企业在自己拥有较大市场份额时，会采取相反措施，价格不降反升。提价的同时，大力宣传自己的品牌形象，突出质量、服务、品牌等价值，给消费者产生好产品价格高的印象。

4. 推出新产品

企业面对降价狂潮，如果跟进，企业将亏损，如果不降，企业市场份额将丢失。这时，企业可以采用产品改良，推出新产品的办法，以示自己与其他厂商不一样，保住价位和市场份额。

5. 降价跟进

企业在无法回避，必须降价时，可以采取积极的降价措施。如适当降低产品质量，减少产品功能，替换原材料，降低服务标准等措施。甚至，价格降得比其他企业还低，以扩大市场份额，薄利多销。当然这需要具有成本优势。

【内容点睛】

企业决定价格的因素很多，可以选择的方法也很多。正因为如此，才使许多企业在决定价格的时候不能做出准确的决定。因此要求企业管理者在定价的时候要慎之又慎，做出正确的定价选择。

第三节 分销

一、分销渠道的定义和功能

1. 分销渠道的定义

分销渠道是指产品从生产者到达最终用户所经历的各个环节和途径。分销渠道管理所要解决的问题，是如何将企业产品在适当的时间，以适当的方式转移到适当的地点，便于顾客购买，实现销售。

这其中包含3层含意：一是分销渠道是由生产者、批发商(经销商)、零售商等不同类型的企业和个人组成；二是产品的流通过程，起点在生产者，终点在消费者；三是渠道成员的相互关系，既有关系，又有制约，各自承担一定的营销职能，发挥一定作用，失去对方，自己便不存在。

2. 分销渠道的功能

分销渠道的功能是使商品和服务顺畅流通。它把生产者生产和服务的分类与消费者需求分类之间的差距弥合起来，达到各种细分的供给与需求相互匹配，使其有机地溶合在一起。

分销渠道各成员在商品和服务的流通过程中，各自承担着如下功能：①信息搜集与传播；②促进销售；③沟通协商；④订货发货；⑤筹措回笼资金；⑥承担风险；⑦所有权转移。

二、分销渠道的类型

1. 直接渠道与间接渠道

(1) **直接渠道**又称零阶渠道。就是没有中间商参与，产品由制造商直接销售给消费者的渠道类型。直接渠道是工业品销售的主要类型。如设备推销、专用生产线等都是采用直接渠道。在消费品市场，这种方式也有扩大的趋势。直接渠道的方式有：上门推销、邮售、电话营销、电视营销、网络营销、生产者设直销店等。

(2) **间接渠道**。就是有一级或多级中间商参与，产品经由一个或多个中间环节销售给消费者的渠道类型。间接渠道是消费品销售的主要类型。也有许多工业品采用间接渠道销售。工业品采用这种方式的原因大多是财力人力达不到，所以通过经销商扩大销售。消费品采用这种方式是为了扩大市场范围。

2. 长渠道与短渠道

分销渠道的长短一般按经过的流通环节或层次的多少划分。其划分方法如下：

(1) 零级(或阶)渠道：制造商→消费者。中间没有流通环节。

(2) 一级渠道：制造商→零售商→消费者。中间有一个流通环节。

(3) 二级渠道：制造商→批发商→零售商→消费者。中间有两个流通环节。

(4) 三级渠道：制造商→代理商→批发商→零售商→消费者。中间有3个流通环节。

其中，零级渠道最短，三级渠道最长。

3. 宽渠道与窄渠道

(1) **宽渠道**。就是生产者在同一级流通环节上利用中间商的数目较多，形成宽度较大的“管理”幅度。一般在消费品中的日用品和工业品中的标准化产品销售过程中，较多采用宽渠道。

（2）**窄渠道**。就是生产者在同一流通环节上利用少数几家中间商的渠道管理策略。

宽渠道策略是一种密集式网络策略。企业利用这种策略是为了扩大市场覆盖面或快速打入新市场。

窄渠道策略是一种选择式网络策略或独家式网络策略。企业采用这种策略是为了维持企业产品信誉，建立持久稳定的竞争地位，或便于控制市场。

【内容点睛】

现在传销之风盛行，迷惑了许多年轻人，甚至大学生。判断传销和直销可以从两个方面断定：①直销是零渠道；传销是多渠道。②直销是厂家将产品直接卖给消费者并使购买者使用；传销是将产品卖给下一个卖家并使购买者继续转卖。

三、分销渠道系统的发展

由生产者、批发商、零售商和消费者组成的分销渠道是一种传统的分销渠道。在这样的渠道中，各个成员均是独立的、各自为政的，都是为了追求自身利益最大化。这种分销渠道不利于竞争条件下的企业发展。在市场竞争日益激烈的情况下，新的分销渠道系统正在变化形成。在这种新的分销渠道系统中，各成员实行纵向或横向联合，利用多渠道达到同一目标，以取得规模经济效益。

1. 垂直分销渠道系统

垂直分销渠道系统是实行专业化管理与集中经营的销售组织网络。网络中的成员采取一体化经营或联合经营。其中一个成员拥有较大权力，其他成员采取合作态度。可以区分为3种具体形式：

（1）公司式。就是由一公司拥有或统一管理若干工厂、批发机构和零售机构，控制分销渠道的若干层次，甚至整个分销渠道，综合经营生产、批发、零售业务。这种渠道系统又分为大工业公司拥有和管理的"工商一体化经营"和大零售公司拥有和管理的"商工一体化经营"两种方式。

（2）管理式。就是通过渠道中一个规模和实力较强大的成员来协调整个产销渠道系统。业务包含库存管理、定价、商品陈列、购销活动、营业推广活动等。例如，柯达公司与中间商的合作，在产品陈列、展示、价格等方面均能达成一致。

（3）合同式。就是不同层次的独立的制造商和中间商。以合同为基础建立联营合作。它包括3种形式：①批发商组织的自愿连锁店；②零售商合作社；③特许专卖组织。该组织以特许专卖权将生产、分销过程中的几个阶段衔接在一起。如制造商组织的零售商特许专卖；制造商组织的批发商特许专卖；服务公司组织的零售商特许专卖。

2. 水平式渠道系统

水平式渠道系统这是由两家或两家以上的公司联合，共同开拓新的营销机会的渠道系统。这些公司或因资本、生产技术、营销资源不足，或因不愿单独承担风险，或因看到和其他公司联合可实现最佳协同效益，而组成水平渠道系统。如两家面粉生产企业联合，一家负责生产和广告宣传，另一家专门负责销售。

3. 多渠道营销系统

多渠道营销系统就是对同一或不同的分市场，采用多条渠道的分销体系。如通用电气公司既通过独立零售商销售电脑，又向大用户直接销售电脑。这种方式可以是3种：一是两种以上渠道销售同一商标的产品；二是多条渠道销售不同商标的产品；三是同一产品因在销售过程中的服务内容与方式的差异，形成多条渠道以满足不同顾客的需求。

四、影响分销渠道的因素

分销渠道不是单纯依生产企业自己的意志决定的，它的建立是一种成员之间的相互选择结果。每一成员在选择过程中都会受到一些客观因素制约。这些因素主要包括以下几类：

1. 产品因素

(1) 产品特点。即产品的物理化学生物方面的性质。对易损易腐、危险品的渠道选择，易采用短、宽渠道，专门渠道，尽量避免多次转手，反复搬运。对于水泥、木材、煤炭等产品，应尽多采用中间环节少的渠道或直接渠道。

(2) 产品技术。对于技术性比较复杂的产品，在安装、使用、维修等方面存在问题较多，易采用短渠道，甚至直接渠道。

(3) 产品单价。对于单价较低的日用百货等商品，加价的空间很少，一般采用宽、短渠道。对于价格较高的工业品、耐用消费品等特殊品可适当放开渠道长度限制。

(4) 产品样式。产品样式多，时尚程度高，渠道宜短不宜长。式样花色变化小的产品，可以放长渠道。

2. 市场因素

(1) 竞争状况。竞争程度弱，渠道可放长。竞争程度强，渠道需要短，甚至直销。

(2) 目标市场。产品的目标市场越大，渠道越长。产品目标市场越小，渠道越短。

(3) 销售季节性。销售季节性强的产品，需要快速销售。渠道越多，覆盖面越大，下货越快。因此宜采用宽渠道。

(4) 购买习惯。顾客对产品购买方便程度的要求，对购买地点、方式的选择，影响到渠道的选择与建立。

(5) 消费者的集中程度。消费者比较集中居住在某一地区，则宜采用短渠道或直接渠道。消费者居住分散，则宜采用长宽渠道。

3. 企业自身因素

(1) 财务能力。企业财力雄厚，不怕压货、赊货，渠道建立容易，可以采用长渠道。

(2) 管理能力。管理能力强的企业，可以采取直接渠道或短渠道。管理能力弱，宜利用中间商的优势，采用长渠道。

(3) 渠道控制欲望。如果企业想自建或控制分销渠道，则应逐渐投入人力物力，建立短而窄的渠道。如果企业无控制欲望，可采用长宽渠道。

4. 环境因素

环境因素包括人口环境、经济环境、自然环境、技术环境、文化环境、政治环境和法律环境等。如法律环境：当渠道成员法律意识重，遵纪守法，依法办事时，企业可延长渠道。否则就最好采用直接渠道或短渠道。

5. 营销目标

除了以上客观因素之外，企业分销管理还存在较强的主观因素。营销目标是企业进行分销的第一主观因素。如企业营销目标的重点是快速占领市场，提高市场份额，则宜采用长、宽分销渠道。

6. 产品定位

产品定位也是影响企业选择分销渠道的重要因素。当产品定位在高档消费品时，分销渠道应选择发达地区、大中城市，可采用短、窄分销渠道。当产品定位在低档消费品时，分销布局应渗透到最基层的乡镇，分销渠道应采用长、宽渠道。

五、分销的布局

企业建立分销渠道，要对产品销售区域进行选择，做出布局规划，之后，据此建立分销渠道网络。一般企业有3种分销布局形式：

1. 全面布局

全面布局就是广泛建立分销渠道，全面进入所有的市场区域。全面布局可以使产品有较大的市场覆盖面，能迅速启动全盘市场。但销售面太大，容易造成力量分散，不易巩固渠道，易使管理混乱。选择这种方式要有很强的资金实力，较强的管理能力，良好的企业形象。成功企业有可口可乐、TCL、长虹彩电等。

2. 重点布局

重点布局就是选择若干主要区域市场建立分销渠道和分销网络。重点布局策略一般容易实施，较易确保成功并巩固渠道。适用于营销资源有限的中小企业。选择重点布局策略，应注意几点：一是产品需求差异性较大，定位针对性较强；二是产品的消费层次比较明显，重点市场容易识别；三是企业资金、人力、管理等能力有限。

3. 区域布局

区域布局就是根据市场需求特征、分销网络特征、企业经营实力等，分步骤按区域逐渐开发市场。这种策略积极稳妥，既可以集中优势逐渐扩大市场，又可针对市场特点采用不同策略，提高效率，同时也便于市场开拓和管理。这种方式一般是先开拓出大本营或根据地，然后逐步向周边区域扩展。

六、分销模式

企业建立分销渠道，还必须对分销模式做出选择。企业可以直接进行销售，也可以转卖给中间商，还可以委托中间商代理，抑或几种模式搭配使用。

1. 自销模式

自销模式就是产品全部由企业自己的销售人员销售。目前，市场上竞争日益激烈，许多企业注意到，那些直接同消费者打交道的零售商成了生产企业追捧的对象。一些零售商家也据此要大，使生产厂家叫苦不迭。于是生产企业得出一种共识，谁拥有终端控制权，谁在市场上就掌握主动权。一个新的营销理念产生了——生产企业提出自己做终端。终端是指分销渠道最末节，即消费者。做终端是指代替零售商或借用零售商柜台直接将产品销售给消费者。这种模式又可分为3种类型：

(1) 直销。就是企业生产出产品后派推销员直接卖给最终用户，中间不经过商业环节。一些技术性强、专用性强、货值高的工业产品，常采用此法。

(2) 自建渠道。就是企业自己建立一套批发、零售网络。这种模式适用于特殊产品，如塑胶管、带。企业如不自建，便很难在某一地区找到专营商店。也适用于竞争性较强的产品，如电动自行车、电脑等。企业为了树品牌形象，保证维修及时，便自建批零网络。

(3) 直供零售。就是生产企业直接将产品卖给零售商，自己承担批发功能，但不零售。一般的做法是：企业在市场设立分销机构，或派驻业务员，直接面对市场范围内的零售商或专卖店推销。所有零售商均直接从厂家进货，或由厂家送货上门。在这一阶段，企业不能算“做终端”。当企业与零售商联手开展一些促销活动时，如抽奖活动，企业派导购人员等，便可称为“做终端”了。

自销模式取消了中间商业流通环节，生产企业拥有了自己的零售网络资源，有利于信息反馈，市场灵敏度提高，拉近了与消费者的距离，掌握了市场主动权。所以现在流行一句话叫做“终端为王”。

但自销也存在不足之处。过去由批发商承担的网络开发、销售、促销、仓储、融资、运输等职能，现在完全由厂家单独承担，这对企业的资金、管理、人才等是一个压力，也提出了更高要求，也增加了厂家的经营风险。

2. 经销模式

经销模式就是企业产品由中间商购买之后再销售。因区域市场层级选取的经销商数量不同，又分为区域总经销和经销两种形式。

(1) 区域总经销。就是企业在一个区域市场内的同一层级只选择一家经销商。如省级总经销，市级总经销等。区域总经销的好处是厂家在发货、价格控制、终端市场管理、广告、促销等方面比较方便省事。对总经销商来说，如果产品销路好，经销商的利润较高。但也有不足之处：一是厂家过于依赖经销商，易受经销商要挟；二是总经销商没有竞争压力，长期下去，导致企业产品竞争力下降，市场份额不保。

(2) 区域经销。区域经销就是区域市场内多家经销。由于区域市场内有多家经销商，商家之间最容易出现各自压价倾销，导致价格混乱，甚至窜货。严重时可使经销商无利可图。但对于厂家来说，有利于提高销货率，提高销售量。

采用这种模式，管理是重点。应加强约束力，规范经销商的行为，培育好通路网络系统。可以采用经销商整体入股，设立新的合作公司的方式，在区域内实行统一政策。

3. 代理模式

代理模式就是生产企业与经销商建立代理销售关系。代理销售，货物所有权不发生转移，但是可以交纳一定数额货物保证金或押金。货物销不出去时可以退货、换货。代理商从销售中获得提成。代理模式是国际商务活动中普遍采用的方式，近年国内企业也逐渐开始采用。

代理模式的关键是要选择那些有庞大销售体系的中间商。它们有自己的稳定的和数目可观的零售店。生产企业一旦与之签约，产品便能迅速进入市场。对于没有建立销售网络的生产企业，或没有在该区域内建立分销渠道的生产企业来说，此法是进入市场的快车道。同时，此法也可规避经营风险，降低营运成本。

(1) 独家代理。就是在一个市场区域内只委托一家代理商销售产品。一般规则是：一旦签约，独家代理商不得再代理该类产品的其他品牌。而厂家不得在同一市场区域内再委托其他代理商代理其产品。

(2) 总代理。总代理与独家代理权利义务相同，不同的是，总代理商有权在区域市场内指定分代理商，而独家代理商没有。

(3) 代理商。就是厂家在某一市场区域内同时委托两家以上同一层级的代理商。代理商没有市场销售独占权。厂家选择多家代理商，不受代理商牵制，但容易使代理商之间产生恶性竞争，不利于统一价格和规范市场行为。

一般来说，生产厂家投入新产品或进入一个新区域市场，可以选择独家代理或总代理，一旦市场成熟，品牌形象塑造起来，企业就可以委托多家代理商或改为经销商。

【内容点睛】

何为经销商？何为代理商？在实践中，我们常常发现有些营销者并不明确。在此需提醒注意这两个概念：经销商是产品所有权已经转移到自己，代理商是所卖产品的所有权仍然属于生产厂家。

七、分销通路

分销通路是指企业选择什么样的零售组织将产品传送到消费者面前，最终完成销售的路线选择。

1. 零售组织的类型

(1) 百货商店。主要面对选择性购物的消费者。一般销售消费者选择性大、品牌偏好程度高的产品，或是消费者购买频率比较低的耐用消费品。如服装、纺织品、家用陈设、家电等。

(2) 专业商店。在店内经营的是一大类或某一品种的商品，但花色品种较多。如服装店、眼镜店、家电商店等。专业商店针对消费者对某一类产品的购买需要，尽可能多地陈列品种，满足消费者的购物选择需求。

(3) 专卖店。是专门销售特定品牌产品的零售商店。专卖店可以由企业自建，也可以授权小型商店特约经销，还可实行加盟形式。建专卖店要求品牌具有较高知名度和美誉度，且拥有顾客品牌忠诚度。产品也需要具有较多品种规格可供选择。

(4) 方便店。是面对生活居民区服务的日用消费品商店。这类店的产品多为居民生活必需品，购买频繁。

(5) 超级市场。主要面对购买日常生活用品的消费群体，是日用消费品和饮食类产品的最佳销售场所。产品价格比方便店低，产品种类比其他店多。主要依靠规模大、成本低、毛利低、销量大、品种全的经营特点赢得消费者青睐。

(6) 超级商店、联合商店、特级商场。经营特点与超级市场相似，但占地面积越来越大，超市的经营优势越来越突出。如一般超级市场的营业面积在5 000平方米左右，而超级商店达3.5万平方米。联合商店达5.5万平方米，特级商场更达到22万平方米。

2. 零售组织的生命周期

零售组织类型在不断产生出新的形式，老的组织类型在不断地衰落，这种现象被称为**零售组织的生命周期**。这种商店类型的转换可用“车轮滚动”理论解释。就是一般商店产品是按进货价和成本定价的。当一个新型商店出现时价格很低，吸引了众多个人前往，新店就会不断出现，迫使先开店增加花样品种保持优势，而顾客则因新店的出现不断分流，这样老店成本上升顾客减少，价格不降反升，优势不再。

3. 产品生命周期的渠道变化

产品在不同的生命周期阶段，营销战略，促销策略是不一样的。在分销渠道的选择上，不同的产品的生命周期阶段，适宜采取的策略也不相同。

4. 零售地点选址

零售地点选址非常关键。米尔顿·科特勒2003年初到郑州讲学，特别提出：“商业竞争的要诀是‘地点，地点，还是地点’。”

在我国营销学教材中，已习惯于把英文中Place翻译为渠道，作为营销组合的4P之一。其实，在英文中，Place是地点、位置的意思。为了强调地点的重要性，一些营销专家用另一个词Location来强调地点的作用。

【内容点睛】

地点选址是零售商的第一要务。麦当劳成功之后，美誉如潮，但有一点常被人们忽略，就是麦当劳关于开店选址有铁定规则：人口必须是100万以上的城市，必须是商业繁华地段，必须是十字路口附近。

八、分销销售政策

销售政策直接关系到厂家和商家利益，影响到厂家和商家的合作关系。销售政策合理，双方皆欢喜。不合理便会出现争执，甚至最后对簿公堂。因此，销售政策的策划是十分重要的。

1. 销售权限政策

销售权限政策是为了明确经销商的销售品种和分销范围，防止窜货，保护厂商各自利益。

(1) 产品权限。即明确规定分销商的销售品种型号，避免产品销售失控。

(2) 区域权限。即明确规定分销商的销售市场区域。

(3) 时间权限。即明确分销产品的时间期限，起止日期。

(4) 任务指标。即规定分销商在某一时间段内应达到的销售指标。

(5) 违约处置。即规定双方违背权限或不能实现任务指标时的处理办法。一般为罚款、取消经销权、诉诸法律等。

2. 价格政策

价格政策关系到企业利益、影响到顾客购买，决定着市场竞争，策划人员应结合上节内容认真研究，同时注意3个要点：一是价格体系，处理好出厂价、一批价、二批价、零售价的比例关系；二是价格的折扣，规定好批量、季节、营业推广活动等的政策；三是价格的稳定，管理好价格，不致发生混乱。

3. 结算政策

结算政策直接关系到厂家、商家的利益，是双方争论的焦点之一，是非常重要的政策。

(1) 预付货款政策。即厂家向经销商提出的提货之前预付部分甚至全部货款的政策。产品畅销，付全额货款商家能接受；产品滞销，付部分货款商家都不会同意。因此，这项政策要根据产品销售情况来定。

(2) 现款现货政策。这种政策执行起来有较大难度。对于中小企业来说，是梦寐以求的。但由于品牌的问题，这一项政策执行时，多以低价引诱商家。

(3) 授信额度政策。就是规定一个授信额度或一定数量的铺底货。在此范围内可以不付款，超过时必须现款提货。还有一种变化就是“上压下”，就是提下一批货时，结清上一批货款。

(4) 赊销政策。对于产品知名度不高的企业，为了迅速将产品打入市场，常常采用这种政策。但在信誉度不高、法制环境又不成熟的情况下，赊销是企业的风险，应减少或取消赊销政策。

4. 返利政策

返利政策往往是在产品进入成熟阶段后期以后，市场价格透明度很高，产品竞争非常激烈，厂家又不得不继续销售该产品时，普遍采用的政策。

(1) 返利标准。就是对销售产品的品种、数量做出规定，确定返利额度。当商家销售某品种产品达到一定数量时，厂家给予一定数量额度的奖励。

(2) 返利时间。可以实行月返、季返、年返。返利期限的长短，应根据产品特性、销售目标、市场竞争情况来定。例如，希望产品迅速上量，可以月返。希望长期持续经营，则可以年返。

(3) 返利形式。返利形式可以有许多种，可以返现金，也可以返货物充值，还可以返广告费用等。

(4) 返利条件。就是厂家提出一些附加条件，比如禁止跨区域销售、禁止擅自降价、禁止窜货、禁止拖欠货款等。如商家违背，则取消返利。

5. 销售政策

生产厂家为了扩大销售，常与商家联合开展促销活动，并已日益成为经常性工作。

6. 服务政策

当今，市场营销的重点已逐渐由价格转向产品又转向服务，以便提高消费者的满意度，制订服务政策成为营销管理重点的发展趋势之一。服务政策内容包括销售辅导培训制度、订货程序与配送制度、售前、售中、售后服务政策、客户接待礼仪与接待制度、客户投诉处理程序等等。在分销方面的服务，营销人员应考虑如下问题：

(1) 零售组织服务种类。在零售组织的服务项目中，可分为售前、售后及辅助服务等项内容。

(2) 产品线服务水平。就是根据产品线的宽窄，决定服务水平定位。

第四节　促销

企业按照目标市场消费者的需要提供合适的产品，再根据消费者的购买力和竞争状况以及产品的市场定位制订产品价格。同时通过合适的分销渠道将产品送达目标市场，这时，促销开始。与消费者进行沟通，将产品信息传达给消费者，于是完成市场营销4P组合过程。

一、促销的定义

促销就是企业把有关产品或服务的信息传达给消费者，在传达过程中，运用宣传、说服、诱导、激励等手法唤起消费者的欲望，达到促其购买的过程。

促销的对象是目标消费者及对消费者具有影响力的群体。促销的任务是传递有关企业的行为、理念、形象以及产品和服务的信息。促销的目的是通过各种手段引起消费者的注意与兴趣，激发其购买欲望，促使其购买。促销的手段是宣传、说服、诱导和激励。促销的方式分为人员促销和非人员促销。非人员促销包括广告、宣传、营业推广等非人际沟通方式。人员促销就是销售人员与顾客面对面直接沟通以促进销售。

二、促销工具

促销组合由四种主要的工具组成，即人员推广、广告、公共关系、营业推广。它还有一些新的形式，如直接营销、口碑营销、赞助和售点展示等。这些工具又有不同的表现形式或表现方法，如表10-1所示。

表10-1　通用的促销组合工具及表现形式

广　告	营业推广	公共关系	人员推销	直接营销
印刷和电视电台广告	竞赛、游戏	报刊稿件	推销陈说	目录
外包装广告	兑奖	演讲	销售会议	邮购
电影画册	彩票	研讨会	奖励	电讯营销
小册子	赠品	年度报表	样品	电子购买
招贴	样品	慈善捐款	交易会	网络营销
工商目录	交易会	捐赠	展销会	电视购物
陈列广告牌	示范表演	出版物		
视听材料	赠券	关系		
标记和标识语	回扣	游说		
	低息融资	公司杂志		
	款待	事件		
	折让			
	商品组合			

三、促销在营销中的作用

促销在市场营销活动中，因产品特性、消费者购买阶段和产品生命周期的差异性而显示出不同的效果，营销人员一定要区别不同情况，采取不同对策。

1. 促销工具在消费品、工业品销售中的效果

促销工具的有效性因消费品市场和工业品市场的差异而不同。即在消费品营销过程中，广告的作用最为明显，人员推销的效果最为微弱。但在工业品营销过程中正好相反。营业推广和公共关系则居两者之间，略有变化(见图10-4)。

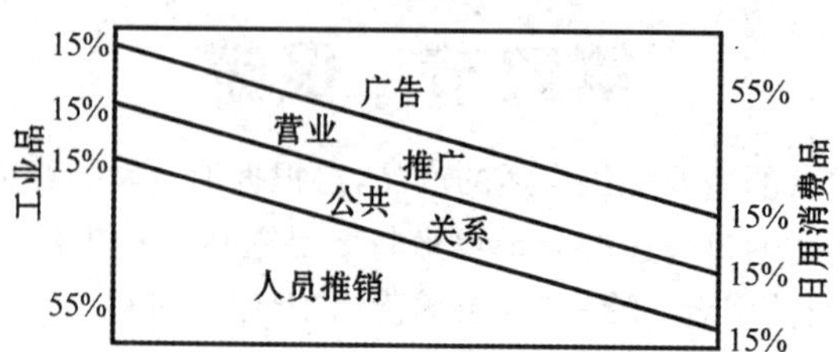

图 10-4 促销工具在消费品与工业品中的相对重要性

【内容点睛】

图 10-4 给我们揭示了一个重要信息，如果你想找一个推销员的工作，你是到工业品生产企业呢，还是到日用消费品生产企业呢？

2. 促销工具在不同的购买阶段的成本效应

顾客在购买产品时，有一个从认知到再次购买的分阶段递进过程。不同的促销工具在这个购买阶段中会发挥出不同的效果，即成本支出和效果收回的关系问题。其中，广告和公关宣传在产品创品牌阶段起着非常重要的作用，消费者的认知与理解此处影响最大。人员推销在说服顾客购买阶段，作用是最大的。而营业推广活动，发挥效用在顾客试用之后的再次购买阶段。很明显，广告和公关宣传是在顾客购买者决策过程的最初阶段最具成本效应。人员推销与营业推广则是在顾客购买的后期阶段作用最大。

3. 促销工具在不同的产品生命周期阶段的成本效应

促销工具在不同的产品生命周期阶段，发挥的成本效应也有较大差异。在产品的引入期，广告和公关宣传有较高成本效应，人员推广与广告宣传的作用比成本效应要差一些，而营业推广在这一阶段效果是最不好的。产品进入成长期，促销工具成本效应都下降，但基本走势还和引入期一样。产品由成长期进入成熟期时，营业推广的成本效应开始显现，并迅速提高。产品达到成熟阶段，广告宣传、人员推广都达到各自作用的最高点。产品由成熟期向衰退期过渡阶段，营业推广的成本效应超过了广告宣传，达到最高。而广告宣传、人员推销的作用迅速下降。产品进入衰退期，只有营业推广在发挥作用，广告宣传与人员推销失去作用。

四、营销与促销的策略比较

根据开展营销活动与促销活动的信息流动方向，可以将营销与促销方式分为推式策略和拉式策略两种。这也是营销活动与促销活动的本质区别，如图 10-5 所示。

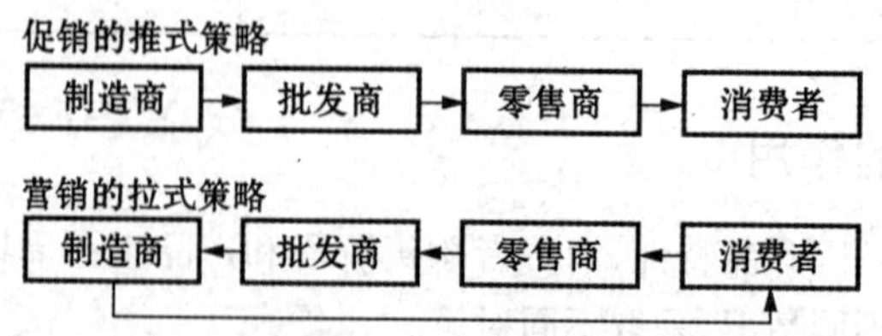

图 10-5 营销与促销的推式和拉式策略比较

促销的推式策略是企业以促销人员推销为主要方式进行促销活动。在这种策略中，信息是由企业流向中间商，再流向消费者的。也就是企业派推销员或通过广告、公关宣传等手段向中间商推销，再向消费者推销。也可以直接向消费者推销。

营销的拉式策略是企业主要通过广告、公关宣传等手段向消费者传达产品信息，促使消费者产生购买兴趣，再转化为购买欲望，最后由消费者主动寻找零售商购买。零售商再主动寻找批发商，批发商再主动寻找生产厂家订购产品。

营销学家说营销的最高境界就是使推销变为多余。虽然这仅仅是一种愿望，但在这里所隐含的意义，就是要从顾客的需求开始，满足顾客需求，则推销就可以减少或取消。而促销则是在现有产品的前提下，如何将产品销售出去的管理。

在一般情况下，工业品单位价值高，分销环节少，产品性能复杂，需对顾客详细讲解示范，或需根据用户特定要求设计定做的产品，较多使用推式策略进行促销。日用消费品市场范围大、分销渠道长，使用者数量大，且购买量少，购买频繁的产品，较多使用拉式策略进行促销。

推式策略除派推销员上门外，还有举办产品技术应用讲座、实物展销、样品走访、销售会议以及通过售前、售中、售后服务等来促销的方式。拉式策略除采用广告和公关宣传之外，还有向目标市场中间商发函，介绍产品，寻求订货，通过代销、试销吸引中间商前来，通过创名牌、树信誉，吸引中间商主动寻求合作等方式。

五、促销目标

设计促销方案，要根据营销目标而定。不同的营销目标，应采用不同的促销组合。

企业在不同的环境条件下，不同的时期，或不同的企业，营销目标是不一样的。概括起来，最常见的有以下几种基本目标：

1. 增加市场销售额

增加市场销售额是最常见的促销目标。企业为了压缩库存，或为了增加利润，只有多销自己的产品才能实现。这是一种要求短期见效的活动。为了实现这一目标，企业可以通过以下 3 个途径来实现：

(1) 提高购买人数。就是发展新顾客，使非使用者购买本企业品牌。在促销组合中，效果比较明显的有：POP 推广、竞赛、减价、优待和免费样品等。

(2) 提高人均购买的次数。就是提高顾客的重复购买率。在促销组合中，效果较好的有折价券、减价优待、赠品、抽奖等。

(3) 增加人均购买量。就是顾客在购买时鼓励其多买。效果较明显的促销工具有数量优惠、数量抽奖、累积奖品、赠送等。

2. 培养顾客忠诚度

培养顾客忠诚度是企业扩大市场份额之后应重点开展的一项工作。顾客试用企业产品之后，企业应采取一些营销措施，增加顾客好感，使顾客多次重复购买，渐渐形成习惯，产生依赖。这时顾客就不会轻易改变自己的消费习惯。培养顾客忠诚度较有效的办法是进行广告宣传提高品牌知名度，开展公关活动树立企业形象，开展营业推广活动刺激顾客重复购买等。

3. 争取中间商

企业销售产品，如果不是自建分销渠道，就必须依靠中间商，获得中间商支持，是扩大销量的重要步骤。企业应不断针对中间商开展一些促销活动。为此，企业可以采取以下几种措施：

(1) 制订针对中间商的销售政策。这一问题前边已有详述，主要是从批量、回款等方面给予政策奖励。

(2) 奖励合作愉快的中间商。对于一些销售业绩好，与企业配合较好，能为企业带来正面影响的中间商要搞好关系，给予奖励。

(3) 在重点商家开展营业推广、公关活动。对于重点中间商，企业可以借地开展促销活动，既帮企业烘托商业气氛，又为自己销售产品。

4. 树立品牌形象

企业树立品牌形象是企业的战略性思维，一般较多采用广告、宣传手段。但同时也应注意产品质量、售后服务等。在保质量、优服务的长期坚持努力下，随着广告和宣传的时间积累，品牌形象就会逐渐形成。

六、促销预算

开展促销组合活动是一项先花钱后见效的活动。营销管理者要想得到企业决策者的支持，必须进行预算分析，要对促销期内用于全部活动的资金投入进行筹划。

但不同的行业所花促销费完全不同。一般情况下，化妆品行业最高，其促销费用约占销售额的30%～50%。机械行业最少，一般在10%～20%。另一方面，公司不同，所花促销费用亦不同。同样是酒类企业，秦池酒厂敢于连续3年争中央电视台黄金时段广告标王位置。作为一个正常经营的企业，其促销预算是有章可循的，一般有如下几种预算方式：

1. 财力分析法

财力分析法就是根据企业财力情况来确定促销预算。这种方法是企业根据上一年用于促销的费用，扣除物价因素，算出本期公司的促销费用。这种方法较为稳妥，但有时又缺乏闯劲，使促销费用增长缓慢，在一定程度上迟滞了销售进度。

2. 销售额比例法

销售额比例法就是企业根据上年的销售额按一定的比率提取本年度的促销费用，同时在确定比例时参考行业内通行做法及主要竞争者的做法等。

这种做法的优点：一是促销费用随企业的销售业绩提升而增加，把促销支出与公司的经济实力联系到了一起；二是能够比较清楚地把握促销成本与销售额之间的关系；三是增加了促销费用投入的稳定性。它也有不足之处：一是费用按比例提取，如遇到好的发展机遇，可能会因此失去机会；二是没有地区差异的区别，一刀切，不利于重点地区发展；三是比例的确定依据缺乏科学依据，可能影响企业发展。

3. 竞争均势法

竞争均势法就是依据竞争对手的促销费使用情况，与竞争对手保持竞争水平。这是一种竞争导向法，不过多考虑其他因素，只以竞争需要为依据。这种方法的优点：一是保持均势，避免坐失市场机会；二是竞争促使企业的促销工作保持活力。但有不足：一是盲目与竞争对手持平，容易被对手牵着鼻子走；二是仅从支出上持平，其他方面难以一致，如企业的资源、产品质量、销售渠道、品牌等，因此，其科学性令人生疑。

4. 目标任务法

目标任务法就是根据企业的促销目标来决定预算。企业确定促销目标后，要想圆满完成这项工作，需要多少费用，营销管理人员据实报告，企业为了完成促销目标，便投入所需费用。

七、促销效果评估

评估就是对促销活动的投入与产出进行评比和估算。评估又分为事前评估和事后评估。

1. 事前评估

为了使促销更有效，评估工作应在事前进行。事前对促销进行评估可以事先发现方案中存在的不足，可以使方案更完善。营销人员可以从几个方面来思考问题：所选的促销工具是否合适；为实现目标，刺激强度是否达到；促销活动范围是否与实现的目标一致；活动时间段是否符合消费者季节，等等。

开展事前评估还应采用一些科学的办法，具体有以下几种：

(1) 经验分析法。就是根据过去的活动资料进行数据分析，或用以往的促销经验来分析，与此次活动的方案进行对比，以发现方案中存在的问题。

(2) 直接测试法。就是实验测试法，即选择一个更小范围，对消费者进行试点测验，以观察整个方案是否严谨，对存在问题进行修订，然后全面推广。

(3) 模型测试。就是用专家设计好的决策模型进行测试，计算各种促销工具的效果。

2. 事后评估

对效果进行事后评估是营销人员必须进行的工作，一方面要对决策层进行书面报告；另一方面也是为了给以后工作留下经验。事后评估主要回答如下问题：一是询问目标消费者对此活动的看法，有何印象、见解；二是询问消费者的态度，对该产品的看法是否改变，是好还是坏；三是看活动后销售量提高了多少；四是看品牌知名度的提升情况。

同时，营销人员还要对活动内容进行评估：一是计算一下活动方法的回报率，如折价券的回报率、赠品的发付率、竞赛和抽奖的情况等；二是看活动期初、期中与期末销售量的变化幅度。当企业进行评估后，会得出以下 4 种不同效果：

(1) 最佳效果型。就是促销期内销量上升迅速，促销结束后销量又没有急骤下降。消费者满意度提高，品牌形象提升，整个活动井然有序。

(2) 一般效果型。就是促销期内销量大幅上涨，促销结束后销售随之下降，但两者相比，增幅大于降幅。同时消费者基本满意，品牌形象总体得到提升。

(3) 零效果型。就是促销期内销量上涨，促销结束后却大幅下降，上升与下降数额相当。消费者并没有增加对品牌的认识，只是改变了一下购买时间。

(4) 负效果型。就是促销期内微量上升，促销期后大幅下降，下降幅度超过上升幅度。促销活动不仅没有提升品牌形象，反而产生了负面影响。这时要认真分析原因，结合评估调查，搞清楚，是产品使用效果不好导致的顾客减少或停止购买，还是活动本身给消费者利益造成了伤害。

在评估效果时除了以上内容，还可以增加一些其他内容，以更准确评定效果，如利润。但应注意，活动期间因有大量投入，成本增加，利润会受到影响。甚至有的企业认为，在活动期内，能把成本抵平，不赔就是赚钱。因为活动毕竟会给企业带来积极影响，提升品牌形象，扩大日后销量。

课后练习

1. 思考题

(1) 产品生命周期有哪几个阶段？不同的产品生命周期阶段，其营销特点是什么？其战略的重点是什么？

(2) 新产品开发有哪些需要遵循的原则？新产品开发的过程有哪些？

(3) 影响产品定价的因素有哪些？一般产品定价的方法有哪些？

(4) 分销有几种模式可供选择？具体又分为哪些内容？

(5) 经销与代销有什么不同？

(6) 零售地点选址时，如何根据顾客态度、商品类型进行选址？

(7) 通用的促销工具及具体方式有哪些？

(8) 推式和拉式促销策略各有什么特点？

2. 案例分析

携程网是我国最大的旅游电子商务网站。提供旅游、度假产品、酒店、机票以及国内外旅游信息查询等产品服务。携程网经过几轮投资之后，建成了我国最大的传统订房中心，成为我国最大的宾馆分销商。2004年携程网又通过收购北京海岸航空公司业务，建成了全国统一的机票预订服务中心。

携程网还是较早开展预留房业务的企业，已有800多家酒店加入这一业务范围。2004年，携程网就与旅游企业联合推出360°度假超市，旅游产品涵盖海内外各大旅游景区。旅游者可以根据自己的爱好自己选择线路、酒店、航班等服务。近年来，携程网的业务范围逐渐扩大，依托海外酒店、航空公司、旅游景区等，开展多项新兴业务，如机票加酒店套餐，国内外自由行“精品店”，帮助客户选择自助游线路等。目前，携程网又瞄准了日益扩大的散客业务，准备全力进军度假市场。

携程网取得的成功，使许多读者对携程的网络覆盖能力留下了深刻印象，不知不觉地把它看做了一家电子商务企业。其实，携程网自己的定位也是一家旅游企业，网络只是它的载体。作为一个旅游企业，我们就可以回归到对于传统企业的分析模式中，我们要明白它的产品是什么，渠道是怎样建设的，产品价格以及促销活动等，这些传统概念上的营销组合的内容和具体运作方法，这样的思考，才会为我们的决策能力带来新的提高。

请分析：

(1) 携程网把自己看成一家电子商务企业还是一家旅游企业？

(2) 携程网的主要产品是什么？

(3) 携程网通过什么渠道与消费者进行有效链接？你能否描述一下携程网的营销渠道？

3. 实训题

(1) 请陈述一下学校安排你去参观、实习企业的产品线、产品项目、产品组合。

(2) 每个企业的渠道建设过程都是不一样的。请对某企业的销售渠道做一了解，并绘制企业的销售网络图以及销售部门组织图。

(3) 你是否在周末到商场搞过促销活动，请描述一下你见到过的某种产品的促销场面或过程。

第十一章 促销组合

学习目标

(1) 了解公共关系的基本知识，明确一些基本概念和定义。

(2) 明确企业开展公关的常用方法，了解危机公关的基本方法。

(3) 了解广告的基本知识，明确企业开展广告业务的作用、效果、意义。

(4) 了解营业推广的基本概念，明确企业开展营业推广活动的常用方法。

(5) 了解人员推销在企业经营中的作用，掌握人员推销的基本技巧。

课程导入案例

中粮集团的促销组合

长城葡萄酒是中国中粮集团旗下的一个重要业务项目。2006 年的时候，我国葡萄酒市场形成了张裕、长城、王朝三驾马车占据市场半壁河山的局面。2008 年，中粮集团决定利用我国 2008 年奥运会的机会，抢占葡萄酒行业第一的宝座。为此，中粮集团采取了集中力量打好奥运仗的准备。之前，他们收购了华夏长城、烟台长城两大红酒资产，剥离了一些边缘产品的资产，成立了中国食品公司（中粮酒业），统一经营运作旗下各类葡萄酒业务。然后，中粮酒业努力开展公关活动，一举成为北京 2008 年奥运会葡萄酒独家供应商，同时，长城葡萄酒以奥运赞助商的全新面貌出现在全国各大电视台的广告节目中。至此，长城葡萄酒的名声迅速崛起，葡萄酒业务快速增长。2008 年之后，长城葡萄酒已经跃居我国葡萄酒行业老大的地位，中粮集团也入选为世界 500 强企业。

现代营销管理不仅需要企业向顾客提供好的所需的产品、适宜的价格、便捷和舒适的购买，还应该控制好企业在市场上的形象，做好自己的宣传，开展吸引人的买赠活动，做好对营销人员的管理与激励。这就构成了促销组合的内容。

促销组合是有计划地将促销的几种方式（人员推销、广告、公共关系、营业推广等）进行综合运用，形成完整的优化促销策略。

在促销组合中，各种促销方式都有其自身优势和特点，营销人员要针对不同产品特点、目标消费者、竞争环境、企业资源等进行创新整合，提出营销管理方案。

第一节 公共关系

一、公关定义与要素

1. 公共关系定义

国际公共关系协会给公关下的定义是：公关是一项经营管理的功能，具有连续性与计划性，通过公共关系、公私机构与组织试图赢得与其有关的人们的理解、同情与支持。即依靠对舆论的估计、尽可能协调其政策与措施，依靠有计划的、广泛的信息传播，争取建设性的合作，以获得共同利益。

根据这个定义，总结出公关有以下两个基本含义：

(1) 公共关系是一种状态。就是说，组织是否意识到公共关系，是否从事公关活动，它总是客观存在的，是与其他组织和个人存在着广泛的联系的，或存在良好的状态，或存在生疏的状态，或存在紧张的状态。

(2) 公共关系又是一种活动。当一个社会组织意识到这种状态存在时，就会采取积极主动的态度，稳妥的措施，寻求改善或建立正常的公共关系状态。

2. 公共关系要素

(1) 公关主体。就是社会组织。无论它是企业、团体还是其他机构，无论是公共组织还是私人组织，只要它是一个独立单位的社会群体，它就是一个公关主体。

(2) 公关客体。就是社会公众，即相对于社会组织而言的一个特定范畴，包括个人、群体、社会组织的总和。因此，社会组织面对的公众是多层次、多元化的，既包括社会各阶层，又包括组织内部员工。

(3) 公关过程。公共关系过程就是传播，就是信息的交流过程。社会组织借助传播沟通网络，形成组织与公众的信息双向交流过程。

(4) 公关目标。公关目标就是树立社会组织的良好形象。组织形象包括：产品形象、组织人员形象、建筑物形象、自我期望形象(就是组织希望留给公众的形象)、公共关系形象(就是组织通过努力之后达到的效果形象)等。

(5) 公关原则。就是开展公关活动应遵循的原则。这些原则包括真实原则、系统原则、创新原则、弹性原则、伦理道德原则、效益原则等。

(6) 公关方针。就是社会组织开展公关要着眼于长远打算，着手于平时努力。

二、公关职能

公共关系的职能是多方面的。从社会组织本身的角度出发，公关总的来说是帮助社会组织实现自身目标，其中包括搜集信息、传播沟通、协调关系、处理纠纷、参与决策、改善环境、增进效益、树立形象等。从这些职能中，我们概括出以下 4 个公关的基本职能：

1. 树立形象

树立企业形象是社会组织开展公关活动的基本目的，是公关的基本职能。企业之所以开展公关活动，最少要能够树立自己的形象。

(1) 组织形象的含义。组织形象是指社会公众对一个组织机构的全部看法和评价。它通过知名度和美誉度两项指标反映出来。

$$知名度=\frac{知晓人数}{被调查人数}\times 100\%$$

$$美誉度=\frac{赞誉人数}{知晓人数}\times 100\%$$

(2) 组织形象诊断。就是分析组织的自我期望形象和社会实际形象，找出两者之间的差距。一般要分两步进行。第一步，就是对组织内部基本资料进行分析，概括出基本信念。然后与企业内部员工进行广泛交谈，了解组织领导层对本组织形象的期望水平，了解本组织职工对组织的看法和期望。第二步，就是分析实际社会形象。一般要进行舆论调查，了解报纸、电视等媒体对本组织的评价。还要进行民意测验(问卷形式)，了解民众对本组织的知名度和美誉度。

(3) 组织形象塑造。就是通过一系列活动来重新树立组织形象。在树立组织形象时应遵循以下原则:①整体性原则,即组织内部统一思想。运用统一的公关政策,协调各部门行为,统一活动。②竞争性原则,即突出组织特色,开展一些富有创意的活动。无论在形式还是在内容上都要独立创新,不可模仿竞争对手。③长期性原则,即开展公关活动非一朝一夕之功,要有坚持不懈的精神,随着时间的延续,必见成效。

2. 传播沟通

传播沟通就是个人与个人之间,组织与公众之间在共同的活动中彼此交流各种观念、思想、兴趣、感情等信息的过程。传播沟通是塑造组织形象的基本手段。美国一位企业家曾为公关下过一个通俗有趣的定义:"Do good,tell them(做好,告诉大家)!"传播沟通分组织内部沟通和组织外部沟通。

(1) 组织内部沟通。组织公关对象既有外部公众,也有内部员工。在组织内部进行传播沟通时,主要有以下三种形式:①正式沟通与非正式沟通。正式沟通是一种组织通过正式管理方式进行的沟通。如组织发的文件,组织召开的各种会议,组织程序的请示汇报,组织编写的员工手册,组织发布的公告、海报等。非正式沟通是非正式的组织活动进行的沟通。如员工之间的非工作内容的社会交往,员工业余生活中的聚会等。②沟通信息流动方向。沟通信息流动方向是指信息传播沟通时的路线方向,可分为下行沟通、上行沟通和平行沟通三种。下行沟通即传播沟通的信息是由上级向下级进行传播;上行沟通即传播沟通的信息是由下级向上级进行传播;平行沟通即传播沟通的信息是在平级与平级之间进行传播。③口头沟通与书面沟通。口头沟通的方式有会议、谈话、电话、广播、演讲等;书面沟通的方式有通知、文件、布告、刊物、书面汇报、总结等。

(2) 组织外部沟通。组织外部传播沟通的信息流动方向分为内流信息和外流信息。内流信息是由组织外部向组织内部传播的信息。企业通过内流信息了解市场情况,了解公众的反应,为下一步开展传播形象收集数据。外流信息是由组织内部向组织外部传播的信息。这是公关传播沟通的重点。组织通过这种沟通树立形象。其主要传播途径有:利用媒体发布信息(如新闻、广告等),出版对外宣传的小册子、刊物,利用专题活动开展特别宣传,与公众建立广泛联系等。

(3) 传播沟通的时机选择。"机不可失,时不再来",指的是时机的重要性。抓住时机,及时公关,可起到"事半功倍"的效果。营销人员要善于择机而从,见机行事。公关时机选择要遵循两个原则:一是选择时机要服从整体公关活动,要利于达成目标;二是选择时机要使公众的心理期望得到满足。除此之外,也有一些可供参考的通用的时机,如组织创办之际或企业开业,企业推出新产品或新的服务项目,组织发展很快但声誉尚未树立,组织更名或与其他组织合并,组织在某方面出现失误或遭到误解,组织遇到突发性事件,等等。

3. 协调关系

公关的另一项重要职能是协调各方关系。这些关系包括组织内部关系和组织外部关系。

(1) 组织内部关系。组织内部关系看似简单,其实很复杂。主要指领导和职工的关系,组织内各管理职能部门的关系等。说它复杂,是因为有许多意见、怨气甚至仇恨是不会那样明白告知的。公关人员难就难在不能明明白白地被告知,只能通过互相之间的工作协调情况去分析。即使知道了这种情绪,公关人员沟通起来也难。因为对方不会袒露自己的心声,告知自己现在想通了还是没想通。但不管有多复杂,工作有多难做,公关人员都要善于从现象看本质,要善于在表面平静中发现深层问题,且能有独特的方法去化解。

(2) 组织外部关系。组织外部关系比较容易认知,常见的一些容易出问题的关系有:①政府部门与组织的关系,包括审计、税收、工商、物价等;②企业与组织的关系,包括协作单位厂家、生产商与中间商、竞争企业等;③消费者与组织的关系,是满意还是不满意等;④社会与组织的关系,如组织与所在社区公众的关系,如环境方面、污染方面、噪音方面等是否给公众造成麻烦等。

4. 决策咨询

决策咨询就是组织利用公关部门进行决策方面的咨询。公关人员针对组织的决策内容开展一系列公关活动，帮助组织做出正确决策。一般应采取如下步骤：

(1) 运用公关方法来确定目标。在组织出现问题时，要能从现象中找出关键点，发现矛盾，找准问题，确定目标。如丰田公司1970年发现公众反对污染，于是分析认为，生产新型环保汽车是解决诸如此类问题的关键。于是经多年研制，于1977年推出高标准限制废气排量的新型环保汽车。

(2) 对营销方案评估。当组织已确定了决策目标或决策方案时，公关部门应运用公关手段对决策方案进行评估。评估方案以不造成社会公众利益受损为原则，以不损害组织自身形象为原则，同时还应考虑经济性、公众需要、组织内部成员满意等。

(3) 利用公关渠道收集信息。即收集公众对组织决策的反应信息。也包括媒体评价，员工议论等。

三、公共关系传播的类型

(1) 新闻宣传型。目的是进行宣传，可以通过制造新闻事件。

(2) 公共信息型。目的是传播信息，而不是诱导。

(3) 双向非对称型。目的是进行科学的劝导。

(4) 双向对称型。目的是促进和加深组织和公众之间的相互理解。

几种公共关系传播类型的比较如表11-1所示。

表11-1 公共关系传播的类型

项目 \ 模式类型	新闻宣传型	公共信息型	双向非对称型	双向对称型
目的	宣传	散布信息	科学诱导	相互理解
传播性质	单向、不注重绝对真实	单向、真实性重要	双向、效果不等同	双向、效果等同
传播方式	提供信息→反应	提供信息→反应	提供信息→反应←反馈	集团⟷集团
历史上代表	巴纳姆	艾维·李	伯纳斯	伯奈斯
目前主要运用范围	运动、剧场、产品推销	政府、非营利团体	竞争性企业部门，种类代理处	受一定限制的企业部门，各类代理处
估计目前各类组织运用的百分比	15%	50%	20%	15%

四、知名度公关方法

知名度是企业扩大产品销量的前提条件，再好的产品，没有知名度，不被人所知，产品便打不开销路。但知名度也不是万能的。知名度必须与产品质量、顾客需求、分销渠道、价格策略等有效组合才能起到巨大作用。

企业创知名度也是有原则的，要以事实为据，以诚信为本，以谋划为术。企业创知名度不能建立在无中生有之上，要建立在企业扎实的基础工作之上。有人说，企业百分之九十做好还不行，还要有百分之十说好。这百分之十就是公关宣传。说公关以诚信为本，是指公关宣传要实实在在，不可过分扩大事实，不可吹嘘过度，无限拔高。否则，即使得益，也只能是昙花一现，反招致臭名远扬，悔之晚矣。说公关要以谋划为术，是说公关不能只会说大白话，要利用计谋加重宣传效果，通过策略性、技巧性宣传，提高宣传效果。

企业一般可以通过如下几种方式来进行公关活动，以创知名度：

1. *新闻扬名*

(1) 借助新闻扬名。就是借助事件通过新闻载体扬名。企业经常发生各种各样事件，有些事件很具有新闻价值，企业要善于捕捉这些有价值的事件，及时通过新闻媒体向公众发布。

(2) 制造新闻扬名。有事件可以发掘其新闻价值，没有事件怎么办？企业可以制造有新闻价值的事件来扬名。当然，制造的事件要自然，要讲求策略和技巧，不要露出人工痕迹。

【内容点睛】

许多成名企业都采用过借助新闻或制造新闻扬名的公关技巧。比如，海尔1985年将几十台次品电冰箱在电视台摄像机前砸毁，在当时引起社会轰动，从此，海尔冰箱的质量深入人心，人们口口相传："放心买吧，次品都让张瑞敏砸毁了。"

2. *活动扬名*

活动扬名就是企业借当时的重大社会活动（如大型体育比赛、博览会、展评会、重大旅游活动和各种节庆活动等）提升自己的知名度。具体办法有如下几种：

(1) 捐助公共事业。即对社会关注的事件或公益事业进行赞助，借机扬名。如希望小学、图书馆等的捐建等。西安杨森借助西安整顿市容，建新型旅游城市之机，捐助修建公交汽车亭，扬了杨森大名。

(2) 捐助环保事业建设。就是对环保事业进行捐助。

(3) 捐助社会突发事件。就是对社会上突发的事件进行捐助。

(4) 捐助大型文体活动。就是对社会关注的文体活动给予捐助，等等。

3. *广告扬名*

广告扬名是企业扩大知名度的一种基本策略。许多知名企业、名牌产品都是从这条路上走过的。例如，丽珠得乐集团一年的广告费用上千万元。企业在各种媒体上都做广告，如各级电视台、电台、各种报纸、杂志，甚至路牌广告也做到了不同地点：火车站、码头、汽车上等到处都有。而和丽珠得乐持同一配方的胃康得乐和迪乐却很少做广告，鲜为人知。终致产品销不动，付不起贷款而先后倒闭。

4. *借名扬名*

借名扬名就是企业进行公关时，把自己与著名的事物联系在一起，具体又分为许多种联系法：

(1) 借名人扬名。就是企业与名人联系起来，借名人抬升自己，让名人成为企业的活广告，从而达到扬名目的。如阿迪达斯公司每次生产出新产品，都先请世界体坛著名人物穿一穿，在众多媒体记者的追捧下，为企业扬了名。

(2) 借名诗名句扬名。就是让企业产品借名诗名句的光，以扬其名。

(3) 借名企名牌扬名。就是企业与国内外名牌企业合作，扩大自己的知名度。

另外，还有借地名扬名，如借西湖、泰山给自己冠名等；借先进技术扬名，如借航天技术等。

五、美誉度公关方法

美誉度就是社会公众对企业品牌的信任和称赞程度。美誉度是一项无形资产，它对于提升品牌形象、促进产品销售、促进企业发展都有着极重要的意义。企业创建美誉度，同样需要长期不懈的努力来获得。

企业创建美誉度有许多好处。首先，它可以提升产品价值。同样的产品，同样的价格，由于品牌美誉度不同，消费者便乐意出不一样的价钱。高美誉度的产品能增加附加值。其次，它可以增加购买理由。企业信誉、产品质量、售后服务等是消费者购买产品时非常关注的指标，好的美誉度可以为消费者增加购买信心。第三，它可以积累顾客忠诚度。美誉度是通向品牌忠诚度的阶梯。顾客长期赞美必然会变为长期使用。第四，它可以建立竞争优势。高美誉度的产品由于受到消费者的支持，因而增强了市场竞争能力，等等。

创造美誉度，企业必须做好各项基础工作。如果仅搞点花点子，反而成了无源之水，失信于消费者，走向了美誉度的反面。创美誉度，企业应做好如下几项工作：

1. 以产品质量为基石

创造品牌美誉度，产品质量是根本。企业品牌没有美誉度时需要产品质量来提升。消费者使用了没有知名度的产品，如果品质一般，消费者会很快忘记。如果质量非常好，消费者就会大加称赞，向别人传播。企业品牌有了美誉度更需要产品品质来保障。消费者慕名使用了有美誉度的产品，如果产品优良，消费者会赞不绝口。如果质量不好，消费者就会有被骗之感，会耿耿于怀，向人传播产品的负面消息。因此，企业创美誉度，一定要以产品质量为保证。保证产品质量，并在创建美誉度时发挥积极作用，可以从以下 3 个方面着手：

(1) 技术是关键。技术领先是保证产品质量和先进水平的重要条件。企业要不断引进新技术，开发新产品，保证产品的先进性。在此基础上，公关要紧紧围绕技术领先这一品牌特点，大力宣传，彰显企业技术领先的优势和产品品质特点。

(2) 管理是要项。企业生产管理过程是保证产品质量的重要一环。企业应全力抓管理，重点抓质量，严把品质关，决不放一件有质量问题的产品出厂。海尔、新飞都曾在 1980 年代中期将不合格的冰箱砸烂，引起媒体的大力宣传和报道，受到大众广泛关注，得到好评，为企业树立了高品质形象。

(3) 推行各种认证体系。推行先进的认证体系，不仅能提高企业管理水平，同时对公众而言，也是标榜企业管理水平高，产品质量信得过的一种有力证据。如 ISO9000 认证、ISO14000 认证，以及评选优质产品、质量免检产品，认定驰名商标和公认名牌等。不同产品类别还可进行相应的专业认证，如电工产品的安全认证、食品的绿色标志认证等。

2. 用先进经营理念指导企业行为

先进的经营理念会指导企业经营行为，通过先进的企业组织行为和员工行为，可以打造、提升品牌美誉度。营销人员可以通过以下几种途径来指导企业行为：

(1) 积极支持公益事业。每当社会上出现一些热点难点问题，便会引起媒体和社会大众的普遍关注。在这种时候，企业应抓住时机，积极参与，以便塑造品牌形象和美誉度。如支持希望工程、赞助春蕾计划、扶持下岗再就业、捐助申奥(办奥)等。企业通过参与这些公益活动，可以有效提升品牌美誉度。

(2) 宣传企业先进事例。每个企业都有先进感人的事例，企业不能仅仅在内部表彰了事。如有感人事例，企业可以邀请媒体采访，或组织人员采写向媒体投稿，通过媒体宣传，提升品牌美誉度。

(3) 妥善处理消费个案。对某些特殊个别的消费对象发生的偶然的不幸事件，企业要特别处理，这些个人小事同样可以扬企业名声、提升美誉度。

六、危机公关方法

危机公关就是在企业遇到突发的危害企业形象、利益的事件时，利用公关手段，化解危机的公关活动。企业在经营活动中，身处复杂的内外环境，面对错综的市场，进行着激烈的市场竞争，发生危机事件在所难免。当危机发生时，企业要善于采用公关手段，妥善处理，使危机化解，同时彰显企业形象，获得大众的美誉度。危机公关策划的一般方法如下：

1. 建立防范机制

建立防范机制就是企业要有“灭火”意识。所谓“灭火”，是指要有一套机制，对企业经常性检查，发现隐患及时纠正，不使其酿成灾祸。具体可以有如下措施：

(1) 组建危机预防管理机构，保证危机管理机构有权力能够顺畅地起到止偏纠乱的作用。

(2) 制定各类危机发生后的应对预案，一旦危机发生，早已成竹在胸，从容应对，不致手忙脚乱没有主张。

(3) 建立高效顺畅的信息传播渠道，一旦有事，启动预案，可将信息快速、及时地传向四面八方。

(4) 经常性地开展危机培训和演习，提高公关人员素质，培养造就一支能处理各种突发事件的公关队伍。

2. 做出组织反应

一旦真正的危机事件发生时，公关人员能做出快速正确的组织反应，以保证危机及时消除或化解。如果预警系统完善，预案准备周密，危机演练熟悉，那么真有危机发生时，也会像演习一样从容化解。这期间，要注意保证信息畅通，保证人力、物力、财力调配及时等。

3. 常见危机事件类型

企业要想快速正确处理危机事件，就需对事件发生原因了解透彻。一般常见的危机原因有以下几种：

(1) 损害了股东或员工利益，造成群聚闹事。

(2) 产品发生质量事故，造成顾客人身伤亡或财产损失。

(3) 企业涉嫌违法违规经营，受到政府职能部门查处或遭媒体曝光。

(4) 别有用心的人或组织(竞争对手)对企业进行破坏。

(5) 营销时信息沟通发生误解或舆论误导，造成消费者不满，等等。

4. 快速做出信息反应

在进行危机公关时，要将公众利益置于首位，不能过分计较企业的暂时利益，甚至要以“先息事宁人，后算成本经济账”的指导思想来进行。这需要积极了解危机起因，听取起因方意见。在执行危机公关时，特别要培养强化工作人员的心理承受能力，遇事不慌，遇蛮不急，临危不惧，机智善变，平息众怒，稳定情绪，引导公众，化解危机，转危为安。

在处理危机事件的公关活动中，要及时与社会公众保持沟通，与媒体保持联系，必要时与政府部门进行合作。

在与媒体合作时，要学会举行新闻发布会。举行新闻发布会应注意几点：一是要准备好事件说明书，将事件的起因、对象、事件、进展、结果、时间、地点等一一介绍清楚。二是选择布置会场，对场地的硬件设施，面积、灯光、电线接头等进行事先检查、布置。三是制定一个简单议程。一般正式发布时间不超过一个半小时，最好在上午举行，以便发稿。下午 3:00 以后，就可能错过一些媒体的发稿时间。四是确定主持人、发言人、服务员。这些工作安排就绪后，就可召开新闻发布会了。

第二节　广告

一、广告的概念

1. 广告的定义

广告是一种最重要的非人际沟通工具，它是由明确的主办人发起，以付费的方式，通过各种媒体对观念、产品或服务进行的任何非人员形式的促销。

2. 广告的分类

(1) 平面广告。包括报纸、杂志、画册、招贴广告等。

(2) 影视广告。包括电视、电影、幻灯广告等。

(3) 广播广告。包括无线电台和有线广播广告等。

(4) 户外广告。包括路牌、霓虹灯、灯箱、交通车辆广告等。

(5) 邮递广告。即采用邮递方式传播的广告等。

(6) 网络广告。即在互联网站上发布的广告等。

(7) POP 广告。(Point of Purphase)售点广告。即在购物场所内(或外)所做的广告。按外在形式可分为传单式、直立式、悬挂式、墙壁式和柜台式 4 种;按广告位置分为室内和室外两种。室内 POP 广告指购物场所内部的各种广告,如宣传单页、机身贴画、台牌立牌等。室外 POP 广告是购物场所门前和周围门面装饰、商店招牌、橱窗布置等(见表 11-2)。

表 11-2 五大广告媒体特点对比

媒体	优 点	缺 点
报纸	读者广泛,覆盖面宽。传播迅速,时效性强。信息清楚,便于查阅。简易灵活,费用经济。权威性强,信誉度高	寿命短暂,利用率低。内容繁多,分散注意。印刷粗糙,色彩感差
杂志	对象明确,针对性强。有效期长,保存期久。易被接受,效果较好。印刷精美,图文并茂	专业性强,传播面窄。周期较长,灵活性差。制作复杂,成本较高
广播	传播迅速,时效性强。覆盖面广,听众较多。方便灵活,声情并茂。制作简便,费用低廉	有声无形,印象不深。转瞬即逝,不便存查。盲目性大,选择性差
电视	覆盖面广,影响力大。声像兼备,直观主动。娱乐性强,接受性好	转瞬即逝,不便存查。制作复杂,费用昂贵。目标性差,选择性差
网络	发布迅速,及时性好。制作便捷,易于修改。互动性强,效果易测	覆盖面大,目标量少。受众分散,针对性差

二、广告媒体及决策

广告要依靠媒体传播,在各种传播媒体中,报纸、杂志、广播、电视、网络传播效果最好,被称为广告传播的五大媒体。这五大媒体又各具优缺点,五大广告媒体特点对比如表 11-2 所示。表 11-3 为五大媒体广告效果比较。

表 11-3 五大媒体广告效果比较

媒体	报纸	杂志	广播	电视	网络
传播范围	广泛	较窄	广泛	广泛	较窄
传播速度	快	慢	快	慢	最快
传播内容	较全	较全	较全	不全	全面
传播时效	较短	较长	很短	很短	较长
选择性能	较强	很强	较差	较差	一般
保存性能	较好	很好	较差	较差	很好
灵活性能	较好	差	好	差	好
成本费用	较低	较高	低廉	昂贵	较低
印象效果	一般	较好	一般	很好	较好

选择广告媒介的目的，就是花费最少的钱，寻出最佳的传送路线，使广告发挥最好的展露效果，沟通效果。测试广告媒体效果的重要指标是产品试用率。这也是证明广告是否成功的标志之一。

1. 产品试用率由注意度决定

产品试用率是随品牌注意度的提高，以递减的速率增加的。试用率希望达到多少，相应的顾客对品牌的注意度也必须达到多少。图 11-1 示出了产品试用率与注意度的关系。

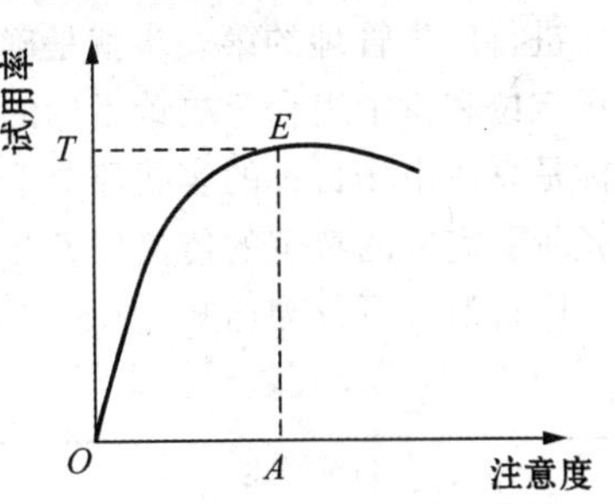

图 11-1 产品试用率与注意度的关系

2. 注意度由送达率和频率决定

(1) 送达率(也称触及面)。是指在某一时期内，不同的人或家庭至少一次展露在媒介下的计划数目。

(2) 频率。是指在某一特定时期内，一般人或家庭接触信息的次数。

(3) 影响。是指经由特定媒介的展露所产生的质量价值。

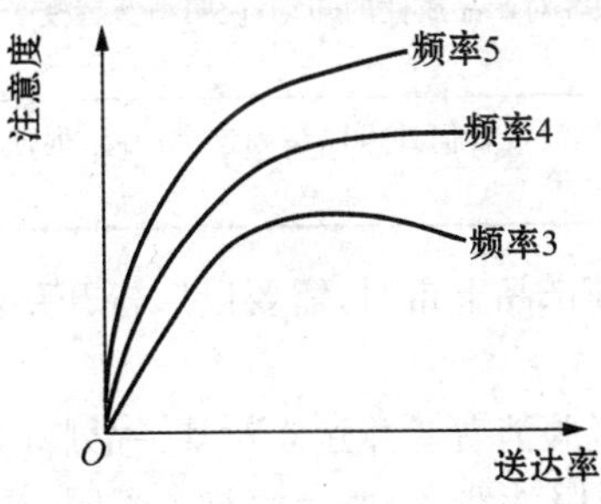

图 11-2 注意度与频率、送达率的关系

注意度与频率、送达率之间的关系如图 11-2 所示。因此，在选择媒介时，在即定预算内，首先要决定播出(刊登)频率，根据频率决定了对目标沟通对象做了多少次广告，也就是决定了注意度，有了注意度就可推算出试用率。

美国学者克鲁曼研究认为，有 3 次展露就可以产生一定的效果。但随着时代发展，现代社会广告铺天盖地，3 次显得稍微不足。有学者认为 6 次较为合理。当然这也和广告制作水平，以及选择哪一种媒体、做什么产品内容等有关。

三、广告决策内容

在进行广告管理时，广告人员首先必须确定目标市场和购买者动机。然后，广告人员进行制订广告方案所需要的 5 项主要决策，即 5M：

任务(Mission)——广告的目的是什么；

资金(Money)——要花多少钱；

信息(Message)——要传送什么信息；

媒体(Media)——使用什么媒体；

衡量(Measurement)——如何评价结果。

广告管理中的主要决策内容如图 11-3 所示。

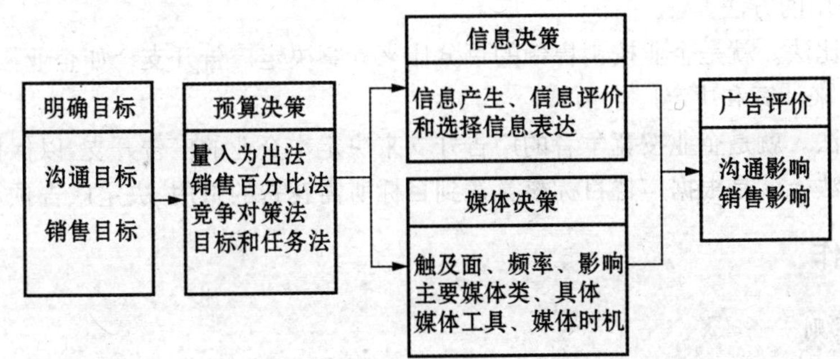

图 11-3 广告管理中的主要决策内容

四、广告目标

进行广告管理的第一步就是确定广告目标。当然，这个目标是服从于先前制订的有关目标市场、市场定位和营销组合等决策目标的。但先前这些目标要在一定程度上依赖于广告目标的实现。广告目标是总体市场目标的实践环节上的目标。广告目标是指在一个特定时期内，对于某个特定的视听接受者所要完成的特定的传播任务和所要达到的沟通程度。

广告目标可分为通知、说服、提醒等。表 11-4 列出了一般常见的广告目标。

表 11-4　一般常见广告目标

目标详述 目标类型	具体目标
通知型	向市场告知新产品情况；提出某项产品的新用途；通知市场有关价格的变化情况；说明新产品如何使用；描述所提供的各项服务；纠正错误的印象；减少消费者的恐惧；树立公司形象等
说服型	建立品牌偏好；鼓励消费者转向你的品牌；改变顾客对产品属性的知觉；说明消费者授受一次推销访问；说服顾客马上购买等
提醒型	提醒消费者可能在最近的将来需要这个产品；提醒消费者何处可以买到这个产品；促使消费者在淡季也能记住这些产品；保持最高的知名度等

通知型广告，主要用于新产品的市场开拓。特别是日用消费品新产品上市时，需要以广告开路，使广大消费者熟知这种新产品是什么，能干什么。

说服型广告，主要用于市场竞争十分激烈的阶段。其作用在于说服消费者并建立对某一品牌的选择性需求。例如白酒市场的竞争十分激烈，国酒茅台做广告，旨在说服消费者，茅台酒与众不同，是一种高贵身份的象征。

提醒型广告，主要用于产品成熟期的市场竞争。作用在于保持消费者对该产品的记忆。例如可口可乐仍在不停做广告，其目的即非通知也非说服，而是为了提醒人们想着它。

五、广告预算

确定广告目标之后，企业需进一步确定广告预算。有时，企业也可以先期制作，选择媒体，确定播放频率等，最后再由领导拍板确定广告预算。企业确定广告预算一般有以下 4 种方法：

(1) 量力而行法。就是企业做多少广告，花多少钱，主要依据他们所能拿得出的资金数决定。有的企业想做广告，但由于财力有限，每年拿出很少的钱做广告。营销管理人员做的广告方案很好，但企业仅拿出所需资金的一部分，迫使营销人员管理方案流产，或不得已重新修改方案。量力而行法是目前我国企业普遍采用的方法。

(2) 销售百分比法。就是企业按销售额的百分比来计算决定广告开支。如企业按照每完成 100 元销售额需要多少钱来计算和决定广告预算。

(3) 竞争对等法。就是企业按竞争者的广告开支来决定本企业的广告开支，以保持竞争优势。

(4) 目标任务法。就是根据广告目标核算达到目标所需花费的费用，决定广告预算。

六、广告创作

1. 广告创作原则

广告创作应遵循的原则有两条：一是内容必须真实，不能弄虚作假；二是要引人注目，能吸引住人。如美国喷气式飞机首次飞越大西洋到英国，航空公司打出广告语："×日起，大西洋缩小 20%。"吸引了大众眼球。

2. 广告内容选择

广告内容选择就是选择什么内容进行广告创作。选择范围可以非常广泛,但选择的内容只能集中在一两点上。现介绍两种方法:

(1) 广告方程式法。就是从4个方面进行广告内容选择:①原料。包括原料产地、历史起源、选择哪些原料、原料的品质等。例如芦荟美容化妆品,就是突出原料品质特点进行设计制作的。②制造方法。就是对制造的方法、特点、使用何种机电设备、工人技术水平,或制造方法的发明,制造环境的卫生条件,公司或工厂的规模,公司或工厂的历史、经验、名誉等进行说明,以劝导消费者信服。③产品效果。就是对产品的形状及效用、印象(视觉、听觉、触觉等)、各种用法、使用成绩、用户褒誉等进行陈说,或对使用上的方便、简易、趣味、保险等进行介绍说明等。④价值。就是与同类商品比较,价值与数量、成色的比较,时间和人工上的经济,价格的便宜、产品的耐用等。

(2) 广告要点式法。就是选取商品特点,对一两个重要部分进行陈述,例如:商品本身,商品经历,制造商所用的材料,制造过程,制造者或经销者的经历和声誉,市场供求情况,同类竞争商品的状况,广告宣传对象的特性、地位、年龄、教育、生活环境、购物习惯及对广告宣传的态度等。

3. 产品生命周期的广告管理侧重点

不同的产品生命周期,广告的设计侧重点也不同(见表11-5)。

表11-5 产品生命周期的广告侧重点

引入期	重点介绍商品的特长、用途
成长期	重点介绍商品与同类相比有何优点、长处
成熟期	重点介绍商品得到用户的好评、宣传它的可信、可靠
衰退期	选择新的用途、新的使用方法,或购买所得到的附加好处

4. 广告创作上的"硬件"

广告创作是一项充满创新的工作,许多广告制作人员往往偏重于它的艺术性、感染力而容易忽略一些基本内容。而这些基本内容其实应是广告创作中最基本的东西,我们称之为"硬件":

(1) 商品名称。

(2) 商品性能与特点。

(3) 商品能为消费者带来的利益。

(4) 商品的用途和使用方法。

(5) 售后能为消费者提供的服务。

(6) 厂名、厂址及联系办法,或哪里能买到。

这些内容原则上是一个都不能少。特别是在报纸、杂志、路牌广告中。在电视广告中,由于播出时间短,不可能把全部"硬件"一一列出,这时可以简化,突出一下商品名称、企业名称,或其他某个要项。在消费者需要的时候,能够按商品名称和企业名称购买。

七、广告风格

1. 规则式风格

规则式创作风格的语言表达平铺直叙,比较正统、刻板、不带感情、艺术色彩。在介绍产品时,一般要从质量参数、价格水平、规格尺寸、花色品种等自然属性方面,或从顾客可得到什么实惠等方面介绍。其优点是内容比较具体、介绍全面、信息资料可信度高。缺点是平淡枯燥,没有趣味,受众接触几次之后,容易厌倦。这种风格较适合工业机械设备类的产品广告。

2. 理性感化风格(情感诉求)

理性感化创作风格大多从文学艺术形式的表现力方面打动顾客情感,通过对感情的诉说、乞求来改变顾客态度。这种风格具体可分为以下5种:

(1) 诱导式。这是一种许诺性诉求,是直接从满足消费者心理、需求心理和购买心理的积极因素方面来付诸广告语言文字表达的。也就是说,这种风格是正面劝导的,告诉你使用了我的产品,你会得到什么。

(2) 同情式。这种创作风格具有很强的针对性。一般先将消费者没有采用某种产品,出现了什么危险或不好的症状列举出来,然后采取同情的语言表示关心,最后再提供一种能消除忧虑的许诺,使消费者感到有了新的希望。

(3) 设身处地式。就是把广告诉求的语言文字直接以消费者或用户的口气表达出来。如某种治疗关节炎的新药,广告中人物述说:我这老毛病过去如何如何,自从吃了这种药以后,老毛病全没了,等等。

(4) 幽默式。就是用诙谐幽默的语言或画面来表达诉求内容,以引起消费者的极大兴趣,提高注意率。

(5) 启发式。就是从不同的高度摆事实,讲道理,而不是从正面直接说某种产品如何好。当看到一则广告时,开始可能不明白是什么意思,结合它的诉求和画面,认真一想,才明白原来它表达的意思是……

3. 论证式风格(理性诉求)

论证式风格是用论证方式,列举出产品有什么好处,或坏处,向消费者诉说。一般有一点论、两点论和比较法等具体方法。

(1) 一点论。这种风格是只就产品本身固有的优点来诉说,引用一些信息资料证明产品如何好。这是一种"一面之词"的表达方法。一般产品广告都采用这种方法。比如螨停香皂,可以杀死螨虫,光洁皮肤,而其缺点则不说。

(2) 两点论。这种风格与一点论不同,它既说产品优点,也说产品缺点,在优劣的比较中,使消费者更信赖产品能满足自己的特殊需求。比如某种补药,说了一大堆优点,最后特别说了一句:"可别吃多噢!"

(3) 比较法。就是将产品某一方面作个比较。如外形、质量、价格、性能等方面,与其他产品的比较,以证明本产品在同类产品中是最好的。但要注意,不能用"价格最低"、"比谁谁更好"等词语。

八、广告效果评价

西方企业对广告效果的评价很重视。广告的计划与控制,主要基于对广告效果的测量。测量广告效果的技术在不断出新,且随企业想要达到的目的不同而异。在此介绍两种模式:

1. 直接评分法

直接评分法是组织顾客对广告效果打分,用来评估广告在注意力、可读性(可视性)、认知力、影响力和行为等方面的效果强度。在实践中,这种方法可以从得分的高低中,大致判断出一个广告的有效性。此法打分内容和分值如表11-6所示。

表11-6 广告效果评分表

项 目	分值	实际得分
此广告吸引读者的注意力如何?	20	
此广告促使读者进一步细读的可能性如何?	20	

（续表）

项　目	分值	实际得分
此广告的中心内容或其利益是否交代清楚？	20	
此广告特定诉求的有效性如何？	20	
此广告激起购买行为的可能性如何？	20	
0　20　40　60　80　100 劣等广告　中等广告　普通广告　好的广告　最佳广告	总计：100	总计：

2. 达格玛模式

1961年，R·H·科里提出一套测定广告报道效果的新方法——达格玛模式。这种方法意义在于提倡一种广告目标管理的方式，就是根据接受广告报道的人们的心理变化作为评价广告效果的依据（见图11-4）。

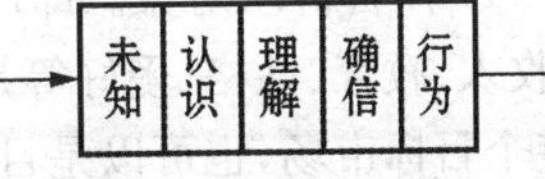

图11-4　达格玛模式

模式中每一个步骤的评价结果都需要通过问卷调查来获取资料。当每一个步骤都能获得被调查者的认可时，广告效果就是明显的（销售效果是通过广告活动来实现的）。如果某一个步骤不能得到被调查者大多数人的认可，则说明广告存在问题，下一步就成为需要进一步改正的新的广告目标。

【内容点睛】

现在，广告投入的回报率正在逐年下滑，这是不争事实。据美国杨克洛维奇公司的调查，65%的受访者感觉每天被迫接受铺天盖地的广告，甚至有54%的消费者不买做过太多广告和营销活动的产品。这些民意调查结果，不能不使企业家重新考量如何利用有限的机会，做好广告。

九、广告定位

1. 广告定位概念

广告定位是广告管理工作的起点，是在广告创意、制作、发布之前，对广告诉求对象、广告诉求主题、广告诉求方式、广告基调、广告风格等所做的界定。如果从工作流程上来理解，广告定位在前，广告创意、制作在后。广告创意等工作须在广告定位之后才能在此基础上进行。也就是说，广告定位是要求把事情做对，广告创意等是力争把事情做好。

2. 广告定位前提

广告管理须与营销战略相衔接，广告定位须与市场定位相衔接，广告定位的前提是企业定位、品牌定位、市场定位。广告定位要围绕着企业定位、产品市场定位开展，不能与企业定位发生冲突。营销人员应明白广告管理是为了实现企业目标进行的，是企业营销工作的一个组成部分，广告不能天马行空，独往独来。

3. 广告定位的一般内容

广告定位的内容包括广告诉求对象、诉求主题、诉求方式以及广告基调与风格等。广告定位不深入研究这些内容的具体细节，而只是就这些内容做方向性、原则性、根本属性等方向的界定。表11-6列出了荣事达产品的广告定位。

表 11-7 荣事达产品广告定位

广告定位 \ 产品	银 龙	智 龙
广告片	手洗篇	旋转篇
产品定位	城市市场中档全自动洗衣机	城市市场高档全自动洗衣机
目标消费	中等收入洗衣机换代家庭	高收入洗衣机换代家庭
广告诉求对象	45～55 岁中老年	35～45 岁青壮年
广告诉求主题	手洗一样的效果	生活品质与光彩
广告诉求方式	理性诉求	感性诉求
广告基调与风格	朴实的家居环境、亲切的母女对话	时尚的家居工作出外休闲环境 各种转动画面的切换

(1) 广告诉求对象。即广告定位首先必须确定广告是对谁做的。广告诉求对象的性别、年龄、职业、收入、教育、性格、爱好等是什么，这与产品的目标市场是一致的，但又略有不同，广告诉求对象可以是整个目标市场，也可以是目标市场中的一部分消费者。

(2) 广告诉求主题。就是确定向消费者说什么。广告诉求主题不是从企业角度、从产品角度寻找说什么，而应该从消费者角度，去思考说什么好。比如速溶咖啡开始的广告诉求是围绕产品特点说："方便、快速、提神"，结果没有很大效果。后改为"味道好极了"，围绕消费者的心理，提出新诉求，结果成功了。

(3) 广告诉求方式。广告诉求方式是研究怎么说。表达一种思想，有不同的方式，可以正面说，可以侧面说，可以理性诉说，还可以感性诉说，广告诉求方式，就是要确定这个问题。

(4) 广告基调与风格。广告基调与风格是从表现方式上进行研究。是规则式风格还是理性风格或是论证式风格，这些都对广告传播力具有影响作用。广告定位应对此给出明确的规定。

总之，广告定位是广告管理工作的起点，是广告管理与运作的基础。营销人员应对此熟练掌握。

4. *广告定位方法*

广告定位要依据品牌、产品生命周期、产品特性、目标消费者特征和竞争等因素综合考虑确定。

(1) 根据品牌愿景。就是广告定位要依据品牌的长远发展远景来定，要与品牌定位一致。广告播放积累就是品牌形象提升的过程。广告定位与品牌不一致时，会造成品牌形象混乱，影响品牌形象积累。

(2) 根据产品生命周期。产品处于引入期和成长期，广告定位集中宣传产品的功能，诉求对象是目标消费者中的率先使用者。产品进入成熟期，广告主题在于强化品牌形象、产品个性、诉求对象应是大众消费者。产品进入衰退期，广告诉求对象是那些保守者、习惯性消费者和一些怀旧消费者，广告风格应感性诉求。

(3) 根据目标消费者特征。就是根据目标消费者的年龄、身份、收入、教育、生活习惯、价值观念、性格爱好、消费观念、购买决策方式、媒体接触习惯等方面的特征，进行分析策划，进行广告定位。

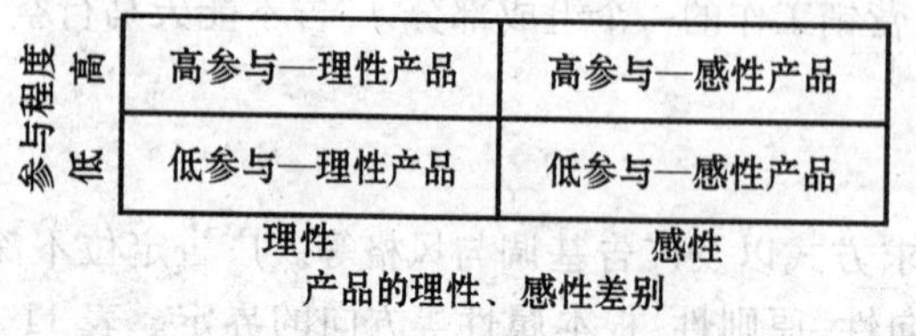

图 11-5 产品类型特性分类定位

(4) 根据产品类型特性。这种方式是将消费者参与程度与产品的理性、感性特点进行区分划类，然后根据产品的类型特性进行广告定位。如图 11-5 为产品类型特性分类定位。

高参与—理性产品。这类产品以电脑、经济型轿车等产品种类为代表。消费者在购买决策时负有较高的风险性与不确定性，他们处理广告信息的意识和能力都强，一般会主动搜集信息，通过研究，形成对产品的理性认识。因此，这类产品的广告需要通过剖析产品特点，提供令人信服的、符合逻辑的消费者利益解释。对于经济型轿车，消费者需要亲眼看看产品实用功能，因此，不需要像豪华轿车那样显示身份地位，不宜以企业理念、品牌形象作为广告的诉求主题。

低参与—理性产品。这类产品以牙膏、洗衣粉等产品种类为代表，在购买这类产品时，消费者不承担什么风险，不会反复比较各品牌之间的差异，而是根据产品的主要功能与利益以及使用时的感受来选择品牌。因此，广告诉求要集中在产品的一两个重要利益上来刺激消费者购买试用。

高参与—感性产品。这类产品以豪华轿车、高级香水、名牌服装等为代表，其目标消费者为高收入阶层。消费者通过购买、拥有这个品牌而使品牌的形象传递、附加在消费者身上。因此，给品牌塑造一种高贵形象是这类产品广告定位的办法。而选择适当的形象代言人是塑造品牌形象的有效手法之一。

低参与—感性产品。这类产品以啤酒、儿童食品、快餐等为代表。消费者不是根据产品功能等理性信息进行购买决策的，而是根据感觉与印象来决定购买品牌。广告管理人员通过高频率的广告发布来提高品牌认知度，使消费者产生熟悉乃至喜爱的情感，从而使之形成偏好。

(5) 根据竞争品牌。增加与竞争广告的差异性，可以吸引消费者注意力和促进消费者记忆广告信息。如果同类产品的广告定位相同，就会减弱产品吸引力，且容易在消费者的认识上造成混淆或模糊。因此，广告管理人员在进行广告定位时要与主要竞争的品牌的广告定位联系起来思考问题。概括起来，可以有以下定位策略：

① 差异化定位。就是与竞争品牌保持完全不同的广告定位。

② 对抗性定位。就是与竞争品牌保持针锋相对的广告定位。你是什么，我也是什么，而我比你更好。

③ 模仿性定位。就是模仿竞争品牌的广告定位。

④ 超越性定位。就是在质量、局部或整体上采取超越竞争品牌的广告定位，以表现自己比对手在某一方面更好、更高。

十、广告创意

1. 广告创意概念

广告创意就是具有创造性的广告表现立意与构思。它是在广告定位基础上进行的，对广告表现方法、内容做出的原创性的立意与构思，是形成广告作品的依据。广告创意是广告运作的关键，是广告作品的艺术灵魂。广告评比基本上就是依赖广告创意，好的广告创意能吸引消费者注意，加深印象，提高传播效果。

2. 广告创意要求

广告创意是发挥创造性思维的大舞台，管理人员可以充分展现自己的聪明才智。但它也不是不受约束，可以我行我素的。广告创意虽然可以充分发挥想象力，但仍需要符合以下几个条件：

(1) 符合营销要求。广告创意虽提倡大胆想象，但仍要受到营销战略的约束，广告创意不能离开营销思路，营销目标。

(2) 体现广告定位。广告创意应能体现出广告定位思想。广告定位要通过广告创意表现出来，广告创意是广告定位的继承发展，不能偏离。

(3) 与民族文化相协调。广告创意是为了宣传产品，因此应符合广大消费者群体的民族文化特点和人文社会习惯。这与民族文化、价值观念、道德规范以及社会大众心理等密切相关。

(4) 新颖独特。广告创意是创造性思维的产物，要具有原创性。而且创意要显示自己的风格，要贴切、自然、不能使人感觉生硬、附会。

(5) 引起注意和兴趣。广告开始要能引起消费者的注意，广告播放时要能激起消费者的兴趣。

(6) 激发需求和欲望。好的广告创意应能在观众看过广告后调动起消费者的需求心理，产生购买欲望。

(7) 积累品牌形象。品牌形象是长期广告宣传累积起来的,广告在长期播出过程中要保持品牌形象的一致性、连贯性、具有形象的传承性,以保证品牌形象的累积效果。

(8) 保持创意活力。广告创意虽然强调积累品牌形象,但也不能千篇一律。广告创意要有创意性,保持新鲜活力,使人乐于观看。因此要求在保持一致前提下,有些适当的变化,有新鲜感。

3. 广告创意手法

广告创意表现手法多种多样,不同的广告制作人员有不同的使用表达习惯,这里介绍 10 种常见手法:

(1) 渲染。通过场景、语言、表情、动作、音乐、灯光等渲染消费者的心理渴求或消费享受。

(2) 再现。就是再现消费者经历过或感知过的典型消费场景。

(3) 借用。就是借用消费者熟悉的美好事物的印象表现新的广告内容。例如让电影明星在电影中的角色出场,宣传一个新产品。

(4) 重组。就是编一个故事,用消费者经历过或见识过的场面为场景,以一个新的结局收尾。

(5) 夸张。就是夸大产品功能,引起消费者注意,达到强化记忆效果。

(6) 诙谐幽默。就是利用诙谐的画片、幽默的语言传递产品信息,引起消费者兴趣,强化记忆。

(7) 拟人与仿生。就是用拟人手法或仿生学原理表达产品给消费者带来的利益,以起到突出渲染的效果。如动物说话,桌椅走路等。

(8) 对比突出。就是通过对比,突出产品的主要功能特点。

(9) 制造悬念。就是编一个情节,先制造悬念,引起消费者兴趣,形成互动效果。然后解开谜团,形成强有力的宣传效果。

(10) 移植模仿。就是巧妙借鉴经典广告创意表现手法,宣传自己的产品。

第三节 营业推广

营业推广也叫销售促进,还有的直接叫促销。营业推广是日用产品进入成熟期以后促销组合中作用最显著的方法。特别是对于在商场、超市等流通领域工作的营销管理者,营业推广更是其日常工作的基本内容。因此,营业推广是营销人员应重点学习掌握的技能之一。

一、营业推广的概念

营业推广是企业为了吸引消费者,刺激顾客大量购买,重复购买而采取的短期销售活动。营业推广具有以下 4 个方面的特点:

(1) 时间上的短期性。营业推广是一种短期活动,企业往往是在新产品上市时,或市场竞争激烈时,为使销售额快速增加或市场份额扩大而采取的临时性措施。营业推广不能长期采用一种策略不变,如果活动时间太长,就失去了促销意义,就成了一种营销政策,竞争者就会跟进,消费者也会麻痹。一般观点认为,营业推广的时间应在 120 天以内。但也有坚持两三年甚至更长时间的,这时它已不属于营业推广策略,而上升为一种价格策略了。

(2) 方式的灵活性。营业推广没有固定模式。它的方式灵活多样,非常适合具有创新思维的营销人员自由想象,只要活动围绕营销目标这个中心,可以随心所欲。

(3) 效果的迅速性。营业推广的效果反应很快,如在商场,只要措施得力,广告牌子一挂,立即会引来抢购人群。

(4) 作用的局限性。营业推广有许多优点,但也有不足。营业推广不是万能的,它受到产品周期、顾客认知、信息沟通等许多方面的限制,因此说它有局限性。有时,还会产生副作用。如当营业推广方式显得过于急迫和条件过于优惠时，消费者会怀疑产品质量。有时，营业推广活动一结束，销售工作即告停止，产品再也卖不动了。

二、营业推广工具分类

不同的营业推广工具可以用来实现不同的营销目标，选择不同的工具，须考虑市场类型、销售目标、竞争情况等。而营业推广工具内容又是十分丰富的，且各种新的工具仍在不断地被创造出来。作为营销管理人员，应依据不同的销售目标，选用不同的营业推广工具。在此，我们对常见的营业推广进行概括介绍如下：

1. 针对最终消费者的营业推广

不同类型的消费者对促销方式的偏好及接受程度各异，不同的产品所适用的营业推广方式也各异，所以，营业推广方式的选择应根据产品类别、目标消费者的具体情况进行设计。常见的方式有以下几种：

(1) 样品派送。就是向消费者赠送样品或试用品，它又可以具体分为：入户派送、商店派送、闹市区派送、在其他商品中夹带附送、持广告领取等。

(2) 现场示范。就是企业派业务人员在销售现场进行示范演示，一般是产品技术性较强，使用方法较复杂的产品。但产品使用效果一定要好。

(3) 产品展销。就是企业通过在商场利用销售场地展示陈列新产品进行销售。

(4) 有奖销售。就是对购买产品的消费者以各种形式进行奖励。它又有多种形式，如抽奖、摸奖等。奖励的形式又分为现金、实物、旅游、赠券等。这是商场进行营业推广最常使用的方式之一。

(5) 打折销售。就是对产品进行打折。一般多为接近到期的食品、过时的服装，或进入成熟期的产品等。打折销售也是目前超市中最常见的营业推广方式之一。

(6) 发送优惠券。就是对目标顾客发放优惠券，可以优惠一定的金额。这种方式常通过媒体刊登广告时采用。

(7) 包装分送。就是通过在包装物外或包装物内附加一定的赠送物品，引起消费者的购买欲望。

(8) 金融政策。就是通过按揭或分期付款方式招徕消费者购买大件商品，如房子、汽车等。

(9) 商业贴花。就是消费者每购买一个单位数量的商品就可以得到一个贴花，将贴花筹集到一定数量之后就可以换取商品或奖品。这种方式非常适合儿童食品类的小商品。

(10) 买点促销。又叫 POP 广告，就是在店门口或货架上陈列广告物，引导消费者注意，刺激消费者购买。

2. 针对中间商的营业推广

针对中间商的营业推广是为了鼓励中间商多进货，激励中间商扩大经营多销售。常见的方式有以下几种：

(1) 批量折扣。就是对进货量大的中间商给予一定数额的折让，鼓励中间商多购货。

(2) 销售返利。就是对年度(或季度、月度)内累积销售到一定数字的中间商给予一定数额的返利。这种方式有现金返还和实物返还两种，目的是为了激励中间商多销售。

(3) 推广津贴。就是给中间商支付一定的推广费用，包括广告费用、摊位租费、宣传费用、营业推广费用等。

(4) 销售竞赛。就是组织市场区域内的所有中间商开展竞赛，对活动期的优胜者给予奖励。奖励方式有奖现金、奖旅游奖实物等。

(5) 会议订货。就是选一个风景区等，邀请中间商参加，所有费用全免，以激励中间商扩大经营、多销产品、多订货。

(6) 联合促销。就是与中间商共同开展厂商联合促销活动。这种活动方式范围较大,轰动效应大,对中间商产生的激励作用大,中间商易受活动气氛的感染,扩大销售。

3. 针对销售人员的营业推广

针对销售人员的营业推广工具是为了激励企业内部的销售人员,提高积极性,努力开拓市场,扩大销售。这类方式较适合工业产品的推销。一般考核指标有3种:一是按销售指标;二是按回款指标;三是按市场指标(包括新开发的客户数量等)。具体的考核奖励办法又分为如下几种:

(1) 销售提成。就是通过对销售人员加大提成比例的方式,激励销售人员多销售、多回款。

(2) 销售竞赛。就是企业在一定期限内(一般为年度)组织全体人员开展销售比赛,对优胜者给予奖励。一般奖励方式有房产、汽车、现金、旅行、休假、提成等。

(3) 培训。就是对销售人员进行专业培训,提高销售人员的业务素质和专业水平,从而提高其销售能力。

(4) 进修。就是对有培养前途的销售人员,企业出钱将他们送往高校脱产学习,提高其素质和销售能力。

【内容点睛】

营业推广的工具类型绝不止这些,许多企业经营者正在不断创新,一些新手法层出不穷。比如,一家企业对于中间商采用年度考核累进积分,折算为股份,年底参与分红,中间商如果离开公司的业务,股份就自动协议退股的方法,来激励和拴牢中间商。

三、营业推广的工作流程

为保证营业推广的有效性,企业进行营业推广管理要按照一定工作工作流程(工作程序)进行。这个流程可分为以下6个步骤。

1. 确定营业推广目标

营业推广目标是由营销目标分解出来的。因此,营业推广的目标是依目标市场的不同而有所不同。就消费者来说,包括鼓励消费者更多地使用产品和促进大量购买,争取新用户,吸引竞争者的品牌使用者等。就零售商而言,包括吸引零售经营新产品,鼓励他们冷落其他商品,建立品牌忠诚度,抵消各种竞争者的促销影响等。就推销人员而言,包括鼓励其寻找更多的潜在顾客,刺激其推销过时商品等。总之,所有这些目标都因具体情况而发生着变化。同时,营销人员选定营业推广目标之后,还应将这些目标进一步量化,以便进行具体管理方案,制定和考核业绩,评估效果。

2. 选择营业推广工具

选择适当的营业推广工具是营业推广成功的前提,营业推广工具得当,便可收到事半功倍的效果。营业推广工具选择不得当,便会事倍功半。选择营业推广的因素主要有以下3个:

(1) 销售目标。就是营业推广工具与销售目标一致,符合销售目标对象的心理需要和消费习惯。

(2) 产品因素。就是营业推广工具要符合产品生命周期阶段特点,符合不同类型的产品特性。

(3) 企业因素。就是要考虑企业自身的优劣势以及自身资源状况。同时还要与品牌形象累积效果、企业总体营销目标保持一致。

3. 制订营业推广方案

制订营业推广方案是营业推广工作的重点。就是在选择了适用的营业推广工具之后,对具体内容进行策划。制订营业推广方案的决策依据主要是如下几方面:

(1) 诱因。就是用多大的激励金额来激励消费者购买。一般通行做法是10%以内。个别情况可以达到20%。激励金额占销售额比例越高,诱因越大,企业付出也越大,盈利可能性越小。

(2) 参与者的条件。就是在多大范围内进行奖励刺激。是每一个购买者都奖励,还是对一部分人奖励。是对购买量大的奖励还是采用抽奖方法对幸运者奖励?一般来说,奖励面大激励作用也大,但成本也越高。

(3) 媒体的选择。就是如何将促销方案传递给目标市场消费者。一般可以采用商店广告牌发布、邮寄、广告媒体和放在包装内(外)等不同方式。

(4) 营业推广的时间。就是活动的时间。时间太短,则顾客重购人数少;时间太长,则顾客会以为是长期降价,而失去促销的短期效力。有专家研究后提出,最佳频率为每季度三周的优待活动;最佳的时间为该产品的平均购买周期。

(5) 营业推广的时机。就是在什么时候进行营业推广活动。是在淡季还是旺季?是在节假日还是平时?这都应根据产品特点来决定。有些产品宜在旺季推广,如落后时装,有些产品宜在淡季推广,如反季节服装。

(6) 营业推广的预算。就是搞活动花多少钱的问题。一般可采用两种方式:一是根据营业推广的成本定费用;二是按习惯比例来定费用。如牙膏的营业推广预算一般占总营业推广的预算的30%。另外,不同的产品生命周期费用不同,不同市场上的不同品牌费用不同,策划人员应具体分析决定。

4. 测试营业推广方案

测试营业推广方案就是在营业推广方案制定以后,不要急于进行大范围执行,而应先进行测试。一般可以邀请消费者对方案评价、打分、提意见。甚至可以选择小范围进行试用性实验。以便总结经验,找出不足,修正后再大范围推广。

5. 实施和控制

实施时要留出前置时间,对各项工作做好充分准备。如计划工作、设计工作、材料邮寄或分发、广告、现场陈列等。还要留有延续时间,对结尾工作做出时间安排等。控制是指在方案执行时出现的突发事件或新情况给予适当措施补救。

6. 评估效果

企业开展营业推广活动可以用多种方法评价,最常用的方法是销售额评价法。销售额评价法就是将营业推广活动前、活动中、活动停止后不久及活动后很久这四个阶段的销售量作出比较。通过比较,评价效果,比较理想的结果是:活动中比活动前销量明显上升,活动停止后销量有所下降,活动结束一段时间后销量重新上升,并超过活动前水平,接近活动期水平,如图11-6所示。

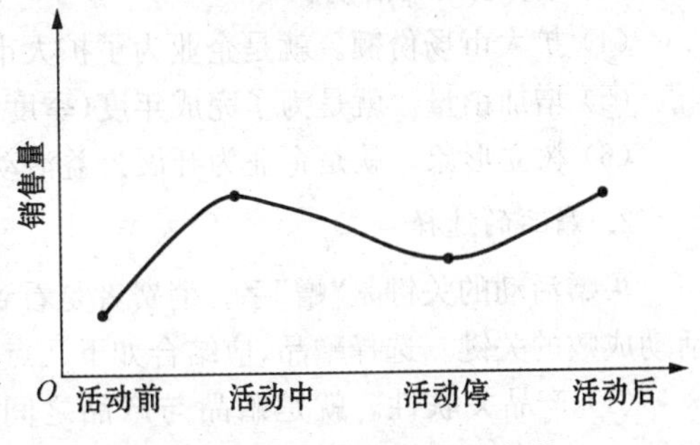

图11-6 营业推广活动效果评价

判断营业推广活动效果不理想的依据是,当活动停止时,销量迅速下降,之后的相当长一段时期销量仍恢复不到活动前的水平。也即,活动后与活动前的销量比较是最重要的。常常有些策划人员用活动中与活动前的销量比较,这显然是不全面的。

四、营业推广管理的思路

营业推广管理的思路因各人学识、思维能力、习惯等不同而各异,但总有一些常用的思维方法,以供参考:

(1) 突出产品带来的利益。就是利用产品比较突出的优势,向消费者强调这些优势,是别的品牌不具有的,能给消费者带来特别的利益。这些特点有:质量、性能、美观、新潮、品牌价值等等。

(2) 设置附加利益吸引购买。当企业分析自己的产品在优势方面不突出时,最好的办法是设置附加利益,吸引消费者购买。这是目前通行的营业推广策略。这些附加利益包括优惠、打折、减价、买赠、抽奖等形式。

(3) 借助权威影响。作为一个不知名的企业,要想迅速提升企业形象,扩大影响,很有效的一个方法是借助权威机构、著名人物的影响力开展促销活动。如万和热水器与中国消费者保护基金会联手在全国开展大规模热水器换购活动。就是将老式的直排热水器换成平衡热水器。消费者可通过中国消费者保护基金会得到万和提供的100元奖励。在此次活动中,万和共拿出1000万元资助活动,收到很好效果。

(4) 创新思维出新招。就是充分发挥营销人员的思维能力,创造性地策划一些新点子、新方案,以新鲜、奇特来吸引消费者参与。

五、终端买赠活动

企业越来越重视终端销售活动,同时,对终端市场开展的活动中又以买赠活动最多。在此特别对这一问题进行探讨。买赠活动之所以使用较多,是因为它不管是什么产品,只要有买赠,就会立即见效。正因为如此,近年来这种活动有过多过滥的趋势,有时会带来一些负效应,如好产品搞买赠容易使品牌形象受损失等。

1. 买赠活动时机

买赠活动不能常年开展。它既然是一项活动,就是短期的,就得选择适当的时机开展。在一般情况下,开展买赠活动可以选择的时机有如下几个:

(1) 新品上市。即在老品牌中增加了新的产品线,或新的产品品目。甚至换了新包装,增加了新规格等都可以开展这项活动。

(2) 清仓清库。就是处理积压,或清理库存,或产品结构调整,处理老产品等。这时采用买赠活动,可迅速促进销售。

(3) 应对降价。就是遇到行业性大降价,或主要竞争对手大降价,而企业尚未做出跟风降价决策时,可暂时采取买赠活动。

(4) 扩大市场份额。就是企业为了扩大市场占有率而开展的一项暂时性活动。

(5) 增加销量。就是为了完成年度(季度、月度)销售任务而开展的暂时性突击活动。

(6) 树立形象。就是企业为开展公益活动而开展的义卖、捐资助学、扶贫等扶助活动。

2. 赠品的选择

买赠活动的关键是“赠”字。消费者是看到赠品有吸引力而主动购买的。因此,赠品的选择就成了活动成败的关键。选择赠品,应结合如下几点:

(1) 产品关联性。就是赠品与产品之间应该有使用上的关联,或目标消费者对赠品有使用可能性。

(2) 品牌协调性。就是赠品品牌与产品品牌在品牌档次和品牌个性上匹配相称。

(3) 价格适当性。就是选择赠品的价格要适当。不可过高,也不可过低。一般赠品价格占产品价格的10%左右,赠品的价位是次要的,品位是主要的。高品位的赠品可以带动一般品位的产品销售。

(4) 质量可靠性。赠品一定要有质量保证。劣质赠品对活动的伤害同产品的质量是一样的。在价格与质量权衡中质量更重要。

(5) 使用外显性。就是赠品在使用过程中能够被他人看到。如手提袋,打火机等。

(6) 时尚流行性。就是选择赠品时,最好选择一些时尚流行的款式、样式、品种的产品,以吸引消费者好奇心,满足其把玩心理。

(7) 健康亲善性。就是要选择一些思想健康,感情亲切的产品,不能为了刺激而选择一些低俗的产品,更不可以选择一些不健康用品。

(8) 时间季节性。就是赠品可随时令适当变换调整。如夏季搞活动时可以送雨伞,到冬季时送皮手套则更合适。

(9) 区域差异性。就是根据市场区域不同,选择赠品不同。应根据当地市场风土人情来选择赠品。

3. 买赠活动控制

买赠活动的控制措施很重要。在进行买赠活动时,企业要对赠品进行管理,使赠品发挥出应有的作用。为此,营销人员要注意以下几点:

(1) 正确计算销量,适量采购赠品。企业赠品一般多为企业花钱购买的,活动结束以后,赠品剩余过多,无疑增加了成本,使活动效果打折。

(2) 严格控制赠品管理。就是在发放赠品过程中,要有严格操作程序制度,卖出多少产品,领出多少赠品,两者要一致,严防赠品流失。

(3) 遵守买赠活动时间。即何时开始活动,何时结束活动,要与发放赠品一致。不能活动开始了赠品没到位,活动结束了,赠品没发完,又不回库等。

(4) 处理顾客歧义。就是当顾客因赠品问题与商场发生歧义时,应妥善处理,避免事态发展,影响扩大。

【内容点睛】

买赠活动的控制在营业推广活动开始的时候往往不被重视,每当活动进行时或结束时,就会发现有许多钱打了水漂,这是营销者的失误。如果在策划某一营业推广活动之初就认真筹划,很多钱是可以省出来的,希望营销者切记。

第四节 人员推销

关于推销人员的组织可参阅前面第三章人力资源管理部分内容。

一、推销人员激励

心理学家和管理学家已研究了多年的激励原理,创立并发展了许多与推销员的激励有关的理论。如马斯洛、赫兹伯格和弗洛姆等的激励理论。

1. 马斯洛的需求层次理论

马斯洛的理论也可以用来分析对谈判推销人员的激励。首先,它突出了已得到的需求不再是行为的动力,对一个已拿高薪的推销员来说,再加薪或许就无效了。其次,该原理间接地表明,因为不同的推销员可能有不同的需求组合,对某一个推销员有效的激励可能对另一个来说是无效的。

2. 赫兹伯格的双因素理论

赫兹伯格将影响人们行为的因素分为两类,一类是能引起不满却不能产生动力的保健因素;另一类是能产生积极推动力的积极因素。

(1) 保健因素包括工作环境、安全、薪水和人际关系等。赫兹伯格认为,管理者如果将其注意力放在这些因素上,不会产生积极的激励效果,而只会使激励降到"理论上的零点"。要产生积极的动力,就应把注意力放在真正的激励因素上。

(2) 激励因素包括工作本身的性质、工作成就、对成就的承认、人们要负担的工作责任和工作本身的利益价值等。

赫兹伯格通过论证认为,对于低一级的推销员来说,高薪是更有力的激励因素,但对已取得高薪酬回报的高一级的推销员来说,责任和成就的承认是更有力的激励因素。给推销员较大程度负责的机会包括允许赊欠、提供折扣等自主权,可以使推销员成功的机会更多。

3. 弗洛姆的期望原理

弗洛姆的期望原理认为使推销员努力工作的动力取决于他对成功的期望。弗洛姆原理基于以下3个概念:

(1) 期望。指某人对其能力与成绩之间关系的看法。例如,他对努力可以产生更好成绩的相信程度。

(2) 手段。指某人对其成绩和报酬关系的理解。例如,他对好的成绩会使他得到提升这个观念的相信程度。

(3) 评价。指某人对某种特定报酬的价值认可。例如,提升对于某些人来说评价很高,而对另一些人或许没有什么价值。

根据这个原理,如果推销员相信更努力的工作会取得更高的推销额(高期望),高的推销额又可得到高佣金(高手段),高佣金对他来说又很重要(高评价),其结果就是高激励。图 11-7 反映的就是弗洛姆期望原理模式中各环节之间的关系。

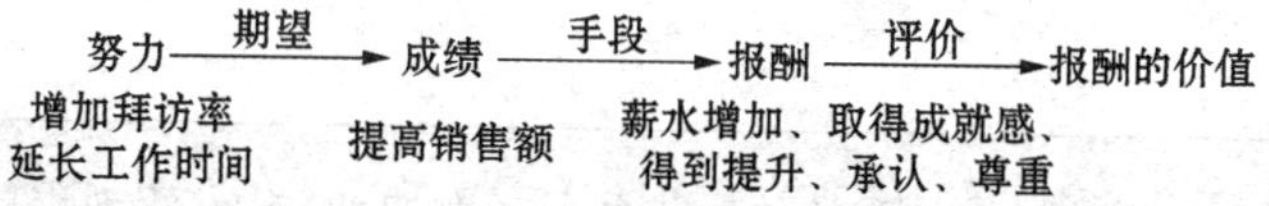

努力 —期望→ 成绩 —手段→ 报酬 —评价→ 报酬的价值

增加拜访率 延长工作时间 | 提高销售额 | 薪水增加、取得成就感、得到提升、承认、尊重

图 11-7 弗洛姆期望原理模式

这个模式为分析每个推销员的激励问题提供了诊断构架,并揭示了为什么某种管理活动可以增加激励。例如,推销技巧的培训可以通过提高期望水平来增强激励。

二、推销人员激励手段

激励推销人员的有效方法是对他们的推销工作进行奖励。最有价值的奖励是增加工资,随后是提升、个人的发展和作为某群体成员的成就感。价值最低的奖励是好感与尊敬、安全感和表扬。大量实践表明,激励因素价值的大小随着推销人员人口统计性特征的不同而有一定的差异。表现为:

(1) 年龄较大、任期较长的推销人员和那些家庭人口较多的推销人员比较重视金钱奖励。

(2) 已婚的、受过较少正式教育的年轻推销员对金钱奖励最为重视。

(3) 未婚的或家庭人口少、受过较多正式教育的年轻的推销人员对较高层次的奖励(表扬,好感与尊重、成就感)更为重视。

激励是为了调动推销员的积极性,增加工作的能力。除了以上介绍的直接方法外,有时还需要采取一些与工作不直接相关的激励,以表示对推销人员的关心。现代管理是一种人际关系的管理。因此,为了使推销人员安心工作,稳定推销员队伍,还可以采取一些同激励有关的工作。如对推销员进行合理的分工,要根据他们的工作阅历、身体状况、个人特长来分配适合的产品和地区任务,使他们能够心情舒畅地工作。不定期地给推销人员提供学习机会,包括短训班、岗位培训、夜大和送到高等院校学习。尽量为推销员提供良好的工作条件和生活条件,包括提供一定数目的差旅费用、住宿费用,以及一定的生活补助和岗位津贴等。

多同推销员沟通,经常性地探望谈判推销员的家属,了解他们在衣、食、住、行方面的困难,及时为他们排忧解难,以解除推销员在外工作的后顾之忧等。

三、推销技巧

由于推销的产品不同(如有时推销工业品,有时推销日用品),推销的对象不同(如有时直接面对消费者,有时面对中间批发商,有时面对总代理等),因此人们对推销的认识就不相同,不同的谈判推销专家研究问题的角度也不同,便产生了许多不同的但是相近似的推销理论。人们往往用其主要内容中各个阶段的第一个字母表示,进行拼读。为了记忆方便,人们称之为公式理论。下面对其中几种理论进行介绍。

1. 推销过程8阶段法(佛泊纳斯公式)

推销过程8阶段法也叫推销过程理论8阶段法。推销过程理论是指对推销过程的研究,并把推销过程划分成不同的阶段,根据各阶段的特点,提出应采取的推销方法和技巧。

有的学者将人员推销过程从接近准顾客到促成交易为止,分为6个阶段。如英国推销学家乔夫莱·兰卡斯特和大卫·焦伯尔合著的《推销技巧与管理》一书中,将推销过程分为接近准顾客、确认需求和问题、介绍说明、处理异议、协商谈判和促成交易6个阶段。人员推销8阶段是根据美国市场营销学家罗伯特·阿里恩在其所著的《动态推销书》中的划分,将人员推销过程从寻找准顾客开始到成交后的服务为止,分成以下8个阶段:

(1) 寻找准顾客(Finding the suspect)。现代市场营销要求推销员成为一名行商,而不是坐商。寻找准顾客包括特定顾客的寻找,也包括准顾客的资格、需求及支付能力的审查等前期准备工作。

(2) 接近准顾客(Opening the interview)。第一次接触准顾客反应要快,是否有意向,要迅速判断,否则会错过机会。同时要建立良好的开端,采用巧妙的约见技巧,精心设计开场白等。

(3) 确认需求和问题(Identifying the need and problem)。开场之后,先不要滔滔不绝地介绍产品,而应巧妙地提问,了解对方的需求和问题,为介绍说明做准备。

(4) 介绍说明(Presentation and demonstration)。一旦发现了顾客的需求和问题,就要向顾客介绍产品。第一要向顾客提示你的产品能给顾客带来什么效用,第二要尽可能减少顾客对产品的担忧。

(5) 处理异议(Objection dealing)。异议多发生在介绍说明与协商谈判这两个阶段之间。异议是指顾客的各种怀疑、反驳或拒绝等。处理异议就是运用各种技巧,如列举事实数字、演示等消除顾客的异议。

(6) 协商谈判(Negotiation)。即双方就交易中的产品价格、数量、付款条件、交货期、维修服务、折扣和违约责任等进行较详细的谈判。

(7) 促成交易(Action)。是指推销员在合适的时候促使顾客作出购买决定,签约或付款。

(8) 售后服务(Satisfaction)。最后使顾客满意离去,直到下次再来。中间包括上门维修等。

把这8个阶段的第一个单词的头一字母合起来这是FOIPONAS,读作"佛泊纳斯",因此,这一理论也叫"佛泊纳斯"公式。

"佛泊纳斯"公式可以广泛应用于对各种对象的谈判推销活动。如针对最终消费者的生活资料推销,针对工业品用户的生产资料推销,以及针对中间商的各种产品的推销等。

2. "迪帕达斯"公式

"迪帕达斯"过程的英文单词第一个字母拼写是DIPADAS,它将谈判推销过程分为7个阶段。"迪帕达斯"公式理论适用范围主要是生产资料的工业品,老顾主或长期客户,第三产业(如保险、技术、咨询、广告)等的推销。这七个过程分别是:

(1) Definition——定义。就是谈判推销人员首先要对潜在顾客进行甄别与确定,选择出真正的顾客对象以便自己去拜访,否则将浪费时间和费用。

(2) Identification——确认。就是谈判推销人员进一步对准顾客的实际需求和存在问题进行确认。也即指谈判推销人员在拜访顾客之前对顾客目前的产品需求情况或生产经营中发生的新需求进行分析确认。同时把顾客的需求问题与自己推销的产品结合起来。

(3) Proof——证实。就是谈判推销人员向顾客证明你推销的产品能够满足顾客的需求，或能解决顾客的问题。这时推销员要采取各种方法，向顾客介绍、演示等，使顾客相信你的产品。

(4) Acceptance——接受。就是谈判推销人员促使顾客接受你的产品。这时推销人员需要进一步采取诱导、总结、试用、催促等方法和技巧使顾客接受你的产品。

(5) Desire——欲望。就是谈判推销人员采取强化技巧，刺激顾客的使用、接受你产品的欲望最简单的技巧是说明顾客使用了你的产品会有什么好处。

(6) Action——行动。就是在谈判推销人员的激发顾客欲望之后，使顾客作出购买决定，签合同或办手续。

(7) Satisfaction——满意。就是完成各种手续，使顾客达到满意为止。

3. “爱德帕”公式

“爱德帕”是5个英文单词的第一个字母结合IDEPA的译音。它将谈判推销过程分为5个阶段来探讨。这一理论主要适用于对主动上门顾客的推销或向熟悉的中间商推销。这5个阶段分别是：

(1) Identification——确认。其意与“迪帕达斯”公式中的“确认”含义基本一样，略有不同的地方是顾客上门来的，顾客的需求和问题确认比较容易一些。

(2) Demonstration——说明。当谈判推销人员确认顾客的要求和问题后，要进行产品介绍、说明和演示。其中有以下几种情况：

① 顾客的需求单一，销售员应有的放矢地进行有针对性的介绍。

② 顾客带来进货清单，推销员应依据清单的内容进行介绍。

③ 顾客的需求一定，但对采购的产品不太熟悉，不清楚哪个产品才是最好的。这时，推销员应以顾客参谋的身份介绍产品，并提出参考意见。

(3) Elimination——排除。推销人员对顾客进行介绍说明演示时，有可能向顾客提供了较多的产品。此时应根据顾客的需求，将不适合顾客的产品筛选掉，使顾客真正得到理想的满意产品。这对吸引回头客极为重要。

(4) Proof——证实。如果是推销员向顾客推荐的产品，这时要证实所推荐的产品是对的。如果是顾客自己选择的产品，这时推销员要证实顾客的选择是对的。

(5) Acceptance——接受。包括促使顾客在心理上和行动上对所推销的产品的接受，实施购买行动。

4. “费比”公式

“费比”是4个英文单词第一个字母组合FABE的译音。这个公式是对推销过程中介绍说明或推销演示等的技巧总结。所以“费比”公式不是对谈判推销过程的说明，而是对其中一个阶段的说明。在这里需要强调的是，费比公式的应用价值远比我们想象的要高。当谈判进行到介绍说明阶段时，费比公式就被派上了用场。如果你忘记了它，你的介绍说明将变得一塌糊涂。

(1) Feature——特征。推销员所推销的产品一般都各有特征。这些特征来自产品的功能、技术指标、结构、材料等方面。推销人员应善于观察发现和总结这些特征。并将这些特征准确详细地介绍给顾客。因此，费比公式强调事先做好准备工作，包括制作卡片、广告、宣传板等。

(2) Advantage——优点。费比公式强调把产品的优点充分地介绍给顾客。比如特殊作用、特殊功能，与其他产品比较其优势在哪里等。

(3) Benefit——利益。顾客虽然对产品的特征和优点感兴趣，但更关心产品能给顾客带来的利益或好处。推销员应在了解顾客的真正需求基础上，更多地介绍使用产品后的利益。对利益的描绘要多谈未来，包括经济的、社会的，甚至是工作利益社交利益，当然也包括生活利益，如提成回扣等。

(4) Evidence——证据。许多顾客都是很有理性的，推销员在介绍优点、利益时，不能只用“最便宜”、“最合算”、“最耐用”等词句，而应更多地以真实的数字、案例、实物等来证明自己的话，这样用证据来证明，才有说服力。

费比公式的重点是把产品的特征和优点介绍给顾客并加以证明。因此，事前的准备十分重要。如能把产品的特性和优点总结几条，暗记于心，再把证据准备好，在推销时成功的可能性就大大提高了。

【内容点睛】

费比公式是实践性很强的技术。无论推销采用哪一种推销公式，都不能跳过对产品的介绍说明这个阶段，费比公式就是对介绍说明阶段最好的概括。甚至，它还可以用在其他领域，比如介绍自己。当你想用简单的语言将自己突出一下的时候，费比公式就是最好的技术选择。

5. 爱达斯公式

“爱达斯”公式是在“爱达(AIDA)”公式的基础上发展起来的。爱达公式是欧洲著名推销专家海因兹·姆·戈德曼于1958年在其著作《推销技巧——怎样赢得顾客》一书中概括出来的。爱达推销模式是推销活动中的4个具体步骤的概括，即引起消费者注意、诱发他们的兴趣、刺激他们的购买欲望以及最终达成交易行为。在英语里，这4个过程的主要单词分别是：

Attention——注意，即吸引准顾客(Suspect/Potential Customer)的注意(准顾客是指目标顾客，即有可能购买你推销产品的人)；

Interest——兴趣，即唤起准顾客的兴趣；

Desire——欲望，即激发准顾客享受产品或服务的欲望；

Action——行动，即促使准顾客采取购买行动。

上述四个英文单词的第一个字母分别是A，I，D，A，因此，爱达推销模式可简称为爱达(AIDA)公式。

随着谈判推销的核心内容从“说服”转向了“满足顾客需求”，所以人们在爱达公式的4个阶段之后加上了第5个阶段Satisfaction——满意，即顾客购买后的感受应该是满意。

从此，爱达公式变成了“爱达斯”(AIDAS)公式。

“爱达斯”公式的具体内容可以概括成一句话：推销员把准顾客的注意吸引到你推销的产品上，使准顾客对你的产品产生兴趣，这样，准顾客的购买欲望随之产生，从而促使准顾客做出购买行动，并得到满意的结果。这种理论不仅可以指导谈判推销过程，目前的广告推销也广泛利用这一理论。而在推销中，“爱达斯”公式最适合的推销是以下几种类型：

(1) 推销对象(准顾客)是以前未接触过的，即新客户。

(2) 易于携带的办公用品的推销。

(3) 走门串户对生活用品的推销。

(4) 保险、房地产、广告、旅游项目等无形产品的推销。

(5) 商场、展销会等店堂或柜台式的推销。

实际上，爱达斯公式是从消费者心理活动的角度来具体研究推销的不同阶段，对具体推销实践具有一定指导意义。无论是什么类型的推销，无论推销内容如何复杂，推销员都可以采用“爱达斯”公式。

此外，在业务洽谈的时候，如果顾客表现主动，推销人员就没有必要使用爱达斯公式的5个阶段了。如果顾客有极大的购买欲望，那就不需要推销人员去做说服工作来唤起他的兴趣，他自然会全神贯注地倾听推销人员的销售谈话。这种述情况经常发生在零售商店。因此，我们必须严格区分两种截然不同的过程，即服务过程和推销过程。

服务过程：当顾客采取主动的时候，他会主动地找售货员，告诉售货员他对哪些产品感兴趣，有哪些需求，想购买什么东西。洽谈一开始，售货员就了解了顾客的意图，并回答其所关心的问题，这就是所谓服务过程。

推销过程：推销员主动吸引推销对象(准顾客)的注意力，使其产生购买兴趣，唤起推销对象的购买欲望，使推销对象认识到购买某一产品是一种必需，然后促使其做出购买决定和采取购买行动，这就是所谓推销过程。

爱达斯公式5个发展阶段的完成时间是不固定的，可长可短，5个阶段的先后次序也不是一成不变的，有时候也可以省掉其中的某一个阶段。某一推销过程可能需要3个月的时间才能完成，也可能只需要几分钟就能完成。注意力阶段一结束，购买兴趣阶段在几十秒钟之内即告开始，而购买欲望阶段则可能需要好几个小时酝酿，甚至好几十个小时。不管怎样，达成交易的可能性总是存在的，它是爱达斯公式的最终目标。事实上，早在制订业务洽谈计划时，或者在洽谈的最初阶段，推销员就已经把达成交易并使顾客得到满足当做爱达斯推销过程的目标了。

总之，爱达斯公式告诉我们在谈判推销过程中要从准顾客的购买心理活动的变化规律去思考问题。每一位推销人员都应该掌握爱达斯公式的具体内容并加以运用，深入探讨和学习爱达斯公式每一个阶段的推销方法和技巧。

课后练习

1. 思考题

(1) 公共关系有哪些基本职能？具体包括哪些内容？

(2) 五大广告媒体各有什么优缺点？

(3) 营业推广工具有哪些具体内容？

(4) 营业推广的买赠活动时机有哪些？赠品的选择有哪些注意事项？

(5) 谈判推销组织结构形式有哪几种？

(6) 谈判推销人员招聘条件一般有哪些？

(7) 谈判推销人员激励有哪些常用的原理？激励常用的手段有哪些？

2. 案例分析

2004年，屈臣氏中国区市场部制订促销方案，提出“我敢发誓，保证低价”的承诺。以此主题开始促销活动。每过一段时间，企业更新一个主题。比如，针对情人节，屈臣氏提出“说吧说你爱我吧”情人节促销活动。针对圣诞节，推出了“真情圣诞真低价”促销活动。针对春节，又推出“劲爆礼闹新春”春节促销活动。在接下来的时间，屈臣氏先后提出了“春之缤纷”、“秋之野性”、“冬日减价”、“10元促销”、“全线八折”等许多活动，不一而足。随着这些活动的逐渐开展，屈臣氏在人们心目中的低价位置也逐渐扎下了深根。

屈臣氏的促销活动，采用阶段性连续不断的策略，避免了促销活动阶段性特征的弱点和不足。同时，促销主题的丰富多彩，也突出照顾到了不同消费群体，避免了促销活动阶段性主题丢失顾客群体的弱点和不足。屈臣氏还根据国人的消费特点，不断翻新花样，总让消费者感觉新颖实惠，降低甚至消除了消费者的审美疲劳，等等。总之，屈臣氏针对促销活动的特点，扬长避短，把促销活动做得得心应手。

请分析：

(1) 屈臣氏的营销组合的主要手段是什么？

(2) 屈臣氏搞促销活动主要采用的是什么策略？

(3) 屈臣氏怎样使不断开展的降价活动总是保持新鲜感？

3. 实训题

(1) 请你收集一个企业开展公共关系的案例，在班上做一陈述，并对企业的做法做简单评论。

(2) 建议你利用周日到商场做一次促销活动。

第四篇　现代企业生产管理

生产是一个企业的核心，就如同汽车的发动机一样，为企业提供着强大的发展动力！自企业这个组织形态出现以来，生产职能一直就是企业安身立命之本。只有拥有强大的生产做支撑，企业才能在激烈的市场上纵横飞驰，把竞争对手远远甩在身后绝尘而去。相反，如果一个企业其他方面做得很好，而生产跟不上，那就像一台高级轿车却装着一台拖拉机的发动机一样，看起来漂亮，真到市场上跑起来，瞬间就会被别人甩下一大截。

生产涉及企业的方方面面，要想发挥最大的生产力，需要多方面的努力和各部门、人员的紧密配合。具体怎样努力、怎样配合，就是本篇生产管理所要涉及的内容。

生产管理是对企业生产系统的设置和运行的各项管理工作的总称。其内容主要包括生产组织、计划和控制工作。本篇依工作流程编排，首先介绍新产品的研发，然后阐释企业选址、生产过程组织等生产组织工作，再介绍生产计划管理工作，最后介绍库存控制、质量控制等生产控制工作，以及为了保证生产系统正常运行所进行的设备管理和物流管理等工作。

第十二章 现代企业新产品开发管理

学习目标

(1) 明确新产品的内涵。

(2) 掌握新产品的开发方式。

(3) 了解新产品开发的理论和技术。

课程导入案例

耐克公司的产品开发策略

耐克公司是全球知名的运动品牌制造商，由菲尔·奈特和比尔·鲍尔曼于1964年共同建立。在公司发展之初，产品主要是从日本市场采购来的成品运动鞋，然后直接销售。1972年，两人终于自己发明并制造出一种鞋，并给这种鞋取名叫耐克，同时他们还专门设计出一枚胖胖对钩型的独特标志。1975年，鲍尔曼在烘烤华夫饼干时受到启发，尝试用丙烷橡胶制成小圆钉固定在鞋底，这种鞋底比市场上其他产品的弹性更强。这一产品的革新看上去很简单，但成就了奈特和鲍尔曼的事业。耐克公司依靠其专门的研发设计人员，一直坚持精心研究，根据不同使用者、运动项目、性别、技术水平、脚型、体重等不断开发新式运动鞋，从而在产品外观和工艺上确立了明显优势。风格迥异、用途多样的各式耐克产品受到全世界体育运动者的欢迎。

第一节 新产品研究与开发概述

一、企业的研究与开发

1. 研究与开发的重要性

科学技术的研究与开发是推动生产力发展的重要因素之一。纵观世界各发达国家的经济发展史，科学技术在其中所起的作用是不容忽视的。

研究与开发在企业经营中同样也有着越来越重要的意义。企业为了生存和发展，必须能够创造性地开拓出自己的经营领域以适应未来的发展变化。研究与开发直接影响着企业的产品质量和成本，决定了企业竞争力和顾客满意度，在企业经营中有着十分重要的意义，是影响企业未来的最重要的经营活动之一。

2. 研究与开发的分类

对研究与开发的分类，国际上最通用的是“三分类法”，即将研究与开发分为基础研究、应用研究与开发研究。

(1) **基础研究**。是指探索新的规律、创建基础性知识的工作，又可以分为纯基础研究与特定目标基础研究。纯基础研究以探索新的自然规律、创造学术性新知识为使命，与特定的应用、用途无关。纯基础研究主要在大学、国家的研究所中进行。特定目标的基础研究是指为取得特定的应用、用途所需的新知识或新规律，而运用基础研究的方法所进行的研究。一般来说，企业中所进行的基础研究大都属于此类范畴。

(2) **应用研究**。是指探讨如何将基础研究所得到的自然科学上的新知识、新规律应用于产业或工业上而进行的研究；亦即运用通过基础研究所获得的知识，为创造新产品、新技术、新材料、新工艺的技术基础所进行的研究。所以也有人把应用研究称为工业化研究。

(3) **开发研究**。即指利用基础研究和应用研究的结果，为创造新产品、新技术、新材料、新工艺，或改变现有的产品、工艺、技术而进行的研究。这种研究是以生产为目标的。也就是说，在应用研究或工业化研究的阶段，并没有具体的产品意识，只有到了开发研究阶段，才开始与具体的新产品、新技术联系起来。因此，也有人把开发研究称为企业化研究。

这三种不同工作的特征如表 12-1 所示。

表 12-1　三种类型研发的比较

	基础研究	应用研究	开发研究
目的、性质和内容	寻求真理，扩大知识，发现新事物、新规律、新现象	探讨基础研究应用的可能性，发明新事物	将研究成果用于生产实践，完成新产品新工艺设计，使之实用化
成果	论文	论文或专利	专利设计书、图纸和样品
成功率	低	较高	高
经费	较少	较大	大
管理原则	科学家为主，自由度大，管理时采用同行评议	发明家，计划有弹性，期限较长，研究组织在适当时做出评价	技术专家，计划严格，有明确目标，期限较短，尊重和支持团体合作

3. 企业研究与开发的对象

(1) 产品的开发。包括开发现有产品与发展新产品。生产社会需要和用户欢迎的产品，即适销对路的产品，是企业生存与发展的基础。而企业现有产品在竞争对手的价格和产品改进的竞争下，市场份额将慢慢下降，研发的作用就是通过不断地改进产品而延长产品的生命周期。两种最常用的延长产品生命周期的方法就是通过降低成本而夺取更大的市场份额和提高边际收益。此外，许多公司致力于成为其所在行业的技术领先者，它们的目的是在竞争对手之前向市场推出创新产品以获得竞争优势。

(2) 设备与工具的开发。设备与工具是企业的生产手段，是现代生产的重要的物质技术基础。设备与工具的开发主要包括：设计制造新型设备与工具；对已有设备和工具进行改进。这种改进可能是基于对环境保护的需要，或适应新产品的生产，或基于提高效率并降低成本，或兼而有之。

(3) 生产工艺的开发。指运用新的科技成果对产品的加工制造方法、技术和过程等进行改进和革新。设备与工具的开发可以提高生产效率、降低成本，改善劳动条件等。

(4) 新能源与新材料的开发应用。企业研发除了以产品开发为核心的研发外，对于新材料与新能源的研发越来越侧重，当今各跨国公司都投入相当的力量于新材料等方面进行研发，如欧美和日本等国的汽车制造巨头都投入大量人力和经费在汽车的新型能源利用方面进行研发，以获取未来市场的竞争优势。

【内容点睛】

企业研究与开发的对象范围广泛，而产品开发一般是企业研发的核心。当然，不同的行业与企业成长的不同时期，其侧重点各有不同。如能源开采行业企业与制造类企业的研发重点就不同，而同一个企业其初创期、成长期和成熟期的研发的侧重点也迥异。

二、新产品的概念与分类

1. 新产品的概念

产品概念体现在时间序列上可以分为老产品和新产品，新产品是相对于老产品而言的。新产品一词的意义很广泛，目前尚没有统一的定义。美国著名市场学家希尔顿从市场对新产品的认知程度提出的新产品定义是："任何产品，不管其投入市场的时间长短，只要有75%的潜在用户还不知道它的名称，或还没有使用过，都可称作新产品"。新产品不一定就是全新的产品，也可以是改进了的产品或增添了新的特色、新的用途的产品。一般来说，新产品应在产品性能、材料性能和技术性能等方面（或仅一方面）具有先进性、独创性，或优于老产品。先进性是指由新技术、新材料产生的先进性，或由原有技术、经验技术和改进技术综合产生的先进性。独创性一般是指产品由于采用新技术、新材料或引进技术所产生的全新产品或在某一市场范围内属于全新的产品。

2. 新产品的分类

依据创新和改进程度不同可将新产品分为全新产品、换代产品和改进产品三类。

（1）**全新产品**。是指采用新的原理开发的产品。这种新产品是应用新理论、新技术、新专利等研究成果研制的产品，是科学技术上的新发明在生产中的新应用，与现有任何产品毫无共同之处的产品。如世界上研制成功的第一台电视机就是一种全新产品。

（2）**换代新产品**。是指设计原理基本不变，部分采用新技术、新结构或新材料，从而使产品的功能、性能或经济指标有显著改变的产品。如研制成功的彩色电视机在当时来说就是黑白电视机的换代产品，而有高清晰度的彩色电视机在当时来说就是普通彩色电视机的换代产品。

（3）**改进新产品**。是指采用技术措施改进老产品，使其性能、外观、式样有一定改进和提高的产品。改进新产品可以是基型派生出来的，也可以在变形的基础上派生出来。如彩色电视机的不同系列、不同规格型号均是其基型的改进产品。

新产品是一个相对的概念，它因时间、地域的不同而不同。如一种新产品在市场上已经出现，但对某个企业来讲，过去没有开发、生产过，现仍然需要开发、生产，这种已上市的新产品就是该企业的新产品。这种新产品一般可采用仿制或技术引进的方式比较容易地开发出来。

另外，按新产品出现的地域不同，分为国际新产品、国家新产品和省、市、自治区新产品；按新产品开发决策方式，分为企业自主开发的新产品和用户订货开发的新产品。

三、新产品的开发方式

新产品的开发通常是以满足顾客的需要为出发点，并根据企业自身的资金、技术、设备的条件为前提，以经济效益为核心来进行的。新产品的开发方式一般有自行研制、技术引进、自行研制与技术引进相结合等几种。

（1）自行研制。**自行研制**是指从产品的构思设计到试制成功并进而投放到市场中的全过程，都是由企业独立研究和制造的。这种方式的优点是企业对该产品在各个方面（如技术专利等）都拥有绝对的权利，可以自由地决定关于产品的各项策略；其缺点是要求企业拥有比较强大的技术力量、丰富的资源及资金等开发和生产要素。自行研制一般用于开发国内外从未生产过的新型产品。

(2) 技术引进。**技术引进**是指引进国外或国内其他地区已有的新技术、成熟经验或设计图纸等，将其用于自己的新产品开发。这种方式的优点是可以大大节省企业的研制费用和时间，尽快将新产品研发出来并投放到市场中；其缺点是企业在获得其他方面的新技术和成熟经验时，可能要付出比较大的代价，同时比较被动。

(3) 自行研制与技术引进相结合。**自行研制与技术引进相结合**是指企业在对引进的技术和经验消化吸收的基础上，将其与本企业新产品研发活动结合起来，不断创新，进而开发出完全自主的新产品。

四、新产品的开发程序

企业新产品开发的一般程序如图 12-1 所示。

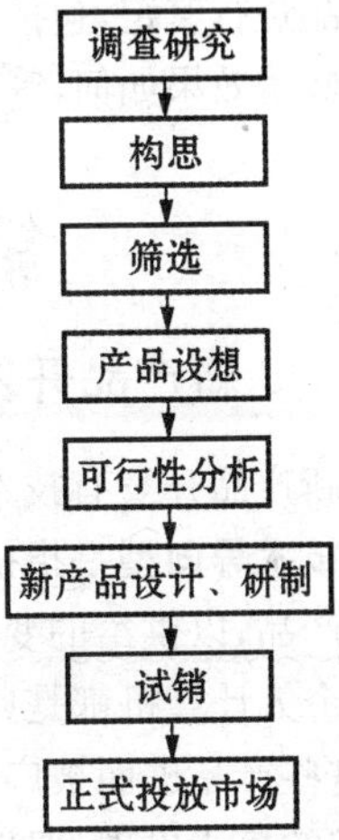

调查研究 → 构思 → 筛选 → 产品设想 → 可行性分析 → 新产品设计、研制 → 试销 → 正式投放市场

图 12-1　企业新产品开发程序

(1) 调查研究。根据企业的经营目标、产品开发策略和企业各方面的资源条件，通过调查研究，确定新产品开发的方向和目标。一般情况下，调查的内容有两个方面：一是要对市场状况进行调查，了解顾客对现有产品的意见和改进要求，以及顾客需求的变化趋势和影响因素；二是要对目前科学技术状况和发展趋势进行调查了解，掌握关于企业可以利用的科学技术的状况，特别是新技术、新工艺、新材料、新设备等的发展状况，这对企业进行新产品开发非常有帮助。

(2) 构思。根据调查了解到的信息，充分考虑顾客需求和竞争对手的动向，提出开发新产品的初步设想和构思创意，并形成多个构思创意方案。一般情况下，新产品研发人员可从顾客需求建议、博览会、展览会、企业内部员工的建议、专业情报资料等途径获得一些灵感。

(3) 筛选。根据对市场和企业实际状况及趋势的分析，对形成的构思创意方案进行筛选，从中剔除没有必要或没有可能的构思创意方案。

(4) 产品设想。根据确定下来的构思创意方案，对新产品进行具体化和形象化处理。

(5) 可行性分析。从技术、经济、市场条件、社会环境等方面对产品设想进行可行性分析，最终判断开发某一种新产品是否可行。

(6) 新产品设计、研制。通过可行性分析选定了最佳产品设想之后，要制作样品；经过从设计研制到试验、再改进、再设计研制、再试验，发展成为各方面可行的现实产品。

(7) 试销。制造少量正式产品，经过周密筹划和精心组织，投放到一定范围内的市场进行试销，以检验在正常销售条件下，新产品的市场反应。当然，并非所有的新产品都需要试销。

(8) 正式投放市场。经过试销，如果证实新产品比较成功，就可以进行批量生产，并批量投放市场，这就是新产品的商业化。同时，通过对技术、设备等的投资，提高新产品产量，降低新产品成本；通过广告、促销等功能手段，在短时间内唤起并刺激顾客的购买欲望，并逐步由扩大产品的知名度转向提高产品的美誉度；通过适当的市场策略，形成对竞争对手的威胁，并逐步抢占市场份额。

五、新产品的开发管理

新产品开发是一项艰巨而复杂的工作，不仅要求企业投入大量资金，还要承担一定的风险。根据有关调查资料，新产品的开发从构思到投入市场，平均成功率大约只有 1%，相当多的企业在推出一个新产品的同时，更多的新产品在开发过程的某个环节就被否定了。因此，为了提高新产品开发的效率和效果，企业必须重视新产品开发管理。一般而言，企业新产品开发管理包括以下 4 个方面的内容：

(1) 制订新产品开发计划。新产品开发计划一般包括新产品研究计划、新产品试制计划、新产品技术准备计划 3 部分。通过这些计划要确定开发方式、安排开发进度、明确各项工作的具体内容及职责。

(2) 加强新产品设计管理。产品设计工作是保证产品质量、实现新产品目标的重要手段，是投产后企业有良好的生产秩序的保证。企业对新产品设计管理的基本要求是：技术上必须是先进的；具有良好的经济效益；符合我国国情及市场状况；尽量提高新产品标准化、系列化、通用化水平，等等。

(3) 加强新产品工艺管理。工艺是指生产者利用生产工具，对原材料、半成品进行加工或处理，最后使之成为产品的方法。工艺管理是保证新产品试制和正式生产时达到设计要求、指导工人操作、保证产品质量的重要基础工作。工艺管理一般包括工艺准备工作、工艺装备准备工作、日常工艺管理等。

(4) 新产品试制与鉴定。新产品试制一般有样品试制和小批试制两种方式。试制完成后，要对新产品样品进行鉴定，包括检验新产品是否符合各种技术标准、工艺工装是否合理、产品质量是否达到要求、技术经济效果如何，等等。鉴定中发现问题要及时解决改进，以作为新产品定型和正式投产的基础。

第二节　新产品的开发理论与技术

一、新产品开发的动力模式

新产品开发有技术导向型和市场导向型两种动力模式。

技术导向型是指按照被称为原始理论的方式进行新产品(服务)开发，即从最初的科学探索出发开发新产品，以供给的变化带动需求的产生和变化。20 世纪 20 年代出现的福特汽车公司的 T 型车和今天的个人计算机都是典型的技术导向型产品。风靡全球的纳米、微纳米材料也是典型的技术导向型产品，这些产品进而被广泛应用于军事装备、家电、计量仪器等。技术导向型的产品是以“市场→生产→市场”的模式出现，即将研究结果推向市场。

市场导向型是按照所谓的需求理论方式进行新产品(服务)开发。也就是说，首先通过市场调查来了解市场需要什么样的新产品，然后对其作为商品来说在生产技术、价格、性能等方面的特性进行研究，进而再通过该新产品(服务)商品化后的销售预测来决定是否开发这种产品(服务)。如当今发展迅速的模糊控制洗衣机、电饭煲、空调等家用电器产品，是典型的市场导向型产品。市场导向型产品以“市场→研究与开发→生产→市场”的模式出现，即根据市场需求进行产品研发。

【内容点睛】

新产品开发的两种动力模式并无优劣之分。但是对于一个企业来说，适宜采用何种开发策略，则应根据企业的具体条件来决定。多品种生产的大型企业，由于它面对的市场范围广，各产品的市场竞争形势复杂，所以往往需要根据不同的情况采用不同的开发模式。而中小企业则因为力量有限，通常适宜于把力量集中在一个主要方向上。

二、产品生命周期与新产品开发

产品在市场上作为商品有其生命周期。如图 12-2 所示，产品生命周期一般可分为 4 个阶段：新产品引入期、成长期、成熟期、衰退期。

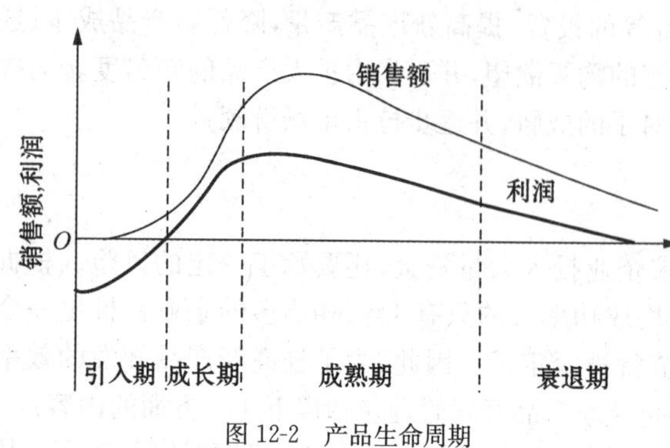

图 12-2　产品生命周期

产品的生命周期与新产品开发有着密切关系。分析研究产品的生命周期不仅可以揭示在不同阶段企业研究与开发的内容和重点，而且可以指导企业正确地制订新产品开发计划与策略。根据产品寿命周期曲线所揭示的不同时期产品的市场销售量与销售量增长率的变化规律，应该这样来安排产品的开发：在第一代产品还处于成长期时就开发第二代产品；当原有产品进入衰退期时，恰好新产品进入成熟期。这样，既能保持企业已占有的市场，保证产品销售量与利润持续增长，又能满足社会需要，增强企业竞争能力。所以，研究产品寿命周期，正确掌握产品新陈代谢规律，有计划地开发新产品，对企业的生存与发展有着重要意义。

需要注意的是，随着科技的发展，市场需求的日益多样化以及竞争的加剧，产品的生命周期呈现普遍缩短的趋势(见图 12-3)。这就要求新产品的开发周期也必须相应缩短。但是，与产品生命周期的缩短相反，由于技术日益复杂，开发新产品特别是全新产品所需的时间反而增加了。这里给企业提出的课题是：①如何使新产品开发周期缩短；②如何确定下一代新产品开始开发的时间。前者要求加强企业的研究与开发管理，后者则要求企业从经营战略的整体出发制订长期的新产品开发计划。

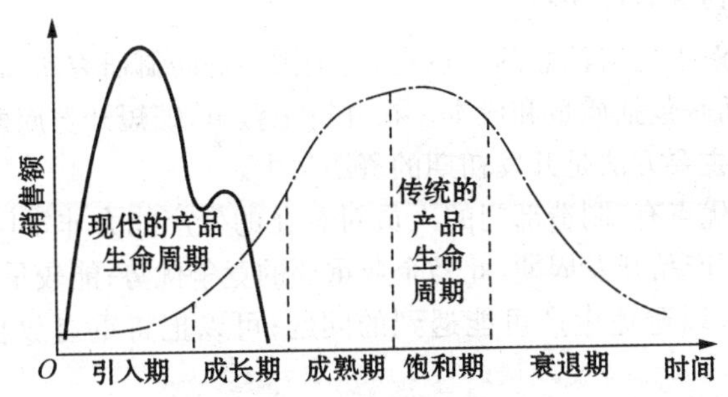

图 12-3　现代产品生命周期

产品生命周期的概念中还有一个不同的含义，即包括售后使用到报废的单个产品的生命周期。这里强调需要考虑顾客购买之后的使用方便、使用成本、维护成本等。一些发达国家正在积极研究和推广的持续采办和全寿命支持就十分关注在这种含义上的产品生命周期里的总成本，简称 LCC(Life Cycle Cost)。另外，绿色制造里也重视这种含义上的产品生命周期里的能源消耗，环境污染，以及能否再利用。

三、几种常用的产品设计技术

1. 稳健设计

某些产品只有在非常严格的条件下才能发挥其设计功能；而有些产品则不然，对使用环境的要求就低得多，即在恶劣的环境下仍能实现其设计功能，相对前者来说，后者的设计就是稳健设计。

若某影响因素变化对产品性能影响不大，即产品性能变化相对于因素状态变化是很小的，就称产品性能对该因素的变化是不敏感的，又称稳健的，或性能对该因素变化具有稳健性。

目前有关机械稳健设计的方法大体上可分为两类：一类是以经验或半经验设计为基础的传统的稳健设计方法，主要有田口稳健设计法、响应曲面法、双响应曲面法、广义线性模型法等；另一类是以机械工程模型为基础与优化技术相结合的机械稳健优化设计方法，主要有容差多面体法、灵敏度法、变差传递法、随机模型法等。

2. 并行工程

产品设计的传统做法是，设计者在没有从制造部门获得任何信息的情况下就开发一种新产品，然后将该设计方案送到制造部门，接下来，制造部门为这种新产品设计和配置相应的生产系统。这种"隔墙"方式给制造部门带来了巨大的挑战，使得成功地生产一种新产品所需的时间大为增加。同时，滋生了"我们如何，他们如何"这样的狭隘利益思想。正是由于这些原因，并行工程方法在产品设计过程中产生了巨大的吸引力。

并行工程的概念是 1986 年美国国防部防御研究所在 R－338 报告中首先提出的。**并行工程是对**

产品及其相关的各种过程(包括制造过程、服务过程、维修过程等支持过程)进行并行地、集成地设计的一种系统工程方法。实施并行工程的目的是在最短的时间内向市场提供最好的产品。

并行工程的本质特征是在任务开始进行的早期阶段(规划设计阶段)就要考虑到任务全生命周期内可能出现的各种问题,例如在产品设计阶段就要解决好产品的可加工性、可装配性、可检测性、可维修性以及废弃物处理的方便性和环保等方面的问题。这样可以避免很多问题在产品开发的后期才发现,并因此而不得不修改设计,进行大量的返工,这样既浪费了人力、物力,又耗去了时间。并行工程是为同时进行产品开发,生产,维护等相关工作而提供的系统的方法论。并行工程在产品开发时是将开发过程各阶段的活动尽可能地平行交叉进行,即在新产品的上一个阶段的设计没有完全结束之前就开始进行下一个阶段的设计工作,把前后的开发设计阶段交叉起来进行,以缩短总的开发时间与生产周期。并行工程强调系统集成和整体优化。

对并行工程内涵的理解上值得注意的一点是,美国国防部防御研究所给出的并行工程的目的并不是单纯的缩短开发周期,而是包括质量和成本。在并行工程里,缩短开发周期的主要方法是并行工作,而提高质量和降低成本的主要方法是开发初期的资源集中。

并行工程技术的主要优点有:制造部门的人员对企业的生产能力非常明了;能够及早地进行关键装备的设计或采购,以缩短产品开发周期,此乃企业重要的竞争优势;能较早考虑某种特殊设计或设计中某一关键技术的可行性,以避免生产可能遇到的问题;可以把将重点放在解决问题而不是解决矛盾上。

3. 计算机辅助设计

计算机辅助设计是计算机科学技术发展和应用中的一门重要技术,就是利用计算机快速的数值计算和强大的图文处理功能来辅助工程师、设计师、建筑师等工程技术人员进行产品设计、工程绘图和数据管理的一门计算机应用技术,如制作模型、计算、绘图等。

计算机辅助设计对提高设计质量、加快设计速度、节省人力与时间、提高设计工作的自动化程度具有十分重要的意义,它已成为工厂、企业和科研部门提高技术创新能力,加快产品开发速度,促进自身快速发展的一项必不可少的关键技术。与计算机辅助设计相关的概念有以下几个:

(1) 计算机辅助分析。将计算机辅助设计或组织好的模型,用计算机辅助分析软件对原设计进行仿真设计成品分析,通过反馈的数据,对原计算机辅助设计或模型进行反复修正,以达到最佳效果。

(2) 计算机辅助制造。将计算机应用到生产制造过程中,以代替人进行生产设备与操作的控制,如计算机数控机床、加工中心等都是计算机辅助制造的例子。计算机辅助制造不仅能提高产品加工精度、产品质量,还能逐步实现生产自动化,对降低人力成本、缩短生产周期有很大的作用。

把计算机辅助设计、计算机辅助分析和计算机辅助制造结合起来,可以使一项产品由概念、设计、生产到成品形成,节省相当多的时间和投资成本,而且保证了产品质量(见图 12-4)。

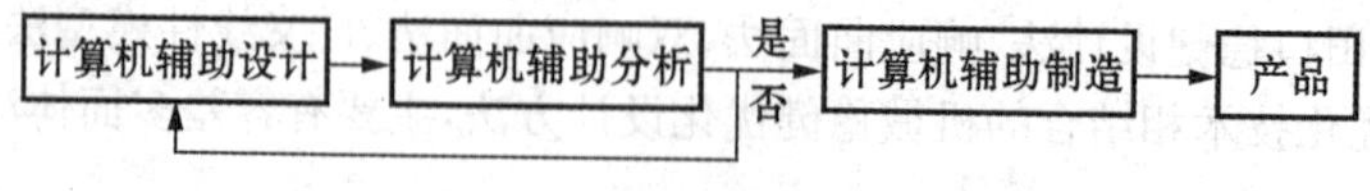

图 12-4 计算机辅助设计过程

计算机辅助设计技术的显著特点是提高设计的自动化程序和质量,缩短产品开发周期,降低生产成本费用,促进科技成果转化,提高劳动生产效率,提高技术创新能力。

计算机辅助设计是一个涵盖范围很广的技术。概括来说,计算机辅助设计的设计对象最初包括两大类,一类是机械、电子、汽车、航天、轻工和纺织产品等;另一类是工程设计产品等,如工程建筑。如今,计算机辅助设计技术的应用范围已经延伸到诸如艺术等各行各业,如电影、动画、广告、娱乐和多媒体仿真(如模拟霜冻植被受损的过程)等。

4. 模块化设计

模块化设计是在对一定范围内的不同功能或相同功能、不同性能、不同规格的产品进行功能分析的基础上，划分并设计出一系列功能模块，通过模块的选择和组合构成不同的顾客订制的产品，以满足市场的不同需求。这是相似性原理在产品功能和结构上的应用，是一种实现标准化与多样化的有机结合及多品种、小批量与效率的有效统一的标准化方法。

与非模块化设计相比，模块化设计具有以下突出优点：由于所需检查的零件减少，设备故障更容易被诊断出来并被排除掉；维修和更换变得更加容易，可以很方便地把有缺陷的组件拆卸下来，并用一个好的组件更换；模块组件的制造和装配比较简洁，一条生产线上的零件种类很少，生产过程更加容易组织；采购和存货控制变得更加条理化；技术和操作培训费用大为减少；等等。

课后练习

1. 思考题

(1) 依据国际最通用分类方法，研究与开发分为哪几类？

(2) 简述新产品开发的方式和程序。

(3) 产品生命周期理论对新产品开发有怎样的指导作用？

(4) 常用的新产品开发技术有哪些？

2. 案例分析

锐意创新的斯沃琪手表

自20世纪70年代中期开始，瑞士钟表业受到产自日本的精工、西铁城、卡西欧等电子表和石英表的猛烈冲击，在不到10年的时间里，瑞士钟表的出口额下降了近60%。1985年被称为“脑子里每一秒钟就有一个新念头的怪人”的尼古拉·赫雅克临危受命，担任瑞士钟表公司的主帅。

在赫雅克的带领下，瑞士钟表业在保护传统的机械钟表品牌的同时，大胆创新，积极开发和不断改进新型手表。经过几年努力，公司推出了全新概念的“斯沃琪”全塑电子手表。新型手表的外壳全部采用合成材料，机芯直接从表的正面装入，这使得手表变得更轻薄，并且在采用流水线批量生产后，确保了产品成本和售价能维持在较低水平。该手表以其造型新颖、走时准确、价格低廉、经久耐用的特点很快成为公司的主打产品，并迅速风靡全球。取得成功后，瑞士钟表公司坚持一句口号：“唯一不变的是我们一直在变。”公司每年都向社会公开征集手表设计图，从中选择不同风格和类型的设计投入市场。如今，斯沃琪深受世界各地不同年龄、不同层次、不同品味消费者的喜爱，畅销世界近200个国家和地区，成为潮流和时尚的风向标。

请分析：

(1) 20世纪70年代日本制表企业崛起的主要因素有哪些？

(2) 斯沃琪手表的创新性体现在哪些方面？

3. 实训题

(1) 利用节假日调研一个企业的新产品开发状况，并绘制该企业新产品开发的流程图。

(2) 收集资料，列出两种动力模式开发的新产品各5种，并讨论两种模式的优劣。

第十三章 现代企业生产过程组织

学习目标

(1) 了解生产过程的组成和生产类型。

(2) 理解生产过程组织的要求和方式。

(3) 初步掌握流水生产的组织设计,了解先进的生产组织方式。

课程导入案例

一张床比一部汽车复杂吗?

"如果丰田能够在24小时内装配一部汽车,戴尔能够在4小时内装配一部电脑,为什么你要用40小时去装配一张床?难道你认为一张床会比一部汽车复杂吗?"唐博士的这句话,让陈先生陷入疑惑与兴奋的挣扎之中。

陈先生在珠三角地区有一家100多人的工厂,生产一种可调节的床,他对该产品一直非常有信心。产品的国内市场售价很高,订单纷至沓来,应接不暇,市场前景一片喜人。然而,几个月前该厂不得不停止接新订单。究其原因:其一,国内客户付款期拖长导致资金周转失灵,没钱购买原材料;其二,厂房有限和熟练工人大批流失致使产能受限。分析了工厂的处境后,陈先生自己认为,寻求海外投资者可解燃眉之急。但是,实际的融资操作并非一帆风顺,海外投资者挑剔的眼光让融资需求难以短期内得以满足。这让陈老板一时也无计可施。

长期担任世界知名公司管理顾问的香港优质管理顾问公司的唐伟国博士则认为,解决此等问题更为现实的方案应该从大幅提升生产效率下手。唐博士在实地考察了生产车间后,为陈先生的工厂做了初步诊断并开出了药方:突破传统思维,引入精益生产的先进管理模式,改善整个生产流程的设计,培养决策层及管理层的公司全局发展观念。

唐博士分析,一张床从进料生产到出厂的全过程耗掉全厂100多名员工40小时,效率极其低下,如果通过初步改善生产流程的某些环节,完全能将时间缩短一倍;如果全面实施精益生产,控制到10小时甚至更短时间的可能性是非常大的。缩短一倍生产流程,意味着现金流压力将随之大力缓解;再进一步提升4倍生产能力,可减少本来用于扩建厂房的大笔资金,同时劳工短缺等棘手问题亦可得以解决。假设一旦成立,陈老板完全可以不用这么迫切寻求外资加盟。

引入精益生产并非易事,怎样令企业拥有一整套近乎完美的生产流程,并培养全体员工树立"从一开始就把事情做对"的观念呢?陈先生仍心存疑虑:"我已经在这行摸爬滚打好几年,可称得上这个领域的专家,无比熟悉生产流程,工厂的生产能力哪还有上升的空间呢?更别说一下子提高2~4倍了。"

思考上面的问题,讨论一下,然后进入本章内容的学习。

第一节　生产过程与生产类型

一、生产过程的组成

1. 生产过程的概念

生产是人类社会的最基本的活动，社会的一切财富都是通过生产活动创造出来的，不进行生产，人类就无法生存，社会的发展也无从谈起。

生产是通过劳动把资源转化为能满足人们某些需求的产品的过程。就工业而言，**生产过程**是指从投料开始，经过一系列的加工，直至成品生产出来的全部过程。其中包括劳动过程和自然过程。劳动过程是人们利用劳动工具，作用于劳动对象，按照预定的方法和步骤，改变几何形状和性质，使其成为产品的过程。自然过程是在自然力的作用下，改变其物理和化学状况的过程。

2. 生产过程的构成

按承担的任务来划分，可将生产过程分为以下 4 个部分：

(1) 生产技术准备工作。是指产品在投入生产前所进行的各种生产技术准备工作，其中包括产品设计、工艺设计、工艺装备及非标准刀具、卡具、量具的设计及制造等。

(2) 基本生产过程。是指对构成产品实体的劳动对象直接进行工艺加工的过程。这是整个生产过程中的核心过程，是为完成产品的生产而进行的最基本的生产劳动活动。

(3) 辅助生产过程。是指为保证基本生产过程的正常进行而从事的各种辅助性生产活动，如为基本生产提供动力、工具和维修工作等。

(4) 生产服务过程。指为保证生产活动顺利进行而提供的各种服务性工作，如供应工作、运输工作、技术检验工作等。

以上 4 部分构成企业的整个生产过程，其核心是基本生产过程，其他各部分是围绕着基本生产过程进行的。生产过程四个部分之间的关系如图 13-1 所示。

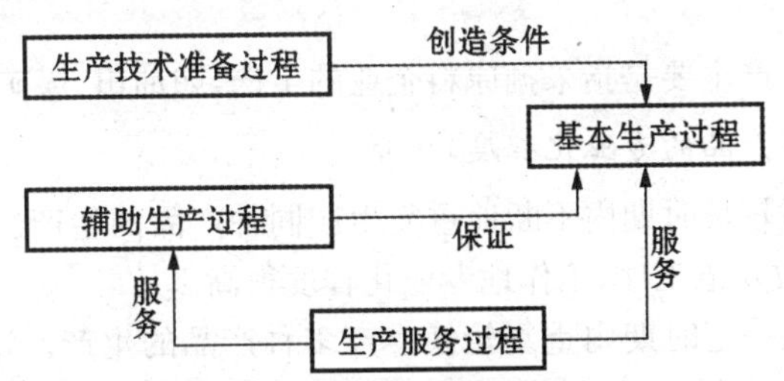

图 13-1　生产过程四个组成部分之间的关系

3. 生产阶段和工序

基本生产过程可进一步划分为若干个生产阶段，每个生产阶段又可划分为若干个相互联系的工序。

生产阶段是指按照使用的生产手段的不同和加工性质的差别而划分的局部生产过程。例如，机械制造企业的基本生产过程，一般分为三个生产阶段：准备阶段、加工阶段和装配阶段。

工序是组成生产过程的基本环节，是指在一个相对集中的工作台位上，由一个或数个操作者对一定的劳动对象所进行的特定的生产活动。一个产品的生产，根据其复杂程度的不同，可能要经过一道或几道工序才能完成。工序划分主要取决于生产技术的要求。按照工序的性质，可把工序分为基本工序和辅助工序。基本工序是直接使劳动对象发生物理或化学变化的工序。辅助工序是为基本工序的生产活动创造条件的工序。

【内容点睛】

生产过程的构成，就是指生产过程的各个部分(生产技术准备过程、基本生产过程、辅助生产过程、生产服务过程)、生产过程的各个工艺阶段(基本工序和辅助工序)之间的组成情况和相互联系。生产过程是否合理，对企业生产经营的效率和效益都有巨大的影响。

二、生产类型

生产类型是影响生产过程组织的主要因素，因此研究生产过程时必须了解生产类型的划分。

1. 按接受生产任务的方式划分

(1) 订货型。这种生产类型是在接受用户订货之后才开始组织生产，产品生产依据用户要求的规格、数量和交货期进行。这种生产类型一般适用于单件或小批量、多品种产品的生产。

(2) 备货型。这种生产类型是指在对市场需求进行预测的基础上，有计划地进行生产，产品有库存，并依据库存对生产进行调节。这种生产类型适用于市场比较稳定，需求量较大的情况。

2. 按生产工艺特征划分

(1) 流程(连续)生产。这种生产类型是指企业长期连续不断地生产一种或少数几种产品，使用的工艺流程和设施是固定的和标准化的，工序间环环相扣，一般没有在制品，如炼油厂、化工厂等的生产类型。

(2) 加工装配(间断)生产。各种生产要素不是连续投入，而是间歇性地投入，使用的生产设施和运输装置适合多品种加工，各工序间有一定的在制品储存，如机械制造厂、飞机制造厂等的生产类型。

3. 按生产技术特点划分

(1) 合成型。合成型生产是将不同原材料(零件)合成或装配成一种产品，如洗衣粉厂、水泥厂、机床厂等的生产类型。

(2) 分解型。分解型生产是将原材料加工后生成多种产品，如石化厂、焦化厂等的生产类型。

(3) 调制型。调制型生产是通过改变加工对象的形状或性能而制成产品，如炼钢厂、橡胶厂等的生产类型。

(4) 提取型。提取型生产主要是指采掘原料企业的生产，如油田、煤矿等的生产类型。

4. 按生产的重复程度(产品的专业化程度)划分

(1) 大量生产。是指在较长时期内不断地重复生产同种产品的生产。大量生产的企业中，每个工作地固定地完成一道或少数几道工序，工作地专业化程度很高。

(2) 成批生产。是指在一定时期内重复轮换生产多种产品的生产。这种生产类型的各工作地专业化程度和连续性比大量生产低。根据每批产品数量的大小又可分为大批、中批、小批生产。大批生产接近于大量生产，小批生产接近于单件生产。

(3) 单件、小批生产。是指在一定时期内很少重复生产相同结构和规格的产品的生产，各工作地经常变化地完成不固定的工作。

【内容点睛】

生产类型是产品的品种、产量和生产的专业化程度在企业生产系统技术、组织、经济效果等方面的综合表现。不同的生产类型所对应的生产系统结构及其运行机制是不同的，相应的生产系统运行管理方法也不相同。

第二节　生产过程的组织

一、生产过程组织的基本要求

生产过程组织就是要对生产系统内所有要素进行合理的安排，以最佳的方式将各种生产要素结合起来，使其形成一个协调的系统，这个系统的目标是使作业行程最短、时间最省、耗费最小，又能按市场的需要提供优质的产品和服务。

合理组织生产过程时应考虑以下基本要求：

(1) 生产过程的连续性。生产过程的连续性包括生产过程在空间上的连续性和在时间上的连续性。空间上的连续性是指生产过程的各个环节在空间布置上紧凑合理，使加工对象所经历的物流线路顺畅，搬运工作量小，没有迂回往复的现象。时间上的连续性是指生产对象在加工过程中各工序的安排紧密衔接，没有不该出现的停顿和等待现象。保持和提高生产过程的连续性，可以减少运输费用和在制品管理费用，降低产品成本；有利于保证合同交货期；可以节约生产面积和库房面积，节省基本投资；也有利于加速流动资金周转，提高资金使用效率。

(2) 生产过程的比例性。比例性指生产过程的各环节在生产能力上要保持恰当的比例，使其与生产任务所需求的能力相匹配。保持生产过程的比例性，可以充分利用企业的人力和机器设备，减少产品在生产过程中的停放和等待。

(3) 生产过程的均衡性。均衡性是指企业及其各个生产环节在相等的时间间隔内，生产或完成大体相等或稳定递增的生产工作量，工作负荷相对稳定，避免前松后紧，计划期末突击加班，或者时松时紧使生产经常处于不正常的状态。

(4) 生产过程的柔性。或称生产过程的适应性，是指用同样的设施和工人，在生产组织形式基本不变的条件下，具有适应加工不同产品的生产能力，并且能保持较高的生产率和良好的经济效益。提高生产过程的柔性有利于企业发展适销对路的品种，提高企业的竞争力和适应性。

【内容点睛】

以上四项基本要求是相互联系、相互影响的，它们是衡量生产过程是否合理的标准，也是企业取得良好经济效果的重要条件。企业的生产类型及其所处的生产条件不同，生产过程组织的原则要求也有不同的侧重。

二、生产过程的空间组织

生产过程的空间组织就是设施的布置问题，是指在一个给定的设施范围内，对生产单位(单元)进行位置安排。其目的是将企业内的各种物质设施进行合理安排，使它们形成一个相互联系、相互协调的生产系统，以便有效地为企业的生产运作服务，获得更好的经济效果。生产单位或单元是指需要占据空间的任何实体，也包括人。给定的设施范围可以是一个工厂、一个车间、一座百货大楼、一个写字楼或一个餐馆等。

生产过程的空间组织的基本组织形式有工艺专业化、对象专业化、混合形式三种。

1. 工艺专业化

工艺专业化亦称工艺原则，即按照生产工艺的特点来设置生产单位。在工艺专业化的生产单位内，集中了同种类型的生产设备和同工种的工人，每一个生产单位只完成同种工艺方法的加工或同种功能。如图 13-2(a)所示。

这种布置形式可以充分利用设备；适应产品品种的要求，适应分工的要求；便于工艺管理和提高技

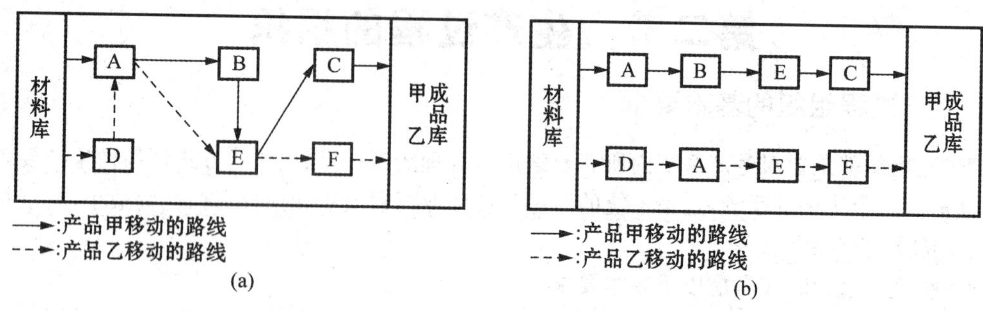

图 13-2 两种设施布置形式

(a) 工艺专业化 (b) 对象专业化

术水平。但是,由于产品要经过许多生产单位的加工才能完成,所以加工路线长;有较多的停放和等待时间;车间之间的相互联系比较复杂,使计划管理和在制品管理工作更加复杂。

2. 对象专业化

对象专业化亦称对象原则,就是以产品(零件、部件)为对象设置生产单位。在对象专业化的生产单位内,集中了为制造某种产品所需要的各种类型的生产设施和不同工种的工人,各生产单位独立完成产品、零件、部件的全部或大部分工艺过程,如图 13-2(b)所示。

这种布置形式加工路线短;利于采用先进的生产过程组织形式(流水线、自动化);大大减少生产单位之间的联系,有利于在制品管理。但是,这种布置形式对产品变动的应变能力差;设备利用率低;工人之间的技术交流比较困难,因此工人技术水平的提高受到一定限制。

3. 混合形式

工艺专业化和对象专业化各有优缺点,在实际工作中往往可以结合起来应用,即选择介于两者之间的混合布置形式。按混合形式布置设施,可以充分体现前两种方式的优点,尽量避免其缺点。大多数企业实际上属于混合布置形式。

企业究竟应采取那种布置形式和原则,主要取决于产品产量和加工路线的特性。

三、生产过程的时间组织

生产过程的时间组织是研究产品生产过程各环节在时间上衔接和结合的方式,主要表现在劳动对象在车间之间、工段之间及工作地之间的运动方式。当同时加工一批相同的零部件时,有以下三种不同的移动方式。

1. 顺序移动方式

顺序移动方式的特点是一批加工件在前工序全部加工完毕之后,才整批地转入下一道工序进行加工。

例如,有一批零件,批量为 4,每个零件在各道工序的加工时间分别为:$t_1=10$ 分钟,$t_2=5$ 分钟,$t_3=20$ 分钟,$t_4=10$ 分钟。这批零件的顺序移动方式如图 13-3 所示。

在这种移动方式下,加工时间的长度与每批零件的数量和一个加工件在所有工序的加工时间成正比例,计算公式为:

$$T_{顺} = n\sum_{i=1}^{m} t_i \tag{13-1}$$

式中,$T_{顺}$——顺序移动方式下的加工周期;n——批量;m——工序数;t_i——在第 i 道工序上的单件加工时间。

2. 平行移动方式

平行移动方式的特点是每一个零件在前一道工序加工完毕之后,立即转入下一道工序进行加工,

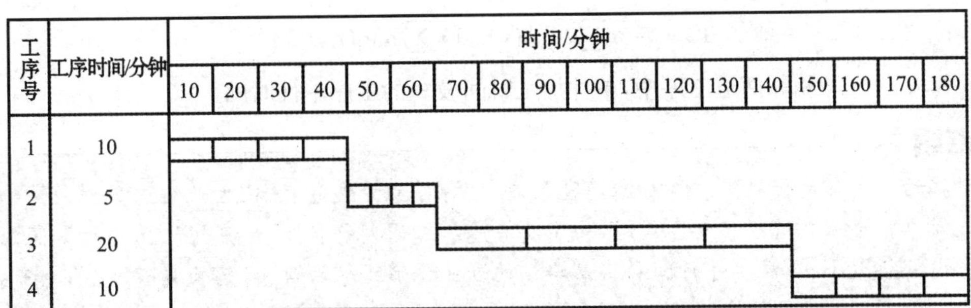

图 13-3 顺序移动方式

零件在工作地之间是一个一个地运输的，这样就形成一批零件同时在不同工序上平行进行加工。仍取上例，该批零件的平行移动方式如图 13-4 所示。

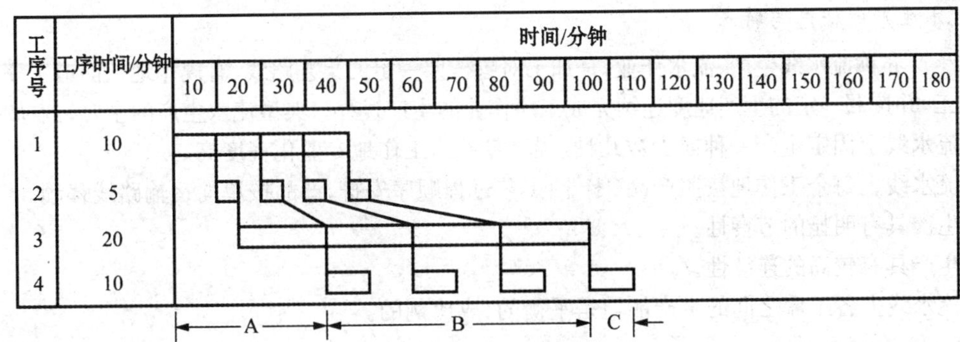

图 13-4 平行移动方式

平行移动方式下的一批加工件的加工周期的计算公式为：

$$T_{平} = \sum_{i=1}^{m} t_i + (n-1)t_L \tag{13-2}$$

式中，$T_{平}$——平行移动方式下的加工周期；t_L——最长的工序单件时间。

3. 平行顺序移动方式

平行顺序移动方式的特点是，一批加工件既在每一道工序都必须保持连续，又与其他工序平行地进行作业。仍取前例，该批零件的平行顺序移动方式如图 13-5 所示。

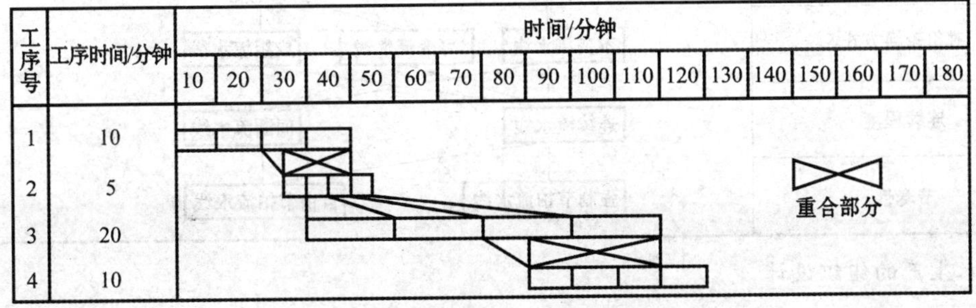

图 13-5 平行顺序移动方式

实现此方式必须做到：当前工序的单件加工时间小于或等于后工序的加工时间时，加工件逐个移动，即前工序加工完立即移送后工序；当前工序的单件加工时间大于后工序的加工时间时，在前工序加工了满足后工序连续加工要求的数量后，才将前工序完工的加工件全部移送后工序加工。

平行顺序移动方式的加工周期的计算公式为：

$$T_{平顺} = n\sum_{i=1}^{m} t_i - (n-1)\sum_{i=1}^{m-1}\min(t_i, t_{i+1}) \quad (13\text{-}3)$$

式中，$\min(t_i, t_{i+1})$——相邻两道工序中，单件加工时间较短的工序单件时间。

【内容点睛】

三种移动方式各有优缺点。从加工周期来看，平行移动方式最短；从生产组织工作来看，顺序移动方式最简单。企业在选择移动方式时，除了要考虑加工周期的长短、生产组织工作的繁简以外，还应综合考虑批量大小、工序单件时间和生产单位的专业化形式等因素，以扬长避短，提高生产效益和效率。

四、流水生产的组织

1. 流水生产的概念与特点

流水生产亦称流水线生产、流水作业，是加工对象按照一定的工艺路线、有规律地从前道工序流到后道工序加工，并按照一定的生产速度连续完成工序作业的生产过程。典型流水生产的主要特点如下：

(1) 流水线上固定生产一种或少数几种产品(零件)，工作地专业化程度高。

(2) 流水线上每个工作地按照产品(零件)工艺过程顺序安排，产品按单向运输路线移动。

(3) 生产具有明显的节奏性。

(4) 生产具有较高的连续性。

(5) 流水线上各工序之间的生产能力是平衡的、成比例的。

2. 流水生产的分类

由于具体的生产条件不同，组织流水生产可以有多种形式，如表 13-1 所示。

表 13-1 流水线的分类

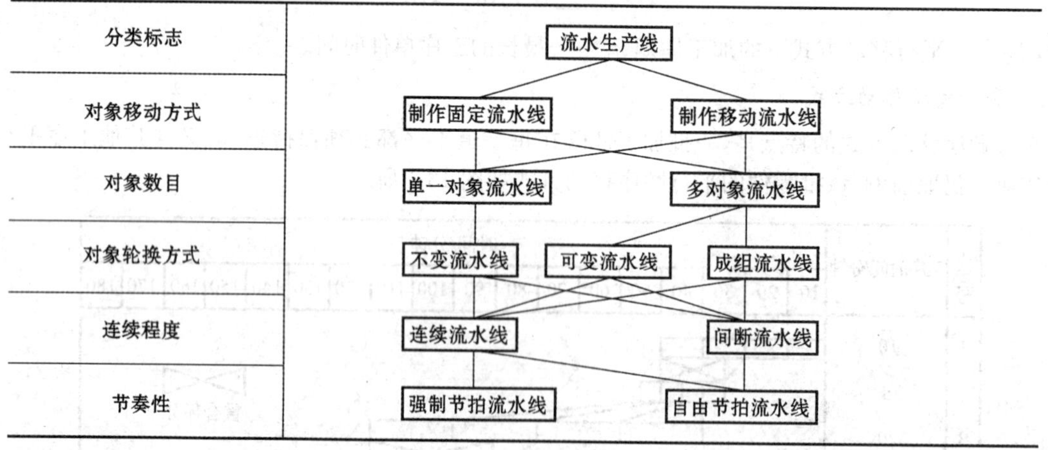

3. 流水生产的组织设计

建立流水线之前，必须做好流水线的组织设计工作。多对象流水线的组织设计较为复杂，下面仅介绍单一对象流水线组织设计的主要内容：

(1) 确定流水线的节拍或节奏。**节拍**是指流水线上连续投入或出产两个制品的时间间隔。它表明流水线的生产效率，是组织流水生产的基础。其计算公式为：

$$节拍 = \frac{计划期有效工作时间}{计划期产品出产量} \quad (13\text{-}4)$$

式中，计划期有效工作时间是指制度时间扣除必要的停歇时间后的有效工作时间；计划期产品出产量包括计划产量和预计废品量。

若计算的节拍很小，制品的体积也很小，为了运输的经济性，这时要计算节奏。**节奏**是流水线顺序出产两批同样制品的时间间隔，其计算公式为：

$$节奏 = 节拍 \times 运输批量 \tag{13-5}$$

(2) 工序同期化。**工序同期化**就是指通过采取技术组织措施调整工序时间，使之尽可能与节拍相等或成整数倍关系的过程。这是组织流水线的必要条件，也是发挥流水线优越性的重要措施。

进行工序同期化的基本方法是将流水线上全部生产作业任务细分化为许多小的工序(或作业元素)，然后再把有关的小工序集中起来组成大工序，并使之单件作业时间接近节拍或节拍的倍数。

(3) 计算工作地数和负荷系数。工序同期化后，可计算流水线工作地(设备)数及负荷率。

每道工序的工作地(设备)数目计算公式为：

$$工作地需要数 = \frac{工序单件作业时间}{节拍} \tag{13-6}$$

计算出的工作地需要数一般不是整数，应取大于计算结果的近似整数。这时就出现了工作地的负荷问题。流水线的负荷率计算公式为：

$$流水线的平均负荷率 = \frac{各工序计算的工作地需要数之和}{各工序实际采用的工作地数之和} \tag{13-7}$$

负荷率的大小，表明流水线生产能力利用程度和生产效率的高低。一般机器工作流水线的负荷系数不应低于 0.75，以手动操作为主的装配流水线的负荷系数最小值为 0.85。

(4) 计算流水线的工人人数。以手工操作为主的流水线上，需要配备的工人总数等于流水线上所有各工作地的工人人数之和，并考虑出勤率。每个工作地需要配备的工人人数的计算公式为：

$$工作地需要配备的工人人数 = 工作地上同时工作的工人人数 \times 工作班次 \tag{13-8}$$

在以设备加工为主的流水线上，配备工人时要考虑工人实行多机床看管和兼管的可能性，以及配备后备工人的必要性。

(5) 设计流水线的运输方式及装置。流水线可采用的运输工具很多，主要取决于加工对象的重量和外形尺寸，以及流水线的类型和实现流水线节拍的方法。在连续流水线上通常采用传送带装置传送工序之间的加工件。传送带的形式有带式、吊运式、旋转工作台、重力滑梯、专用托盘、专用小车等。传送带的长度和速度计算公式分别为：

$$传送带长度 = 2 \times 流水线上各工作地长度之和 + 传送带技术上需要的长度 \tag{13-9}$$

$$传送带的速度 = \frac{流水线上两件产品之间的中心距离}{节拍} \tag{13-10}$$

(6) 流水线平面布置。流水线的平面布置应充分利用车间的生产面积，使机器设备、工具、运输装置和工人操作有机地结合起来，按照工艺过程的顺序，合理地安排各个工作地，以达到运输路线最短的目标。

流水线平面布置的形状一般有直线形、直角形、开口形、山字形、环形和蛇形等。工作地的排列有单列式和双列式。单列式工作地是将工作地布置在传送带的一侧，双列式工作地是将工作地布置在传送带的两侧。

【内容点睛】

自 20 世纪初美国人亨利·福特首先采用了流水生产方法以来，流水生产长期被认为是一种高效的生产组织方式，但近年来由于市场环境的变化和忽视人性的诟病也饱受争议。

第三节 先进的生产组织方式

一、现场管理“5S”法

1. “5S”的含义和内容

“5S”活动起源于日本，并在日本企业中广泛推行，它相当于我国企业开展的文明生产活动。“5S”的含义为：整理(Settle)、整顿(Straighten)、清扫(Scavenge)、清洁(Sanitary)和素养(Schooling)。

(1) 整理。将工作场所的任何物品区分为必要的和非必要的，除了必要的留下来以外，其他的都清除或放置在其他地方。它往往是“5S”的第一步。整理的目的是腾出空间，防止误用。

(2) 整顿。把留下来的必要物品定点、定位放置，并放置整齐，必要时加以标识。它是提高效率的基础。整顿的目的是使工作场所一目了然，消除找寻物品的时间，形成井然有序的工作环境。

(3) 清扫。将工作场所及工作用的设备清扫干净，保持工作场所干净、亮丽。清扫的目的是保持良好工作情绪，稳定产品品质。

(4) 清洁。清洁是在整理、整顿、清扫之后的日常维护活动，即形成制度和习惯。清洁的目的是通过将“整理”、“整顿”和“清扫”制度化来维持成果。

(5) 素养。素养即教养。努力提高人员的素养，养成严格遵守规章制度的习惯和作风，这是“5S”活动的核心。人员素质不提高，各项活动就不能顺利开展，开展了也坚持不了。所以，抓“5S”活动，要始终着眼于提高人的素质。素养的目的是提升人的品位，营造良好的团队精神。

2. 开展“5S”活动的原则

(1) 自我管理的原则。要充分依靠现场人员，由现场的当事人自己动手为自己创造一个整齐、清洁、方便、安全的工作环境，使他们在改造客观世界的同时，也改造自己的主观世界。

(2) 勤俭办厂的原则。开展“5S”活动，要从生产现场清理出很多无用之物，其中，有的只是在现场无用，但可用于其他的地方；有的虽然是废物，但应本着废物利用、变废为宝的精神，该利用的应千方百计地利用。

(3) 持之以恒的原则。开展“5S”活动，贵在坚持。为此，企业应将“5S”活动纳入岗位责任制，使每一部门、每一人员都有明确的岗位责任和工作标准；要严格、认真地搞好检查、评比和考核工作，并与部门和个人的经济利益挂钩；要坚持 PDCA 循环，不断提高现场的“5S”水平。

3. “5S”的主要功用

(1) 让客户留下深刻的印象。

(2) 节约成本，因为实施了“5S”的场所就是节约的场所。

(3) 缩短交货期。

(4) 可以使工作场所的安全系数有效地增大。

(5) 可以推进标准化的建立。

(6) 通过“5S”活动，可以极大地提高全体员工的士气。

【内容点睛】

“5S”活动的对象是现场的“环境”，它对生产现场环境全局进行综合考虑，并制订切实可行的计划与措施，从而达到规范化管理。“5S”活动的核心和精髓是素养，如果没有职工队伍素养的相应提高，“5S”活动就难以开展和坚持下去。

二、准时制

准时生产技术是起源于日本丰田汽车公司的一种生产管理方法。它的基本思想可用现在已广为流传的一句话来概括，即“只在需要的时候，按需要的量生产所需的产品”。这就是 Just in Time(JIT)即准时制一词所要表达的本来含义。这种生产方式的核心是追求一种无库存的生产系统，或使库存达到最小的生产系统。为此而开发了包括“看板”在内的一系列具体方法，并逐渐形成了一套独具特色的生产经营体系。

1. 准时制生产方式的目标

准时制生产方式的最终目标即企业的经营目的：获取最大利润。为了实现这个最终目的，“降低成本”就成为基本目标。在福特时代，降低成本主要是依靠单一品种的规模生产来实现的。但是在多品种，中、小批量生产的情况下，这一方法是行不通的。因此，JIT 生产方式力图通过“彻底消除浪费”来达到这一目标。所谓浪费，在 JIT 生产方式的起源地丰田汽车公司，被定义为“只使成本增加的生产诸因素”，也就是说，不会带来任何附加价值的诸因素。这其中，最主要的有生产过剩(即库存)所引起的浪费。因此，为了排除这些浪费，就相应地产生了适量生产、弹性配置作业人数以及保证质量这三个子目标。

2. 准时制生产方式的基本手段

为了达到降低成本这一基本目标，对应于上述基本目标的三个子目标，准时制生产方式的基本手段也可以概括为下述 3 个方面：

(1) 适时、适量生产。即“Just in Time”一词本来所要表达的含义，“只在需要的时候，按需要的量生产所需的产品”，以防止由于生产过剩引起的人员、设备、库存费用等一系列的浪费。

(2) 弹性配置作业人数。在劳动费用越来越高的今天，降低劳动费用是降低成本的一个重要方面。达到这一目的的方法是“少人化”。所谓“少人化”，是指根据生产量的变动，弹性地增减各生产线的作业人数，以及尽量用较少的人力完成较多的生产。

(3) 质量保证。力争通过将质量管理贯穿于每一工序之中来实现提高质量与降低成本的一致性，具体方法是“自动化”。这里的“自动化”有两层意思：一是使设备或生产线能够自动检测不良产品，一旦发现异常或不良产品可以自动停止设备运行的机制；二是生产第一线的设备操作工人发现产品或设备问题时，有权自行停止生产的管理机制。依靠这样的机制，不良产品一出现马上就会被发现，防止了不良产品的重复出现或累积出现，从而避免了由此可能造成的大量浪费。

图 13-6 说明由这三个方面所组成的准时制生产构造体系。在这个体系中包括了准时制生产方式的基本目标以及实施这些目标的多种手段和方法，也包括这些目标与各种手段和方法之间的相互内在联系。

3. 实现适时、适量生产的具体手段

(1) **生产同步化**。即工序间不设置仓库，前一工序的加工结束后，使其立即转到下一工序，装配线与机械加工几乎平行进行。在铸造、锻造、冲压等必须成批生产的工序，则通过尽量缩短作业更换时间来尽量缩小生产批量。生产的同步化可通过“后工序领取”的方法来实现。即“后工序只在需要的时间到前工序领取所需的加工品；前工序中按照被领取的数量和品种进行生产”。

(2) 生产均衡化。这是实现适时、适量生产的前提条件。**生产的均衡化**是指总装配线在向前工序领取零部件时应均衡地使用各种零部件，生产各种产品。为此在制订生产计划时就必须加以考虑，然后将其体现于产品生产顺序计划之中。在制造阶段，均衡化通过专用设备通用化和制订标准作业来实现。

4. 实现准时制生产的重要手段——看板管理

看板又称“传票卡”或“流动卡”。其大小约是练习本的三分之一，通常是长方形，也可是三角形、圆

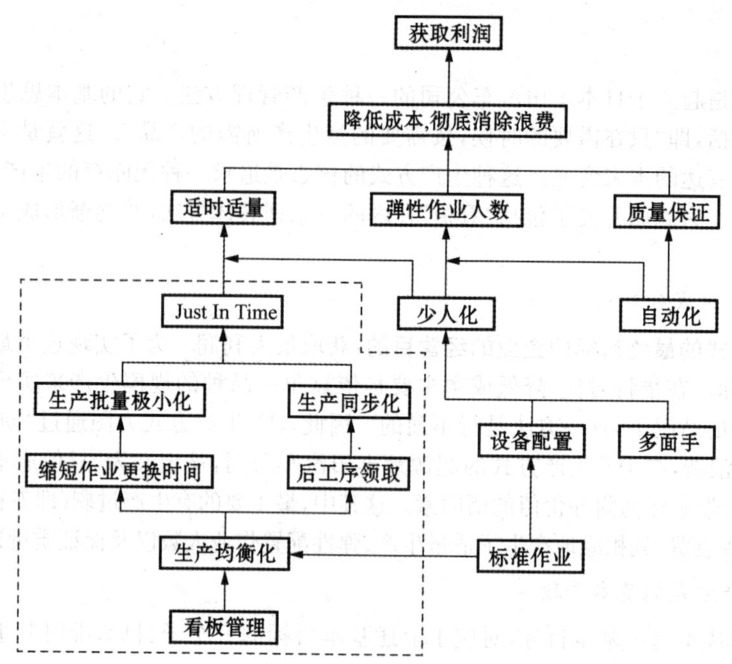

图 13-6 准时制生产构造体系

形或方形。可用铁片、纸板、塑料或木板制成,以料箱、管道、导轨等方式传递。上面有零部件名称、材质、重量、加工地点、运输地点、工位器具及容量等信息。

1) 看板的主要使用规则

看板的主要使用规则有以下几点:

(1) 取货必须带本车间的取货看板,到前车间取货时,一定要把前工序零件上的看板摘下,放在前工序看板集装筒或看板架上。

(2) 生产工人加工完从前工序取来的零件,立即摘下看板,按时间、顺序放在工位旁的看板集装筒上。

(3) 严格按照生产工人摘下来的看板顺序、时间,有秩序、准时地取货。

(4) 后工序向前工序取货,前工序只生产后工序取走的零件数量,不多生产、不提前生产。

(5) 不合格的零件、毛坯,绝对不许挂看板;没有看板的零件或毛坯绝不许取走。

(6) 不见看板不取货、不生产、不运送。

2) 看板的主要功能

看板是准时制生产方式使用的重要工具和手段,其主要功能有以下几方面:

(1) 生产和运送的工作指令。看板记载的信息就是生产和运送的依据,看板在生产工序中的传递就意味着生产和运送指令的下达。"后工序领取"以及"适时适量生产"就是这样通过看板来实现的。

(2) 防止过量生产和运送。看板的运用规则之一是"没有看板不能生产,也不能运送。"根据这一规则,看板数量减少,则生产量也相应减少。由于看板只显示必要的量,因此通过看板的运用能够做到自动防止过量生产和过量运送。

(3) 进行"目视管理"的工具。看板的另一条运用规则是:"看板必须在实物上存放","前工序按照看板取下的顺序进行生产"。依此规则,作业现场的管理人员对生产的优先顺序、后工序的作业进展情况、库存情况能够一目了然,易于管理。

(4) 改善措施的工具。在准时制生产方式中,可通过不断减少看板数量来减少在制品的中间储存。而且由于看板有"不能把不良品送往后工序"的运用规则,可能出现后工序所需得不到满足,造成全线停工,从而使问题暴露,以利采取改善措施。

三、精益生产

1995 年，麻省理工学院的 Daniel Roos 教授等将大量生产与丰田生产方式进行了比较分析，出版了《改变世界的机器》一书，把丰田生产方式称为“精益生产”(Lean Production，LP)。精，即少而精，不投入多余的生产要素，只是在适当的时间生产必要的市场急需产品(或下道工序急需的零部件)；益，即所有经营活动都要有益有效。

在《改变世界的机器》一书中，精益生产的归纳者们从 5 个方面论述了精益生产企业的特征。这 5 个方面是工厂组织、产品设计、供货环节、顾客和企业管理。归纳起来，精益生产的主要特征为：对外以用户为“上帝”，对内以“人”为中心，在组织机构上以“精简”为手段，在工作方法上采用“Team Work”和“并行设计”，在供货方式上采用“准时制生产”方式，在最终目标方面为“零缺陷”。

如果把精益生产体系看做一幢大厦，如图 13-7 所示。它的基础就是在计算机网络支持下的、以小组方式工作的并行工作方式，而在此基础上的三根支柱是质量管理、准时生产和成组技术。

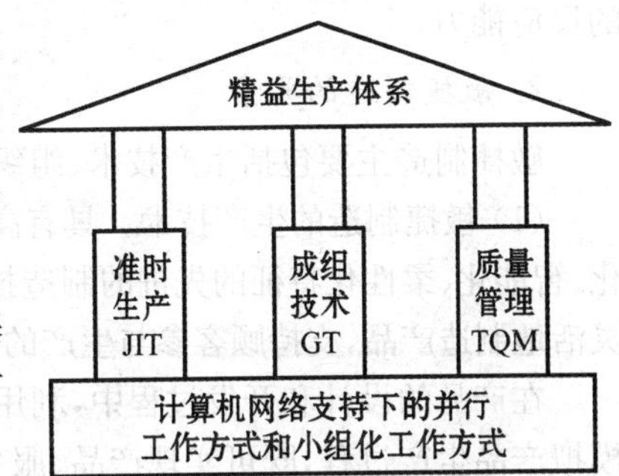

图 13-7　精准生产的体系构成

精益生产方式与大批大量生产方式有着不同的理念和特点，如表 13-2 所示。

表 13-2　精益生产方式与大批大量生产方式的比较

比较项目	精益生产方式	大批大量生产方式
生产目标	追求尽善尽美	尽可能好
工作方式	集成，多能，综合工作组	分工，专门化
管理方式	权力下放	宝塔式
产品特征	面向用户，生产周期短	数量很大的标准化产品
供货方式	JIT 方式，零库存	大库存缓冲
产品质量	由工人保证，质量高，零缺陷	检验部门事后把关
返修率	几乎为零	很大
自动化	柔性自动化，但尽量精简	刚性自动化
生产组织	精简一切多余环节	组织机构庞大
设计方式	并行方式	串行模式
工作关系	集体主义精神	相互封闭
用户关系	以用户为上帝，产品面向用户	以用户为上帝，但产品变化少
供应商	同舟共济、生死与共	互不信任，无长期打算
雇员关系	终身雇佣，以企业为家	可随时解雇，工作无保障

【内容点睛】

精益生产方式是围绕着最大限度利用公司的职工、协作厂商与资产的固有能力的综合哲学体系。这个体系要求形成一个解决问题的环境并对现状不断改进完善，力求各个环节都是最卓越的，而这些环节打破了传统的职能界限。

四、敏捷制造

1. 敏捷制造的由来与含义

敏捷制造是美国国防部为了拟定 21 世纪制造业发展战略而支持的一项研究计划。该计划始于

1991年，由里海大学的亚科卡研究所主持，100多家公司参加，历时3年，于1994年底提出了《21世纪制造企业战略》。在这份报告中，提出了既能体现国防部与工业界各自的特殊利益，又能获取他们共同利益的一种新的生产方式，即敏捷制造。

敏捷制造是在具有创新精神的组织和管理结构、先进制造技术（以信息技术和柔性智能技术为主导）、有技术有知识的管理人员三大类资源支柱支撑下得以实施的，也就是将柔性生产技术、有技术有知识的劳动力与能够促进企业内部和企业之间合作的灵活管理集中在一起，通过所建立的共同基础结构，对迅速改变的市场需求和市场进度做出快速响应。敏捷制造比其他制造方式具有更灵敏、更快捷的反应能力。

2. 敏捷制造的要素

敏捷制造主要包括生产技术、组织方式和管理手段3个要素。

(1) 敏捷制造的生产技术。具有高度柔性的生产设备是创建敏捷制造企业的必要条件，以具有集成化、智能化、柔性化特征的先进的制造技术为支撑，建立完全以市场为导向，按市场需求任意批量且快速灵活地制造产品，支持顾客参与生产的生产系统。该系统能实行多品种、小批量生产和绿色无污染制造。

在产品的设计和开发过程中，利用计算机的过程模拟技术，可靠地模拟产品的特性和状态，精确地模拟产品生产过程，既可实现产品、服务和信息的任意组合，又能丰富品种、缩短产品设计、生产准备、加工制造和进入市场的时间，从而保证对消费者的需求做出快速、灵敏的反应。

(2) 敏捷制造的组织方式。敏捷制造企业必须具有高度柔性的动态组织结构。根据产品不同，敏捷制造企业采取内部团队、外部团队（供应商、用户均可参与）与其他企业合作或虚拟公司等不同形式，既能保证企业内部信息达到瞬时沟通，又能保证迅速抓住企业外部的市场信息，从而进一步做出灵敏反应。

(3) 敏捷制造的管理手段。以灵活的管理方式达到组织、人员与技术的有效集成，尤其是强调人的作用。敏捷制造在人力资源上的基本思想是，在动态竞争环境中最关键的因素是人。柔性生产技术和柔性管理要使敏捷制造企业的人员能够实现他们自己提出的发明和合理化建议，就需要提供必要的物质资源和组织资源，支持人们的行动，充分发挥各级人员的积极性和创造性。有知识的人是敏捷制造企业最宝贵的财富。不断对人员进行培训以提高其素质，是企业管理层的一项长期任务。

在管理理念上要求具有创新与合作意识，不断追求创新。除了内部资源的充分利用，还要利用外部资源和管理理念。

在管理方法上要求重视全过程的管理，应运用先进、科学的管理方法、计算机管理技术以及BPR管理等。

3. 敏捷制造企业的特征

敏捷制造追求实现理论上生产管理的目标，是适应未来社会发展的21世纪生产模式。敏捷制造企业具有的特征如下：

(1) 产品系列的寿命期相当长。敏捷制造企业容易消化和吸收外单位的经验和技术成果，随着用户需求和市场的变化，敏捷制造企业会随之改变生产方式。企业生产出来的产品是根据顾客需求重新组合的产品或更新替代的产品，而不是用全新产品来替代旧产品，因此，产品系列的寿命会大大延长。

(2) 信息交换迅速、准确。敏捷制造企业随时根据市场变化来改进生产，这要求企业不但要从用户、供应商、竞争对手那里获得足够信息，还要保证信息的传递快捷，以便企业能够快速抓住瞬息万变的市场。

(3) 以订单定生产。敏捷制造企业将一些可重新编程、可重新组合、可连续更换的生产系统结合成为一个新的、信息密集的制造系统，能够做到使生产成本与批量无关，生产一万件同一型号的产品和生产一万件不同型号的产品所花费成本相同。因此，敏捷制造企业可以按照订单进行生产。

五、计算机集成生产制造系统

计算机集成制造是信息技术和生产技术的综合应用，目的在于使企业更快、更好、更省地制造出市场需求的产品，提高企业生产效率和市场响应能力。从生产技术的观点看，计算机集成制造包含了一个企业的全部生产经营活动，是生产的高度柔性自动化；从信息技术的观点看，计算机集成制造是信息系统在整个企业范围内的集成，主要体现以信息集成为特征的技术集成、组织集成乃至人的集成。计算机集成制造的集成主要体现在以下5个方面：

(1) 系统运行环境的集成。主要将不同的硬件设备、操作系统、网络操作系统、数据库管理系统、开发工具以及其他系统支撑软件集成为一个系统，形成一个统一的、高效协调运行的应用平台，用户可以共享系统软硬件资源。

(2) 信息的集成。从信息资源管理出发，进行全企业的数据总体规划与应用分析，统一规划设计，建立数据库系统，使不同部门、不同专业、不同层次的人员在信息资源方面达到高度共享。

(3) 应用功能的集成。对工程设计领域而言，就是将决策支持系统(DSS)、管理信息系统(MIS)、计算机辅助工程(CAE)、计算机辅助设计(CAD)等应用系统融为一体，建成计算机集成工程设计系统。

(4) 技术的集成。开发建设面向行业应用的计算机集成应用系统是多种高技术的综合运用。例如，网络通信技术、数据库技术、多媒体技术、可视化技术、并行工程与计算机支持的协同工作、人工智能与优化技术以及工程设计理论与技术和管理科学等，需要多方面的高级技术人员参加和有关专家学者的技术咨询。

(5) 人和组织的集成。要规划、分析、设计和实施集成应用系统，必须促进管理机制的变化，使之真正达到管理机构和生产组织的现代化和科学化。

【内容点睛】

计算机和信息技术在现代企业中得到越来越广泛的应用，深刻改变了企业的生产技术和管理方式，使企业管理愈加精细、科学和敏捷。

课后练习

1. 思考题

(1) 生产过程通常有哪些部分构成？合理组织生产过程有哪些基本要求？

(2) 试分析比较工艺专业化和对象专业化的优缺点。

(3) 单一对象流水线的组织设计主要包括哪些内容？

(4) 某车间加工一批零件，数量为6件，要依次经过5道工序，各工序的单件加工时间分别为：$t_1=10$，$t_2=4$，$t_3=8$，$t_4=12$，$t_5=6$。试分别求出顺序移动、平行移动和平行顺序移动方式下这批零件的加工周期。

(5) 结合实际谈一谈如何实现先进生产组织方式。

2. 案例分析

入乡随俗，戴尔电脑放弃零库存

在中国的电脑卖场选购时，常看到戴尔产品与其他品牌的电脑摆在一起待价而沽，这颇令人费解：戴尔不是直销的吗，怎么跑到这里来卖货了？

戴尔号称将直销、按需定制、零库存等先进的经营方式带进中国，但在实际运作中，却“创造性”地采用了和国内其他IT生产商一样的渠道分销法，这在IT业界已是半公开的秘密。事实上，戴尔四成以上产品是通过分销到达消费者手中的，尽管以独特营销模式著称的戴尔公司官方从未承认这一点。

零库存的前提是按需订制，即订一台产一台，产一台卖一台，否则有固定型号的量产就一定有库存。观察戴尔在中国的广告，仍然是在主打几款产品，而不是在强调按需订制，只不过销售热线比其他厂商多了几个而已。想来点个性化的订制吗？当然也行，你可以要求戴尔为你加一条内存或加一块硬盘。不过，如果这也称得上定制的话，国内IT厂家自从销售电脑那天起就在这么"订制"了。当然，真正的按需订制还是有的，但主要是面对政府企业等大客户而言。

戴尔在中国为什么不采用它横扫全球的营销方式呢？这和中国的物流链有关。中国物流的效率难以支持戴尔在美国提出的将产品3天内从工厂送到用户手中（尤其是非中心城市的用户手中）的承诺。而且，一般的中国用户恐怕也不想为了享受一次上门服务，多承受几百块的成本。

更重要的是，分销还与中国人的购买习惯有关。中国的消费者购买商品喜欢去卖场货比三家，因为卖场里可以多一些选择机会，购买前还能看到真品。对于电脑这类的大件商品，常要试用几下，才能买得踏实。像美国人那样还没看到真品模样，就打个电话购买了产品，一般的中国消费者还难以接受。这归根结底还是因为中国的人均收入暂时还处于较低的水平。美国人买一台电脑稀疏平常，算不得什么大件；而我们就不一样了，购置电脑对中国大部分普通家庭来说，还常是能令一家老少一起出动的大事。

国情决定购买习惯，购买习惯决定营销方式——戴尔深谙此道，在中国干脆采用分销和直销结合的形式，能卖出产品就行。毕竟产品的质量、品牌、服务还是一流的，这足以使其成为有力的市场竞争者。分销，是戴尔适应市场的行为。

也许是零库存的诱惑太大，戴尔的榜样力量太强，国内一些企业也跑来"试水"直销和零库存。这颇为好笑，外来和尚都开始念中国经了，中国和尚还偏要去学外国经。结果是学了个四不像：国内某企业声称实现了"零库存"，却引来了一片质疑；其生产线的"按需定制"是按各地分公司的"需"而不是消费者的"需"生产。结果总部确实实现了零库存，但在各分公司都有规模巨大的变相库存，直销成了一种分散仓库的"体力运动"。这种伪零库存，令企业得到的也只是一个管理优秀的虚名而已，还可能为了建立与零库存对应的直销体系花费大笔资金。

请分析：

(1) 你认为企业要实现按需定制需要具备什么条件？

(2) 你对戴尔的库存管理思想有何评价？

(3) 我们在引进一种先进的管理模式时应该注意什么？

3. 实训题

到生产现场看一看

1) 实训目的

老师联系当地生产管理较好的企业，带学生参观学习，了解企业生产过程与现场管理。

2) 实训内容

(1) 请企业有关负责人介绍企业情况。

(2) 参观企业生产全过程。

(3) 认真观察企业现场管理状况，询问其管理方法。

3) 实训组织

(1) 以10人为单位分组，每组选出组长一名。

(2) 由老师带队到联系好的企业现场参观。

4) 考核方式

(1) 参观结束后，以组为单位讨论企业生产状况，分析企业现场管理中存在的问题及原因，提出改善建议，并写出调研报告。

(2) 老师评阅各组调研报告，并进行课堂讲评。

第十四章 现代企业生产计划管理

学习目标

(1) 了解生产计划的构成,理解生产计划指标和生产能力的概念。

(2) 初步掌握备货型和订货型企业年度生产计划的内容和制订方法。

(3) 理解生产作业计划的概念和各种期量标准,了解生产作业计划的编制方法。

课程导入案例

联想的快速反应与柔性生产

过去,企业先要做计划,再按计划生产,这是典型的推动型生产模式。现在,按订单生产的拉动型模式已为许多企业所采用。联想的所有代理商的订单都是通过网络传递到联想的。只有接到订单后,联想才会上线生产,迅速生产出产品,交给代理商。与其他企业不同的是,联想在向拉动型模式转化的过程中,并没有100%采用拉动型,而是对之加以改造,形成"快速反应库存模式"下的拉动型生产。

通过常年对市场的观察,联想清楚地知道自己各型号产品的出货量,据此,联想对最好卖的产品留出12天的库存,谓之常备库存。如果订单正好指向常备库存产品,就无需让用户等一个生产周期,可以直接交货,大大缩短了交货时间;如果常备库存与客户所订货不吻合,再安排上线生产。在每天生产任务结束,计算第二天产量时,都要先将常备库存补齐。

联想的快速反应库存模式成功与否,关键在于库存预测是否准确。联想从经营意识到具体业务操作都非常贴近客户、贴近市场,通过常年经验积累,摸索出一套行之有效的预测方法,使联想的预测与实际需求往往非常接近;而且每当出现偏差,联想都要及时进行经验总结,避免同样的问题重复出现。

联想已经实现了从大规模生产千篇一律的标准化产品向生产客户订制产品的转变。在柔性化生产线上,产品配置可以随用户需要进行调整,不同的CPU、硬盘、内存、软件系统等都可以按客户订制装配。2000年投入使用的位于北京上地信息产业基地的新厂,有一半生产线是按照柔性生产设计的。联想的Cell生产模式,无论在生产效率还是在产品质量上,都已经甚至超过了传统流水线制造模式。

第一节 生产计划管理概述

一、生产计划的地位

生产计划是指在企业生产策略的指导下,根据需求预测和优化决策对企业生产系统产出的品种、数量、速度、时间、劳动力和设备的配置以及库存水平等问题预先进行的考虑和安排。具体讲,就是将企业的生产任务同各生产要素进行反复的综合平衡,从时间和空间上对生产任务做出总体安排,并进一步对生产任务进行层层分解,落实到车间、班组,以保证计划任务的实现。它与其他职能计划的关系如图 14-1 所示。

从图 14-1 中可知，生产运作计划的主要依据是销售计划。销售计划反映了市场的需求，决定了企业生产什么、生产多少和何时生产。而生产计划是企业生产活动的龙头，是编制物资供应计划、劳动工资计划和技术组织措施计划的重要依据。各种职能计划又是编制成本计划和财务计划的依据。成本计划和财务计划是编制经营计划的重要依据。

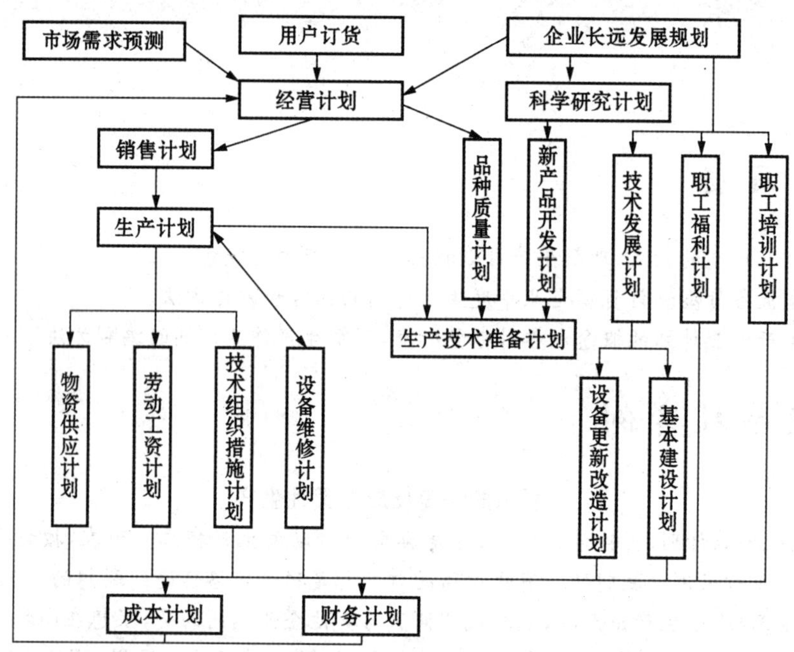

图 14-1　企业各种职能计划之间的关系

计划管理就是按照计划来管理企业的生产经营活动。计划管理是一个过程。通常包括编制计划、执行计划、检查计划完成情况和拟订改进措施 4 个阶段。计划管理包括企业生产经营活动的各个方面，如生产、技术、劳动力、供应、销售、设备、财务、成本，等等。计划管理不仅仅是计划部门的工作，所有其他部门和车间都要通过 4 个阶段来实行计划管理。

二、生产计划的构成

制造业生产计划的构成可按不同的标准进行分类。按计划的对象，可分为综合生产计划、主生产计划和物料需求计划；按计划的执行部门，可分为厂级生产计划、车间生产计划和班组生产计划；按计划的时间单位长短，可分为年度生产计划和生产作业计划。一般来说，综合生产计划、主生产计划和厂级生产计划属于年度生产计划，物料需求计划、车间生产计划和班组生产计划属于生产作业计划。现将综合生产计划、主生产计划和物料需求计划的主要内容介绍如下。

1. 综合生产计划

综合生产计划是对企业未来较长一段时间内预计资源消耗量和市场需求量之间的平衡所作的概括性设想，是根据企业所拥有的生产能力和需求预测对企业未来较长一段时间内的产出内容、产出量等问题所作的决策性描述。其样式如表 14-1 所示。

表 14-1　某自行车厂的总体计划

月份	1月	2月	3月	…
24 型产量/辆 26 型产量/辆	10 000 8 000	12 000 8 000	15 000 8 000	…
总工时/小时	50 000	50 000	55 000	…

综合生产计划主要包括以下指标：

(1) 品种。按照产品的需求特征、加工特性、所需人员和设备的相似性等，将产品分为几大系列，根据产品系列来制订综合生产计划。

(2) 时间。综合生产计划的计划期通常是 1 年(有些生产周期较长的产品，如大型机床等，可能是 2 年、3 年或 5 年)，因此有些企业也把综合生产计划称为年度生产计划或年度生产大纲。在该计划期内，使用的计划时间单位是月、双月或季。在滚动计划中，近期 3 个月的执行计划时间单位是月，而其他未来 9 月的粗生产计划单位是季。

(3) 人员。综合生产计划可用几种不同方式来考虑人员安排问题。例如，将人员按照产品系列分成相应的组，分别考虑所需人员水平；或将人员根据产品的工艺特点和人员所需的技能水平分组。综合生产计划还需要考虑需求变化引起的所需人员数量的变动，决定是采取加班方式还是聘用更多人员等。

2. 主生产计划

主生产计划是确定各最终产品在每一具体时间段内的生产数量。这里的最终产品，主要是指对于企业来说最终完成、要出厂的成品，它可以是直接用于消费的消费品，也可以是供其他企业使用的部件或配件。主生产计划通常以周为单位，在有些情况下，也可能以旬或月为单位。根据表 14-1 的综合生产计划所制订的主生产计划如表 14-2 所示。

表 14-2　某自行车厂的主生产计划(24 型)

月份	1月				2月				3月			
周次	1	2	3	4	5	6	7	8	9	10	11	12
C 型产量/辆		1 200		1 200		1 200		1 200		1 500		1 500
D 型产量/辆	1 500	1 500	1 500	1 500	2 000	2 000	2 000	2 000	2 500	2 500	2 500	2 500
R 型产量/辆	800		800		800		800		1 000		1 000	
月产量/辆	10 000				12 000				15 000			

3. 物料需求计划

在主生产计划确定之后，为了使之得到顺利实施，下一步要做的工作是确保规定的最终产品所需的全部物料(原材料、零件、部件等)以及其他资源在需要的时候能及时供应。**物料需求计划**就是制订企业生产所需的原材料、零件和部件的生产采购计划，包括：采购什么，生产什么，用什么物料，必须在什么时候订货或开始生产，每次订货量是多少，生产量是多少，等等。物料需求计划要解决的是主生产计划规定的最终产品在生产过程中相关物料的需求问题，而不是这些物料的独立的、随机的需求问题。这种相关需求的计划和管理比独立需求要复杂得多，对一个企业来说也十分重要。这是因为只要在物料需求计划中漏掉或延误一个零件，就会导致整个产品的生产不能按期完成。

综合生产计划、主生产计划以及物料需求计划之间的关系流程如图 14-2 所示。

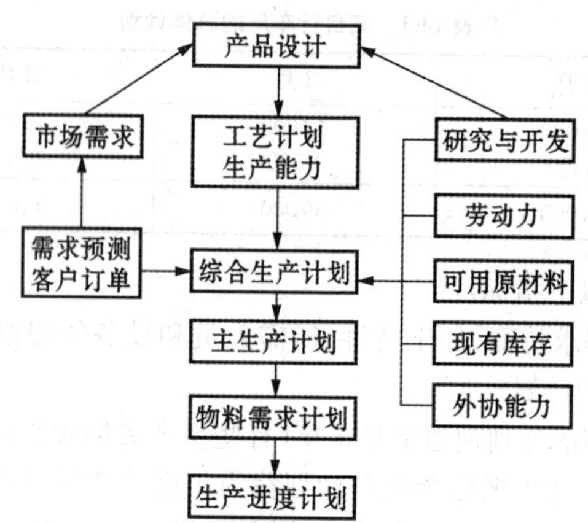

图 14-2　各种生产计划之间的关系

【内容点睛】

综合生产计划在生产计划体系中起着承上启下的作用，是制订主生产计划、物料需求计划和生产作业计划的前提。主生产计划是按阶段对综合生产计划的分解，物料需求计划是确定生产所需的原材料、零部件的生产采购计划。

生产计划还可以按其粗细程度不同分为计划层计划、执行层计划和操作层计划，各层次之间的特征如表 14-3 所示。

表 14-3　各层次计划的特征比较

	计 划 层	执 行 层	操 作 层
计划形式与种类	生产计划大纲、产品出产计划	零部件投入出产计划、原材料(外购件)需求计划等	生产作业计划、关键机床加工计划等
计划对象	产品、工装配件	零件(外购件、外协件)、毛坯、原材料	工序
基础数据	生产周期、成品库存	产品结构、制造提前期、零件、原材料、毛坯库存品库存	加工路线、加工时间、在制品
编制部门	经营计划处	生产处	车间计划处
计划期限	1 年	1 月、1 季	双日、周、旬
时间单位	季、月	旬、周、日	工作日、小时、分
空间范围	全厂	车间及有关部门	工段、班组、工作地

三、生产计划的指标体系

生产计划的中心内容是确定生产指标，主要指标包括产品品种、产品质量、产品产量和产值。企业生产计划的主要指标从不同的侧面反映了企业对生产产品的要求。

1. 产品品种指标

产品品种指标是指企业在计划期内应当出产的产品品种、规格的数量。品种指标能够在一定程度上反映企业适应市场的能力，一般来说，品种越多，越能满足不同的需求。但是，过多的品种会分散企业生产能力，难以形成规模优势。因此，企业应综合考虑，合理确定产品品种，加快产品的更新换代，努力开发新产品。

2. 产品质量指标

产品质量指标是指企业在计划期内生产的产品应该达到的质量标准。产品质量包括内在质量与外在质量两个方面。内在质量是指产品的性能、使用寿命、工作精度、安全性、可靠性和可维修性等因素;外在质量是指产品的颜色、式样、包装等因素。在我国,产品的质量标准分为国家标准、部颁标准和企业标准3个层次。产品的质量标准是衡量一个企业的产品满足社会需要程度的重要标志,是企业赢得市场竞争的关键因素。

3. 产品产量指标

产品产量指标是指企业在计划期内应当生产的合格的工业品实物数量或应当提供的合格的工业性劳务数量。产品的产量指标常用实物指标或假定实物指标表示。例如,钢铁用"吨",发电量用"千瓦·时"等表示。产品产量指标是表明企业生产成果的一个重要指标,它直接来源于企业的销售量指标,也是企业制定其他物量指标和消耗量指标的重要依据。

4. 产品产值指标

产品产值指标是指用货币形式表示的企业生产产品的数量。企业的产品产值指标有商品指标、总产值和净产值三种表现形式。

(1) 商品产值。是指企业在计划期内生产的可供销售的产品或工业劳务的价值。其内容包括用自备原材料生产的可供销售的成品和半成品的价值,用订货者来料生产的产品的加工价值,对外完成的工业性劳务价值。

(2) 总产值。是指用货币形式表现的企业在计划期内应该完成的产品和劳务总量。它反映企业在计划期内生产的总规模和总水平,其内容包括商品产值,订货者来料的价值,在制品、半成品、自制工具的期末期初差额价值,它是计算企业生产发展速度和劳动生产率的依据。

(3) 净产值。是表明企业在计划期内新创造的价值。净产值的计算方法有两种:一是生产法,即从工业总产值中扣除物质消耗价值的办法;二是分配法,这种方法从国民收入初次分配的角度出发,将构成净产值的各要素直接相加求得净产值,这些要素主要包括工资、职工福利基金、税金、利润及其他属于国民收入初次分配的其他支出。

在实践中,商品产值和净产值一般用现行价格计算,总产值则要求用不变价格计算。

5. 出产期

出产期是为了保证按期交货所确定的产品出产期限。正确地决定出产期很重要。因为出产期太紧,不能保证按期交货,会给用户带来损失,也给企业的信誉带来损失;出产期太松,不利于争取顾客,还会造成生产能力浪费。

【内容点睛】

不同企业编制生产计划时决策的重点不一样,指标的构成也不尽相同。比如,备货型企业主要确定品种和产量指标,而订货型企业主要确定交货期和产品价格指标。生产计划指标体系的构成内容还必须满足国家宏观调控和国民经济核算的需要。比如,目前许多企业就按照要求计算"增加值"而不是"净产值"。

四、生产能力

1. 生产能力的概念与种类

生产能力是指一个设施的最大产出率。这里的设施可以是一道工序、一台设备,也可以是整个企业。本章论述的生产能力主要是指一个企业的生产能力。

企业的**生产能力**是指企业在一定时期内,在合理的、正常的技术组织条件下,所能生产的一定种类的产品的最大数量。它是反映企业所拥有的加工能力的一个技术参数,也反映企业的生产规模。

实际运用中的生产能力有多种不同的表达方式，包括设计能力、查定能力和计划能力等。

(1) 设计能力。设计能力是企业建厂时在基建任务书和技术文件中所规定的生产能力，它是按照工厂设计文件规定的产品方案、技术工艺和设备，通过计算得到的最大年产量。企业投产后往往要经过一段熟悉和掌握生产技术的过程，甚至需要改进某些设计不合理的地方，才能达到设计生产能力。设计能力也不是不可突破的，当操作人员熟悉了生产工艺，掌握了内在规律以后，通过适当的改造是可以使实际生产能力超过设计生产能力的。

(2) 查定能力。对于老企业，可能由于产品方向有所改变，或者是产品结构的重新设计，也可能因为工艺方法有所改进等种种原因，当初的设计能力已不能反映实际情况，这时需要对企业的生产能力进行重新核准，称此结果为查定能力。查定能力是企业的实际生产能力，对企业的各类计划有指导作用，是企业计划工作的基本参数。

(3) 计划能力。企业在年度计划中规定本年度要达到的实际生产能力称为计划能力。计划能力包括两大部分：一是企业已有的生产能力，是近期内的查定能力；二是企业在本年度内新形成的能力。后者可以是以前的基建或技改项目在本年度形成的能力，也可以是企业通过管理手段而增加的能力。计划能力的大小基本上决定了企业的当期生产规模，计划生产量应该与计划能力相匹配。企业在编制计划时要考虑市场需求量。能力与需求不大可能完全一致，利用生产能力的不确定性，在一定范围内可以对生产能力进行短期调整，以满足市场需求。

2. 生产能力的计量单位

由于企业种类的广泛性，不同企业的产品和生产过程差别很大，在作生产能力计划以前，必须确定本企业的生产能力计量单位。常见的生产能力计量单位如下：

(1) 以产出量为计量单位。调制型和合成型生产类型的制造企业生产能力以产出量表示十分确切明了。例如，钢铁厂、水泥厂都以产品吨位作为生产能力，家电生产厂是以产品台数作为生产能力。这类企业的产出数量越大，生产能力也越大。

(2) 以原料处理量为计量单位。对于使用单一原料生产多种产品的企业，以工厂年处理原料的数量作为生产能力的计量单位是比较合理的。例如，炼油厂以一年加工处理原油的吨位作为它的生产能力。这类企业一般属于分解型企业。

(3) 以投入量为生产能力计量单位。有些企业如果以产出量计量它的生产能力，则会使人感到不确切，不易把握。例如，发电厂年发电量几十亿度，巨大的天文数字不易比较判断，还不如用装机容量来计量更方便。这种情况在服务业中更为普遍，例如，航空公司以飞机座位数量为计量单位，而不以运送的客流量为计量单位；医院以病床数为计量单位而不是以诊疗的病人数为计量单位。

3. 生产能力核定

不同类型的企业，其生产能力核定方式不同。相比之下，制造企业的生产能力核定稍微复杂一些，主要原因是这类企业产品的加工环节多，参与加工的设备数量大，设备能力又不是连续变动的，而是呈阶梯式发展的，所以各环节的加工能力是不一致的。核定工作通常从底层开始，自下而上进行，先核定单台设备的能力，然后逐步核定班组(生产线)、车间、工厂的生产能力。

制造企业的生产能力核定主要有以下两种情况：成批生产类型的企业，生产单位的组织通常采用工艺专业化原则。产品的投料与产出有较长的间隔期和明显的周期性。它们的生产能力核定与工艺专业化原则划分车间和班组有密切关系，有自己的特点。

在大量生产企业，总装与主要零件生产都采用流水线生产方式，因此，企业生产能力是按每条流水线进行核定的。先核定各条零件制造流水线的能力，再确定车间的生产能力，最后通过平衡，求出全厂的生产能力。

【内容点睛】

生产能力对企业生产活动是一个基本约束条件。长期生产能力的扩张需要企业的基本建设投入,短期生产能力的调整可以通过改变雇员数量、产出和库存水平以及外协条件等因素来实现。企业生产计划管理就是要实现市场需求、生产能力和生产任务的动态平衡。

第二节　年度生产计划

一、备货型企业年度生产计划

备货型生产企业,由于顾客可直接从成品库提货,无交货期设置问题,因此,编制其年度生产计划的核心内容是确定品种和产量指标,进而编制出产进度计划。

1. 品种与产量的确定

大量大批生产及中批生产多数属于备货型生产方式。对于大量大批生产类型而言,所生产的产品品种少,市场需求量很大,需求较稳定,品种相对稳定。因此,品种的选择属于企业战略决策问题,在编制年度生产计划时一般不进行品种的决策,产量的决策是其核心内容,一般从外部和内部两个方面考虑。

从外部考虑,产量的决策主要指生产的产品数量必须符合市场的需求。在企业的年度经营计划中,市场的需求主要体现在销售计划中。因此,企业只要按照"以销定产"的原则,根据销售计划确定生产的数量,就可满足市场需求。根据销售计划确定产量的公式如下:

$$计划生产量 = 计划销售量 + 期末库存量 - 期初库存量 \tag{14-1}$$

从内部考虑,产量的决策主要指生产的数量必须考虑企业规模经济的要求和生产要素(主要是生产能力)的限制。规模经济的要求主要指生产的数量至少要达到盈亏平衡点产量,而最佳的生产数量是实现目标利润必须达到的生产数量,即目标生产量。

产销平衡条件下,计算盈亏平衡点产量和目标生产量的公式分别如下:

$$Q_0 = \frac{F}{P-V} \tag{14-2}$$

$$Q^* = \frac{F+E}{P-V} \tag{14-3}$$

式中,Q_0——盈亏平衡点产量;Q^*——目标生产量;E——目标利润;F——固定成本;P——单位产品价格;V——单位产品变动成本。

考虑生产要素的限制确定生产数量,实际上就是反映企业内部条件,这也是确定生产计划时必须考虑的重要问题。生产要素包括资金的供应、劳动力的结构和水平、生产能力水平、原材料与动力供应等。其中,生产能力是影响生产数量的主要因素,因为决定生产能力大小的主要因素是固定资产,固定资产在所有的生产要素中,投资额巨大,且水平比较稳定。从提高企业经济效益的要求看,必须充分利用固定资产,其余生产要素的数量相对来说容易改变。考虑生产能力大小对确定生产数量的影响,实际上就是生产能力与计划生产任务的平衡问题。

对于多品种批量生产企业而言,在编制年度生产计划时,不仅有产量的选择,同时也有品种的选择。当然,产量和品种的选择不是战略性决策而是战术性决策。多品种批量生产条件下的品种和产量的确定,同样必须考虑销售计划和规模经济的要求。此外,在考虑内部条件时,要解决如何在各种产品间分配每一时期企业有限资源,使企业效益最好。

在多品种批量生产条件下,品种、产量的优化问题可用线性规划方法解决。该方法可求得资源约束下(生产能力、原材料、动力等)各种产品的产量,使利润最大。

2. 产品出产计划的编制

产品出产计划是企业各部门、各生产环节的行动指南，它把全年的任务，按品种、规格和数量具体地分配到各季、各月。编制产品出产进度计划，是一项比较细致和复杂的工作，一般应符合下列要求：

(1) 保证订货合同所规定的产品品种、数量、质量、交货期。

(2) 合理组合与搭配各种产品的生产，确定各个时期产量的增长幅度，从而使企业各车间在全年各季、各月的生产设备负荷保持均衡。

(3) 使原材料、外协件的供应时间和数量与生产进度安排协调一致。

(4) 使生产技术准备工作与产品生产的安排在时间上紧密衔接，充分考虑生产技术准备周期。

(5) 使生产任务的安排同各项技术组织措施付诸实施的时间结合起来，使各季、各月生产任务的完成有可靠的保证。

(6) 要瞻前顾后，注意各生产环节的衔接。

安排产品出产计划，必须考虑市场需求对出产计划的不同要求。市场需求分为均衡需求和非均衡需求。均衡需求指市场需求在各个时期的需求数量是稳定的或均匀变化的，一般不出现季节性需求和需求大起大落的波动现象；非均衡需求则相反。

1) 均衡需求条件下

在均衡需求条件下产品出产计划的安排，要依据不同生产类型的不同特点，区别对待。

(1) 大量生产企业产品出产计划的安排。大量生产是典型的备货型生产，其生产的直接目的是补充成品库存，使生产率均匀，保证生产的节奏性。可以采用改变库存水平的策略，将市场与生产系统隔开，产品出产计划的安排有以下三种方式：

① 均匀分配方式。即将全年计划产量按平均日产量分配给各月。这种方式适用于需求稳定，生产自动化程度较高的情况。

② 均匀递增分配方式。即将全年计划产量按每季(或每月)劳动生产率平均增长数，分配到各月生产。这种方式适用于需求逐步增加，企业劳动生产率稳定提高的情况。

③ 抛物线递增分配方式。即将全年产量按开始增长较快，以后逐渐缓慢递增的方式安排各月任务。这种方式适宜于需求有限的情况。

(2) 成批生产企业产品出产计划的安排。由于成批生产企业品种较多，各种产品产量相差较大，不能采用大量生产企业的方式安排产品出产计划。具体方法有：对于有订货合同的产品，要按合同规定的数量与交货期安排，以减少库存；对于产量大、季节性需求变动小的产品，可按“细水长流”方式安排；对于产量小的产品，要权衡库存费用与生产准备费用，确定投产批量，做到经济合理。对于同一系列不同规格的产品，当产量较少时，尽可能安排在同一时期内生产，这样可以集中组织通用件的生产。

2) 非均衡需求条件下

非均衡需求是一种最普遍的需求现象。如何在满足市场非均衡需求的前提下，保证企业生产过程的均衡性，是产品出产计划要解决的核心问题。处理非均衡需求可采用改变库存水平、改变生产率和改变工人数量 3 种策略。

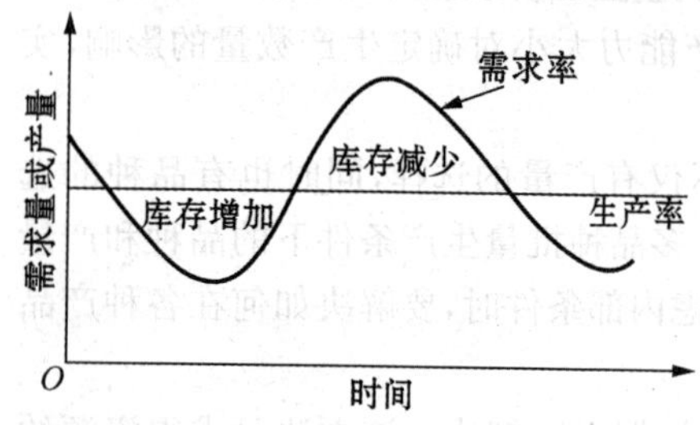

图 14-3 通过改变库存来吸收需求波动

(1) 改变库存水平。即通过库存来调节生产，维持生产率和工人数量不变，如图 14-3 所示。当需求不足时，由于生产率不变，库存量会上升；当需求过大时，将消耗库存来满足需要，库存会减少。这种策略可以不必按最高生产负荷配备生产能力，因而，节约了固定资产投资，是处理非均衡需求常用的策略。成品库存的作用好比是水库，可以蓄水和供水，既防旱又防涝，保证水位正常。但是，通过改变库存水平来适应市场的波动，会形成库存费；同时，库存也破坏了生产的准时性。对纯劳务性生产，不能采用这种策略。纯劳务性生产只能通过价格折扣等方式来转移需求，使负荷高峰比较平缓。

(2) 改变生产率。是指使生产率与需求率匹配。需要多少就生产多少，这是准时制生产所采用的策略，它可以消除库存。生产任务紧时加班加点，松时把工人调到其他生产单元或做清理工作。当任务超出太多时，可以采取转包或外购的办法。这种策略引起的问题是生产不均衡，同时会多付加班费。

(3) 改变工人数量。即在需求量大时多雇工人，在需求量小时裁减工人。这种做法不一定永远可行。对技术要求高的工种一般不能采取这种策略，因为技术工人不是随时可以雇到的。另外，工人队伍不稳定会引起产品质量下降和一系列的管理问题。

【内容点睛】

以上3种策略可以任意组合成不同的混合策略，比如，可以将改变工人的数量与改变库存水平结合起来。混合策略一般要比单种策略效果好。究竟采用什么样的策略，一般要通过反复试验去确定。

二、订货型企业年度生产计划

单件小批生产属于典型的订货型生产方式，其特点是按用户订单的要求，生产规格、质量、价格、交货期不同的专用产品。单件小批生产制造的产品大多为生产资料产品，如大型船舶、电站锅炉、化工炼油设备、汽车厂的流水线生产设备等，它们为其他生产活动提供劳动手段。

对于单件小批生产，由于订单到达具有随机性，产品往往又是一次性需求，无法事先对计划期内的生产任务作总体安排，也就不能采用线性规划法进行品种和产量的优化。但是，单件小批生产仍需要编制生产计划大纲。生产计划大纲可以对计划年度内企业的生产经营活动和接受订货决策进行指导。一般来讲，编制大纲时，已有部分确定的订货，企业还可根据历年的情况和市场行情，预测计划年度的任务，然后根据资源的限制进行优化。单件小批生产企业的生产计划大纲只能是指导性的，产品出产计划是按订单做出的。因此，对单件小批生产企业来说，接受订货决策十分重要。

1. 是否接受订货决策

当用户订单到达时，企业要做出是否接受订货，接受多少，何时交货的决策。在进行这些决策时，不仅要考虑企业所能生产的产品品种，现已接受任务的工作量，生产能力与原材料、燃料、动力供应状况、交货期要求等，而且要考虑价格是否能接受。因此，这是一项十分复杂的决策。其决策过程如图14-4所示。

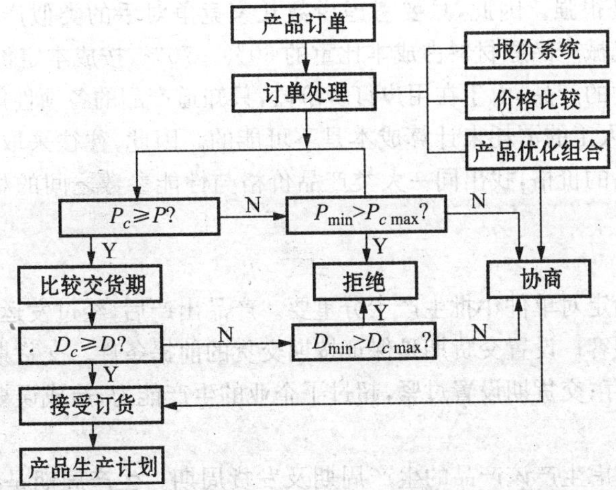

图14-4 订货决策程序

用户订货一般包括要订货的产品型号、规格、技术要求、数量、交货时间(D_c)和订货价格(P_c)。在顾客心里可能还有一个最高可以接受的价格($P_{c\max}$)和最迟的交货时间($D_{c\max}$)。超过此限度,顾客将另寻生产厂家。

对于生产企业来说,会根据顾客所订的产品和对产品性能的特殊要求以及市场行情,运用其报价系统(计算机或人工系统)给出一个正常价格(P)和最低可接受的价格($P_{\min}$),也会根据现有任务情况、生产能力和生产技术准备周期、产品制造周期,通过交货期设置系统(计算机和人工的)设置一个正常条件下的交货期(D)和赶工情况下最早的交货期($D_{\min}$)。

在品种、数量等其他条件都满足的情况下,显然,当 $P_c \geqslant P$ 和 $D_c \geqslant D$ 时,订货一定会被接受,接受的订货将列入产品出产计划;当 $P_{\min} > P_{c\max}$ 或者 $D_{\min} > D_{c\max}$,订货一定会被拒绝。除了这两种情况以外的决策很复杂,其结果可能被接受,也可能拒绝,需经双方协商解决。较紧的交货期和较高的价格,或者较松的交货期和较低的价格,都可能成交。符合企业产品优化组合的订单,可能在较低价格下成交,不符合企业产品优化组合的订单可能在较高价格下成交。

从接受订货决策过程可以看出,品种、数量、价格与交货期的确定对订货型企业十分重要。

2. 品种、价格与交货期的确定

1) 品种的确定

对于订单的处理,除了前面讲的即时选择的方法之外,有时还可将一段时间内接到的订单累积起来再做处理。这样做的好处是,可以对订单进行优选。

小批生产企业也可用线性规划法确定品种与数量,单件生产企业无所谓产量问题,可采用 0-1 型整数规划来确定产品品种。

2) 价格的确定

确定价格常用的方法有成本导向定价法和市场导向定价法。

(1) 成本导向定价法。这是以产品成本作为定价的基本依据,加上适当的利润和应纳税金,得出产品价格的一种定价方法。这种方法从生产厂家的角度出发,能确保成本得以补偿并获取一定利润。但由于忽视了市场竞争与供求关系的影响,因此在供求基本平衡的条件下比较适用。

(2) 市场导向定价法是按市场行情定价,然后再推算成本应控制的范围。按市场行情定价,主要是看具有同样或类似功能产品的价格分布情况,然后再根据本企业产品的特点,确定顾客可以接受的价格。按此价格来控制成本,使成本不超过某一限度,并尽可能小。

对于单件小批生产的机械产品,一般采用成本导向定价法。由于单件小批生产产品的独特性,它们在市场上的可比性不是很强。因此,只要考虑少数几家竞争对手的类似产品的价格就可以了。而且,大量统计资料表明,机械产品原材料占成本比重的 60%～70%,按成本定价是比较科学的。

对于企业从未生产过的产品,由于在用户订货阶段,只知道产品的各项性能及参数要求,并无设计图纸和工艺,按原材料和人工的消耗来计算成本是不可能的。因此,往往采取类比的方法来定价。即按过去已生产的类似产品的价格,找出同一大类产品价格与性能参数之间的相关关系,来确定订货产品的价格。

3) 交货期的确定

出产期与交货期的确定对单件小批生产十分重要。产品出产后,经过发运才能交到顾客手中。交货迅速而准时可以争取顾客。设置交货期是保证按期交货的前提条件。交货期设置过松,对顾客没有吸引力,还会增加成品库存;交货期设置过紧,超过了企业的生产能力,造成误期交货,会给企业带来经济损失和信誉损失。

交货期的确定主要考虑生产该产品的生产周期及发货周期。**生产周期**是指从接受订货后的生产技术准备工作开始一直到产品经过制造完工后进入成品库的时间;**交货周期**是指产品从成品库发出,经过发运交到顾客手中的时间。其中,最主要的时间是产品生产周期,交货期的确定实质上就是正确计算产品生产周期。产品生产周期的确定一般可采用经验估计法、生产周期图表法等。如果顾客要求的交货期比较紧,则可采用网络计划技术中的"时间优化"或"时间费用优化"的原理缩短生产周期。在正常条件下确定的生产周期可作为正常交货期的重要依据,在"时间优化"或"时间费用优化"的条件下确定的生产周期可作为最早交货期的主要依据。

【内容点睛】

年度生产计划的主要内容包括计划期的总产量计划与进度计划。计划期的长度一般为一年,年度生产计划的主要目的是合理利用企业生产资源,满足需求并保证经营目标的实现。

第三节　生产作业计划

一、生产作业计划的概念与依据

生产作业计划是生产计划的延续,是企业年度生产计划的具体执行计划。它是协调企业日常生产活动的中心环节。它根据年度生产计划规定的产品品种、数量、质量及大致的交货期要求对每个生产单位(车间、工段、班组等),在每个具体时期(月、旬、班、小时等)内的生产任务做出详细规定,使年度生产计划得到落实。生产作业计划具有以下3个方面的显著特点。

(1) 计划期短。生产计划的计划期通常为季或月,而生产作业计划则详细规定月、旬、日、小时的工作任务。

(2) 计划内容具体。生产计划是全厂的计划,而生产作业计划则把生产任务落实到车间、工段、班组和工人。

(3) 计划单位小。生产计划一般只规定完整产品的生产进度,而生产作业计划则详细规定各零部件的生产进度,甚至规定工序的进度安排。

企业编制生产作业计划所需的资料很多,主要依据是:总体计划、主生产计划和各项订货合同;前期生产作业计划的预计完成情况;前期在制品周转结存预计;产品劳动定额及其完成情况,现有生产能力及其利用情况;原材料、外购件、工具的库存及供应情况;设计及工艺文件,其他有关技术资料;产品的期量标准及其完成情况。

二、期量标准

期量标准是编制生产作业计划的重要依据,又称作业计划标准,是指为制造对象在生产期限和生产数量等方面所规定的标准数据。制定合理的期量标准,对于准确确定产品的投入和产出时间,做好生产过程各环节的衔接,缩短产品生产周期,节约企业在制品占用,都有重要的作用。

由于企业的生产类型和生产组织形式不同,所采用的期量标准也就不同。具体而言:大量流水线生产的期量标准有节拍、节奏、流水线工作指示图表、在制品定额等;成批生产的期量标准有批量、生产间隔期、生产周期、生产提前期、在制品定额、交货期等;单件生产的期量标准有生产周期、生产提前期等。下面以成批生产的企业为例,介绍其主要期量标准的制定。

1. 批量和生产间隔期

批量是指一次投入(或产出)相同产品(或零件)的数量;**生产间隔期**是指前后相邻两批同种产品(或零件)投入(或产出)的时间间隔。批量与生产间隔期之间的关系可表示为:

$$批量 = 生产间隔期 \times 平均日产量 \quad (14\text{-}4)$$

确定批量的方法有经济批量法、最小批量法和以期定量法。

(1) 经济批量法。也称最小费用法，是根据单位产品付出费用最小为原则来确定批量。生产费用与批量之间存在着函数关系。批量主要通过两方面的因素影响生产费用：一是生产准备费用，这部分费用随生产批次增加而增加，与批量成反比；二是保管费用，即在制品在存储保管期间所发生的费用，如仓库管理费用、资金呆滞损失、存货的损耗费用等，这些费用与批量大小和存储时间长短有关，即在一定期间内与批量成正比。费用与批量的关系如图 14-5 所示。

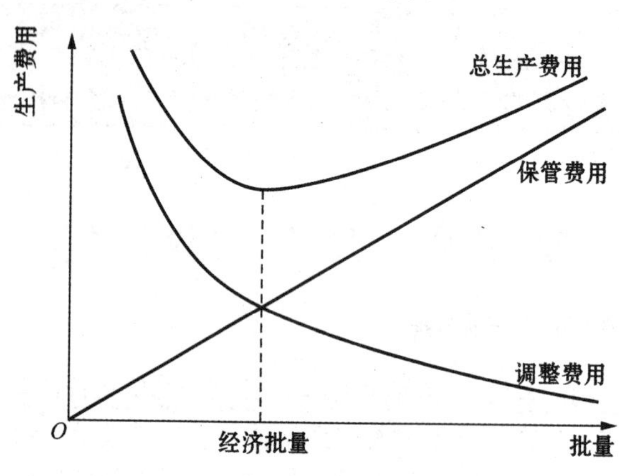

图 14-5　生产费用与批量的关系

当两种费用之和最小时所对应的批量就是经济批量，其计算公式为：

$$\text{经济批量}=\sqrt{\frac{2\times\text{年产量}\times\text{一次设备调整的费用}}{\text{单位产品的年平均保管费用}}} \tag{14-5}$$

(2) 最小批量法。最小批量法是确定批量和生产间隔期时常用的一种以量定期法。此方法从设备利用和生产率两方面来考虑批量的选择，要使得选定的批量能够保证一次准备与结束时间对批量加工时间的比值不大于给定的数值，其计算公式为：

$$\text{设备调整允许损失系数}\geqslant\frac{\text{准备与结束时间}}{\text{最小批量}\times\text{单件工时}} \tag{14-6}$$

设备调整允许损失系数由经验确定，一般规定在 0.02～0.12 之间，具体数值如表 14-4 所示。

表 14-4　设备调整允许损失系数

零件体积	生产类型		
	大批量生产	中批量生产	单件小批量生产
小件	0.03	0.04	0.05
中件	0.04	0.05	0.08
大件	0.05	0.08	0.12

(3) 以期定量法。以期定量法是根据已定的标准生产间隔期来计算批量。采用以期定量法确定的批量，常与月产量成倍比关系，以便于生产管理。这种方法简单易行，在品种多、零件自制的成批生产中应用较广。

2. 生产周期和生产提前期

生产周期可以按零件工序、零件加工过程和产品进行计算。其中零件工序生产周期是计算产品生产周期的基础。**零件工序生产周期**是指一批零件在某道工序上的作业时间。零件加工的生产周期是指零件从投入时刻起至加工完毕止的时间长度。产品生产周期是指各工艺阶段的生产周期与所有保险期之和。

生产提前期是以成品的出产日期为基准，以生产周期和生产间隔期为参数，按产品工艺过程的相反顺序计算的。生产提前期分为投入提前期和产出提前期。投入提前期是指制品在某工艺阶段投入生产的日期比成品完工日期提前的天数。产出提前期是指制品在某一工艺阶段出产的日期比成品完工日期提前的天数。

生产周期和生产提前期的示意如图14-6所示。

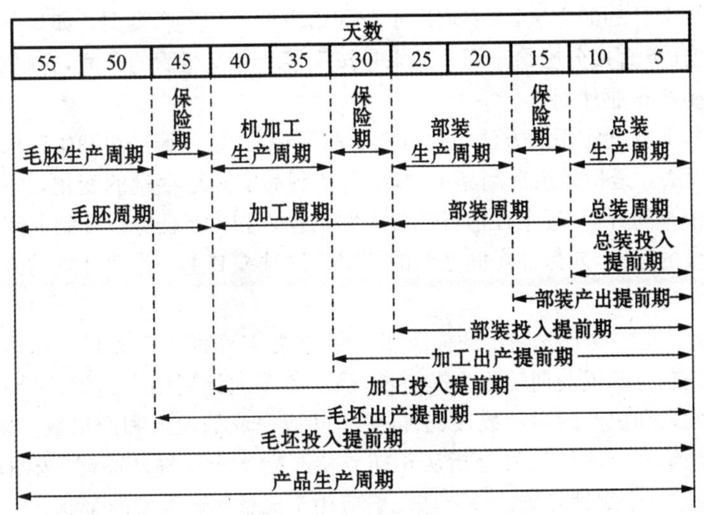

图14-6　生产周期结构示意图

3. 在制品定额

在制品是对处于生产过程中尚未完工的所有加工对象的总称。在**制品定额**也称在制品占用量定额，是指在一定的技术组织条件下，各生产环节上为了保证生产正常进行所必需的最低限度的在制品的标准储备量。在制品定额是协调和控制在制品流转衔接、均衡组织生产的主要依据。合理的在制品定额，既要能保证生产正常需要，又能使在制品占用量保持较低的水平。

由于企业生产类型、生产组织形式和生产技术条件不同，在制品定额的制定方法也不同。

1) 大量流水生产条件下

流水线内部的在制品，按其性质和作用可划分为以下4种不同形态：

(1) 工艺在制品。是指流水线的各个工作地上正在进行加工和检验的在制品。

(2) 运输在制品。是指处于连续流水线的运输过程中或放置在运输装置上的在制品。

(3) 周转在制品。亦称流动在制品，是指在间断流水线上由于相邻两工序的生产率不同而形成的在制品。

(4) 保险在制品。这是为了保证流水线上某一工序发生意外时，整个流水线仍能正常工作而设置的在制品。这项在制品只在最容易出故障的工序上设置。

流水线内部的4项在制品需根据工作地具体加工情况而制定，或根据经验统计资料而制定。例如，在连续流水线上不考虑周转在制品，而在间断流水线上则不考虑运输在制品。

2) 成批生产条件下

车间内部的在制品定额取决于产品生产的计划期末停留在车间内的产品的批数和批量，其计算公式为：

$$\text{车间内部的在制品定额} = \frac{\text{一批零件在该车间的生产周期}}{\text{该种零件在该车间的生产间隔期}} \times \text{批量} \tag{14-7}$$

车间之间的在制品，即库存半成品，是为了保证前后车间的生产衔接而形成的，其中还包括保险储备量，一般根据过去的统计资料而确定。

三、生产作业计划的编制

编制生产作业计划，一般是先将企业生产任务分配到各车间编制车间生产作业计划，然后由车间再分配到工段、班组直至工人编制车间内生产作业计划。

编制厂级生产作业计划的方法，主要取决于车间组织形式和生产类型。如果是按对象专业化组织的车间，可以按生产任务直接分配给车间。如果是按工艺专业化组织的车间，应根据不同的生产类型，采取不同方法编制生产作业计划。

编制企业生产作业计划常用的方法主要有在制品定额法、累计编号法和生产周期法等。

(1) 在制品定额法。是指运用在制品定额，结合在制品实际结存量的变化，按产品反工艺顺序，从产品出产的最后一个车间开始，逐个往前推算各车间的投入和出产任务。在制品定额法以在制品定额作为调节生产任务量的标准，来保证车间之间的衔接。这种编制生产作业计划的方法主要适用于大批大量生产类型的企业。

(2) 累计编号法。是根据预先制定的提前期标准，规定各车间出产和投入应达到的累计号数的方法。这种方法将预先制定的提前期转化为提前量，确定各车间计划期应达到的投入和出产的累计数，减去计划期前已经投入和出产的累计数，以求得各车间应完成的投入和产出数。采用这种方法，生产的产品必须实行累计编号。累计编号是指从年初或从开始生产这种产品起，按照产品出产的先后顺序，为每一件产品编上一个累计号码。该方法一般应用于成批生产类型的企业。

(3) 生产周期法。单件小批生产类型的企业，编制生产作业计划要解决两个方面的问题：一是保证交货期；二是保证企业生产车间之间相互衔接。为了实现这一目标，这类企业经常使用生产周期法编制生产作业计划。这种方法一般包括3个步骤：首先，根据接受顾客订货的情况，分别安排生产技术准备工作；其次，根据合同规定的交货期，采用网络计划技术及相关技术，为每一项订货编制生产周期进度表；最后，进一步调整平衡后，编制月度作业计划，正式确定各车间的生产任务。

【内容点睛】

生产计划工作是一个由上至下，由综合到具体，由长期到短期，逐步分解生产经营目标的过程，最终将生产目标转化为每一个具体生产单位，甚至是每一个员工的生产任务。

课后练习

1. 思考题

(1) 什么是生产能力？生产能力包括哪几种？

(2) 生产计划有哪些主要指标？这些指标之间有什么关系？

(3) 成批生产类型的期量标准主要有哪些？

(4) 讨论生产计划管理的意义。

2. 案例分析

成长的烦恼

某重型汽车有限公司是20世纪80年代后期国家为改变汽车工业“缺重”局面，实施“高起点、高标准、高品质”战略决策而建设的重点项目。

公司技术力量雄厚，设备先进。为在引进过程中确保制造技术的完整全面吸收和不降等级的移植，实现“拥有名牌、保持名牌、发展名牌”的名牌战略，用高品质的重型车拓展国内外市场，公司累计投资超12亿人民币，建成了具有世界先进水平的汽车总装、车桥加工、分动箱加工、联动大型驾驶室覆盖件和车架成型冲压、艾森曼喷漆等大型生产线。生产20种基本车型229个品种载重车、自卸车、半挂牵引车、全驱动车，具有年产6 000辆整车的能力，同时开发了99种改装专用车底盘。其产品用于石油、化工、邮政、铁路、公路、银行、港口、水电、林业、消防、军事等各行各业，成为我国技术档次最高、最具发展潜力的重型汽车生产基地之一。

近年来国内重车市场发展非常迅速，企业的产品和产量进一步扩大，产量由初期1 000辆增加至5 000辆，品种更是增加到300余种。由于重车本身的制造个性化的特点，尽管设计能力6 000辆，而此时生产已经出现了捉襟见肘的地步，一线人员疲于奔命，穷于应付，质量问题时有发生。

随着产量的增加，生产制造部门的矛盾日益突出，主要体现在以下几个方面：

(1) 整车规格型号太多而导致其预测难度较大(目前的预测精度仅为20%)，而且销售公司针对客户需求提出的特殊车型要求没有统一的规范格式，由于没有建立标准、规范车型配置数据管理，订单配置混乱，所以很难准确预测销售总量与型号，结果排产计划调整频繁，计划更改和配置变化指令有时候一个月竟然多达300条。

(2) 制造部编制的生产计划主要是依据销售公司的预测编制月度生产计划和上线作业计划等。各级物料计划由各分厂(车桥厂、冲压厂、总装厂及物质供应部门)根据生产计划自行编制，因此，计划的一致性难以保证，经常出现停工待料和紧急采购现象。

(3) 生产与技术部门信息沟通滞缓，投产控制所需的基础数据资料——整车型谱、基础件明细表、特殊件手册、物料号等，由技术中心制订、维护，在需要时派人定期或不定期去技术中心拷贝，但明细表等信息的状态几乎每天都在变化；所以投产控制的相关文件资料与技术中心的在很多时候不统一，造成各种计划的不准确，导致所产车型非用户所需，而需将成品整车返回车间重新改装以满足应急订单的情况时有发生。

(4) 生产加工过程中缺乏详尽、准确的标准生产工时(或机时)消耗等工艺数据，使得制造部在制订相关计划时没有完整、准确的工艺基础数据支持，只能靠经验与估计来判断生产进度以及安排后续生产计划。

请分析：

(1) 分析企业的生产制造环境。

(2) 该企业面临的问题的根源在哪里？应该从哪些方面加以解决？

(3) 如何设计企业的生产计划与控制体系？

3. 实训题

利用到企业实习或参观的机会，调查某个企业生产计划管理的具体内容和采用的计划方法，并写出调查报告。

第十五章 现代企业物流管理

学习目标

(1) 理解物流的概念和作用。
(2) 熟悉企业物流和企业物流管理的内容。
(3) 掌握几类典型企业的物流过程。
(4) 掌握企业物流管理的主要工作,并能在不同企业中合理应用。

课程导入案例

疯狂的电子商务

估计很多人都会在2012年的"光棍节"后,注意到这样一则消息:2012年11月12日凌晨,阿里巴巴集团宣布,其双十一促销的支付宝总销售额191亿,其中天猫为132亿,淘宝为59亿。相对于2011年天猫的33.6亿,淘宝的19.4亿,同比增速为292%,而淘宝为204%。"双十一"全天,支付宝交易笔数超1亿笔,最高峰时处理交易数达20.5万笔/分钟。虽然当时同样举行双十一促销的京东商城和苏宁易购未有相关数据披露,但我们仍然看到了电子商务惊人的疯狂,买卖双方皆大欢喜。

但随着轰轰烈烈的光棍节促销活动的结束,新的问题出现了:一周了,10天了,为什么我在网上买的东西还没到呢?尽管物流行业已于节前对可能出现的物流爆仓现象进行了充分的准备,但陡增的订单量让包括淘宝、京东、当当等著名电商网站都出现了订单积压和发货延迟等问题,不得不在后期追加用户安抚工作。其中,美特斯邦威的线上购物平台邦购网,更是向双十一节期间订单延误的顾客推出了"50元红包抵用券"补偿计划。

你参与了这起促销活动吗?你是否一直守在电脑前,数着秒,等着抢购你心仪的物品?你对这次网购的物流满意吗?你对网购后的物流活动了解多少?你了解物流活动的主要内容及其在经济活动中起到什么样的作用?

思考上面的问题,讨论一下,然后进行本章内容的学习。

第一节 物流和企业物流

一、物流的概念和作用

1. 物流的概念

现代物流的概念起源于美国。1915年阿奇·萧在《市场流通中的若干问题》一书中提到"物资经过时间和空间的转移,会产生附加价值"。这里的物资的时间和空间的转移后来被称作实物流通,即商品销售过程中的物流。第二次世界大战期间,美国根据军事上的需要,对军火的运输、补给、存储等进行全面管理，并将运筹学用于军需管理。

物流概念中，"物"主要指一切有经济意义的物质实体，即指商品生产、流通、消费的物质对象，它既包括有形又包含无形的物，既包括生产过程中的物资，也包括流通中的商品，还包括消费过程中的废弃物品。在实际工作中，可以根据具体范围来确定物的范围。"流"泛指物质实体的移动，包括空间转移和时间移动，这里指的是一种经济活动。

目前物流概念有很多，我国的《物流术语》于 2001 年 8 月 1 日起正式实施，其中对**物流**给出了以下定义：物品从供应地向接收地的实体流动过程。根据实际需要，将运输、储存、搬运、包装、流通加工、配送、信息处理等基本功能实施有机结合。从中可以看出，物流是一个实体流动过程，在流通过程中创造价值，满足顾客及社会性需求，也就是说物流的本质是服务。

2. 物流的作用

物流作为一种社会经济活动，对社会生产和生活的效用主要表现在创造时间效用和空间效用两个方面。

1）物流创造的时间效用

物品从供给者到需求者之间本来就存在着时间差，由于改变这一时间差创造的价值，称作时间效用，物流获得的时间效用形式有如下几种：

(1) 缩短时间。缩短时间可以获得多方面的好处，如减少物流损失、降低物流消耗、加速物品的周转、节约资金等。物流周期的结束是资本周转的前提条件。这个时间越短，资本周转越快，表现出资本的较高增值速度。从全社会物流的总体来看，加快物流速度，缩短物流时间，是物流必须遵循的一条经济规律。

(2) 弥补时间差。在经济社会中，需求和供给之间普遍存在着时间差。例如，粮食集中产出，但是人们的消费是一年 365 天，天天有需求，因而供给和需求之间出现时间差。物流便是以科学的、系统的方法来弥补供需之间的时间差，有时甚至是改变这种时间差，以实现其时间效用。

(3) 延长时间差。在某些具体物流活动中也存在人为地能动地延长物流时间来创造价值。例如，秋季集中产出的粮食、棉花等农作物，通过物流的储存、储备活动，有意识延长物流的时间，以均衡人们的需求。客户化生产中最典型的管理思想之一是推迟制造，即在顾客需要的时候才生产，有意识地延长物流时间，降低储运成本，从而达到创造价值的目的。

2）物流创造的空间效用

物品从供给者到需求者之间有空间差，供给者和需求者之间往往处于不同的空间，由于改变物品的不同空间存在位置而创造的价值称作空间效用。物流创造空间效用是由现代社会产业结构、社会分工所决定的。空间效用有以下几种具体形式：

(1) 从集中生产地流入分散需求地。现代化大生产的特点之一，往往是通过集中的、大规模的生产以提高生产效率，降低成本。在一个小范围内集中生产的产品可以覆盖大面积的需求地区，有时甚至可覆盖一个国家甚至若干个国家。通过物流将产品从集中生产的低价位区转移到分散于各处的高价值区，有时可以获得很高的收益。物流的空间效用也依此决定。

(2) 从分散生产地流入集中需求地。和上面一种情况相反的情况在现代社会中也不少见，例如粮食是在分散的土地上分散生产出来的，而一个大城市的需求却相对大规模集中；一个大汽车厂的零配件生产也分布得非常广，但却集中在一个大厂中装配。这样也就形成了分散生产和集中需求，物流便因此取得了空间效用。

(3) 从低价值生产地流入高价值需求地。现代社会中供应与需求的空间差比比皆是，除了大生产所决定之外，有不少是自然地理和社会发展因素决定的，例如农村生产粮食、蔬菜而异地于城市消费，南方生产荔枝而异地于各地消费等。现代人每日消费的物品几乎都是相距一定距离甚至十分遥远的地方生产的。这么复杂交错的供给与需求的空间差都是靠物流来弥合的,物流也从中取得了利益。

3) 物流对企业的作用

(1) 物流是企业生产的前提保证。从企业的角度看,物流为企业生产提供以下几方面的保证:

① 物流为企业创造经营的外部环境。一个企业的正常运转,必须有这样一个外部条件:一方面要保证按企业生产计划和生产节奏提供和运达原材料、燃料、零部件;另一方面,要将产品和制成品不断地运离企业。这个最基本的外部环境正是要依靠物流及有关的其他活动创造和提供保证的。

② 物流是企业生产运行的保证。企业生产过程的连续性和衔接性,要依靠生产工艺中不断的物流活动,有时候生产过程本身便和物流活动结合在一起,物流的支持保证作用是不可缺少的。

③ 物流是发展企业的重要支撑力量。企业的发展,靠质量、产品和效益,物流作为全面质量的一环,是接近用户阶段的质量保证手段。更重要的是,通过降低物流成本,可间接增加企业利润,还可以通过改进物流直接取得效益,这些都会有效地促进企业的发展。

(2) 物流可以降低成本。物流合理化有大幅度降低企业经营成本的作用,对改善我国经济运行的环境,降低和解决企业的困难有重要作用。我国当前许多企业经营困难的重要原因之一是成本过高。发展物流产业,能够有效降低社会流通成本,从而降低企业供应及销售的成本,起到改善企业外部环境的作用;企业生产过程的物流合理化,又能降低生产成本,这对于解决我国企业当前的困难无疑是有利的。

(3) 物流可以创造利润。物流活动的合理化可以通过降低生产的经营成本间接提高利润,这只是物流利润价值的一个表现。对于专门从事物流经营活动的企业而言,通过有效的经营,可以为生产企业直接创造利润。企业中的很多物流活动,例如连锁配送、流通加工等,都可以直接成为企业利润新的来源。

(4) 物流的服务价值。物流可以提供良好的服务,这种服务有利于参与市场竞争,有利于树立企业和品牌的形象,有利于和服务对象结成长期的、稳定的、战略性的合作伙伴,这对企业长远的、战略性的发展具有非常重要的意义。物流的服务价值实际上就是促进企业战略发展的价值。

【内容点睛】

物流作为第三利润源,创造了时间效用和空间效用,在经济活动中占据着举足轻重的地位,也让物流受到更多企业家和理论学者的密切关注和深入研究。

二、企业物流和企业物流管理

社会经济领域中的物流活动无处不在,根据物流的对象不同、目的不同、范围不同,形成了不同类型的物流。例如,可以分为国际物流和国内物流,宏观物流和微观物流,一般物流和特殊物流,社会物流和企业物流,等等。

1. 企业物流

企业物流是微观物流,是从企业角度上研究物流的有关活动。从物流活动在企业中的地位角度分,可以分为供应物流、生产物流、销售物流和回收物流。

(1) 供应物流。这是企业为保证本身的生产,不断组织原材料、零部件、各种辅料供应的物流活动。企业供应物流不仅是一个保证供应的问题,而且还是在以最低成本、最低消耗、最大的保证的限定条件下来组织供应物流活动,因此,就带来了很大的实施难度。现代物流学是基于非短缺经济宏观环境来研究物流活动的。在这种市场环境下,保证供应数量是容易做到的,而如何降低这一物流过程的成本,是企业物流的一大难题。为此,企业供应物流必须研究有效的供应网络成本、供应方式问题及库存问题。

(2) 生产物流。企业生产物流指企业在生产工艺中的物流活动。企业生产物流的过程大体为：原料、零部件、辅料等从企业仓库或企业的“入口”开始，进入生产线的开始端，再进一步随生产加工过程依次从各环节“流”过，在“流”的过程中，本身被加工，同时产生一些废料、余料，直到生产加工终结，再“流”到成品仓库便完成了企业生产物流过程。实际上，一个生产周期物流活动所用的时间远多于实际加工的时间。企业生产物流研究的潜力很大，如生产流程如何安排，各生产环节如何衔接才最有效，如何缩短整个生产的物流时间，工艺过程有关的物流机械装备如何选用配合。

(3) 销售物流。企业销售物流是企业为保证本身的经营效益，将产品所有权转给用户的物流活动。在买方市场的大环境下，销售往往以送达用户并经过今后服务才算终止。企业销售物流的空间范围很大，这便是销售物流的难度所在。在这种前提下，企业销售物流的特点，便是通过包装、配货、送货等一系列物流活动实现销售。为此，企业销售物流需要研究顾客订货处理、配送方式、包装水平、运输路线等问题，并采取诸如少批量、多批次、定时、定量配送等特殊的物流方式达到目的。

(4) 回收物流。回收物流，即不合格物品的返修、退货及周转使用的包装容器从需方返回到供方所形成的物品实体流动，有时候也包括废弃物物流。废料、废品是在现实条件下不能使用的物品。部分退货、废料和废品可通过收集、分类、加工、供应等环节转化成新的产品，重新投入到生产或消费中，这一过程称为回收物流。通过对废料和废旧物品的回收，可以有效实现资源优化利用、环境保护和经济可持续发展的综合目的。将经济活动中失去原有使用价值的物品，根据实际需要进行收集、分类、加工、包装、搬运、储存等，并分送到专门处理场所时所形成的物品实体流动。

2. 企业物流管理

在传统的物流范畴中，企业物流由企业各部门独立进行，各部门间有其各自的经济利益和目标，容易产生矛盾，损害企业总体利益。正是为了解决这个矛盾，企业把物流的各个环节作为一个整体，进行系统化的管理，这样就可以平衡企业各部门的利益，减少企业内部矛盾，从而达到协调企业各环节的活动，并最终实现物流优化管理。这个优化管理的过程，就称为企业物流管理。

第二节 几类典型企业的物流过程

企业类型不同，经济活动也不一样，因此企业的物流活动侧重点不完全相同。下面针对几种典型企业的物流活动分别介绍。

一、制造企业的物流过程

在制造企业中，供、产、销是三个重要环节，因此制造企业物流包括原材料供应物流、产品生产物流和产成品销售物流。制造企业的物流可以用图 15-1 来表示。

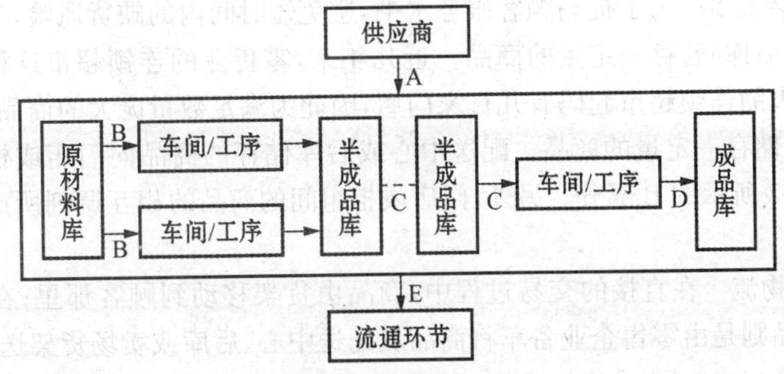

图 15-1 制造企业物流

(1) 原材料供应物流。制造企业向供应商订购原材料、零部件，并将其运达原材料库，如图 15-1 中

A部分。

(2) 产品生产物流。在制造企业的车间或工序之间,原材料、零部件或半成品按照工艺流程的顺序依次流过,最终成为产成品,送达成品库保存。其中包括原材料直接对各车间或工序的供料(见图15-1中B部分)、半成品在车间及工序间的顺序流动(见图15-1中的C部分)、成品送入成品库储存(见图15-1中D部分)三部分。

(3) 产成品销售物流。制造企业通过购销或代理协议,将产成品转移到流通环节或最终顾客那里,如图15-1中E部分。

另外,不合格材料的退货、残次品的回收复用、废弃物的处理等,形成了生产物流过程中的去向和回向分支性物流。因此,制造企业的物流构成可用图15-2表示。

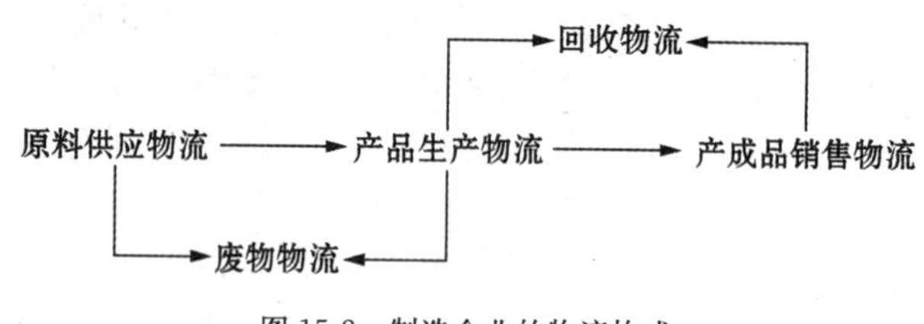

图15-2 制造企业的物流构成

二、零售企业的物流过程

零售企业的物流过程主要包括商品采购环节的物流、储存库(后库)商品的储存配送物流及销售环节的物流。零售企业的物流可用图15-3表示。

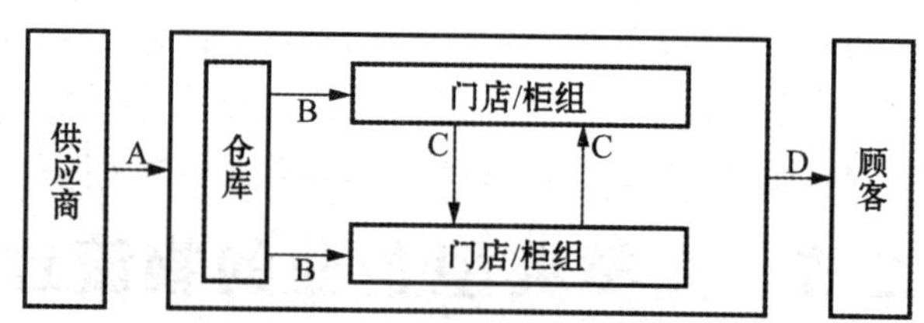

图15-3 零售企业物流

(1) 商品采购环节的物流。在与供应商签订进货协议后,商品按照协议中的有关条款通过适当的途径和方式(如送货上门或零售企业自己提货),由生产企业或批发企业的储存库移动到企业的储存库或直接上货架(见图15-3中的A及B部分)。这一物流过程实际上是以运输为主体包括包装、装卸、搬运等物流功能的组合。

(2) 储存库(后库)商品的储存及配送。零售企业各门店或柜组陈列的商品,只是为了便于顾客选购方便,一般数量不会太多。为了提高顾客服务水平,避免短时间内的缺货风险,零售企业都会按适当的比例,在其储存库(后库)暂存一定量的商品。近几年来,零售业的连锁超市这种业态在我国发展较快。一般来讲,一个大的连锁超市起码有几百家门店,因此为满足数量庞大的商品需求,连锁超市都拥有自己的配送中心来储存一定量的商品。配送中心或后库储存的商品向门店或柜组的移动物流我们称之为配送,如图15-3所示的B部分。另外,门店或柜组间的商品的相互调剂所产生的物流如图15-3中的C所示。

(3) 销售环节的物流。在直接的交易过程中,商品由货架移动到顾客那里;在订货或兼有送货上门的销售环节中,商品则是由零售企业备车将商品从配送中心、后库或卖场货架送达顾客指定的场所,如图15-3中的D部分。

另外,在采购、进货过程中,发现的不合格商品,往往需要退回货主,对配送中心、储存库或货架上直接销售过程中的残、次、过期商品,往往需要回收、返销生产企业或将其废弃。这一过程也会产生运输、包装、装卸、搬运等物流作业，因此，零售企业的物流过程可用图 15-4 来表示。

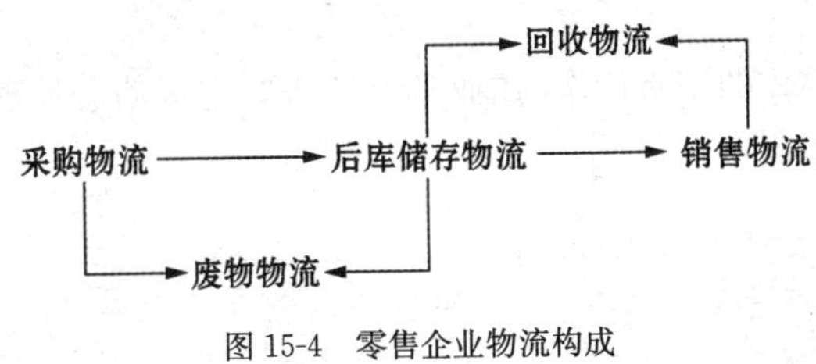

图 15-4　零售企业物流构成

三、批发企业的物流过程

传统形态的批发企业功能比较单一，大多只承担采购和调送这两个功能。从发达国家批发企业的发展历程与我国市场经济条件下批发企业的功能重组实践来看，现代的批发企业，实际上是一种以物流为主体功能的流通机构。通常所说的物流中心或社会化配送中心便是其具体化的组织形态。下面重点对配送中心物流的过程做分析。配送中心的物流过程可用图 15-5 来表示。

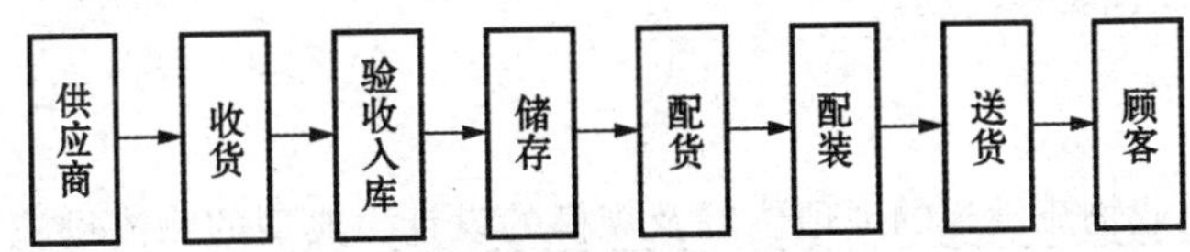

图 15-5　配送中心的一般物流过程

(1) 收货。收货作业是配送中心运作周期的开始。它包括订货和接货两个过程。配送中心收到和汇总顾客订货单后，首选要确定配送货物的种类和数量，然后要查询配送中心现有库存中是否有所需的现货。如果有现货，则转入拣选流程；如果没有或虽然有现货但数量不足，则要及时发出订单，进行订货。通常，在商品货源宽裕的条件下，采购部门向供应商发现订单以后，供应商会根据订单的要求很快组织供货，配送中心接到通知后，就会组织有关人员接货，先要在送货单上签收，继而还要对货物进行检验。

(2) 验收入库。采用一定的手段对接收的货物进行检验，包括数量的检验和质量的检验。若与订货合同要求相符，则可以转入下一道工序；若不符合合同要求，配送中心将详细记录差错情况，并拒绝接收货物。按照规定，质量不合格的商品将由供应商自行处理。经过验收之后，配送中心的工作人员随即要按照类别、品种将其分门别类地存放到指定的仓位和场地，或直接进行下一步操作。

(3) 储存。储存主要是为了保证销售需要，但要求是合理库存，同时还要注意在储存业务中做到确保商品不发生数量和质量变化。

(4) 配货。即配送中心的工作人员根据信息中心打印出的要货单上所要的商品、要货的时间、储存区域，以及装车配货要求、顾客位置的不同，将货物拣选出来的一种过程。拣选一般以摘取的方式拣选商品。工作人员推着集货车在排列整齐的仓库货架间巡回走动，按照配货单上指出的品种、数量、规格挑选出顾客需要的商品并放入集货车内，最后存放暂存区以备装车。

(5) 配装。为了充分利用载货车厢的容积和提高运输效率，配送中心常常把同一条送货路线上不同门店的货物组合、配装在同一辆载货车上。在配送中心的作业流程中安排组配作业，把多个顾客的货物混载于同一辆车上进行配载，不但能降低送货成本，而且也可以减少交通流量、改变交通拥挤状况。一般对一家门店配送的商品集中装载在一辆车上，从而减少配送中心对门店的配送事项，同样也有利于环境保护。

(6) 送货。这是配送中心的最终环节，也是配送中心的一个重要环节。送货包括装车和送货两项活动。在一般情况下，配送中心都使用自备的车辆进行送货作业，有时，它也借助于社会上专业运输组织的力量，联合进行送货作业。此外，为适应不同超市的需要，配送中心在进行送货作业时，常常做出多种安排：有时是按照固定时间、固定路线为固定用户送货；有时也不受时间、路线的限制，机动灵活地进行送货作业。

另外，为保障配送中心整体的正常运作，在业务上还需要进行信息处理、业务结算和退货、废弃物处理等作业。

【内容点睛】

不同类型的企业，由于经营重点不同，设计的物流过程也不完全一样。各个行业应该能够根据自己企业的实际需要，设计出适合本组织的物流过程。

第三节　企业物流管理的主要工作

为了做好物流管理工作，协调企业物流的各环节，维护企业总体利益，并最终实现物流优化管理，需要做好以下几项工作，这些工作贯穿于企业供应、生产和销售物流活动中。它们包括网络设计、信息处理、运输、库存、装卸及包装等活动。

一、网络设计

网络设计是指对企业物流设施的地理位置及规模的设计。典型的物流设施包括制造工厂、仓库、码头、零售商店以及它们之间的作业条件。网络设计就是要确定每一种设施需要多少、其地理位置及各自承担的工作等。物流设施及作业可以由相关的专业物流公司承担，也可以由企业自己承担，但不管是哪种情况，企业都必须把所有的设施看做是本企业物流网络的组成部分进行考虑和管理。网络设计是企业物流管理工作的基础。

物流网络设计还要确定每一种设施如何进行存货作业，需要储备多少存货，设施安排在哪里对顾客的订货进行交付等。因此，物流设施的网络形成了一种进行物流作业的结构，在这种网络结构中，融合了信息和运输能力，还包括订货处理、维持存货以及物料搬运等相关工作。所以，网络设计包括了对其他物流具体工作的综合考虑。

二、信息处理

现代信息技术的高速发展，为物流作业信息化奠定了基础。企业物流信息工作可以采用条形码技术，使用电子数据交换系统(EDI)进行企业间商务数据的传输，甚至有的企业已开始运用卫星通信技术进行物流作业信息的实时跟踪，如美国联合包裹运输公司 UPS 就充分采用信息化技术，提高了公司服务的质量和速度，在同行业竞争中取得了较好的竞争优势。

企业物流作业中运用信息处理技术，可以平衡物流系统的各个组成部分，使总体效果最佳。如，对一企业来说，要想实现快速交付，可能有两种方法：一是在总部的销售部门积累一周的订单，然后把它们邮寄到各地区办事处，各办事处再通过航空进行装运；二是各办事处可随时取得来自顾客的订单，然后使用速度较慢但成本低的运输方式，如水运或铁路运输等。两者相比，后者更容易通过最低的成本实现相同或更好的顾客服务。

在企业的供应物流和销售物流中，信息处理显得更为重要。其中预测和订货管理是依赖于信息处理的两大物流工作。物流预测是要估计未来的需求，指导企业的存货策略，满足预期的顾客需要。要想预测准确，必须掌握大量的顾客需求信息。现代条形码技术、扫描技术以及数据仓库技术为企业物流的精确预测提供了保障。另一方面，企业可运用信息处理技术来达到主动控制物流作业的目的，运用诸如准时化、快速反应以及持续补货等概念对顾客的需求做出快速反应，因而可能最终克服预测的不精确性。

订货管理部门的工作涉及处理具体的顾客需求。顾客可以分为内部顾客和外部顾客。外部顾客就是指那些消费产品或服务的顾客;内部顾客是指企业内部需要物流支持以便起指定工作的组织单位。订货管理的过程涉及从最初接受订单到交付、开票以及接收等有关管理顾客的方方面面。所有以上的活动,在当今顾客全球化的趋势下,没有信息处理技术的支持是难以想象的。

信息技术是连接各项物流作业的纽带,通过信息这根纽带,各种物流作业被看做物流信息系统的一个组成部分。

三、运输

1. 运输的概念和作用

运输是用各种设备和工具,将物品从一个地点向另一个地点运送的物流活动。在商业社会中,因为市场的广阔性,商品的生产和消费不可能在同一个地方进行,一般来说商品都是集中生产、分散消费的。而企业在生产过程中的物流活动,也需要运输、移动,因此,运输可以称为物流的动脉。

运输在企业物流中发挥着举足轻重的作用:

(1) 创造物流的空间和时间效用。运输通过改变商品的地点或位置,让商品能够在适当的时间到达消费者的手中,从而保证企业生产的正常运转,销售和采购的正常进行。

(2) 扩大企业交易的市场范围。随着各种运输工具的出现,企业通过运输可以到很远的地方去进行交易,企业的市场范围得到了很大的扩展,企业的发展机会也大大增加,任何有可能加入互联网的地方,都有可能成为企业的市场,也有可能成为企业的原材料、零部件来源地。为了真正将这种可能变成现实,就须借助于运输过程。

(3) 保证了商品价格的稳定性。各个地区由于地理条件不同,拥有的资源也各不相同。如果没有一个顺畅的运输体系,其他地区的商品就不能到达本地市场,那么本地市场所需要的商品也就只能由本地供应。正是这种资源的地域的不平衡性,造成了商品供给的不平衡性。因此,在一定时间内,商品的价格可能会出现很大的波动。运输让本地和外地市场的供需保持了动态平衡,从而保持价格的稳定,有利于成本的控制。

2. 运输管理中的制约因素

在既定的物流网络结构和信息处理能力的条件下,有三个因素对运输至关重要,即成本、速度和一致性。

(1) 运输成本。运输总成本是指为两个地理位置间的运输所支付的款项及与管理费用和维持运输中的存货有关的费用。物流系统设计的目标应该是选择能把总成本降到最低程度的运输。

(2) 运输速度。运输速度是指完成特定运输所需的时间。运输速度和成本呈效益背反规律,主要表现在以下两个方面:首先,能够提供更快服务的运输公司要收取更高的运费;其次,运输服务越快,运输中的存货越少,无法利用的运输间隔时间就越短。因此,选择最佳的运输方式时,最重要的问题就是如何平衡运输服务的速度和成本。

(3) 运输的一致性。运输的一致性是指在若干次运输中履行某一特定的运次所需的时间与原定时间或与前几次运输所需的时间的一致性,它是运输可靠性的反映。一致性是高质量运输最重要的特征。如果给定的一项运输服务第一次花费 2 天,而第二次花费 7 天,这种意想不到的变化就会产生严重的物流作业问题。如果运输缺乏一致性,就需要安全储备存货,以防预料不到的服务故障。运输的一致性问题会影响买卖双方的存货水平和有关的风险问题。

在物流系统的设计中,必须精确地维持运输成本和服务质量之间的平衡,发掘并管理好我们所期望的低成本、高质量的运输是物流的一项最基本的工作。

四、库存

一个企业的存货需求取决于网络结构和顾客服务的期望水平。从理论上讲，企业可以在物流网络中大量储备每一种销售的产品，以更好地为每一位顾客服务(包括内部顾客)，但是在实际工作中，这会增加总成本，几乎没有哪个企业会承担得起如此耗资的存货。存货的目的是要以与最低的总成本相一致的最低限度的存货来实现期望的顾客服务。虽然较高的存货可以用来弥补物流网络设计的不足，但在某种程度上却降低了物流管理的质量，而且把过度的存货用作向顾客提供服务，最终将导致较高的物流总成本。

库存管理的基本目的，是要在满足对顾客所承担义务的同时实现最低的物流成本，从物流的观点来看，库存策略要求至少考虑两个重要因素，即顾客细分化和产品分类。

(1) 顾客细分化。每一个将产品出售给顾客的企业都会面临交易收益率的问题。从有些顾客中可以获得高额利润并有进一步获得高收益的潜力，而从另外一些顾客那里却不一定能得到。与顾客做生意的收益率取决于顾客所买的产品、销售量、价格、所需的增值服务。库存战略就要把精力集中在满足这类收益率高的核心顾客的需求上，有效的物流细分化策略在于优先安排支持这些核心顾客的存货。

(2) 产品分类。依据帕累托原则，企业全部产品中不足20%的产品占全部利润的80%以上，而80%的产品只占全部利润的20%。为避免出现由于企业为维持其全系列产品的声誉而产生的高成本，在选择其库存策略时，必须仔细考虑生产线的利润率，区分出哪些产品可获得高利润而哪些产品盈利较低，企业要想方设法对高利润率产品提供优质服务，不允许出现缺货现象。对于非核心顾客购买的低盈利性产品则要避免承担高水平的存货和服务责任。

五、装卸和包装

物流的网络设计、信息处理、运输和库存四项活动，可以被设计成各种不同的物流作业方案，在一定的总成本约束下，每一种方案都能实现一定水平的顾客服务。而装卸和包装不具备上述的独立性质，它们只是每一种作业方案的组成部分，比如，在物流作业中，商品需要按确定的时间和数量放入仓库，运输车辆需要通过材料搬运进行有效的装卸；各种产品只有打包装入运输纸板箱或其他类型的容器时，才能有效地进行装卸等。由此可知，包装和装卸在物流过程中更多的是增加成本的功能要素，它们的存在对于完善物流系统、完善物流活动必不可少，但是也增加成本支出，是增加物流成本的功能要素。

1. *装卸搬运*

1) 装卸搬运的概念和功能

装卸是物品在指定地点以人力或机械装入运输设备或卸下。搬运是在同一场所内对物品进行以水平移动为主的物流作业。装卸搬运是随着运输和储存而附带发生的作业，比如：在运输货物时，把货物装进或卸出卡车及货车的装卸作业；在保管货物时，从仓库出入库的装卸作业等。装卸搬运作业本身并不能产生新的价值和新的效用，但在整个物流供应链中，这类作业所占的比例很大，特别是在现代物流中，顾客经常要求企业提供“门到门”的送货服务，装卸搬运作业发生的频率也就大大增加。因此，必须重视这个过程，防止物流成本的增加。

装卸搬运在物流系统中发挥着重要的作用：在企业的整个物流过程中，装卸搬运是发生频率最高的物流作业，它的质量好坏严重影响物流成本的高低，而且，在装卸搬运过程中，还可能因为意外造成商品损坏，必然会影响到商品的包装成本。如果因为装卸搬运的原因使得企业不能如期向顾客提交物品，那么将大大影响企业的形象或生产进程，对于企业来讲是一个非常大的损失。因此，尽管它本身不产生新的效用和价值，但它的重要性还是不容忽视。

2）装卸搬运的种类

(1) 装卸形态的种类。按照不同的分类标准，装卸的形态种类也不同，如表 15-1 所示。其中，单元装卸是用托盘、容器或包装物将小件或散装物品集成一定质量或体积的组合件，以便利用机械进行作业的装卸方式。

表 15-1　装卸形态的种类

分　类	装 卸 搬 运
按照作业的场所分类	自用物流设备装卸、公共物流设施装卸
按照运输设备分类	卡车装卸、铁路货车装卸、飞机装卸、船舶装卸
按照货物形态分类	单个物品装卸、单元装卸、散装货物装卸
按照装卸机械分类	传送带装卸、吊车装卸、叉车装卸、各种装载机装卸

(2) 装卸作业的种类。从作业种类的角度看，装卸搬运可以分为与输送设备对应的“装进、卸下装卸”和与保管设施对应的“入库、出库装卸”两大类。这两类装卸分别伴随着货物的“堆码、拆垛”、“分拣、集货”、“搬送、移送”3 类基本的装卸作业。这些作业由于动作和装卸机械的不同而形成不同的“作业方法”，如表 15-2 所示。

表 15-2　装卸作业的种类

作业名称	含　义
堆码	将物品整齐、规则地摆放成货垛的作业
拆垛	堆码作业的逆作业
分拣	将物品按品种、出入库先后顺序进行分门别类堆放的作业
集货	将分散的或小批量的物品集中起来，以便进行运输、配送的作业
搬送	为了进行上述作业而发生的移动作业，包括水平、垂直、斜向搬送及其组合
移送	搬送作业中，设备、距离、成本等方面移动作业比重比较高的作业

3）装卸搬运的合理化

在现代商业环境下，顾客对于消费及时性的要求越来越强，都希望能够在最短的时间内得到商品或者服务。而对于企业来说，为了达到顾客的要求，必须缩短整个物流过程的时间，为顾客提供满意的服务。而在整个物流过程中，装卸搬运发生的频率最高，占了很多物流时间，因此为了满足顾客要求，应该尽量提高装卸搬运的效率，缩短装卸搬运的时间，实现装卸搬运的合理化。

为了使得装卸搬运作业更加合理，必须实现装卸作业的机械化和自动化，如传送带、吊车、叉车、电动平板车和自动升降机等。这些机械设备的应用，极大地提高装卸作业的效率，解放了很多的劳动力，使有限的人力资源可以发挥更大的作用。

在日本，物流界为了改善装卸搬运和整个物流过程的效率，曾经提出了一种叫做“六不改善法”的物流原则，具体的内容如下：

(1) 不让等。要求通过合理的安排使得作业人员和作业机械闲置的时间为零，实现连续的工作，发挥最大的效用。

(2) 不让碰。通过机械化、自动化设备的利用，使得作业人员在进行各项物流作业的时候，不直接接触商品，减轻人员的劳动强度。

(3) 不让动。通过优化仓库内的物品摆放位置和自动化工具的应用，减少物品和作业人员移动的距离和次数。

(4) 不让想。通过对于作业的分解和分析,实现作业的简单化、专业化、标准化,从而使得作业过程更为简化,减少作业人员的思考时间,提高作业效率。

(5) 不让找。通过详细的规划,把作业现场的工具和物品摆放在最明显的地方,使作业人员在需要利用设备的时候,不用去寻找。

(6) 不让写。通过信息技术及条形码技术的广泛应用,真正实现无纸化办公,降低作业的成本,提高作业的效率。

通过各种先进技术的应用和先进理念的引入,装卸搬运的作业会逐步地实现合理化,这样必将大大提高整个物流过程的效率,从而提高企业整体的效率,实现最优化,更好地满足顾客的需求。

2. 包装

1) 包装的概念和功能

包装是为了在流通过程中保护产品、方便储运、促进销售,按一定的技术方法而采用的容器、材料及辅助物等的总体名称。也指为了达到上述目的而采用容器、材料及辅助物的过程中施加一定技术方法等的操作活动。

包装具有保护商品、方便物流、促进销售和方便消费的功能。

(1) 保护商品。这是包装的一个重要功能。包装可以避免商品在运输途中或装卸搬运过程中少受损伤,另外,还可以让商品在储存过程中,抵挡外部自然因素的侵袭,如可能被雨水淋湿,被虫子、老鼠咬坏等。

因此,要求商品设计包装时,要做到有的放矢,分析商品可能会受到哪些方面的侵袭,然后针对这些方面来设计商品的包装。如果商品在运输途中可能会受到外力的侵袭,容易受到碰撞,就需要对商品进行防震包装或缓冲包装,如在商品的内包装和外包装之间塞满防震材料,以减少外界的冲击力;如果商品比较容易生锈,可以采用特制的防锈包装方法,比如防锈油方法或真空方法;如果商品比较容易受到害虫的侵蚀,那么可以在商品中加入一定的防虫剂,以防商品受到损害。

(2) 方便物流过程。包装的另一重要作用是提供商品自身的信息,如商品的名称、生产厂家和商品规格等,以帮助工作人员区分不同的商品。此外,适当的包装也能够提高搬运商品的效率。在设计包装时,应该根据搬运工具的不同来设计合理的包装,而且在设计包装时还要注意考虑如何使各种搬运工具能够更好地对商品进行操作。

(3) 促进商品销售。一般而言,商品的外包装必须要适应运输的要求,因此在设计外包装时可能会更加注重包装的实用性。而对于商品的内包装而言,因为它要直接面对消费者,所以必须要注意其外表的美观大方,要有一定的吸引力,以便促进商品的销售。

杜邦定律认为:63%的消费者是根据商品的包装来进行购买的,而国际市场和消费者是通过商品来认识企业的,因此商品的包装就是企业的面孔,优秀的、精美的包装能够在一定程度上促进商品的销售,提高企业的市场形象。

(4) 方便顾客消费,提高客户服务水平。企业对包装的设计工作应该适合顾客的应用,要与顾客使用时的搬运、存储设施相适应。这样成本可能会高一些,但拥有了长久的顾客关系,企业的生存和发展才有可能性。

2) 包装的合理化和标准化

就包装而言,每个国家对于商品的包装都有自己的规范,而每个国家的规范又不尽相同,当商品在全球范围内流动时,可能会因为这种规范的不同产生一些问题。而且,有些个别企业为了自己生产的方便,自行设计了很多不规范的包装,这些都将成为产生问题的隐患。因此,有必要建立一种通行的包装标准,要求所有的生产厂商都去遵守并执行,这样商品的流通才会畅通无阻。

(1) 影响包装的因素。在设计包装的时候,必须详细了解被包装物本身的一些性质及商品流通运输过程中的一些详细情况，并针对这些情况，做出有针对性的设计。一般来说，影响包装的主要因素包括：①被包装商品本身的体积、重量及其在物理和化学方面的特性。商品的形态可能各异，商品本身的性质也各不相同，所以在设计包装的时候，必须根据商品本身的特点和国际通用的标准，设计出适合商品自身特有的包装。②被包装商品在流通过程中需要哪些方面的保护（或称为包装的保护性）。被包装商品是否害怕力的冲击、震动，是否害怕虫或者动物的危害，是否对于气象环境、物理环境及生态环境有特殊的要求，针对这些特点，在设计包装的时候，要做到有的放矢。③消费者的易用性。包装设计的主要目的是为了使消费者能够更好地使用商品。因此，只有设计易于使用，才能从更深层次上吸引消费者，占领更广阔的市场。④包装的经济性。包装虽然从安全性方面来说是越完善越好，但从商品整体的角度来看，也要考虑其经济性，争取够用就好，以降低产品的成本。一般来说，商品工业包装在设计时，应该更加注重它的商品保护的性质，不必太在意外在的美观；商品商业包装的设计，则必须注意外观的魅力，以吸引顾客。所以，应该找到一个好的平衡点，使包装既能达到要求，又能节约成本。

(2) 包装的合理化。包装作为物流的起点，对整个物流过程起着重要的作用。因此，在设计包装时必须进行认真的考虑，以实现包装的合理性。

包装的设计必须根据包装对象的具体内容进行考虑。比如，要根据商品的属性选择不同的包装材料和包装技术。在设计包装容器的形状和尺寸时，要考虑商品的强度和最大容积，包装的长宽比例要符合模数化的要求，以便最大限度地利用运输、搬运工具和仓储空间。对于不规则外形的商品，一般要做方体化配置以适应装箱的要求。此外，在进行造型设计时，要注意合理利用资源和节约包装用料，实现包装的合理化。

(3) 包装的标准化。包装标准就是针对包装的质量和有关包装质量的各个方面，由一定的权威机构发布统一的规定。这种包装标准一经颁布，就具有了权威性和法律性。一般来说，这些包装标准的制定都是根据当前包装科学的理论和实践，通过权衡商品流通的整个过程，经过有关部门的充分协商和讨论，对包装的材料、尺寸、规格、造型、容量及标志等所做的技术性法规。包装的标准化就是制定、贯彻和修改包装标准的整个过程。

随着科学技术的发展，包装科学也在不断地发展，所以，为了提高包装的质量，应该在生产、流通、技术、管理等各个环节不断推行包装标准，使包装能够定型化、规格化、系列化和最优化，从而通过实践推动包装标准的进一步完善。

包装标准化对于现代企业具有重要意义。通过包装的标准化，可以大大减少包装的规格型号，从而提高包装的生产效率，便于商品的识别和计量；通过包装的标准化，可以提高包装的质量，节省包装的材料，节省流通的费用，而且也便于专用运输设备的应用；通过包装的标准化，可以从法律的高度促进可回收型包装的使用，促进包装的回收利用，从而节省社会资源，产生较大的社会效益和经济效益。

【内容点睛】

物流的网络设计、信息处理、运输、库存可以通过设计为不同的企业服务，具有相对的独立性，但装卸与包装不同，它只是物流作业方案的必要组成部分，是其中的成本增加要素。因此，进行物流方案设计时，要全面认识操作方法，以便选择最经济合理的装卸与包装方案。

课后练习

1. 思考题

(1) 简述物流的作用及对企业的作用。

(2) 企业物流都包括哪几类？

(3) 简述企业物流管理工作的主要内容。

2. 案例分析

“农夫”的困惑

“农夫山泉有点甜，搬上搬下不赚钱。”这是农夫山泉股份有限公司董事长的原话，讲出这句话时，他的脸上是自嘲式的微笑。

这句话已经不是什么秘密了。众所周知，农夫山泉一直坚持纯天然理念，从不使用一滴自来水。这创造了农夫山泉的特色，但也成为和其他同类企业竞争时最受限制的一个因素。因为，优质的水源区往往都被保护在深山老林中，就像农夫山泉占领的浙江千岛湖、湖北丹江口、广东万绿湖、吉林长白山、新疆玛纳斯5处水源地，水质最好，但交通不便。这让农夫山泉的物流活动备受考验，经常让它的经销商颇有怨言。

其中一位北京主要负责人向沃尔玛、家乐福等大型超市铺货的经营商直言“做农夫山泉，比我们经营其他产品的成本要高”。甚至在物流过程中，经常会看到这样的现象：扭曲变形、磨损严重的瓶子、散落在火车车厢地上的无盖空瓶、遇水后开了胶的包装盒，最严重的时候，一批送来数千箱，会坏掉数百箱。

这一切都是因为农夫山泉的灌装厂都设在临近水源地的偏远地区，长途运输中造成的产品破损成了一个常见现象，也是最让经理们头疼的地方。但这是农夫山泉公司董事长钟睒睒在12年前定下的规矩，以保健品起家的他在其中显得有些特立独行，因此，至今仍然沿袭着这种特色。

请分析：

(1) 本案例中，涉及物流管理的哪些工作?

(2) 根据农夫的物流情况，对比分析竞争对手如统一、康师傅的物流状况，并对他们各自的特点做分析评价。

3. 实训题

对某一企业的物流管理进行调研，分析该企业的物流过程环节，并指出其有待改进的地方。

第十六章 现代企业库存管理

学习目标

(1) 理解库存的含义和必要性。

(2) 熟悉库存成本构成及成本分析。

(3) 能够根据库存管理决策要求和常见的库存模型,为企业解决实际库存问题。

课程导入案例

棉花该如何采购

棉花采摘季即将开始,南方某城市几家规模不同的棉花收购、纺织企业老总开始联系交流,商讨应对棉花采购的方法。国际经济大环境不景气,导致当地纺织企业基本处于低迷状态,生产经营不佳。原料采购基本以需订购,5～6万锭纱厂通常是皮棉"月购月用",稍小企业原料周转期限更短。大路品种销售明显不及往年,个别特殊品种一度稍见利好后很快被新上同品种优势企业挤去业务,而且价格也无太大优势可言。目前,大多数企业处于应景式生产,生产效益逐月下降,纱布行情低迷不稳,企业效益面很窄,加上企业订单少,业务不足于满负荷,生产经营费用开支加大,纺织企业在现行市情之下翻身尤难。

众所周知,库存的增加会带来库存成本,但批量采购也有价格优惠,更何况面对的是棉花这种季节性产品,经济大环境的不景气,对棉花价格的预测也很有影响。因此,企业拿货意向也不一样:采购多了,购买成本和保管成本都是不小的开支,经营风险和市场风险太高;采购少了,在经济转好的情况下,怕影响企业的正常运转,出现停工待料的状况。因此,多数企业近期的采购计划仍然举棋不定,尤其是中小纺织企业。如果你是企业采购负责人,在密切关注市场趋势的情况下,该如何决策采购,大批量一次性采购,经济批量采购,还是按现状少量采购,维持生产原状?是什么因素影响了采购的决策?

思考上面的问题,讨论一下,然后进行本章内容的学习。

第一节 库存的定义及必要性

一、库存的定义和分类

广义上讲,一切暂时闲置但可用于未来的资源都是库存,与资源本身是否存放于库中或是否处于运动状态都没有关系。但狭义上讲,库存仅指用于保证顺利生产或满足客户需求的物料储备。实际工作中,可按不同的分类标准对库存进行分类,以便针对各类库存的特点进行有效的管理。

1. 按库存在生产转换过程中所处的阶段分类

(1) 原材料库存。原材料库存的目的是维持生产活动的顺利进行。企业的各项生产活动是在原材料进货后进行的,因此,原材料库存管理的目的就是在保持生产正常顺利进行,在不因待料而停工的基础上，减少订货费和保管费等费用。同时，原材料的购买也是企业和外部相联系的重要窗口之一。

（2）在制品库存。在制品库存产生于生产过程中，如何管理好在制品库存，将对企业的生产影响很大。在在制品库存管理中，最重要的是解决好在制品存放地及存放量的问题。

（3）成品库存。成品库存的目的是为了提高服务水平，有利于组织符合经济原则进行生产。成品库存不仅对企业的仓库管理很重要，而且在流通过程中也具有特殊意义。与在制品不同，在成品的流通过程中，从一个库存地点到另一个库存地点，一般距离都比较远，需要耗用相当的时间。因此，时间的随机影响以及运输中的库存量都不能忽视。

2. 按对库存物需求的重复次数分类

（1）单周期库存。指与单周期需求相对应的库存。单周期需求是指仅仅发生在较短的一段时间内或库存时间不可能太长的需求。

（2）多周期库存。指与多周期需求相对应的库存。多周期需求指在较长的时间内对某种物品连续的、重复的需求。多周期库存需要不断地加以补充，而且，比单周期库存更为普遍。

二、库存的必要性

必要的库存是企业生产系统稳定运行的重要保证。具体来讲，主要体现在以下几个方面：

（1）为了保证生产的连续性，生产过程的各阶段要求按精确规定的时间和数量取得生产资源，这就需要在不同生产环节设立必要仓库，储备一定数量的物资，如原材料、在制品和成品。

（2）在制造业中，用库存将各加工工艺阶段分隔开来，可减低生产过程的刚性，不至于一个环节中断而导致整个过程中断。

（3）一定量的库存，对不确定事件能够起到缓冲的作用，如当设备发生短时故障时，可靠库存维持供应；较大的库存量可以避开不利价格；大批量采购可以获得较低的价格。

尽管库存有一定的作用，但企业运营管理的方向绝不是增加库存，而是力求不断地减少库存，力争在尽可能低的库存水平下满足需求。

【内容点睛】

库存是用于保证顺利生产或满足客户需求的物料储备，因此，了解库存种类，理解库存的必要性，将为下面的知识学习奠定基础。

第二节 库存成本

一、库存成本的构成

库存决策的准则是以最低的费用获取最佳的订货批量，而最低的费用取决于库存成本。库存成本是建立一切库存控制模式的基本参数，其主要构成要素包括订购成本、储存（保管）成本和缺货成本，有时还包括购入成本。

1. 订购成本

订购成本是由向供应商发出订单并办理与采购有关的费用构成。这些费用包括为进行材料申购、询价比价、签订合同、监督交货、来料验收、核对货款等工作而发生的一切费用，如主管采购、验收、出纳人员的工资和津贴、纸张用品、办公费、电报电话费、差旅费、搬运费等。在一般情况下，订购成本与订购次数直接有关，而与订货数量无关。如果补充订货由本厂自行生产，该项成本即是生产准备成本，也就是为组织生产所需物品而调整整个作业过程的成本。通常包括准备工作命令单、安排作业、调整机床、模卡工具、工料和质量检验等各项费用。

2. 储存或保管成本

储存或保管成本又称持有成本，指与库存物料保管存储业务有关的各项费用，其中包括库存物料占用金额的资本利息、保险费、仓库设备的折旧费和维修费、仓储作业费、物料保养费、管理费、库存材料损耗等。储存成本可按每单位库存物料存放1年所需的全部费用表示，也可以按库存物料折算成金额存储1年所需的单位保管费率计算。

3. 缺货成本

缺货成本是指由外部和内部中断供应所产生的一切经济损失。当企业作为用户方得不到它所需的全部订货时，叫做外部缺货；而当企业内部某一个段、组或部门得不到它所需的材料时，叫内部缺货。外部缺货将产生延期交货成本，即为应急加速订货所付手续费、专门包装和装运费等，还将导致停工待料的生产损失和未来利润损失即商业信誉损失。内部缺货会导致停工待料的经济损失和延误完工日期，以及不能按时履行合同而缴纳罚款的损失。缺货成本可按每单位材料缺货一次所耗费的缺货费用计算。

4. 购入成本

购入成本是库存材料自外部购入时的单位购入价格。在一般情况下，因为它是一个常数，所以在建立库存模式时，不予考虑。但当供应商提供数量折扣时，对购入成本则应该进行一定修正。这时，材料购价也成为进行库存决策有关的因素，必须予以考虑。

具体库存成本(费用)如表16-1所示。

表16-1　库存成本(费用)

项　目	内　容
订货费	由于订货次数不同，费用不同，以平均每次订货所用的费用表示
购入费	由于订货量集中，要掌握有折价时的情况
事务费：通信费、运输费等	每当发生与事务用品有关的材料费、通信费、工作时间以外的勤务费、站内搬运费、运输费、入库费等均为订货而支出的费用 在订货费应该包括的费用中，要把那些即使订货次数在20%～30%范围内变化时也不发生变化的费用除外
保管费	根据库存量的不同而发生变化的费用
利息	由于库存占用资金而发生的费用。对该资金的出资者要支付利息；或是为了增加库存而支付的费用；或是由于企业对库存投资希望得到利益；等等。上述费用以采用最大值为好
保险金	因库存物品短缺而发生的费用
搬运费	当库存量发生变化时产生的库内搬运费
仓库经费	包括建筑设备费、地租、房租、维修费、修理费、减价赔偿费、光热费、电费、水暖费、工作时间外的勤务费等，还要考虑它们随着库存量变化而发生变化的费用
盘点货物损耗费及货物老化损失费	包括由于货物腐败、变质、破损、丢失、损耗减少等情况产生的费用，还要考虑货物由于库存量变化而发生的变化的费用
税金	库存资产的税金，应根据法律规定为计算标准
库存调查费	为了顺利进行库存管理，必须进行需要量的调查、费用调查及库存标准调查等。库存调查费包括为上述调查进行信息收集和分析等所需要的费用
缺货费	即机会损失费。由于缺货，不能为客房服务所发生的费用；或由于紧急订货等而支付的特别费用；或由于失去了对客户的销售而没有得到预测的利益以及由于一些难以掌握的因素，而造成信誉丢失所波及的不良后果等

二、库存成本分析

库存成本(费用)之间有着互相联系和互相制约的关系。通常,在年需求量固定不变的条件下,增大每次订货批量,减少订购次数,可节省订购费,但这会引起库存增加而使保管费增加。若为了节省保管费、降低库存水平而减少每次订货批量,则既会增加订购次数,又会使订购费用增加。减少订购次数,增加订货批量可以减少缺货次数,虽然这会使存储保管费用增加,但同时可减少订购费和缺货损失费。如若设置安全保险库存量,会加大库存水平,使存储保管费增加,但却可预防发生缺货,从而节约缺货成本费用。确定最佳订货批量,就在于平衡这些成本费用,使年总成本费用为最小。

可见,与库存有关的成本(费用)同库存量间的变化方向并非完全一致,既存在随着库存量增加而增加的费用,也存在随着库存量增加而减少的费用。正是由于不同方向变化的费用的存在,研究最佳订货批量问题才有意义。

【内容点睛】

库存决策的准则是以最低的费用获取最佳的订货批量主,保证最低的库存成本。因此,要熟知库存成本的构成,然后再根据企业实际情况进行平衡,保证以最优质的库存服务于企业运营。

第三节 库存管理及常见模型

一、库存管理

1. 库存管理

库存管理就是根据外界对库存的要求、企业订购的特点,预测、计划和执行一种补充库存的行为,并对这种行为进行控制,重点在于确定如何订货,订购多少,何时订货。库存管理也叫库存控制。通过库存控制,使库存量经常保持在一个经济合理的水平上,以便在保证生产和用户需要的前提下,降低库存成本,提高企业的经济效益。

2. 库存管理的意义

企业为了制造产品,通常要建立一定数量的仓库,有存储原材料的材料库、存储零部件(半成品)的零件库、存储在制品的制品库、存放工具的工具库、存放维修机器设备所用的备品和配件库以及存放产品的成品库等。这些仓库存储着企业生产所需物资以备在生产中消耗使用,并能及时满足用户对半成品和成品的需要。但库存量应保持一个经济合理的水平,因为库存量过多或过少都会造成经济损失。

库存量过大将产生下列问题:①会增加库存保管费和保管场所,从而提高产品成本。②会占用较多的资金,使所占用的资金冻结,增加利息支出;另外从货币的时间价值分析,或货币贬值,原材料价格上涨,给企业造成的经济损失会更大。③会降低材料或产品的质量,使材料或产品陈旧、损坏甚至变质。对于机电产品的零部件来说,一旦零部件的结构改变,将造成全部库存的零部件报废,损失会更大。

反之,库存量过少,又会产生下列问题:①因缺货不能满足用户要求,失去信誉和销售的机会,从而降低企业的效益;②不能保证生产的正常运行,甚至停工待料,被迫停产,这样将给企业造成更大的经济损失;③由于频繁订货以补充短缺材料,将使订货和采购费用增加;④由于在制品和半成品数量低于生产的正常需要,不能保证生产的均衡性和成套性,使生产计划难以完成。

不管是上述哪一种情况,都将产生不良后果。由于科学技术的进步,大大提高了企业的生产能力,而市场对产品的需求越来越趋于个性化、多品种,这就使企业所需物资的种类、数量越来越多,库存问题便更加突出和趋于复杂化。

二、库存管理决策

为了实现库存目标，要做好以下三个决策。

1. *库存系统规模的决策*

库存规模大小即库存控制物资品种的多少。从严格的意义上讲，应对企业所有库存物资都严格控制。但是，企业所需的物资有成千上万种，如果都实行严格控制，在实际操作上会很困难，而且经济上也不合理。因此，选择适当的库存控制规模，既可以简化管理工作，减少管理费用，也可以集中力量对重要物资进行重点控制。选择库存控制规模一般用ABC管理法进行。

ABC管理法又称重点管理法、分类管理法或巴雷特图法、主次图法，由意大利经济学家巴雷特所创。他在总结人员与财富占用的关系时，发现少数人占用社会的大量财富，而绝大多数人却只占有社会少量财富，即发现了所谓"关键的少数和次要的多数"关系。库存控制中的ABC管理法就是由此而产生的一种管理方法。它按品种，以占有资金多少为序分类排队，实行库存物资的重点管理。因为在一般情况下，企业库存物资存在着这样的规律：少数的库存物资占用着大部分的库存资金，相反，大多数的库存物资仅占全部库存资金的极小部分。利用这种规律，企业便可根据库存占用资金的大小进行ABC分类与控制，即将企业的全部物资按品种和占用资金的多少，划分成A、B、C三类。A类物资品种较少，而占用资金的比重很大；B类物资的品种比A类多，而占用资金比A类少；C类物资品种很多，而占用资金比重很小。在通常情况下，A、B、C三类物资品种和占用资金的比例如表16-2所示。

表16-2 ABC分类法对应比例关系

物资分类	占全部品种的百分比/%	占全部储备资金的百分比/%
A	10～15	75～80
B	20～30	15～20
C	60～65	5～10
合计	100	100

对库存物资进行ABC分析，大致要经过以下几个步骤：

(1) 计算每一种库存物资在一定时间内的资金占用量。

(2) 按占用资金数额的大小排列品种序列，并计算出每一种物资品种占总金额的比例。

(3) 计算累计品种数、累计品种百分数、累计占用资金数和累计占用资金百分数，绘制ABC分析表，按ABC比例进行分类。

(4) 以累计品种百分数为横坐标，累计占用资金百分数为纵坐标，按ABC分析表所列示的对应关系，在坐标图上取点，并连接各点形成曲线，绘制成ABC分析图(见图16-1)。

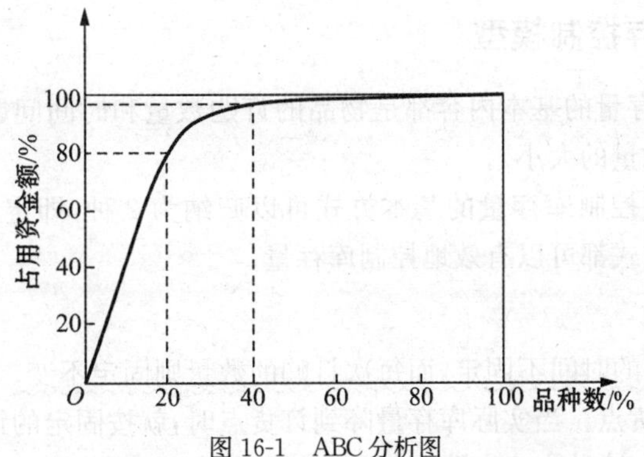

图16-1 ABC分析图

(5) 确定重点控制对象的控制方式。根据 ABC 分析结果,再权衡管理力量与经济效益,对三类对象进行有区别的控制。

A 类物资品种不多,但在总库存资金中占着很大比重,与企业经济效益的关系最大,因而是管理工作的重点,应尽可能降低订购批量,将库存压制到最低水平。

为此,要认真地查明 A 类物资的需要量,精确地计算费用支出和经济订购批量(有关经济订购批量的内容见后),经常检查库存量变化动态,及时进行统计分析。

B 类物资管理的要点是通过适当加大订购量和库存量,减少日常的管理工作,达到简化手续、减少管理费用的目的。增加库存量当然会加大利息支出和仓储费用,但这部分费用支出的增加与管理费用的减少相比还是次要的。

C 类物资的管理方法介于 A 类和 C 类之间。

一般地说,A 类物资适于采用定期控制法,B 类和 C 类物资适于采取定量控制法。但也可以对这三类物资同时采用定期控制或定量控制。如同时采取定量控制,则增加 C 类物资的订购批量,严格控制 A 类物资的订购量;同时,要对这三类物资规定不同的检查、订购周期,即 A 类最短,C 类最长。

【内容点睛】

掌握 ABC 管理法,能够让我们在面对品种繁多的物品时,能够有重点、有主次地做好库存管理工作。

2. 要库存或不要库存

进行要或不要库存的决策,应考虑两个方面的问题:一是物资供应条件;二是库存费用。

物资供应条件包括 3 个方面:一是是否有足够的能保证供应有厂商;二是是否有可靠的运输条件;三是是否有可靠的分配渠道(批发零售系统)。

至于要否库存,决定于订货费用与保管费用的比较。当保管费用大于订货费用,并且三个物资供应条件都具备时,企业就不必保持库存,可以一批一批地订,需要多少订多少。当保管费用小于订货费用时,即使三个物资供应条件都具备,或者其中任何一个条件不能保证时,企业都必须保持库存。

3. 有补充库存和无补充库存

有补充库存,主要是指连续生产、连续常年销售的产品,其所需的物资不发生中断,有可靠的供应来源,可以不断地采购到物资。在此条件下,企业应对所需物资实行严格控制,降低库存费用。无补充库存指物资的供应有时间性或者季节性,只订一次,不再补充,企业如果失去订货机会,供应就会中断。对于无补充库存,企业应根据生产需要进行一次性订货,数量刚好满足需要即可。

三、两种常见的库存控制模型

无论任何模型,控制库存量的基本内容都是物品的订购数量和时间问题,即什么时间提出订货或采购,每次订购多少(订购批量的大小)。

针对上述问题确定模型控制库存量的基本方式可以归纳为 2 种,即定量订购方式或定期定购方式。采用其中的任何一种方式都可以有效地控制库存量。

1. 定量订购方式

定量订购方式就是订购的时间不固定,而每次订购的数量则固定不变。具体方法是预先对物资储备量规定一个标志,称为订货点。当实际库存量降到订货点时,就按固定的订购数量(即预先确定的经济订购量)提出订货或采购。这种方式又称订货点法。订货点的库存量可用下列公式确定:

订货点量＝平均每日需用量×订购时间＋保险储备量

定量订购方式还可进一步分为永续库存制和分存库存制 2 种。采取永续库存制，要对库存进行动态盘点，即对发生收发动态的物资随时进行盘点，并把库存量与订货点相比较，当库存量降到订货点时，就提出订货或采购。分存库存制又称双堆法或双容器法，即将物资分成两部分存放，第一部分是订货点量，其余的作为第二部分。在发料时，首先动用第二部分，当第二部分没有用完时，不必考虑订购。一旦第二部分用完，而需要动用第一部分时，说明库存量已降到订货点量，就应及时提出订购。双堆法使库存量形象化，较永续库存制简单。

从上述分析可以看出，对定量订货方式而言，确定合理的订货量是十分重要的。下面介绍的经济订货(生产)批量，是在保证生产正常进行的前提下，以支出最低的总费用为目标，确定订货(生产)批量的方法。

(1) 经济订(购)货批量(Economic Order Quantity，EOQ)。在不允许缺货的情况下，每年维持库存的总成本可用下列公式表示：

$$年总成本 = 货物成本 + 订货成本 + 储存成本$$

$$TC = CD + (D/Q)S + (Q/2)H$$

式中，TC——年总成本；C——购买单位货物的成本；D——年总需求量；Q——批量或订货量；S——每次订货发生的费用；H——单位货物每年的储存成本(也可物为单位维持库存费，$H=Ch$，h 为资金效果系数)。

为求出使得总成本(TC)最小的订货量(Q)，只需对上式两边求对 Q 的一阶导数，并令导数等于零，即

$$\mathrm{d}(TC)/\mathrm{d}Q = 0 - DS/Q^2 + H/2 = 0$$

解方程得：

$$Q = \sqrt{2DS/H}$$

也就是经济订货批量：

$$\mathrm{EOQ} = \sqrt{2DS/H} = \sqrt{2DS/Ch}$$

从上式可以看出，单价高的货物应按较小的数量订购；单价低的货物则相反。

在已知经济订货批量和提前期的情况下，其他有关变量如年平均订货次数、两次订货时间间隔、订货点库存量都可以求出。

(2) 经济生产批量(Economic Production Quantity，EPQ)。生产计划部门将生产所需的原材料或元器件按一定批量投入，经生产加工装配，成为成品或半成品出售(其基本原理与前述分批连续进货的经济订购批量控制模式相同)。库存总成本可用下式计算：

$$年总成本 = 生产成本 + 生产准备费用 + 储存成本$$

$$TC = CD + (D/Q)S + (Q/2)H$$

式中，C——单位生产成本；D——年需求量；Q——一次生产批量；S——每批生产的生产准备费用；H——每单位物品每年储存成本。

根据上式可求得与 EOQ 相类似的 EPQ 值。即

$$EPQ = \sqrt{2DS/H}$$

若能降低生产准备费 S，即可降低生产批量。

2. 定期订购方式

定期订购方式就是订购的时间预先固定，例如，每月或每季订购一次，而每次订购的数量则不固定，随时根据库存的情况来决定。订购量的计算公式为：

订购量＝平均每日需用量×(订购时间＋订购间隔)＋保险储备定额－实际库存量－订货余额

订购时间是指从提出订购到物资到厂所需的时间，订购间隔是指相邻两次订购日之间的时间间隔，如图16-2所示。实际库存量为订购日的实际库存数，订货余额为过去已经订购但尚未到货的数量。

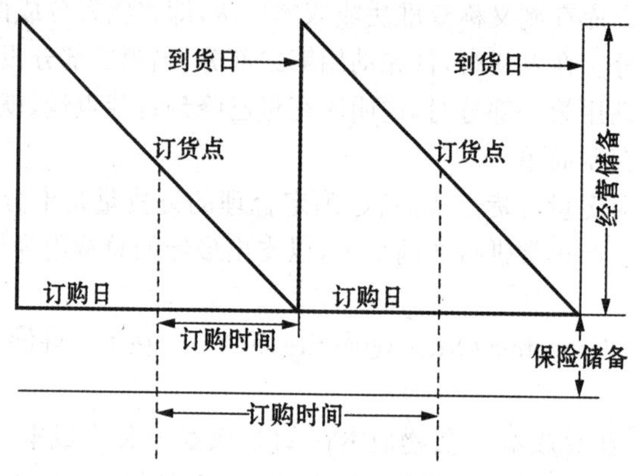

图16-2 订购时间和订购单位示意图

采用定期定购方式，在规定订购间隔期时，应当与该物资的经济订购批量相适应，以提高物资库存的经济效益。

定量订购方式和定期订购方式各有优缺点。

定量订购方式的优点：①经常掌握库存动态，及时提出订购，并不易出现缺货，因而保险储备量较少；②订购量固定，能够采用经济订购批量，盘点和订购手续也比较简便。缺点是订购时间不固定，难以编制严密的采购计划，并且由于订购工作量较大，可能会提高采购费用和运输费用，也不能得到多种物资合并订购的好处。

定期订购方式的优点：①订购周期固定，可以事先与供货单位协商供货时间，以便于供方安排生产，做到有计划供应；②可以及时调整每次订购量，订购工作量小。缺点是当物资消耗速度波动较大时，可能造成库存缺货，因此要适当加大保险储备量。

定量订购方式和定期订购方式适用于不同的范围。定量订购方式适用于：①需求量比较稳定的物资；②消耗速度难以预计的物资；③缺货损失大的物资；④单价较低的物资。定期订购方式适用于：①需要量大的主要原材料，必须严格管理的重要物资；②发料频繁、难以进行连续储备动态登记的物资；③需要量变化大而且可以预测的物资；④有保管期限制的物资。

【内容点睛】

理解掌握库存决策的方法，能够让我们在面对具体库存问题时有一个清晰的思路，明确解决库存问题的一般程序和方法。

课后练习

1. 思考题

(1) 库存成本包含哪些内容？

(2) 库存管理主要解决哪几个问题？

(3) 对库存进行ABC分类的主要步骤是什么？

2. 案例分析

服装业库存的反思

凡客、李宁、美特斯邦威……中国的服饰企业近年来被卖不出去的衣服和鞋子逼上了绝路。公开数据显示，它们的库存少则数亿，多则上10亿元，甚至有业内人士透露，个别公司真实库存已高达50亿元。

面对如此状况，众人猜测不一。问题究竟出在哪里？具有关资深人士透露，在服饰业甚至快速消费品行业的败因中，库存问题都是摆在眼前的一个亟待解决的问题。尤其在北京申奥成功后，体育服饰问题表现更明显。因为奥运会的影响，无论是悉尼、北京、还是雅典，都能拉动奥运会主办国大量人口进行体育消费，导致国内外的体育服饰经销商开始以“大批发”的形式进行库存，以期取得营销先机，但事实上，并未取得预期效果。以阿迪达斯为例，它按照惯例测算北京奥运会当年在大陆的业绩增幅将达到40%左右。但北京奥运会的管控严格，北京市人口数量占全国的比例也就1.8%左右，所以40%属于过高的预期，当年阿迪达斯、耐克冲到了行业第一、二名后库存问题开始显现。国际大品牌一旦打折，二线国际品牌和国内品牌的存货就会随之增加。

请分析：

(1) 库存成本由哪些要素构成，在服装行业中，库存成本的重点是什么？

(2) 根据你对库存管理的理解，分析服装业的库存问题，并提出你认为有效的改进方法。

3. 实训题

请你从实习或实践中收集一个企业的库存管理资料进行分析，该企业采用了哪些确定库存规模的方法？试结合其中的一种方法阐述你的认识。

第十七章 现代企业设备管理

学习目标

(1) 明确设备以及设备管理的含义。
(2) 理解并熟悉设备管理的必要性和任务。
(3) 能够运用设备的使用和维修理论对某一企业设备进行具体分析,保障设备的正常有效运行。
(4) 能够理解和应用设备的更新、改造和租赁,能根据具体情况选择最经济合理的设备更新方法。

课程导入案例

触目惊心的设备管理现状

某一管理专家应邀给一家金属冶炼企业做管理培训,培训前照例是进入该企业进行一天的现场调研。当走到生产车间门口时,专家被现场黑板上的安全记录吸引并引起很大触动。在短短的几个月期间共发生如下几起事故:3 月 25 日中轧机着火;4 月 7 日天车钢丝绳断裂;6 月 3 日变压器电容器柜爆损;6 月 15 日包装车间一员工被叉车碾伤脚部。当时该专家觉得很是触目惊心,要知道这 4 个事故在很多公司都是重磅炸弹,在这类企业中出现一两例,都要引以为戒,深刻反思的。并且,这 4 个事故中,前面 3 个都与设备有直接的关系。我们不禁会想:这家公司的设备是怎么管理的?在这种特殊的金属冶炼行业,设备检修是如何进行的?会不会存在着制度漏洞,才出现如此多的问题?正常的公司设备管理是怎么进行的?包括哪些工作?

思考上面的问题,然后进行本章内容的学习。

第一节 设备及设备管理概述

一、设备

设备就是指可供企业在生产中长期使用,并在反复使用中基本保持原有实物形态和功能的劳动资料和物资资料的总称。它包括机器、车辆、船舶、施工机械、工业设施等,其中,最有代表性的是机器。

设备对于大部分生产企业而言,是固定资产的重要组成部分。企业中设备种类繁多,型号规格不同,为了便于管理,有必要对它们进行合理分类,设备分类方法因划分标准不同而不同,这里就按常见的依设备用途来划分。这种分类方法可以提供各类设备在全部设备中的比例,从而便于研究设备的构成。

(1) 生产工艺设备。一般是指工业企业中,用来改变劳动对象(原材料、毛坯、半成品)的形状和性能,使劳动对象发生物理和化学变化的那部分设备。例如,机器制造厂中的金属切削机床、铸造锻压设备,炼油厂中的炉、塔等。

(2) 辅助生产设备。一般是指为主要生产服务的各种设备。例如，加工、冶炼企业中的各种动力设备、运输设备、装卸设备等。

(3) 科学研究设备。主要指企业内研究部门中实验室用的各种各样的测试设备、计量设备等。

(4) 管理用设备。主要指企业管理机构用于生产经营管理用的各种计算机、复印机、电传机和其他办公用的装置。

(5) 公用福利设备。主要指企业内公共设备，如医疗机构用的医疗卫生设备，食堂用的炊事机械等。

在工业企业的设备中，主要是生产工艺设备和辅助生产设备，我们经常提到的设备管理，也主要是对这两类设备的管理。

二、设备管理

设备管理就是根据企业的生产经营方针，从设备的调查研究入手，对有关设备的计划、设计、制造、选购、安装、使用、维修、改造、更换直到报废的全过程，进行相对应的一系列技术、经济、组织等活动的总称。由此可见，设备管理是以设备的一生为对象，包括对设备的物质运动形态(即设备的计划、设计、制造、选购、安装、使用、维修、改造、更换直到报废)以及设备的价值运动形态(即设备的最初投资，维修费用支出，折旧，更新改造资金的筹措、积累、支出等)的管理。

1. 设备管理的必要性

(1) 设备管理是企业生产经营管理的基础工作。现代企业依靠机器和机器体系进行生产，生产中各个环节和工序要严格地衔接、配合。生产过程的连续性和均衡性主要靠机器设备的正常运转来保持。设备在长期使用中技术性能逐渐劣化(比如运转速度降低)就会影响生产定额的完成；一旦出现故障停机，就会造成某些环节中断，甚至引起生产线停顿。因此，只有加强设备管理，正确地操作使用，精心地维护保养，科学地修理改造，保持设备处于良好的技术状态，才能保证生产连续、稳定地运行。反之，如果忽视设备管理，放松维护、检查、修理、改造，导致设备技术状态严重劣化、带病运转，必然故障频繁，无法按时完成生产计划、如期交货。

(2) 设备管理是企业产品质量的保证。产品质量是企业的生命，竞争的支柱。产品是通过机器生产出来的，如果生产设备特别是关键设备的技术状态不良，严重失修，必然造成产品质量下降甚至废品成堆。加强企业质量管理，就必须同时加强设备管理。

(3) 设备管理是提高企业经济效益的重要途径。企业要想获得良好的经济效益，必须适应市场需要，力争使产品物美价廉。不仅产品的高产优质有赖于设备，而且产品原材料、能源的消耗、维修费用的摊销都和设备直接相关。这就是说，设备管理既影响企业的产出(产量、质量)，又影响企业的投入(产品成本)，因而是影响企业经济效益的重要因素。一些有识的企业家提出"向设备要产量、要质量、要效益"，确是很有见地的，因为加强设备管理是挖掘企业生产潜力、提高经济效益的重要途径。

(4) 设备管理是搞好安全生产和环境保护的前提。设备技术落后和管理不善，是发生设备事故和人身伤害的重要原因，也是排放有毒、有害的气体、液体、粉尘、污染环境的重要原因。消除事故、净化环境，是人类生存、社会发展的长远利益所在。加强发展经济，必须重视设备管理，为安全生产和环境保护创造良好的前提。

(5) 设备管理是企业长远发展的重要条件。科学技术进步是推动经济发展的主要动力。企业的科技进步主要表现在产品的开发、生产工艺的革新和生产装备技术水平的提高上。我国加入 WTO 以后，竞争更加激烈，企业要在激烈的市场竞争中求得生存和发展，需要不断采用新技术，开发新产品。一方面要"生产一代，试制一代，预研一代"；另一方面要抓住时机迅速投产，形成批量，占领市场。这些都要求加强设备管理，推动生产装备的技术进步，以先进的试验研究装置和检测设备来保证新产品的开发和生产，实现企业的长远发展目标。

由此可知,设备管理不仅直接影响企业当前的生产经营,而且关系着企业的长远发展和成败兴衰。作为现代企业家,必须摆正现代设备及其管理在企业中的地位,善于通过不断改善人员素质,充分发挥设备效能,来为企业创造最好的经济效益和社会效益。

2. 设备管理的任务

设备管理的任务是保证为企业生产提供最优的技术装备,使企业的生产经营活动建立在最佳的物质技术基础之上,以获得最经济的设备寿命周期费用,使设备综合效率最高,具体而言,主要包括以下几个任务:

(1) 正确地选购设备。根据技术上先进、经济上合理的原则,对设备进行全面的技术经济评价,合理选购设备。因此,相关部门要对国内外技术发展动向,收集包括技术和经济两个方面的资料。其中,技术资料主要包括设备的规格、性能、用途、效率、动力、材料、对环境的污染、可靠性、维修性、运输安装条件、备品配件的供应等;经济资料主要包括由该设备生产的产品市场情况,设备的价格、运费、相应的厂房、配套工程投资、安装费用,维修人员和操作人员的培训费,由该设备生产的产品售价、成本,资金筹集的方式、利息率、还款方式,估计设备的投资效果等。

(2) 保持设备完好。要通过正确使用、精心维护、适时检修使设备保持完好状态,随时可以适应企业经营的需要投入正常运行,完成生产任务。设备完好一般包括:设备零部件、附件齐全,运转正常;设备性能良好,加工精度、动力输出符合标准;原材料、燃料、能源、润滑油消耗正常等 3 个方面的内容。行业、企业应当制定关于完好设备的具体标准,使操作人员与维修人员有章可循。

(3) 改善和提高技术装备素质。技术装备素质是指在技术进步的条件下,技术装备适合企业生产和技术发展的内在品质。通常可以用以下几项标准来衡量:工艺适用性、质量稳定性、运行可靠性、技术先进性(包括生产效率、物料与能源消耗、环境保护等)、机械化和自动化程度。改善和提高技术装备素质的主要途径:一是采用技术先进的新设备替换技术陈旧的设备;二是应用新技术改造现有设备。后者通常具有投资少、时间短、见效快的优点,应该成为企业优先考虑的方式。

(4) 充分发挥设备效能。设备效能是指设备的生产效率和功能。设备效能的含义不仅包括单位时间内生产能力的大小;也包含适应多品种生产的能力。充分发挥设备效能的主要途径:一是合理选用技术装备和工艺规范,在保证产品质量的前提下,缩短生产时间,提高生产效率;二是通过技术改造,提高设备的可靠性与维修性,减少故障停机和修理停歇时间,提高设备的可利用率;三是加强生产计划、维修计划的综合平衡,合理组织生产与维修,提高设备利用率。

(5) 做好自制设备的综合管理。对自制设备,要做到技术上先进实用,经济上合理。要统管设备的全生命阶段,既包括设备的设计阶段的可行性研究,制造阶段的定额指标,还包括使用阶段的维修保养方法。同时加强标准化工作,统一某些关键设备的设计,搞好设备的鉴定、定型、推广工作,以提供成套的设备和技术资料及备品配件。

(6) 取得良好的投资效益。**设备投资效益**是指设备一生的产出与其投入之比。取得良好的设备投资效益,是提高经济效益为中心的方针在设备管理工作上的体现,也是设备管理的出发点和落脚点。提高设备投资效益的根本途径在于推行设备的综合管理。首先要有正确的投资决策,采用优化的设备购置方案;其次在寿命周期的各个阶段,一方面加强技术管理,保证设备在使用阶段充分发挥效能,创造最佳的产出,另一方面加强经济管理,实现最经济的寿命周期费用。

第二节 设备的使用与维修

设备的正确使用和维护,是设备管理工作的重要环节。正确使用设备,可以防止发生非正常磨损和避免突发性故障,能使设备保持良好的工作性能和应有的精度,而精心维护设备则可以改善设备技术状态,延缓劣化进程,消灭隐患于萌芽状态,保证设备的安全运行,延长使用寿命,提高使用效率。为了做好这项工作,首先要了解设备的磨损和故障规律。

一、设备的磨损与故障规律

1. 设备的磨损形式

1) 设备的有形磨损

设备在使用(或闲置)过程中发生的实体的磨损称为**有形磨损(亦称物质磨损)**。有形磨损可分为两种:

一种是指设备在使用过程中,由于外力的作用,设备的零件会发生摩擦、冲击、振动和疲劳,使其实体发生的磨损。通常表现为:机器设备的零件原始尺寸、形状、公差配合性质等发生改变。这种有形磨损与设备的使用时间和强度有关。其结果是使设备的精度、可靠性及生产率降低,不能继续正常使用甚至丧失工作能力。

另一种是指由于自然力的作用,使设备产生的磨损。如金属件产生锈蚀,橡胶件老化等,这种有形磨损与设备的使用无关(甚至在一定程度上还与使用程度成反比),而与设备闲置的时间及所处的环境有关。其结果可能使设备丧失精度和工作能力,甚至彻底损坏而报废。

2) 设备的无形磨损

无形磨损不是由于在生产使用或自然力的作用造成的,所以它不表现为设备实体的变化。设备的无形磨损是由于技术进步引起的,表现为设备原始价值的贬值。

设备无形磨损按其形成原因可分为两种:

一种是由于科学技术的进步,使设备制造工艺不断改进,劳动生产率不断提高,成本不断降低,生产同样结构、性能的设备所需的社会必要劳动逐渐减少,因而设备的市场价格必然降低,这就会使原设备的价值相应贬值。但设备本身的技术特性和功能并未发生变化,因而不会影响现有设备的继续使用。

另一种是由于科学技术进步,在原有设备正常使用期间,出现了结构更先进、技术更完善、生产率更高、耗费原材料和能源更少的新型设备,而使原有设备在技术上显得陈旧落后。

2. 设备磨损的补偿

为了恢复已磨损设备的生产能力和保证企业生产的正常进行,必须对设备的磨损及时进行补偿。由于设备遭受磨损的形式和程度不同,其磨损的补偿方式亦不相同。磨损的补偿方式可分为局部补偿和完全补偿两种。除遭受第一种无形磨损的设备仍可继续使用,无须进行补偿外,其他形式的磨损均须进行补偿。

当设备遭受可消除性有形磨损时,一般可采用修理的方式。当设备遭受不可消除性有形磨损时,采用完全补偿(包括设备原型更换或新型设备更新)的方式。

当设备遭受第二种无形磨损时,根据磨损的程度及企业的具体情况,可采用设备的技术改造或新型设备更新。

3. 设备的磨损规律

在选购或自制设备制造完毕,经验收合格安装调试后,就要正式投入生产使用。在使用中要进行科学的维护、保养、修理,为此,应了解机械设备的磨损规律。

设备在使用过程中,由于摩擦、应力和化学反应等作用,其零件会逐渐磨损和腐蚀,甚至断裂。这种磨损大致分为 3 个阶段,如图 17-1 所示。

(1) 初期磨损阶段。本阶段,零件表面上的高低不平处以及氧化层、脱炭层,由于零件的运转、互相摩擦很快地被磨平,这时设备可以表现出较高的生产效率,这一阶段时间较短。

(2) 正常磨损阶段。如果零件的工作条件不变化或变化较小,一般零件的磨损随时间匀速增加且较缓慢。此阶段,设备有很高的生产率及加工质量,而且时间延续较长。这个阶段的时间就是零件的

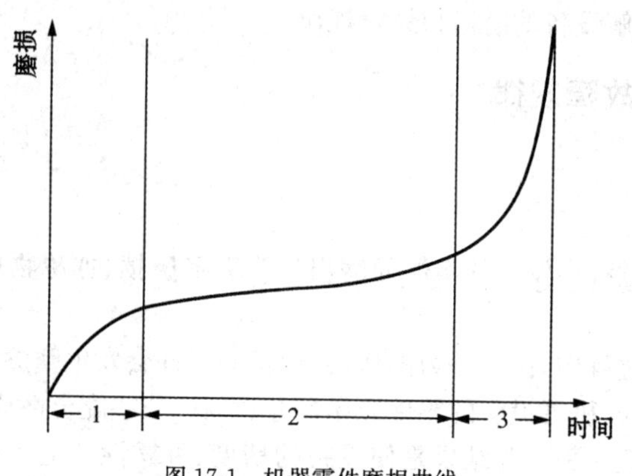

图 17-1 机器零件磨损曲线

使用寿命。

(3) 急剧磨损阶段。此时，正常磨损已被破坏，使得磨损剧烈，最后导致正常工作关系被破坏，设备的精度、性能和生产率下降。所以，此阶段一般不允许设备继续运转。在正常阶段后期就应修复或更换零件，否则将会加大修理工作量，增加修理费用和加长设备停工修理时间。

4. 设备的故障规律

设备如能长期无故障运行，企业基本生产系统将长期处在稳定状态，这样基本生产系统就可以不必设置保险能力和机动设备以应付设备故障，计划与调度工作会大大简化，仓储、运输、保管等方面的费用也可以大幅度节约。但事实上，无论多么可靠的设备，总会发生故障。

对于多数设备，特别是机械设备，其寿命在不同的阶段呈现不同的故障统计规律。

(1) 早期故障阶段。这个阶段是设备的初期使用阶段。这个阶段由于表面的加工刀痕和表面的脱碳层迅速磨光压平，零件间的间隙变动较快，因而需要及时调整间隙。另外，制造过程中无法经济检验出来的零件材料、制造和装配上的缺陷也会在这个阶段暴露出来。这个阶段的故障发生率 $z(t)$ 随着设备在这一阶段的使用时间延长而下降。当表面的加工刀痕被磨平，脱炭层被磨光，磨损就进入第二阶段，即正常磨损阶段。

(2) 正常磨损阶段。这个阶段中绝大部分故障都由外部随机因素引起。在这一阶段内，零件的磨损基本上随时间增加而均匀增加，只要正常润滑，零件的磨损非常缓慢，设备的故障发生率基本上稳定地维持在较低的水平上。这个阶段的时间就是设备的无故障期。根据故障统计学，无故障寿命近似服从负指数分布。

(3) 过度磨损阶段。经过长期摩擦，零件磨损加大，润滑条件变坏，震动增加，零件磨损加剧，设备精度迅速丧失，设备故障发生率呈指数增长。

总结上述 3 个阶段的无故障寿命分布，可将机械设备的故障发生率用图 17-2 表示。故障发生率的统计描述是决定设备寿命的依据之一，也是决定设备维修策略的依据之一。

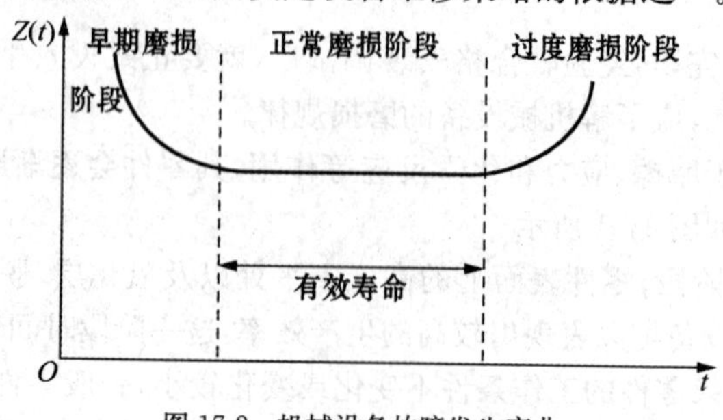

图 17-2 机械设备故障发生率曲

二、设备的合理使用

设备在负荷下运行并发挥其规定功能的过程，即为使用过程。设备在使用过程中，要充分了解设备的磨损规律和故障规律，控制这一时期的技术状态变化，延缓设备工作能力的下降过程，然后根据设备的工作环境及结构、性能特点，掌握劣化的规律；创造适合设备工作的环境条件，遵守正确合理的使用方法、工作规范，控制设备的负荷和持续工作时间；精心维护设备。只有这样才能保持设备良好的工作性能，充分发挥设备效率，延长设备的使用寿命。只有操作者正确使用设备，才能减少和避免突发性故障。正确使用设备对于控制技术状态变化和延缓工作能力下降具有重要意义。

合理使用设备，应该做好以下几方面工作：

(1) 合理配置设备。企业应根据自己的生产工艺特点和要求，合理地配备各种类型的设备，使它们都能充分发挥效能。为了适应产品品种、结构和数量的不断变化，还要及时进行调整，使设备能力适应生产发展的要求。

(2) 为设备提供良好的工作环境。工作环境不但对设备正常运转，延长使用期限有关，而且对操作者的情绪也有重大影响。为此，应安装必要的防腐蚀、防潮、防尘、防震装置，配备必要的测量、保险用仪器装置，还应有良好的照明和通风条件等。

(3) 配备合格的操作者。企业应根据设备的技术要求和复杂程度，配备相应的工种和胜任的操作者，并根据设备性能、精度、使用范围和工作条件安排相应的加工任务和工作负荷，确保生产的正常进行和操作人员的安全。

(4) 建立健全必要的规章制度。保证设备正确使用的主要规章制度有设备使用程序、设备操作维护规程、设备维护制度等。为了正确合理地使用设备，还必须根据机器设备的性能、结构和其他技术特征，恰当地安排加工任务和工作负荷。机器设备是科学技术的物化，随着设备日益现代化，其结构和原理也日益复杂，要求具有一定文化技术水平和熟悉设备结构的工人来掌握使用。因此，必须根据设备的技术要求，采取多种形式，对职工进行文化专业理论教育，帮助他们熟悉设备的构造和性能。

(5) 充分发挥操作工人的积极性。设备是由工人操作和使用的，充分发挥他们的积极性是用好、管好设备的根本保证。因此，企业应经常对职工进行爱护设备的宣传教育，积极吸收群众参加设备管理，不断提高职工爱护设备的自觉性和责任心。

三、设备的维护保养

设备的维护保养是管、用、养、修等各项工作的基础，也是操作工人的主要责任之一，是保持设备经常处于完好状态的重要手段，是一项积极的预防工作。设备的保养也是设备运行的客观要求。设备在使用过程中，由于设备的物质运动和化学作用，必然会产生技术状况的不断变化和难以避免的不正常现象以及人为因素造成的耗损，例如松动、干摩擦、腐蚀等。这是设备的隐患，如果不及时处理，会造成设备的过早磨损，甚至形成严重事故。做好设备的维护保养工作，及时处理随时发生的各种问题，改善设备的运行条件，就能防患于未然，避免不应有的损失。实践证明，设备的寿命在很大程度上取决于维护保养的程度。因此，对设备的维护保养工作必须强制进行，并严格督促检查。

在我国，一般采用三级保养制度，它体现了我国设备维修管理的重心由修理向保养的转变，反映了我国设备维修管理的进步和以预防为主的维修管理方针。三级保养制内容包括设备的日常维护保养、一级保养和二级保养。三级保养制是以操作者为主对设备进行以保为主、保修并重的强制性维修制度。

(1) 设备的日常维护保养。也叫例行保养，重点是对设备进行擦拭、清洁、润滑，紧固已松动部位，检查零部件的状况，这类保养较为简单，大部分工作在设备的表面进行。有时也分为日保养和周保养，又称日例保和周例保。

(2) 一级保养。一级保养是以操作工人为主,维修工人协助,按计划对设备局部拆卸和检查,清洗规定的部位,疏通油路、管道,更换或清洗油线、毛毡、滤油器,调整设备各部位的配合间隙,紧固设备的各个部位。一级保养所用时间为4~8小时,一保完成后应做记录并注明尚未清除的缺陷,车间机械员组织验收。一保的范围应是企业全部在用设备,对重点设备应严格执行。一保的主要目的是减少设备磨损,消除隐患、延长设备使用寿命,为完成到下次一保期间的生产任务在设备方面提供保障。

(3) 二级保养。二级保养是以维修工人为主,操作工人参加来完成。二级保养列入设备的检修计划,对设备进行部分解体检查和修理,更换或修复磨损件,清洗、换油、检查修理电气部分,使设备的技术状况全面达到规定设备完好标准的要求。二级保养所用时间为7天左右。二保完成后,维修工人应详细填写检修记录,由车间机械员和操作者验收,验收单交设备动力科存档。二保的主要目的是使设备达到完好标准,提高和巩固设备完好率,延长大修周期。

三级保养制在我国企业取得了好的效果和经验。由于三级保养制的贯彻实施,有效地提高了企业设备的完好率,降低了设备事故率,延长了设备大修理周期,降低了设备大修理费用,取得了较好的技术经济效果。

四、设备的修理

设备修理是设备使用期管理的主要内容之一。设备在使用过程中,零部件会逐渐发生磨损、变形、断裂、锈蚀等现象。设备的修理就是对技术状态变化时发生故障的设备通过更换或修复磨损失效的零件,对整机或局部进行拆装、调整的技术活动,其目的是恢复设备的功能或精度,保持设备的完好。不同的企业,由于设备的种类、性质不同,修理的种类和方法也各不相同。

1. 设备维修方式

设备维修方式具有维修策略的含义。现代设备管理强调对各类设备采用不同的维修方式,就是强调设备维修应遵循设备物质运动的客观规律,在保证生产的前提下,合理利用维修资源,达到寿命周期费用最经济的目的。

1) 事后维修

事后维修就是对一些生产设备,不将其列入预防维修计划,发生故障后或性能、精度降低到不能满足生产要求时再进行修理。采用事后维修策略(即坏了再修)可以发挥主要零件的最大寿命,使维修经济性好。事后维修作为一种维修策略,不同于原始落后的事后修理。事后维修不适用于对生产影响较大的设备,一般适用于3种情况:①对故障停机后再修理不会给生产造成损失的设备;②修理技术不复杂而又能及时提供备件的设备;③一些利用率低或有备用的设备。

2) 预防维修

为了防止设备性能、精度劣化或为了降低故障率,按事先规定的修理计划和技术要求进行的维修活动,称为**预防维修**。对重点设备和重要设备实行预防维修,是贯彻设备管理条例规定的"预防为主"方针的重要工作。预防维修主要有以下几种维修方式:

(1) 定期维修。定期维修是在规定时间的基础上执行的预防维修活动,具有周期性特点。它是根据零件的失效规律,事先规定修理间隔期、修理类别、修理内容和修理工作量。它主要适用于已掌握设备磨损规律且生产稳定、连续生产的流程式生产设备、动力设备,大量生产的流水作业和自动线上的主要设备以及其他可以统计开动台时的设备。

(2) 状态监测维修。又称预知的维修,这是一种以设备技术状态为基础,按实际需要进行修理的预防维修方式。它是在状态监测和技术诊断基础上,掌握设备劣化发展情况,在高度预知的情况下,适时安排预防性修理。这种维修方式的基础是将各种检查、维护、使用和修理,尤其是诊断和监测提供的大量信息,通过统计分析,正确判断设备的劣化程度、发生(或将要发生)故障的部位、技术状态的发展趋势,从而采取正确的维修类别。这样能充分掌握维修活动的主动权,做好修前准备,并且可以和生产计划协调安排,既能提高设备的可利用率,又能充分发挥零件的最大寿命。因受到诊断技术发展的限制,它主要适用于重点设备,利用率高的精、大、稀类设备等,即值得花费诊断与监测费用的设备,以使设备故障后果影响最小和避免盲目安排检修。它是今后企业设备维修的发展方向。

(3) 改善维修。为消除设备先天性缺陷或频发故障,对设备局部结构和零件设计加以改进,结合修理进行改装以提高其可靠性和维修性的措施,称为改善维修。设备的改善维修与技术改造的概念是不同的,主要区别为:前者的目的在于改善和提高局部零件(部件)的可靠性和维修性,从而降低设备的故障率,减少维修时间和费用;而后者的目的在于局部补偿设备的无形磨损,从而提高设备的性能和精度。

2. 设备修理的类别

(1) 大修。设备大修是工作量最大的一种计划修理。它是因设备基准零件磨损严重,主要精度、性能大部分丧失,必须经过全面修理,才能恢复其效能时使用的一种修理形式。设备大修需对设备进行全部解体,修理基准件,更换或修复磨损件;修理、调整设备的电气系统;修复设备的附件以及翻新外观等,从而全面消除修前存在的缺陷,恢复设备的规定精度和性能。大修的特点是修理次数少,修理间隔期较长,工作量大,修理时间长,费用较高,所以大修事先要安排好计划。为了补偿设备的无形磨损,还应结合大修,采用新技术、新工艺、新材料进行改造、改进和改装,提高设备效能。

(2) 中修。中修主要是对设备精度、性能的劣化缺陷进行针对性的局部修理。中修时,一般要进行局部拆卸、检查,更换或修复失效的零件,必要时对基准件进行局部修理和修正坐标,从而恢复所修部分的性能和精度。中修的工作量视实际情况而定。中修的特点是发生的次数较多,修理间隔期较短,工作量不很大,每次修理时间短,支付费用少。

(3) 小修。设备的小修是维修工作量最小的一种计划修理。对于实行状态(监测)维修的设备,小修理的工作内容主要是针对日常检查和定期检查发现的问题,拆卸有关的零部件进行检查、调整、更换或修换失效的零件,以恢复设备的正常功能;对于实行定期维修的设备,小修理的内容主要是根据掌握的磨损规律,更换或修复在修理间隔期内失效或即将失效的零件,并进行调整,以保证设备的正常工作能力。小修的特点是修理次数多,工作量小,可结合日常的检查与维护保养工作一起进行。

【内容点睛】

工欲善其事,必先利其器。设备是企业进行生产的重要资源,代表了生产水平和效率的高低,因此,更应该得到足够的重视,保护它们安全运转。这部分内容主要介绍了设备在使用过程中可能出现的磨损形式以及补偿方式。掌握设备的故障规律,更有利于人们保护设备,用好设备。

第三节　设备的更新和改造

一、设备的更新

1. 设备的寿命

设备的寿命是指设备以全新状态投入使用开始,经受有形磨损和无形磨损,直至在技术上不能再继续使用或在经济上不宜再继续使用,而必须更新所经历的时间。设备的寿命可分为物理寿命、技术寿命和经济寿命。设备更新的时机,一般取决于设备的技术寿命和经济寿命。

(1) 设备的物理寿命。设备的物理寿命亦可称为设备的自然寿命或使用寿命。它是由设备的有形磨损决定的。**设备的物理寿命**是指设备以全新状态投入使用开始,经受有形磨损,直至在技术性能上不能按原有用途继续使用为止所经历的时间。

(2) 设备的技术寿命。**设备的技术寿命**是从技术角度考虑的设备最合理的使用期限。它是由无形磨损决定的。即从设备开始使用到因技术落后被淘汰所延续的时间。所以它与科学技术进步的速度有关，科学技术进步越快，设备的技术寿命越短。当更先进的设备出现时，现有设备在其物理寿命尚未结束前，就可能被淘汰。

(3) 设备的经济寿命。设备的经济寿命是从经济角度考虑的设备最合理的使用期限。它是由有形磨损和无形磨损共同决定的。设备年均使用总费用(或称年均使用总成本)包括购置费年分摊额和设备年运行费用(维修费、操作费、材料费、能源消耗费等)。随着设备使用年限的延长，设备购置费用年分摊额逐年减少，而设备年运行费用却逐年增加。所以设备年均使用总费用随着时间的变化而变化。其一般规律为设备年均总费用第一年高，而后逐年降低，当达到最低值后又逐年增加。设备年均使用总费用达到最低值的年份数即为**设备的经济寿命**。

2. 设备的更新

设备更新是设备磨损的重要补偿方式。设备更新方式有两种：一种是设备的原型更换，即使用相同的设备去更换有形磨损严重，不能继续使用的旧设备，这种更新不具有更新技术的性质，不能促进技术进步，只能解决设备的损坏问题；另一种是使用较经济和较完善的新设备，即用技术更先进、结构更合理、效率更高、性能更好、耗费能源和原材料更少的新型设备更换那些技术上不能继续使用或经济上不宜继续使用的旧设备。技术进步要求我们主要采用后一种方式更新设备，以解决设备磨损和技术落后的问题。这是当今设备更新的一种主要形式。

二、设备的改造

1. 设备改造的概念及内容

设备改造是指在原有设备的基础上，对设备的结构进行局部改革，或是把科学技术的新成果应用于现有设备，改变现有设备落后的技术面貌，提高设备的现代化水平。例如，将旧机床改造为程控、数控机床，或在原有机床上增设检查装置等。

设备的改造具有很强的针对性和适应性。经过改造的设备更能适应生产的具体要求，在某些情况下，改造之后的设备适应具体生产需要的程度，甚至可以超过新设备。有时设备经过现代化改装，其技术性能比新设备水平还高。多数情况下，通过设备的技术改造提高陈旧设备的技术水平所需的投资往往比购买新设备的投资少。因此，设备的技术改造往往在经济上有很大的优越性。

设备改造的内容很广泛，应根据本企业的生产技术特点及产品和工艺要求来决定。一般机器设备改造的内容有：对设备的容量、功率、体积和形状的改变；提高精度和耐磨性；提高设备的机械化、自动化水平；改善润滑和冷却系统；为满足生产中工艺的要求，以及满足劳动保护和技术安全的要求而改变机床的结构等。

设备的改造要结合产品更新换代和生产发展的要求，充分考虑新技术的可靠性，以及维修配件的供应条件等。当设备性能不能满足产品质量要求、生产率远远低于先进设备、能源消耗高、维修费用不经济时，陈旧设备不宜继续使用，应当采用更新而不是改造的方法。

2. 设备改造的原则

设备的改造要遵循针对性、先进适用性、可靠性和经济性的原则。

(1) 要从实际出发，按照生产工艺的要求，针对生产中的薄弱环节，采用不同的新技术，以企业的产品更新换代、发展新品种和提高产品质量为目标，结合设备在生产过程中所处的地位及技术状况来决定哪些设备必须改造以及怎样改造。

(2) 采用的技术应先进适用。根据不同的设备、不同的生产工艺和批量，采取的技术标准应有高有低，要讲究先进适用，不要盲目追求高指标，更不应该为改造而改造。

(3) 制订设备改造方案时,采用的新技术一定要有充分把握。它必须经实践证明是可靠的,经技术论证适用于改造设备。

(4) 要有实实在在的经济效益。制订设备技术改造方案时,要进行可靠性分析,综合考虑人力、物力、财力和创造的效益,力求以较少的投入获得较大的产出。

三、设备的租赁

1. 设备租赁的形式

设备租赁是设备的所有人(出租方)将其财产定期出租给需要这种设备的人(承租方)使用,并由后者向前者按期支付一定数额的租金作为报酬的经济行为。设备租赁可分为融资租赁和经营租赁两种。

1) 融资租赁

融资租赁是指当企业需要筹措资金、添置设备时,不是以直接购买的方式,而是以付租金的形式向租赁公司借用设备。租赁公司按照企业(承租方)选定的机器设备,先行融资,代企业购入后,将设备租赁给承租方有偿使用。由于出租方支付了全部价款,实际上是对企业(承租人)提供了百分之百的信贷。在融资租赁方式下,由于设备是承租企业选定的,所以出租人对设备的性能、物理性质的变化等风险以及维修保养不负责任。在多数情况下,出租方在租赁期内,分期收回设备的全部成本、利息和利润,租赁期满时,出租方通过收取名义货价的形式,将设备的所有权转移给承租方。融资租赁的特点主要有以下几个方面:

(1) 承租方有权选定设备及供货方,不依赖于出租方的判断和决定。

(2) 承租方租赁期内对设备的使用价值负责。在租赁期内,承租人有责任保证设备的使用价值不受损失,为此要对设备进行必要的维修、保养工作,费用由承租方负担。

(3) 租赁期限较长,在租赁期内,双方均不得单方面终止合同。融资租赁以承租方对设备的长期使用为前提,所以租赁的期限较长,与设备的经济寿命相当,有的大型设备的租赁限期长达20年。

(4) 租金具有完全支付性。融资租赁由于期限相当于设备的经济寿命,因而在一个不间断的较长的租赁期内,承租方所付租金总额相当于出租方的全部或大部分投资支出和投资收益。

2) 经营租赁

经营租赁也称为业务租赁、使用租赁、管理租赁、操作性租赁等,是指租赁公司既为用户提供融资便利,又负责提供设备的维修、保养等服务,同时还承担设备过时风险的一种中短期商品借贷形式。经营租赁的特点有以下几个方面:

(1) 租赁公司必须具备能对设备进行必要的维修、保养、保管所需要的专业技术人才,以便及时地对设备进行技术处理,保障其作用价值的发挥。

(2) 经营租赁的设备多具有通用性。设备的应用面广,易于找到接租的用户。

(3) 租赁公司承担设备过时的风险。

(4) 经营租赁的租金较高。经营租赁出租方要承担设备过时的风险,还要承担不续租、不留购、无人承租及承租方中途解除租赁合同的风险,因此,经营租赁的租金也应高于融资租赁的租金。

(5) 出租方根据需要选择设备。经营租赁的设备不是针对某用户选定的,而是出租方根据自己对市场的调查、判断和经验进行的。因此,所购设备具有通用性和先进性。

(6) 租赁期一般较短,而且可以通过提前通知而中途解除合同。因此,出租人需要经过反复租赁多次,才能收回设备的全部投资。

2. 设备租赁的方法及优点

近年来,融资租赁形式发展较快,成为现阶段的主要形式,其核算方法如下:

例如,某企业租入一台电子设备,租赁合同规定:租赁应付款为50000元,每年底付款一次,分4年付清；付款时同时按8%收取利息，并按每次付款额的1%收取手续费；应付款付清后，出租方以1 000元的名义价把该设备转让给承租方。企业编制融资租入电子设备付款计划如表17-1所示。

表17-1 融资租入电子设备付款计划

期数	每期租金	每期利息	手续费	付款合计	租金余额
0					50 000
1	12 500	4 000	125	16 625	37 500
2	12 500	3 000	125	15 625	25 000
3	12 500	2 000	125	14 625	12 500
4	12 500	1 000	125	13 625	0
合计	50 000	10 000	500	605 000	

实行设备租赁制对设备使用企业有许多好处，主要表现如下：

(1) 承租方利用少量资金就能得到生产急需的设备，提高设备的技术水平和增强企业的竞争能力；有利于企业争取时间，抓住发展机遇。

(2) 可以加速资金的周转，提高资金使用效率。租赁设备一般每年只需支付相当于设备原值10%～20%的租金，减少了企业在固定资产上的投入，从而加速企业资金周转，提高企业经济效益。

(3) 可以减少技术落后的风险。当前，科学技术发展迅速，设备更新换代的周期大大缩短。企业根据生产需要短期租用设备，需用则租，不用则退，与购置设备长期使用相比，设备租赁可以减少因科学技术发展，设备无形磨损严重所带来的风险和经济损失。

(4) 可以促进企业加强经济核算，改善设备管理。租赁设备必须按时支付租金，促进企业在租赁之前仔细论证；租用后加强管理，提高利用率，充分发挥设备效能。

【内容点睛】

设备在生产过程中，肯定会有磨损，需要更新、改造。设备更新的方式，可以是购买，也可以是租赁。应根据企业的实际需要，选择合适的方式对设备进行更好的维护。

课后练习

1. 思考题

(1) 设备管理的任务有哪些？

(2) 设备有哪些磨损？如何对这些磨损进行补偿？

(3) 更新设备是否越先进越好，对现有设备更新需要遵循哪些原则？

2. 案例分析

不容忽视的设备更新

最近几年，经常会看到很多类似的新闻报道：第一则是日本3.11地震海啸，造成福岛等处核电站爆炸、泄漏，除了人员伤亡外，对日本经济的影响也犹如地震一般。据报道，泄漏的核反应堆是40年前的老堆型，如果能够及时淘汰和更新，科学有序地拆除不安全的设施，引进更安全可靠的新设备，或者考虑到安全进行加固和应对意外灾害处理，也许不至于造成如此巨大的影响和损失；第二则是世界上最大的石油和石化集团公司之一的BP公司，在墨西哥湾的石油管道泄漏，造成的环境和经济影响巨大。如果能够及时淘汰老旧的设备，虽然会增加企业投资，但也许会消除日后的损失。我们周围也有些小企业，因为设备老化埋下安全隐患，如一家小型化工企业，设备因年久失修而引起锅炉爆炸，造成人员伤亡，给企业和员工家庭都带来了不可弥补的损失。因此，应加强设备管理，因为它关系着企业生产期的平稳、安全、优质运行，关系到企业的竞争力，也关系到周边社区的安全和环保。

请分析：

(1) 为什么要进行设备更新，常见的设备更新方法有哪些？

(2) 如果你是某生产企业的设备管理人员，在进行设备更新决策前，要考虑哪些因素才能发挥设备的最大功效，减少不必要的损失？

3. 实训题

结合实习企业的实例，对该企业设备的寿命类型举例说明，并分析其设备损毁产生的原因及延长大修间隔的方法。

第十八章 现代企业质量管理

学习目标

(1) 了解质量管理的基本概念和质量管理理论的发展过程。

(2) 把握全面质量管理的特点、内容及内涵；理解 QC 小组活动对提高质量管理水平的作用；明白质量教育在提高质量意识方面起到的作用。

(3) 学会运用数理统计方法解决质量管理问题。

(4) 熟悉 ISO9000 族标准的主要内容；把握质量管理体系文件的构成及含义，了解质量管理体系文件的编写原则。

课程导入案例

“哥伦比亚”航天飞机爆炸之谜

2003 年 2 月 1 日，美国“哥伦比亚”航天飞机着陆前发生爆炸，7 名宇航员全部遇难，全世界震惊，美航天负责人因此而辞职。事后的调查结果令人惊讶，造成此灾难的凶手竟是一块脱落的隔热瓦，“哥伦比亚”航天飞机有 2 万多块隔热瓦，能抵御 3 000 度高温，避免航天飞机返回大气层时外壳被融化。航天飞机是高科技产品，许多标准是一流的非常严格的，但就是一块脱落的隔热瓦，0.5‰的差错葬送了价值连城的航天飞机，还有无法用价值衡量的宝贵的 7 条生命。

企业求生存谋发展，在市场竞争中取得优势地位，必然要具备相应的竞争优势。竞争优势表现为企业管理的多个方面，大的方面可分为外部优势和内部优势。外优势表现为企业的市场营销拓展优势，而内部优势表现为生产技术水平高低。企业通过产品在市场中的竞争把内外优势结合起来。或者说，企业的产品竞争优势，概括出了企业的综合竞争能力。随着市场形势的变换，人们对质量的重视程度与日俱增。1994 年美国质量管理专家朱兰博士在美国质量管理协会上指出，20 世纪以“以生产力的世纪”载入史册，未来的 21 世纪将是“质量的世纪”。其深刻含义为，企业的综合竞争优势提升要通过提高质量管理水平实现。

第一节 质量管理概述

一、质量与质量管理

1. 质量概念

按照国际通用的 ISO9000:2000 族标准，质量被定义为：“一组固有特性满足要求的程度”。上述定义包含如下几方面含义：

(1) 质量的概念是广义的。相对于旧标准而言，新标准对质量的载体没有具体规定，也就是说，其包含的内容更为宽泛，主要表现为产品、过程和体系。质量所界定的角度更多是从满足顾客要求的特性出发。从这个意义出发，质量的概念更看重满足顾客需求，而相对宽泛载体界定，保证其适用范围更广。

(2) 固有特性是可区分的特性。固有特性是通过产品、过程或体系设计和开发过程形成载体的某种特有属性，如机械特性、化学特性、感官特性等，这些特性是该载体(产品)区分于其他载体(产品)的所在。由于这些不同，决定了满足需求程度的不同。

(3) 满足要求是多方面的。所谓的要求，通常指顾客的要求，广义上也包括法律法规的要求。具体而言，包括明确的、隐含的和必须履行的三方面要求。只有这些要求全方位满足，才可称之为好产品。

(4) 质量要求是动态的。外部市场需求不是一成不变的，满足市场的能力也应该随之改变。故而，质量的标准也应该不断发展和变化。因此，要对质量标准定期评审，以确定以往标准是否适宜。

2. 质量管理的定义

给质量管理下定义的早期人物是美国质量管理专家戴明(V. E. Deming)博士。他认为，“所谓质量管理，是指为了最经济地生产十分有价值，在市场上畅销的产品，要在生产的所有阶段使用统计方法”。这个定义可以分解为以下三部分：

第一部分是指“十分有价值、在市场上畅销的产品”。这就是说，工业企业生产的产品，必须是能满足用户需要的；同时，还必须是畅销的。

第二部分是指“最经济地生产”。这就是说，从设计到加工到装配、试验都要注意经济效益。

第三部分是指“在生产的所有阶段，使用统计方法”。这就是说，在生产的各个阶段，都要进行质量控制，以便把产品质量波动纳入质量目标的允许范围内。

可以这样说，第一部分是定出了质量目标；第二部分是实现质量目标的前提；第三部分是实现质量目标的手段。戴明对质量管理所下的定义是具有代表性的。

另一位美国质量管理专家费根堡姆(Feigenbaum)认为：“质量管理是把一个组织内部各个部门在质量发展、质量保持、质量改进的努力结合起来的一个有效体系，以便使生产和服务达到最经济水平，并使用户满意”。可以看出，费根堡姆的定义与戴明的定义相比，既有相似之处，也有不同之处。此外，还有一些不同的论述，但就其基本内容而言却大体上是一致的。

按照 ISO9000:2000 族标准，质量管理被定义为“质量管理是在质量方面指挥和控制的协调活动”。具体活动包括制订质量方针和质量目标、质量策划、质量控制和质量保证和改进。要把握以下思想：第一，企业为了实现自己的经营目标必须确定其质量方针、质量目标和职责；第二，为了实现质量方针、目标和职责，企业必须建立良好有效的质量体系；第三，质量体系通过一系列管理活动来实现自己的质量方针、目标和职责。

质量管理的目标就是要经济地生产出用户满意的产品。质量体系及其进行的各项工作(活动)都是质量管理的手段。质量管理工作的步骤，一般是根据实践和试验，发现产品质量上的薄弱环节和问题，从科学技术原理、工艺上、心理上研究其产生的原因；在技术组织管理上，采取有针对性的改进措施，并组织稳定的生产工艺路线，切实加以改进，将改进的结果同原来情况对比，看是否达到了预期效果；在主要质量问题得到解决时，次要问题又上升为主要矛盾，这时再重复上述过程，以解决新产生的质量问题。这种工作步骤，戴明把它归纳为 PDCA 循环，又叫戴明循环。PDCA 循环代表计划(Plan)、执行(Do)、检查(Check)、处理(Action)这一办事的逻辑过程。在 PDCA 循环中(见图 18-1)，质量管理被分为 8 个步骤：第一步，找出质量存在的问题；第二步，找出存在问题的原因；第三步，找出原因中的主要原因；第四步，根据主要原因，制订解决对策；第五步，按制订的解决对策，认真付诸实施；第六步，调查分析对策在执行中的效果；第七步，总结成功的经验，整理成为标准，坚持巩固；第八步，把执行对策中不成功的遗留的或新产生的问题转入下一个 PDCA 循环中去解决。前 4 个步骤属于计划阶段，第五步属于执行阶段，第六步为检查阶段，后 2 个步骤就是处理阶段。通过一次 PDCA 循环，解决了一些问题,工作就前进了一步,质量就提高了一步,再在一个新的水平上进行新的 PDCA 循环。

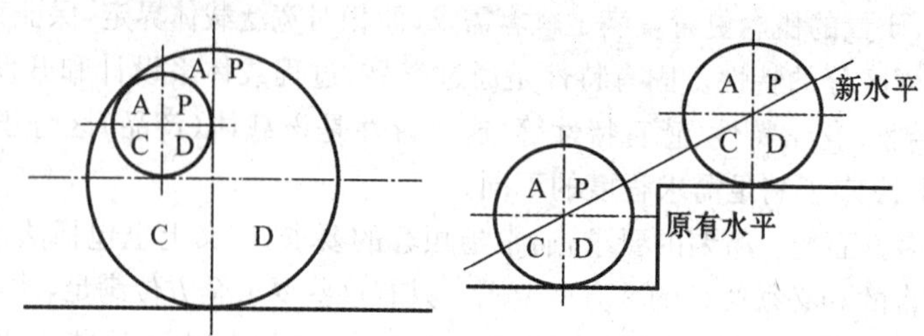

图 18-1 PDCA 循环

3. 质量管理的重要性

质量管理是企业管理的中心环节,它的重要性可以从以下 3 个方面来认识。

(1) 加强质量管理是实现企业兴旺发展的可靠保证。在市场经济条件下,一个企业有没有生命力,在经营上有没有活力,首先要看它能否生产和及时向市场提供所需要的质量优良的产品。生产质量低劣的产品,必然会被市场淘汰,企业也就谈不上兴旺发展。

(2) 加强质量管理是增强企业竞争能力的主要手段。在市场经济条件下,无论是国际市场还是国内市场,竞争都是很激烈的。市场的竞争首先表现为产品的竞争,而产品竞争首先就是质量的竞争。质量低劣的产品是无法进入市场的。可以说,质量是进入市场的通行证。加强质量管理是取得通行证的重要手段。企业只有加强质量管理,才能以质量开拓市场,以质量占领市场。以质量取胜这是现代企业经营管理中的一项重要策略。

(3) 加强质量管理是提高企业经济效益的重要前提。没有质量,就没有数量(至少是使数量打了折扣);没有质量也就没有效益。粗制滥造,质量低劣,就必然导致产品滞销无人购买,这就从根本上失去了提高经济效益的前提条件,甚至造成企业倒闭。无论从国外还是国内企业的实践经验来看,只有加强质量管理,才能提高经济效益。所以,我们说:质量是企业的生命,质量管理是企业的护身符。

二、质量管理的发展

质量管理是企业管理极重要的组成部分。企业管理随着工业企业的发展而不断发展,质量管理自然也不会例外。质量管理大致经历了 3 个发展阶段:

1. 质量检验阶段

20 世纪前,科学技术落后,生产力低下,普遍采用手工作坊进行生产,生产工人既是加工者又是检验者,这时期质量管理还没有形成科学管理理论。20 世纪初,美国工程师泰罗提出科学管理理论,主张计划和执行分离。到 20 世纪 30 年代,随着资本主义大公司的发展,工长已不再承担质量检查和质量管理职责,大都设置了专门的检验部门和检验人员,形成计划设计、执行操作、质量检验的分工体系。

质量管理工作是单纯依靠检验,剔出废品,以保证产品质量。其基本特点是:①强调检查工作的监督职能,半成品、零部件和成品收合格与否的决定权属于检查人员及其职能机构;②检查方法是以对产品实行全数检查及筛选为主;③对整个生产过程实行层层把关,防止不合格品流入下道工序或出厂。其缺点是:只能事后把关而无法事前预防,对已产生的废品、次品只能起到"事后诸葛"的作用。另外,对那些不便全数检验的产品,如火柴、枪炮子弹、感光胶片等也无法真正起到"把关"的作用。

2. 统计质量控制阶段

20 世纪 20 年代,从欧美一些国家开始运用概率论与数量统计方法控制生产过程以预防不合格品的产生。随着现代应用数学的发展,概率论与数量统计方法引用到质量管理中来取得了很好的成功。1924 年,美国贝尔电话研究所的休哈特提出了质量控制图理论,其目的是预防生产过程中不合格品的产生，并于1931年出版了《工业产品质量控制经济学》。1929年，贝尔电话公司的道奇发表"挑选型抽样检验法"论文，提出了对产品进行破坏性检验情况下如何保证产品质量，并降低检验费用的方法。由于当时资本主义经济萧条，人们对质量要求不够迫切，所以，开始未发挥应有作用。

在质量检验阶段中，进行的是事后检验，事后检查虽然可以剔除不合格品，但不合格品造成的损失已经发生，因此这种检查方式是消极被动的；对于必须做破坏性检查的大量生产的产品，事后全数检查既无可能也不许可；随着生产的发展，以及工业产品结构的日益复杂化和精密化，中间工序的数量及检查工作量也显著增加。这些问题的产生，促使人们去寻求进一步改进质量管理的途径。在20世纪40年代至50年代，人们广泛推行了抽样检验，有效地防止了不合格品的产生。其具体做法是将测得的数据记录在管理图上，及时观察和分析生产过程中的质量情况。当发现生产过程中质量不稳定时，能及时找出原因，采取措施，消除隐患，防止废品的再次发生，以达到保证产品质量的目的。利用控制图对大量生产的工序进行动态控制，确实有效地防止了废品的产生。在第二次世界大战中，美国许多兵器工厂，将数理统计方法和质量控制图法运用于生产取得了显著的经济效益。而质量管理也逐步走上了以预防为主的阶段。由于这一阶段企业的管理活动广泛地引用了统计分析方法，所以被称为统计质量控制阶段。这一阶段由于片面强调了数量统计方法，而使质量管理的组织管理工作受到一定的削弱。

3. 全面质量管理

虽然统计质量控制相对事后检查来说是一个进步，但也有其局限性和不足之处。例如，事后检查和统计质量管理的对象，一般都是产品的加工过程及其工序。但是一个企业的对象，一般都是产品的加工过程及其工序。但是一个企业的制造过程和质量管理做得再好，如果对市场需求不清，产品的统计质量差，还是难以生产出满意的产品来。随着生产力的迅速发展和科学技术的进步，对产品质量的要求越来越高；在数理统计方法应用于质量管理以后，又出现了系统分析的方法，要求用系统的观点来分析质量和质量管理中的问题。例如，对汽车产品的质量评价，不仅要考虑到产品的设计和制造系统，而且要考虑到由道路、乘客、货物、交通规则等一系列特点所构成的使用系统；在管理理论上有了新的发展，认为在质量管理中要重视"人"的因素，要发挥企业全体人员在提高质量过程中的主观能动性和创造性，而数理统计方法只是一种工具，过分强调它的作用，势必产生忽视组织管理工作和人的能动作用的片面性；由于市场的扩大，市场竞争的加剧，维护消费者的要求越来越迫切，企业如果忽视对产品在使用过程中的服务，也是很难在用户中树立起信誉的。基于上述原因和情况，在20世纪50年代末和60年代初，美国通用电器公司费根堡姆博士和质量管理专家朱兰先后提出了新的质量管理理论——全面质量管理，简称TQM。实践证明，全面质量管理理论完全符合当前世界各国经济技术发展的需要。因此，这一理论很快普及到各工业发达国家。从60年代初，经过30多年的实践运用和总结提高，全面质量管理的内容和方法都有了新的充实、发展和提高。到了今天，全面质量管理的内容和方法都日趋完善，并已形成了完整的科学体系。所以人们通常称全面质量管理阶段为质量管理的完善期和巩固期。

【内容点睛】

质量管理发展的3个阶段，反映人们对质量重视程度在逐渐深入，企业对质量的重视，就是对自己未来发展的关注。

第二节　全面质量管理

一、全面质量管理的特点

全面质量管理有许多重要特点。归纳起来，可以称为"三全"的管理思想与"四个一切"的观点。

1. “三全”的管理思想

“三全”的管理思想就是“全员参加”、“全程控制”与“全面管理”。全员参加的质量管理。产品质量是企业职工素质、技术素质、管理素质和领导素质的综合反映，它涉及全体部门和广大职工，提高产品质量需要依靠企业广大职工的共同努力。质量管理，人人有责。因此，从企业领导人员到每个工人，人人都要参加到质量管理中来。要通过学习、运用科学质量管理的理论和方法提高本职工作质量，广泛开展质量管理小组(QC 小组)活动，使企业质量管理工作具有扎实的群众基础。

全程控制的质量管理。全过程主要包括设计过程、制造过程、辅助过程和使用过程。其中，最重要的是设计和制造过程。这里有一个重要的观点是，质量是由设计、制造决定的，而不是由检验或其他决定的。所以抓质量管理关键在于抓设计和制造中的质量管理。

设计过程中的质量管理包括从市场调查开始，经过研制(或选型)、设计、试制一直到正式投入生产前为止这一段时间的所有工作。这一过程的质量管理是决定产品质量好坏的关键环节，是带方针性、决定性和先天性的重要意义。制造过程中的质量管理主要是加强从原材料进厂，一直到成品出厂以前整个生产过程中的质量把关和质量控制工作，用最经济的方法达到设计时所规定的质量要求。其中主要内容有：建立合理检查审核制度，严格工艺纪律，保证各工序有足够的工序能力，加强对不合格品的管理，对工序实行质量控制，做好质量信息的反馈，建立现场的质量保证体系等。

辅助过程的质量管理包括：保质、保量和按期提供生产第一线所需的原材料、设备、工具、工装和技术文件；保证足够的动力供应；保证良好的运输和存储条件，保证良好的环境和各项有关的组织工作。

使用过程的质量管理，一方面要做好使用过程中的技术服务工作；一方面要了解使用过程中的问题，收集用户的意见，做好信息反馈工作，以利于及时改进设计和改进制造方法。质量管理全过程中的各个环节，一环扣一环，形成一个螺旋式上升的过程。

全面质量管理就其管理对象与管理方法上都是全面的。在管理对象方面不仅要管好产品质量，而且要管好工作质量，并且要用工作质量来保证产品质量。它要求保证质量、功能、价格、交货期、售后服务等等都使用户满意。在管理方法上，它以统计质量控制方法为基础，全面综合运用各种质量管理方法；实行组织管理、专业技术和数理统计三结合的方式充分发挥它们在质量管理中的作用。

2. “四个一切”的观点

“四个一切”的观点：一切为用户服务的观点；一切以预防为主的观点；一切用数据说话的观点；一切按 PDCA 循环办事的观点。

(1) “一切为用户服务的观点”。强调为用户服务是全面质量管理思想的精髓。在我国社会主义企业中提出为用户服务就具有更深刻、更本质的含义。因为这符合社会主义企业的性质和生产的根本目的。在全面质量管理中“用户”这一概念有它广泛的含义。它不仅指产品销售后的直接用户，而且还包括“下工序是上工序的用户”的概念。朱兰甚至把“全社会”都包括在用户的概念之内，这是因为如果产品质量不好，就有可能影响到整个社会的利益。例如，造成环境污染和其他公害等。

(2) “一切以预防为主的观点”。产品质量是设计、制造出来的。这句话说明了产品质量的好坏，主要责任在设计、制造过程之中，而不是事后把关。在设计时，要保证产品的适用性、可靠性、安全性、经济性等方面的质量要求。在制造时要对各种影响制造质量的因素控制起来，特别是对人、机器设备、原材料、工艺规程、生产环境这五大因素(简称人、机、料、法、环)要使它们始终处于受控状态。当发现质量波动时就及时分析和排除原因，这就是以预防为主的管理。当然，预防为主并不排斥检验把关，而是要把事前的预防与事后把关很好地结合起来，但是重点是预防。

(3) “一切用数据说话的观点”。这就是要提倡在质量管理中要深入实际，调查研究了解真实情况，对质量和质量管理中存在的问题做到心中有数。不仅要知道有哪些影响的因素，且要知道各种因素对质量的影响程度。不仅要定性而且要定量地把握情况。一切用数据说话就要有一套对数据进行统计分析的科学方法和工具；要从数据的分析中找出反映质量运动和变异的特征及规律，以便切实、有效地解决影响产品质量的问题。

(4)“一切按PDCA循环办事的观点”。PDCA循环是质量管理的工作步骤，这已在前面作了说明，这里就不再重复。

二、全面质量管理的内容

前面已经说过，全面质量管理是全过程的质量管理。所以**全面质量管理的内容**就包括设计、试制、制造、辅助生产和使用过程的质量管理。

1. 设计试制过程的质量管理

这个过程包括市场调查、产品开发决策、产品设计、工艺设计、工装设计与制造、样品试制鉴定，一直到正式投入生产前为止，这一段时间内的所有工作。设计试制过程对产品质量的形成起着决定性的作用，因而是质量管理的关键环节。这一过程中的质量管理工作有：制订好产品质量目标；参与设计审查、工艺验证和试制鉴定；进行产品质量分析与经济分析。这些工作对产品质量的好坏起着关键性、先天性和决定性的作用。如果这个过程中给产品带来了某些质量上的缺陷，那就是先天性的缺陷，“娘胎里”带来的毛病，在制造过程中无法解决的质量问题。所以对这一过程的质量管理必须高度重视。

2. 制造过程的质量管理

制造过程是产品质量的直接形成过程，因此这一过程管理的重点是建立一个能够稳定地生产合格产品的管理网络，抓好网络每个环节上的质量保证和预防工作，把影响工序能力的因素都管理起来，使这些因素始终处于严格的受控状态，从而防止和减少废品的产生。在制造过程中要严格做到：不合格的原材料不投产；不合格的零件不转下道工序；不合格的成品不出厂，保证出厂的产品百分之百都合格。

制造过程的质量管理，应抓好以下几项工作：提高工艺质量，严格工艺纪律；组织均衡生产和文明生产；组织技术检验，加强对不合格品的管理；及时掌握质量动态，进行质量分析；运用统计质量控制方法，搞好工序质量控制，特别是要加强对影响工序质量的“人”、“机”、“料”、“法”、“环”这五大因素的控制。

3. 辅助生产过程的质量管理

企业辅助生产过程主要包括物资供应、工具供应、设备维修、提供工艺装备和技术文件、保证足够的动力供应等等。这些工作的好坏直接影响着制造过程的质量。因此搞好辅助生产过程的质量管理，努力提高这些环节的工作质量，就能为制造过程实现优质、高产、低耗创造必要的条件。

4. 使用过程的质量管理

产品的质量特性是根据使用要求设计的，产品实际质量的好坏，必须在使用过程中才能作出充分的评价。因此企业的质量管理工作必须从生产过程延伸到使用过程，使用过程是考验产品实际质量的过程，它既是质量管理的出发点，又是质量管理的“归宿点”。在产品使用过程中其质量管理应抓好以下工作：经常走访用户、了解产品的质量情况、积极开展技术服务。包括编写产品使用保养说明书、帮助用户培训操作维修人员、指导用户安装和调试、建立维修服务网点、提供用户所需备品配件等；进行使用效果与使用要求的调查，提高售后服务水平，变“三包”(包修、包换、包退)为“三保”(保证向用户提供优质产品、充足的配件和良好的服务)。

【内容点睛】

全面质量管理把对质量的重视上升到战略层面对待。

三、Q. C. 小组活动

Q. C. 小组就是质量管理小组，这是群众性的质量管理活动的一种行之有效的组织形式。日本引进全面质量管理活动是在20世纪50年代初,开始是模仿美国的一套做法,后来他们有了不少创新。广泛开展Q.C.小组活动就是其中之一。1962年日本开始了Q.C.小组活动,后来很多国家都跟着学习和推广,效果也都不错。到今天分别都积累了一定的经验。在我国,开展Q.C.小组活动的做法一般如下:

(1) 在厂长(经理)的号召与关心下成立以总质量师为首的领导组织体系。日常的组织领导工作由质量管理部门负责。Q.C.小组成立时须在质量管理部门登记注册。小组成员所在的单位(处室、车间、分厂)其领导人员对小组活动起指导、参与和协助作用。

(2) 选题。Q.C.小组的选题要依据企业方针、目标和本小组的实际情况。为了提高信心,可以从容易见效的、较简单的问题入手。选题时要征求所在单位意见,以便取得支持。然后报质量管理部门,经同意后即制订实施计划,改善提案计划,订出作业指导书,并共同遵照执行。

(3) 活动。各小组经选题、计划、措施制订后即开始活动。因为Q.C.小组多数是在生产部门和技术处室,跨部门、跨车间的小组也有但不普遍,管理部门的Q.C.小组就更少了。所以小组活动不可避免要占用一定的业余时间。从多次的小组成果发表情况看,开始时组员大多不愿干,嫌占用自己的业余时间。所以组长要做思想,工作单位领导更要支持动员。实践经验表明,小组组长一定要善于团结人,善于协调关系,才能推动Q.C.小组的工作,取得提高质量、提高工效、降低成本的效果。如果一个小组能连续攻克几个课题,小组成员的兴趣和信心就会大大提高,以后的活动就容易推动和坚持。

(4) 成果发表。质量管理部门每年要组织两到三次Q.C.小组成果发表会。由有关的专家组成评委会对发表的成果进行评定,择其优秀者向省或国家推荐。

(5) 验收与奖励。根据由专家组成的评委会的意见,评定厂级成果,优秀的则分别向市、省或国家的质量管理部门推荐。如被认可则可分别评为市级、省级、国家级成果。然后按有关规定颁发奖励。事实说明开展Q.C.小组活动是件很好的群众质量管理活动,是建立健全质量保证体系的群众基础。只要领导重视,措施得力,方法得当,就一定可以收到提高产品质量、降低成本、增加效益的效果。

【内容点睛】

QC小组活动要想有效果,需要领导的大力支持,更需要员工积极性和主动性的发挥。

四、教育与培训

在强化质量管理的进程中,教育与培训起着十分关键的作用。人们常说:"全面质量管理始于教育,终于教育"。就是说,教育与培训工作要贯穿于全面质量管理的始终。现代的企业管理是以人为中心的管理。"人管理"、"管理人",人既是管理工作的主体,又是管理工作的对象。人的素质高低决定了他所做工作质量的好坏,而工作质量的好坏又决定着产品质量的好坏。全面质量管理是全体职工参加的管理。只有通过经常的教育与培训,才能不断地提高全体员工的素质,从而促使工作质量与产品质量的提高。企业的主要负责人(厂长、经理)必须高度重视并亲自参加质量教育与培训,才能真正抓好质量管理工作。教育与培训的主要内容可以分为两大部分:一是质量意识教育;二是质量管理的方法与手段的培训。

1. 质量意识教育

质量意识是一种观念,是指人们在人类社会经济生活中对质量的地位与作用及其规律的认识。现在许多企业都在生产车间、技术处室、管理处室的墙壁上贴着这样的警句:"质量是企业的生命"、"质量第一,用户至上"、"注意你的工作质量,不要害了整个工厂"。这些应当说是有作用的,但又是不够的。作为企业的主要负责人在抓质量意识教育时,必须要注意它的经常性,就是要不间断地讲;还要把质量意识的内涵向干部和职工讲清楚,使广大干部和职工真正懂得提高质量意识的重要性而不是仅停留在口头上。关于质量意识的内涵我们必须把握以下几个方面：

(1) 强化对"质量"概念的理解。前面已经讲过："产品质量是指产品适合于规定用途，满足社会和人们一定需要的特性"。这就是"适用性"。而"适用性"包含设计质量、制造质量、使用质量和服务质量等内容。"适用性"不仅指技术、性能、外观等，还包括用户、消费者能够接受的商品价格，所以是一个复杂的概念。在现实生活中，企业职工，甚至一定级别的领导干部对"质量"的认识存在着种种误解的现象并不少见。例如认为："质量是检查出来的，出了质量问题应由检验负责"；"质量是无形的，产值是有形的"；"要保证质量就得精雕细刻，就要多花钱，少出产品"；"出了质量问题应处罚操作工人，企业领导与管理人员是没有责任的"；等等。大量事实告诉我们，对"质量"的错误认识常常是导致产品发生质量问题的一个重要原因。因此，我们的质量意识教育必须使广大职工特别是领导干部树立起以下观念：①质量是设计出来的，在进行产品设计时，必须包括产品质量的保证性能，设计应使产品获得可靠性和维修性；②质量是制造出来的，在制造过程中必须遵守工艺规程，严格工艺纪律，依靠工艺保证质量，保证产品的质量特性；③虽然产品质量不是检验出来的，但检验把关是防止废品的重要手段，严格的检验把关是推行全面质量管理工作的必不可少的重要一环；④质量必须是企业工作的主要目标，提高质量才能提高企业经济效益；⑤保证质量必须是企业中每个人的不可推卸的责任，特别是领导干部更必须首先重视质量，提高质量意识。应当指出，产品质量不好的根源主要在于企业的主要负责人不抓质量管理，或者是对产品在性能、进度、预算上提出了一些不切实际的要求；⑥质量工作必须不断改进，因此必须加强质量教育，鼓励每一个职工不断努力提高产品质量。

(2) 树立"用户至上"的思想。这里的"用户"包括自己的下一道工序的加工者(即下道工序是我的用户)、经销商、最终用户、全社会。只有识别了上述用户的要求才能使产品真正具有适用性。企业管理者必须经常听取用户的意见，了解用户的需求，搞好为用户服务的工作，从市场及用户中得到的信息，要反馈到生产部门，并根据市场及用户的需求改进和提高产品质量。

(3) 树立名牌意识。在市场经济条件下名牌产品具有战略性的意义的。企业只有靠开创名牌才能增强竞争力，在市场中站稳脚跟。据联合国工业计划署的统计，在当今世界上，名牌产品的品牌只占全球品牌数的3%，但其市场占有率却达40%以上，而其销售额占全球销售额的50%。名牌产品具有客观性，它是在市场竞争中创建出来的，而绝不是在产品评优活动中评选出来的；是用户认可的，而不是企业自封的；是社会公认的，而不是上级赐予的。所以企业要想在市场经济的条件下求得生存与发展必须要创名牌产品，而名牌产品则必须是质量过硬的产品。

(4) 大力推行全面质量管理。在当前推行全面质量管理工作的一个十分突出的任务就是要按照国际上通用的ISO9000族标准搞好企业质量体系的认证工作。

以上这些都是提高质量意识的内涵。我们的质量教育必须要把这些观点认识传递给全体职工，特别是领导干部，使他们都能掌握，并用来指导工作，作为大家的实际行动。

【内容点睛】

教育和培训应该成为企业文化的组成部分，而不是形式的东西，这样才有意义。

2. 质量管理方法与手段的培训

全面质量管理所采用的方法与手段是既科学而又多种多样的，其内容十分丰富。这方面的教育与培训工作同样是很艰难而又非搞不可的。企业主要负责人必须自己首先学会学好，并带动全厂职工与干部一起来学。企业领导应委托教育部门制订培训计划，聘请教师，选择教材，开办各种类型的培训班。这种培训最好是分阶层进行，也就是说应分为领导干部、管理人员、技术人员、操作工人、新职工等层次进行。对于不同层次的人员应有不同的培训内容与要求。对于领导干部应着重质量意识、质量管理方法和质量责任制的教育；对于管理人员、技术人员除了质量意识、管理方法教育外，还应作详细的数理统计方法的学习并要求能结合实际灵活运用；对于操作工人应采用通过日常业务工作进行教育的方法对其进行在职培训；此外还应举办时间不长的学习班（一般约 20 个小时左右）学习质量管理的 7 种工具及其应用方法；对于新职工中的管理人员、技术人员应用 30～40 个小时进行质量意识教育、质量管理概论和数理统计方法的培训；对于新职工中的操作工人应进行 1～2 天的质量教育，告诉他们什么是质量管理、什么是质量保证，什么是质量管理小组，以及遵守标准作业方法的必要性，并学习质量管理 7 种工具等。

第三节　质量管理的数理统计方法

一、数理统计的基本概念

1. 统计推断方法

在质量控制中经常碰到要确定一批零件或产品质量是否合格的问题。这整个一批零件（或产品）称为母体（或总体），但由于各种原因又不可能对整批零件一一进行检查或考察，而只能从中抽取一部分进行检查或考察。抽取的这一部分零件叫做子样或样本。统计推断的方法，就是要通过检查子样质量的统计特征来推断母体质量的统计特征，并且要求这种推断结果保持一定的可信程度。这种抽样检查的方法由于目的不同，收集数据的方法也不同。有的是以工序为对象，按零件或产品生产时间先后顺序取样，如每间隔一段时间连续取几件子样进行检验，目的是对工序质量进行控制；有的是以一批产品为对象，按一批产品随机抽样进行测试，每批产品被抽取的概率完全相等，目的多用于产品的验收。

2. 质量的特性值及其波动性

对质量的特性（如尺寸、强度、重量、温度、体积等）测量出来的数值称为质量的特性值。实践经验证明，不管如何保持条件稳定，一批零件的特性值总不可能绝对一样。或多或少总会有差异，这就是质量特性值的波动性。

3. 质量特性值波动的原因

质量特性值产生波动的原因概括起来就是 5M1E。5M 指的是材料、工艺方法、操作者、设备、测量；1E 是指环境。由于前 5 项其英语单词的第一个字母为 M，而后一项其英语单词的第一个字母为 E，所以称为 5M1E。但分析原因时，通常是根据其作用的性质，把原因（或影响因素）分为偶然性原因和异常性原因（或系统性原因）两类，这种分类有助于进行工序的质量控制。

偶然性原因（正常原因、随机原因）如机床的微小振动、工具的正常磨损、夹具的微小松动、操作和材质的微小变化等。这些原因所引起的质量波动是生产中不可能完全避免的。

异常性原因（系统性原因）如机床振动太大、工具过度磨损、量具准确性差、材料规格不符、工人过度疲劳等。这些原因造成的质量波动较大，使工序处于不稳定或失控状态，但只要采取措施是可能消除和避免的。

4. 质量特性值波动的规律

在生产中为什么即使尽可能保持条件稳定，加工出来的一批零件其质量特性值还会有波动呢？这就是因为有偶然性原因存在的影响。那么在偶然性原因作用下，质量特性值的波动有没有规律呢？理论研究与工作实践都证明，对于数量很大的一批零件来说，其质量特性值的波动是存在一定的规律的。这种规律表现在频率分布上，这是一种大量现象的统计规律。在质量管理中常用的统计规律有正态分布、二项分布和泊松分布等，其中用得最多的是正态分布。图 18-2 表示的是一条正态分布曲线，横坐标 x 代表质量特性值，纵坐标 y 代表频率。正态分布曲线的形态和位置由平均值 M 和标准差 δ 两个参数来决定。

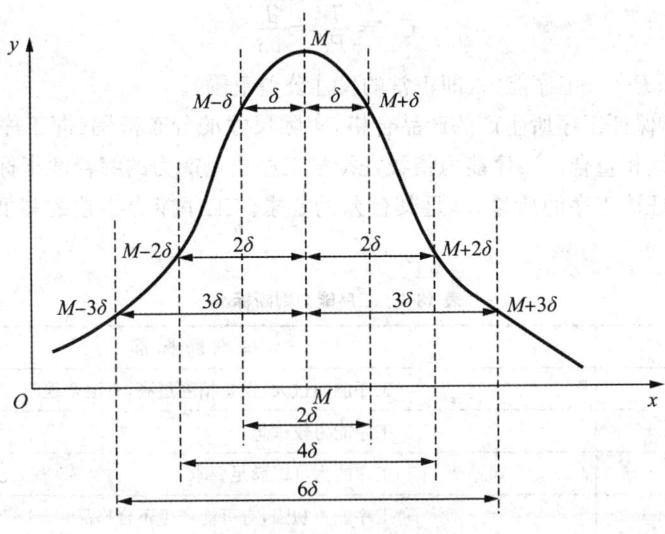

图 18-2　正态分布图

它们的计算公式为：

$$M=\frac{X_1+X_2+\cdots+X_n}{N}=\frac{\sum_{i=1}^{n}X_i}{N}$$

式中，$X_1,X_2,\cdots,X_n$ 为数据值，N 为数据总数。

标准差　$$\delta=\frac{\sum_{i=1}^{n}(X_i-M)^2}{N}$$

平均数 M 表示质量特性值 x 的集中性，而标准差 δ 表示质特性值 X 的分散程度。δ 越大，表示 x 值的分散程度越大，精度越低。对于图 18-2 的正态分布曲线来说，M 的数值决定了曲线的水平位置，而 δ 决定了曲线的形态。在质量控制中反映质量特性值 x 分散程度的除了 δ 以外，还经常用到极差 R，它表示一列变数 x 中其最大值 X_{max} 与最小值 X_{min} 之差。即 $R=X_{max}-X_{min}$。

正态分布曲线具有以下特点：

(1) 当 X 值等于平均值 M 时，处于曲线最高点表示频数最高；靠近 M 的偏差出现的概率较大，反之则较小。

(2) 曲线以 $X=M$ 时垂直线为对称轴，呈左右对称，出现中间高，两边低的钟形。

(3) 曲线与横坐标所围成的面积等于 1，表示在正常情况下，测得的数据值都落在此面积内。而曲线与 $M\pm\delta$ 范围内的面积占 68.25%；曲线与 $M\pm2\delta$ 范围内的面积占 95.45%；曲线与 $M\pm3\delta$ 范围内的面积占 99.73%；曲线与 $M\pm4\delta$ 范围内的面积占 99.99%。

(4) 在一定范围($\pm3\delta$)以外的偏差，出现的概率是很小的。从图 18-1 中可以看出，抽查产品的数据与平均值 M 相比，超越 $\pm3\delta$ 数值的，1 000 件中只有 3 件。而 99.73% 的数值都在控制界限内，超出这个界限的仅千分之三的可能性，通常称为千分之三规律。根据这一规律，在生产中常以平均值 M 为中心，计算出上下控制界限($\pm3\delta$)，作出控制图，对生产过程中的加工零件质量进行控制。

5. 工序能力指数

工序能力是指工序在正常和稳定状下，所表现出来的保证生产合格产品的能力。工序加工产品的质量特性数据的波动幅度可用 6δ 来表示。工序能力指数(常用来表示)是反映工序能力满足质量要求的程度的一个量度。它可以用公差范围数值与工序能力的比值来反映。其计算公式如下：

$$C_p = \frac{T}{P} = \frac{T}{6\delta}$$

式中，T——公差范围；P——工序能力(即正常的尺寸公差范围)。

从上式可知，为了保证工序所生产的产品合格，实际尺寸的分布范围(即工序能力)必须小于公差范围并使两者的中心线相重合。工序能力指数是衡量工序质量能力的综合性指标，通过对工序能力的测算可以了解能否保证该工序的质量，满足其公差的要求。工序能力指数的高低可以根据表 18-1 的标准来判断。

表 18-1 工序能力判断标准

C_P	判断标准
$C_P > 1.33$	工序能力过大，设备精度过高，有浪费现象
$C_P > 1.33$	工序能力较理想
$1.33 > C_P > 1$	工序能力可以满足要求
$C_P = 1$	工序能力勉强，有可能产生不合格品
$C_P < 1$	工序能力不足，应采取措施

在测定工序能力指数时，当尺寸分布中心对公差中心发生偏移时，应首先通过设备调整，让尺寸与公差中心重合后再计算 C_P值。如不易调整则将计算出的 C_P值按下式进行修正。

$$C_P' = C_P \cdot K$$

$$K = 1 - \frac{2\varepsilon}{T}$$

式中，K——修正系数；C_P'——修正的工序能力指数；ε——尺寸中心对公差中心的偏移量；T——公差范围。

二、质量管理常用的统计方法

质量管理常用的数理统计方法有：排列图法、鱼刺图法、分层法、调查表、直方图法、相关图法和控制图法。通常称为质量管理的 7 种工具。这 7 种方法应相互结合，灵活运用，从而达到有效地控制和提高产品质量的目的。

1. 排列图法

排列图又叫主次因素排列图或叫帕累托图。它的理论根据是：当零件或产品产生某种质量问题时，其影响因素是较多的，但在这众多的因素中往往只是其中少数的几项因素起了主要作用。由这少数几项起主要作用的因素造成的不合格品占了总数的绝大部分。找出这几项因素就解决了影响质量的主要问题，这个原理就叫帕累托原理。这个原理可以简单地表达为“关键的少数和次要的多数”。排列图法就是找出影响产品质量主要因素的一种简单而有效的方法。现举例如下：

某车间加工轴承套圈 5 000 件，其中有不合格品 120 件，这些不合格品的情况如表 18-2 所示，试绘制排列图并指出造成不合格品的主要问题。

表 18-2 不合格品原因统计

不合格原因	内径超差	外径超差	内沟超差	外沟超差	平面或伤	裂纹
件数	60	35	12	8	3	2

以影响因素为横坐标，左边的纵坐标表示频数(件数)，右边的纵坐标表示频率(以百分数表示)，绘制出的轴承套圈不合格品排列图如图 18-3 所示。

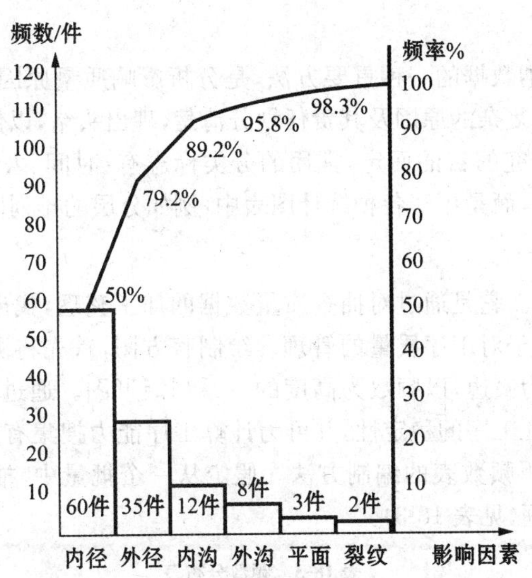

图 18-3　轴承套圈不合格品排列图

排列图明确显示出造成不合格品的主要影响因素是内径超差和外径超差。因此大力控制内径外径尺寸即可大大提高轴承套圈的合格品率。排列图中的曲线表示各影响因素大小的累计百分数。通常把累计百分数分为两类：0%～80%为A类因素，称为主要因素；80%～90%为B类因素，称为次要因素；90%～100%为C类因素，称为一般因素。为了有利于集中精力解决主要问题，首先应在规定时间内，重点解决影响产品质量的A类因素。

2. 鱼刺图法

鱼刺图又叫树枝图或因果分析图(见图 18-4)。它是用来寻找某种质量问题的所有可能原因并寻找出最主要原因的一种有效方法。影响产品质量的原因很多；但在生产过程中大的原因不外来自6个方面，即前面提到的5M1E。由于这些表面性的大原因一般是由一系列中间原因构成的，还可以进一步逐级分层地找出构成中间原因的小原因及更小原因等。如此分析下去，直到找出能直接采取有效措施的原因为止，这就是在质量分析时要追究的根本原因，最后根据根本原因采取相应对策。这种方法的主要特点在于能够全面地反映影响产品质量的各种因素，而且层次分明，可以从中看出各种因素之间的关系。通过这种分析，有助于使管理工作越做越细，从而找出产品产生质量问题的真正原因，然后对症下药，采取措施加以解决。

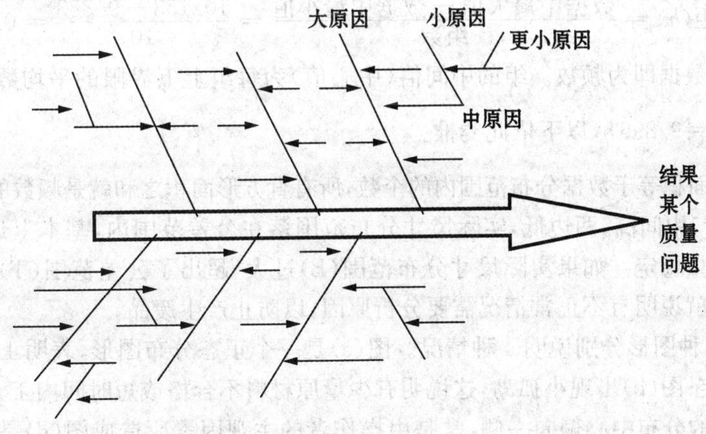

图 18-4　鱼刺图

3. *分层法*

分层法是加工整理、归纳数据的一种重要方法，是分析影响质量原因的一种方法。目的是通过分类把性质不同的数据及错综复杂的原因及其责任划分清楚，理出头绪，以便找出问题的症结，采取措施解决。分类的标志可根据研究的目的而定，常用的分类标志有：时间、人员、材料、设备、操作方法等。分层法没有独立固定的图表，而是用于各种统计图表中，例如分层的排列图、分层的直方图等。

4. *直方图法*

直方图又叫质量分布图。它是通过对抽查质量数据的加工整理，找出其分布规律，从而判断整个生产过程是否正常。一般用于对工序质量的管理。绘制直方图，首先将测得的质量数据进行分组，并整理成频数表，画出以组距为底边，以频数为高度的一系列矩形图。通过直方图可以判断一批已加工完毕的产品的质量；可以验证工序的稳定性，并可为计算工序能力搜集有关数据。现以 $\Phi\pm0.20$ 毫米的圆柱销子的生产为例，说明频数表的编制方法。假定从一个批量中，抽取 100 个子样，把测量结果（直径、尺寸）进行分组并整理（见表 18-3）。

表 18-3　频数分布表

组号	组距/h	组的中心值/中间值	频数 f_i ①	组位 x_i ②	f_ix_i ③=①×②	f_ix_i2 ④=②×③
1	9.883～9.910	9.8965	1	−4	−4	16
2	9.910～9.937	9.9235	8	−3	−24	72
3	9.937～9.964	9.9505	15	−2	−30	60
4	9.964～9.991	9.9775	18	−1	−18	18
5	9.991～10.018	10.0045=a	27	0	0	0
6	10.018～10.045	10.0315	12	1	12	12
7	10.045～10.072	10.0585	9	2	18	36
8	10.072～10.099	10.0855	6	3	18	54
9	10.099～10.126	10.1125	2	4	8	32
0	10.126～10.153	10.1395	2	5	10	50
	合计		100		−10	350

由表 18-3 可知，表内取 100 个数据，按照数值大小分为 10 组（即取组数 $K=10$）。组距（h）可按下式计算：

$$组距(h)=\frac{数据中最大值-数据中最小值}{组数}=\frac{10.153-9.883}{10}=0.027$$

每组所包含的数据即为频数。组的中间值（中心值）为每组上下界限的平均数。如第一组的中间值为 $\frac{9.883+9.910}{2}=9.8965$，以下依此类推。

每个直方形的面积等于数据分布范围内的个数，所有直方形面积之和就是频数的总和，即应为 100。

从图 18-5 来看，中间高，两边低，实际尺寸分布范围落在公差范围内，基本上近似正态分布，属正常形态。这说明质量稳定。如果实际尺寸分布范围(B)过大，超出了公差范围(T)就会出现废品。如果图形呈异常状态就说明有不正常情况需要分析原因，以防止产生废品。

图 18-6 中的 4 种图形分别说明 4 种情况。图(a)是一个正态分布图形，表明工序主要只存在随机误差，情况正常稳定；图(b)出现小孤岛，这说明有少量原材料不合格或短时间内工人操作不合规范；图(c)为偏态型，直方的分布中心偏向一侧，常是由操作者的主观因素所造成图(d)是双峰型。一般多是由于在做抽样检查以前，分层工作不够好，使两个分布混淆在一起所造成。

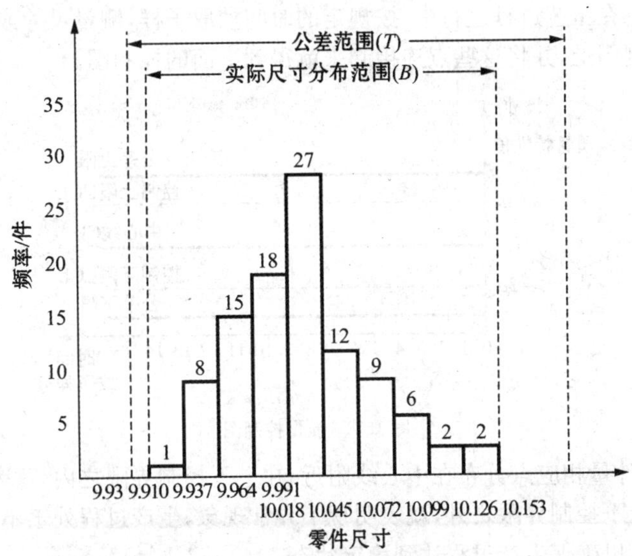

图 18-5　直方图

将直方图与公差进行比较(见图 18-7)亦可对工序作出判断。

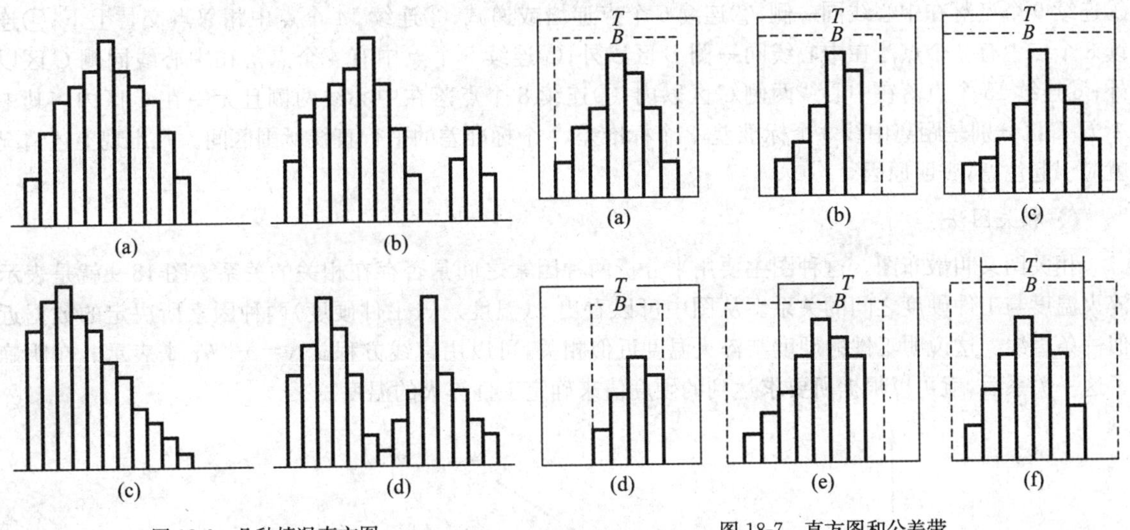

图 18-6　几种情况直方图

(a) 正常状态　(b) 小孤岛型　(c) 偏态型　(d) 双峰型

图 18-7　直方图和公差带

从图 18-7 中可以看到,图(a)实际尺寸分布仍在公差厂中间,两边各有一定的余地,是理想的情况,说明工序质量情况正常;图(b)的分布虽在公差带内,但偏向一边,有超差的可能;图(c)的尺寸分布与公差带一样,分布太宽,易大量超差;图(d)的实际尺寸分布范围小于公差。说明工序能力过大,应考虑加工的经济性;图(e)由于尺寸分布过分偏离公差中心,造成了很多废品,必须采取措施纠正;图(f)实际尺寸分布范围太大,说明工序能力不能满足技术要求。

5. 控制图法

控制图又叫管理图,它是工序质量控制的主要手段,是一种动态的质量分析与控制方法。控制图不仅对判别质量稳定性,评定工艺过程质量状态以及发现和消除工艺过程的失控现象,预防废品发生有着重要作用,而且可以为质量评比提供依据。控制图的基本形式如图 18-8 所示。控制图以取样的时间或子样号为横坐标,以零件尺寸或其他质量特性值为纵坐标。在图上分别画出上下公差界限、上下控制界限和中心线。在工艺过程进行中，按规定的时间抽取子样，测量尺寸或其他特性值，将测得的数据用点一一描在控制图上，并将这些点连接起来就得到下面的控制图。

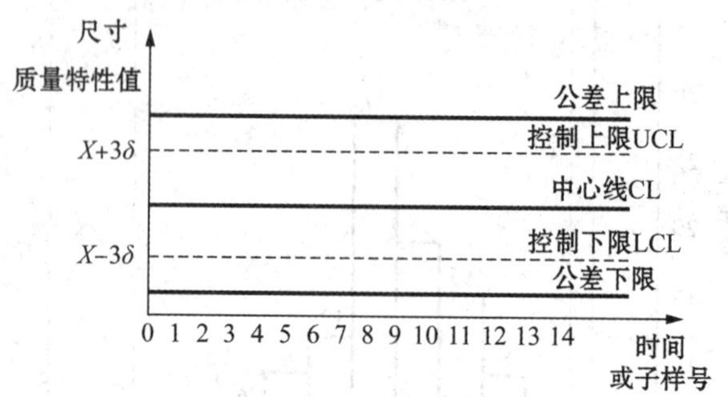

图 18-8 质量控制图

在正常情况下，统计量相应点分布在中心线附近，在上下控制界限之内，这表明生产过程处于稳定状态。如果有点落在上下控制界限之外，就表明现了异常现象，生产过程处于不稳定状态，需要及时查找原因，采取调整措施，以确保生产过程达到稳定状态。

控制图的观察与分析：当生产处于控制状态时，图上点在控制界限范围内和在中心线两侧附近活动。当生产处于失控状态时就会出现异常情况。判别异常情况，可根据实践经验归纳为以下几点：①连续 9 个点落在中心线同一侧；②连续 6 个点递增或递减；③连续 14 个点中相邻点交替上下；④连续 3 个点中有 2 个点落在中心线同一侧 B 区以外；⑤连续 5 个点中有 4 个点落在中心线同侧 C 区以外；⑥连续 15 个点落在中心线两侧 C 区以内；⑦连续 8 个点落在中心线两侧且无一在 C 区内。其中 A、B、C 区分别是距离中线 3 个标准差，2 个标准差，1 个标准差的平行直线所围区间。凡出现上述情况就应引起注意，查明原因。

6. **相关图法**

相关图又叫散布图。这种图主要用来分析两种因素之间是否存在相关的关系。图 18-9 就是表示淬火温度与工件硬度之间的关系。从图中可以看出 x(温度)、y(工件硬度)两种因素所决定的数据近似一条直线。这说明工件的硬度与淬火温度近似相关，可以用直线方程式 $y=a+bx$ 来表示。在明确了这一关系后，就可以根据所要求达到的硬度值来确定工件淬火的温度。

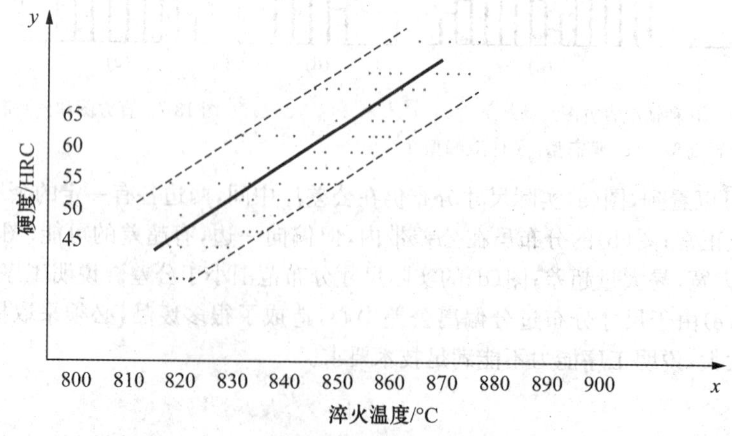

图 18-9 淬火硬度与淬火温度的相关图

做相关图时要注意对数据进行正确的分层，以免做出错误的判断。图 18-10 是几种可能的相关图图形，每种图形的含义应当牢记。

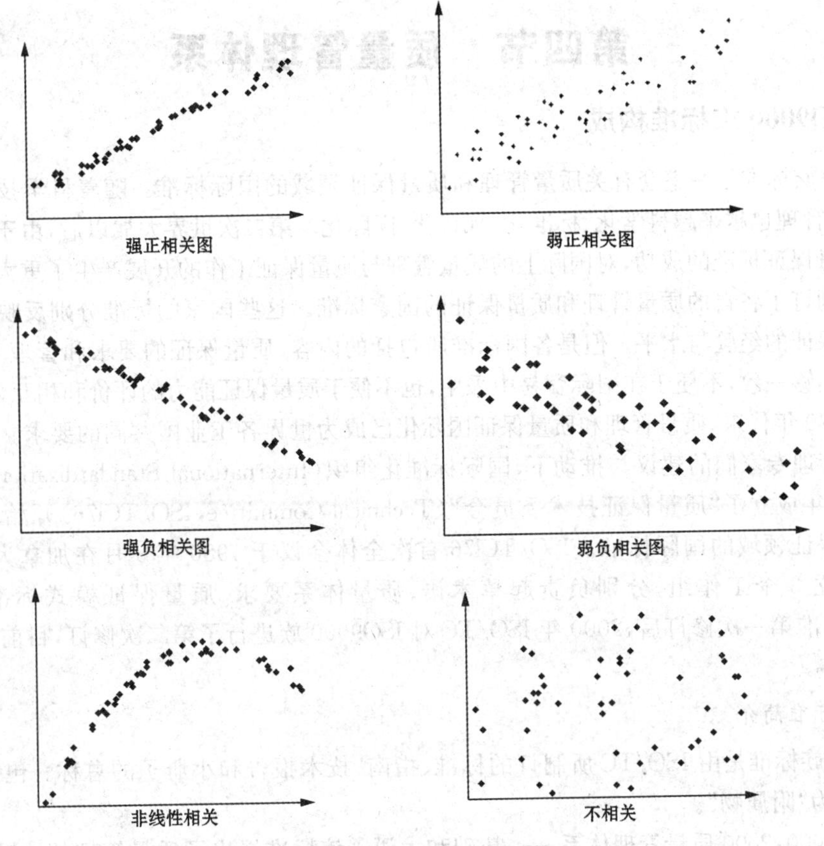

图 18-10　几种可能的相关图形

7. 调查表法

调查表又叫核对表或统计分析表，它是利用统计图表来记录和积累数据，并进行整理和粗略分析影响产品质量原因的一种常用图表。常用的调查表有缺陷位置调查表、不良品原因调查表、频数分布调查表等。下面这张铸件不良品原因调查表即是一例（见表 18-4）。

表 18-4　铸件不良品原因调查表

原因 模号	裂纹	气孔	掉砂	夹渣	疏松	冷隔
A	正		正	正	T	
B		正				
C	下	T				
D	T	正			下	
E		T			正	T

【内容点睛】

运用这些技术工具分析问题，需要对解决的问题有足够清晰的认识，单纯的套公式，难以得出有说服力的结论。

第四节 质量管理体系

一、ISO9000 族标准构成

ISO9000 族标准是一整套有关质量管理和质量保证领域的国际标准。随着科学技术和生产的不断发展，质量管理也越来越科学化、标准化、现代化、国际化。第二次世界大战以后，由于美国在军事工业中使用质量保证标准的成功，对国际上的质量管理与质量保证工作的开展产生了重大影响。许多国家也都相继制订了各自的质量管理和质量保证的国家标准。这些国家的标准分别反映了各自的质量管理和质量保证的经验与水平。但是各国标准所包括的内容、质量保证的要求和管理方法不尽相同，名词术语也不够一致，不便于在国际贸易中采用，也不便于质量保证能力的评价和相互认可。

20 世纪 70 年代末，质量管理和质量保证国际化已成为世界各工业国共同的要求。在各国标准化组织与质量管理专家们的建议与推动下，国际标准化组织（International Standardization Organization, ISO）于 1979 年成立了“质量保证技术委员会”（Technical Committee，ISO/TCl76）开始着手制订质量管理和质量保证领域的国际标准。ISO/TCl76 首次全体会议于 1980 年 5 月在加拿大渥太华举行。会议决定设立 3 个工作组，分别负责起草术语、质量体系要求、质量保证模式标准。1994 年对 ISO9000 族标准第一次修订后，2000 年 ISO/TC 对 ISO9000 族进行了第二次修订，目前应用最广泛的就是这个版本。

1. 核心标准简介

ISO9000 族标准是由 ISO/TC 所制订的标准、指南、技术报告和小册子的总称。包括 4 个核心标准，其他文件为“附属物”。

(1) ISO9000:2000 质量管理体系——基础和术语。该标准提出了质量管理的 8 项原则，形成了 ISO9000 族质量管理体系标准的基础；该标准还表述了质量管理体系的 12 项基础，确定了相关的 80 条术语。

(2) ISO9001:2000 质量管理体系——要求。该标准规定了质量体系的要求，以证实组织稳定提供满足顾客和适用的法律法规要求的产品的能力，旨在增强顾客满意度，可用于组织内部，也可用于认证或合同目的。

(3) ISO9004:2000 质量管理体系——业绩改进指南。该标准提供了超出 ISO9001 要求的指南，以便考虑提高质量管理体系的有效性和效率，进而考虑开发改进组织业绩的潜能，使顾客及所有相关方满意，可用于组织内部，不拟用于认证或合同目的。

(4) ISO19011:2002 质量(或)管理体系——审核指南。该标准为审核的原则，审核方案的管理、质量管理体系审核和环境管理体系审核的实施提供指南，也为审核员的能力提供指南，适用于需要实施质量和环境管理体系内部和外部审核或需要管理审核方案的所有组织。

这 4 项标准从概念和术语、要求和有效性、改进和效率以及审核和审核员等 4 个方面全面阐述了质量管理体系，从而构成了一组密切相关的质量管理体系标准，可帮助各种类型和规模的组织建立、实施一个有效的质量管理体系，也是各组织在建立实施质量管理体系过程中，必须掌握的最基本和最重要的标准。

2. ISO9001 和 ISO9004 标准的异同

ISO9001 和 ISO9004 是一对协调一致的质量管理体系标准，以促进组织将两个标准一起使用。其共同点包括：①编写结构上，都是用以过程为基础的质量管理体系加以表述，都以“管理职责——资源管理——产品实现——测量、分析和改进”这四大过程展开，展示了过程间的关系，并应用 PDCA 循环的方法，实现组织的持续改进。②使用相同的质量管理体系基础和术语，帮助各类型和规模的组织实施并运行有效的质量管理体系。③都明确运用内部审核和管理评审对质量管理体系进行评价的方法，从而不断提高质量管理体系的适宜性、充分性和有效性。④都是建立在质量管理8项原则(以顾客为关注焦点、领导作用、全员参与、过程方法、管理的系统方法、持续改进、基于事实的决策和方法、与供方互利的关系)基础之上，体现出原则的一致性。⑤通过不断改善产品的特征及特性用于生产和交付产品的过程，进行持续改进，促进达到“持续的顾客满意”的目的。⑥都强调了与其他管理标准的相容性。

两项标准的不同点：ISO9001标准规定了质量管理体系“要求”可供组织作为内部审核的依据，也可以用作认证或合同目的，而ISO9004标准是“指南”，不拟用作审核/认证/合同的依据；在满足顾客要求方面，ISO9001关注的是质量体系的有效性，而ISO9004除了有效性外，还特别关注持续改进一个组织的总体业绩和效率；ISO9004标准将顾客满意和产品质量符合要求的目标，扩展为包括相关方面满意和改善组织的业绩。

二、质量管理体系文件

1. 质量体系文件的必要性

2001年12月1日国家质量技术监督局以质技监认函[2000]046号文颁布了《产品质量检验机构计量认证/审查认可(验收)评审准则》(试行)，按照考核规范要求编写的文件化的质量体系不再适用，在新旧评审标准替代过程中，必须按新颁布的考核评审依据——《评审准则》建立质量体系，其中，首要的工作是根据《评审准则》要求编写质量体系文件。

质量体系在很大程度上是通过文件化的形式表现出来，或者叫做建立文件化的质量体系，是质量体系存在的基础和证据，是规范实验室检验工作的和全体人员行为，达到质量目标的质量依据。因此，制定质量体系文件就是实验室的立法。

2. 质量体系文件的特点

(1) 法规性。质量体系文件一旦批准实施，就必须认真执行；文件如需修改，需按规定的程序执行；文件也是评价质量体系实际运作的依据。

(2) 唯一性。一个实验室只能有唯一的质量体系文件系统，一般一项活动只能规定唯一的程序；一项规定只能有唯一的理解，因此，不能使用无效的版本。

(3) 适用性。实验室应根据各自的性质、任务和特点，制定适合自身质量方针以及检测工作特点和需要的具有可操作性的质量体系文件。

(4) 见证性。为社会提供公正数据的机构，其数据必须有法律辩护依据。同时，质量体系的建立、运行和效果依赖于有效的监督机制；因此，各项质量活动应具有可溯性和见证性，以便通过各项纪录及时发现偏规的未受控环节以及质量体系的缺陷和漏洞，对质量体系进行自我监督、自我完善、自我提高。

3. 质量管理体系文件及其架构

质量体系文件一般包括质量手册、程序文件、作业指导书、产品质量标准、检测技术规范与标准方法、质量计划、质量纪录、检测报告等。

1) 质量手册

对于一家公司来说，质量手册就是公司在管理制度上的根本大法，它叙述公司在体系运行上的大纲要求，简言之，质量手册即要求应该要做哪些工作。

ISO9000把质量手册定义为“规定组织质量管理体系的文件”，它向组织内部和外部提供关于质量管理体系一致性的信息，描述了一组相互关联或相互作用的过程，旨在实现质量方针和质量目标。它阐述了公司的质量方针、描述质量体系和程序的要求，为质量体系审核提供依据，对外展示其质量体系，证明其质量体系符合某一种质量保证模式标准的要求。

任何一组质量手册都应具有以下特点：

(1) 质量手册描述的是组织的质量管理体系及其要求。

(2) 任一组织只存在一个质量管理体系，因此质量手册具有唯一性。

(3) 质量手册是组织对内外一切质量管理活动的准则，也是指导其他质量管理文件使用和编写的重要依据。

根据 ISO9001 标准要求，质量手册至少包括以下几个方面：

(1) 质量管理体系的范围，包括对标准要求任何删节的细节与合理性。

(2) 质量管理体系程序文件或对其引用。

(3) 质量管理体系过程间相互作用的描述。

质量手册的形成受组织结构、规模和产品特点等因素的影响，在编制质量管理体系文件时，在文件的结构、格式、内容或表述的方法上，组织可以有灵活性，可采取不同的表现形式，以适应组织的需要。质量手册可由以下内容构成：一组或一部分质量体系程序文件；质量体系程序文件的直接汇编；针对特定设施、职能、过程或合同要求所选择的一系列程序；多份文件或多层次的文件；剪裁掉附录只含有通用性内容的文件。对规模较小的组织而言，可以把对质量管理体系的描述，包括所有的程序文件都写入一本质量手册。

2) 程序文件

质量体系文件中的程序文件是规定质量活动方法和要求的文件，是质量手册的支持性文件。程序文件在质量管理体系文件中起承上启下的作用，既是质量手册的支持性文件，也是指导质量计划、作业指导书和质量记录等下一层次文件使用和编写的重要依据。

ISO9001：2000 标准要求的形成文件的程序至少包括文件控制程序、记录控制程序、内部审核程序、不合格品控制程序、纠正措施程序、和预防措施程序等 6 项程序。需要注意程序和文件并不是一一对应关系，上述 6 项程序是必需的，但并不意味必须 6 份程序文件，一份文件可以包含多项程序内容。同时，一项程序也可以通过多份文件进行描述说明。除了上述包含六项程序的文件外，组织还要根据自身需要进一步确定相关的其他程序文件。

程序文件的结构和格式由组织通过文字内容、流程图、表格以及上述形式的组合，或组织所需要的任何其他适宜方式作出规定。程序文件可引用作业指导书，作业指导书规定了开展活动的方法。

3) 作业指导书

作业指导书是对有关活动如何实施和记录的详细描述，可以形成文件，也可以不形成文件。作业指导书应描述关键的互动，其详略程度应足以对活动进行控制，如果相关人员已经获得正确开展工作所必要的信息，培训可以降低对作业指导书详尽程度的需求。尽管没有对作业指导书的结构和格式提出要求，但作业指导书通常应包括标题和唯一性标志，描述作业的目的范围及目标，并引用相关的程序文件。

4) 质量计划

质量计划是“对特定项目、产品、过程或合同，规定由谁及何时应使用哪些程序相关资源的文件”。对通用的项目、过程和方法，组织的质量管理体系文件中已有规定，那些文件可视同为质量计划，所以应编制补充性的质量控制方案。它不是单独的一个文件，而是由一系列文件组成。质量计划的格式和详细程度，没有硬性规定，比较灵活。

5) 质量记录

质量记录是“阐明所取得的结果或提供所完成活动的证据的文件”。在质量管理体系文件中是一种特殊类型的文件。特殊点在于它所传递的信息是现场和即时的信息。它只事先设计、制订表格式样，而不确定内容，可以是书面的，也可以用电子媒体其他方式表示。

质量体系文件一般划分为 3 个或 4 个层次(见图 18-11)，实验室可根据自身的监测工作需要和习惯加以规定。文件结构的划分完全取决于一间公司的规模、人员的数量同时亦需考虑公司未来的扩充和发展等。

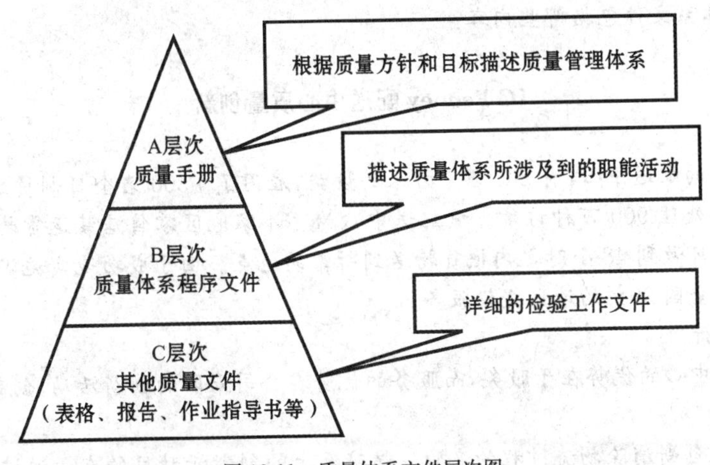

图 18-11　质量体系文件层次图

三、质量体系文件的编写原则

(1) 系统性原则。质量体系各要素之间具有一定的相互依赖、相互配合、相互促进和相互制约的关系，形成了具有一定活动规律的有机整体。在编写质量体系文件时必须树立系统的观念，从检测机构的整体出发进行设计、编排。对影响检测质量的全部因素进行有效的控制，接口要严密、相互协调、构成一个有机的整体。

(2) 继承性原则。一个组织即使没有实施 ISO9000 标准，客观上也存在一个质量管理体系，只是可能不系统、不科学、不规范，从而不能保证其体系有效实施。但是，在长期的生产实践中，也形成了一些有效的管理经验，在编写时，继承性就是要把这些好的经验加以选择和吸收，而不是重新另起炉灶。

(3) 适宜性。质量管理体系文件的编制和形式要充分考虑组织的产品特点、组织规模、成功的管理经验等方面，切忌脱离实际，照搬外来的文件。适宜性也取决于人员素质、技能和培训程度，即让文件的详略程度和人的接受程度一致。

(4) 指令性原则。质量管理体系文件是企业内部的指令性文件，类似于组织内部"法规"，全体员工必须依照实施和检查。所以，内容上要切合实际，不能好高骛远，以至于所提要求根本达不到；文字上，措辞严谨，表述明确，不能含糊不清。

(5) 增值性原则。文件的编制和使用是个动态增值的过程。文件的形成本身不是目的，而是通过相关文件的建立健全，使得企业的质量管理体系不断改进和完善，从而提升企业的管理水平，增强竞争优势。

【内容点睛】

质量管理体系是企业的内部"法律"，只有依法办事，才能少犯或不犯错误。

课后练习

1. 思考题

(1) 质量管理发展的 3 个阶段是什么？

(2) 全面质量管理的内容有哪些？

(3) 什么是 Q.C.小组？

(4) 质量管理常用的统计方法有哪些？

(5) ISO9000 族标准的构成有哪些？

(6) 质量管理体系文件包括哪些内容？

2. 案例分析

JC Penney配送中心质量创新

1) 基本情况

JC Penney公司的配送中心，有200万平方米的设施，雇用了1 300名全日制员工，旺季时还有500名兼职雇员，每年要处理900万种订货。该配送中心为264家地区零售店装运货物，无论是零售商还是消费者的家中，均可做到48小时之内把货物送到所需的地点。由于成功地实施了质量创新活动，能够连续24小时地为全国90%的地区提供服务。

2) 质量管理创新

管理部门认为，中心的优势在于服务，而服务的优势在公司采取的创新活动，创新的重点表现在精确至上和激光技术。

(1) 以精确至上创新消除物流过程的浪费。精确至上的创新活动目的在于通过排除缺陷，以提高服务的精确性。缺陷体现在收取、提取和装运活动中存在问题。提供精确的顾客信息和完成订货承诺被认为是重要事项。讲求服务的精确性，表现在该公司随时可以说出来某个产品项目是否有现货，并且当有电话订货时，便可以告知对方何时送货上门。另外，精确性也表现在与卖主提取产品相关。具体体现为确保产品在质量和数量上的正确，JC Penney公司针对每次装运中的某个项目，进行质量控制和实际点数检查。如果存在着差异，将对订货进行100%的检查。与此同时将对2.5%的装运进行审计。订货承诺的完成需要把主要精力放在提高精确性上，该公司想在商品交付给顾客之前就能够进行精确的检查。但问题是，在质量循环中是否已找到了解决办法，或者能够对该过程进行自动化。因此，该公司开始利用计算机系统进行协调，把订购商品转移到"转送提取"区域，以减少订货提取者的步行时间。

(2) 用激光扫描技术改进质量管理。应用激光扫描技术是质量管理创新活动的另一个重要表现。公司最初是用手工来处理各种产品项目的储存和跟踪的，后来开始用计算机键盘操作替代手工操作，这一举动使产品项目的精确性接近了80%。刚开始使用扫描技术的结果并不理想，因为扫描需要精确的读取包装盒子上的信息，这个过程常发生扫描4次才获得一次读取信息的情况。公司需要能够按每秒三次的速度，从任何角度读取包装尺寸的相关信息。基于这种考虑，公司优化了硬件和软件来满足这一目的。该配送中心的4个扫描站优化共耗资12 000美元，同时削减了每个扫描站所需的16个键盘操作人员。扫描技术既提高了记录精度，又提高了记录速度的手段。

请分析：

JC Penney公司质量管理的特点，给你带来何种启示？

3. 实训题

到企业中调研，了解真实的质量管理体系文件的构成。

第五篇 现代企业财务管理与技术经济分析

企业生产经营顺利，产品畅销，实现了盈利。但是紧接着又面临一个重要的问题：企业如何发展壮大，该选什么投资项目。这些问题归结起来都是资金和效益的问题。

资金就像一把双刃剑，管理好了可以像堆雪球一样越滚越大，管理不好就会被它的锋利所伤。例如2008年全球经济危机中破产的那些投资银行，先期他们通过良好的资金管理（投资）而逐渐壮大成为世界级的大公司，而他们的消亡同样是因为资金管理（次贷危机引发，最终资不抵债）的原因。由此可见，资金管理对于一个企业来说有着至关重要的作用。良好的资金管理，能够帮助企业更好地去实现企业目标。而资金管理不善，轻则让企业亏损，重则会让企业破产而烟消云散。

本篇将通过财务管理和技术经济分析两个章节，系统地学习有关资金管理和经济效益的知识，具体包括资金筹集、资金投放应用、财务分析、技术经济分析的原理和方法、投资项目经济评价等内容。

第十九章 财务管理

学习目标

(1) 理解财务管理的目标,掌握资金时间价值的内涵。
(2) 掌握投资、筹资、股利分配三者间的关系及其内涵。
(3) 掌握投资决策的要点——利用现金流量对投资项目进行分析。
(4) 学会通过分析财务报表研究企业的财务状况,为正确的决策提供依据。

课程导入案例

公司如何筹措资金?

2013年初,出于进一步发展需要,北方公司总经理正在研究公司资金筹措方式问题。公司计划当年筹措1200万元,其中550万元可以通过内部留存收益解决,其余部分须从外部筹措。外部筹资有两个选项:发行股票和借款。在证券市场上,该公司普通股每股市价高达35元,扣除发行费用,每股净价为33元。通过借款方式筹措资金的条件是年利率7%,期限10年。举债筹资一定程度上可以降低资金成本,但同时会增加财务风险。

思考:如果你是东方公司经理,你是如何看待这个问题的,除了资料中的信息,你认为还需要考虑哪些方面?

第一节 财务管理概述

一、企业财务管理的目标

1. 企业的目标及其对财务管理的要求

企业是营利性组织,其目标可以概括为生存、发展和获利。企业自成立之日,就会面临竞争,并始终处于生存和倒闭、发展和萎缩的矛盾之中。企业必须生存下去才可能获利,只有不断发展才能求得生存。

1) 企业"生存"对财务的要求

企业生存的"土壤"是市场,包括商品市场、金融市场、人力资源市场、技术市场等。要生存企业就要在市场中做到收支平衡,企业一方面付出货币,从市场上取得所需的资源;另一方面提供市场需要的商品或服务,从市场上换回货币。企业从市场获得的货币至少要等于付出的货币,以便维持继续经营,这是企业长期存续的基本条件。

企业生存的另一个基本条件是到期偿债。企业为扩大业务规模或满足经营周转的临时需要,可以向其他个人或法人借债。国家为维持市场经济秩序,通过立法规定债务人必须"偿还到期债务",必要时要“破产偿债”。企业如果不能偿还到期债务,就可能被债权人接管或被法院判定破产。

因此,企业生存的主要威胁来自两方面:一个是长期亏损,它是企业终止的内在原因;另一个是不能偿还到期债务,它是企业终止的直接原因。亏损企业为维持运营被迫进行偿债性融资,借新债还旧债,如不能扭亏为盈,迟早会借不到钱而无法周转,从而不能偿还到期债务。盈利企业也可能出现“无力支付”的情况,主要是借款扩大业务规模,冒险失败,为偿债必须出售不可缺少的厂房和设备,使生产经营无法继续下去。

力求保持以收抵支和偿还到期债务的能力减少破产的风险,使企业能够长期、稳定地生存下去,是对财务管理的第一个要求。

2）企业“发展”对财务的要求

企业在发展过程中,不可避免地面临市场竞争。在竞争激烈的市场环境中,各企业此消彼长、优胜劣汰。一个企业如不能提高产品和服务的质量,不能扩大自己的市场份额,就会被其他企业挤出市场。企业的生产经营如“逆水行舟”,不进则退。

企业的发展集中表现为扩大收入,扩大收入的根本途径是提高产品的质量,扩大销售的数量,这就要求不断更新设备、技术和工艺,并不断提高各种人员的素质,也就是要投入更多、更好的物质资源,并改进技术和管理。在市场经济中,各种资源的取得都需要付出货币。企业的发展离不开资金。

因此,筹集企业发展所需要的资金,是对财务管理的第二个要求。

3）企业“获利”对财务的要求

企业通过获利的方式来体现其存在的价值。已经成立的企业,虽然有增加职工收入、改善劳动条件、扩大市场份额、提高产品质量、减少环境污染等多种目标,但是,盈利是最具综合能力的指标。盈利不但体现了企业的出发点和归宿,而且可以概括其他目标的实现程度,并有助于其他目标的实现。

从财务管理角度看,盈利就是使资产获得超过其投资的回报。在市场经济中,没有“免费使用”的资金,资金的每项来源都有其成本。每项资产都是投资,都应当是生产性的,要从中获得回报。例如,各项固定资产要充分地用于生产,要避免存货积压,尽快收回应收账款,利用暂时闲置的现金等。财务主管务必使企业正常经营产生的和从外部获得的资金能以产出最大的形式加以利用。

因此,通过合理、有效地使用资金使企业获利,是对财务管理的第三个要求。

2. 企业的财务目标

财务管理目标又称理财目标,是指企业在特定的理财环境中,通过组织财务活动、处理财务关系所要达到的目的,它决定着财务管理的基本方向。根据现代企业财务管理理论和实践,具有代表性的财务管理目标主要有以下几种提法:

1）利润最大化

利润是企业经营成果的表现形式,反映了企业新增财富绝对数额,利润越多则说明企业的财富增加得越多,越接近企业的目标。

这种观点存在一定的缺陷,表现在如下方面:①利润是一个时期性指标,没有计量其资金时间价值。例如,今年获利10万元和明年获利10万元,哪一个更符合企业的目标?若不考虑货币的时间价值,就难以作出正确判断。②没有考虑投入和产出间的关系关系。例如,同样获得10万元利润,一个企业投入资本50万元,另一个企业投入60万元,哪一个更符合企业的目标?若不与投入的资本额联系起来,就难以作出正确判断。③没有考虑获取利润和所承担风险的关系。例如,同样投入50万元,本年获利10万元,一个企业获利已全部转化为现金,另一个企业获利则全部是应收账款,并可能发生坏账损失,哪一个更符合企业的目标?若不考虑风险大小,就难以作出正确判断。

2）资本利润率或每股利润最大化

资本利润率是利润额与资本额的比率,每股利润是利润额与普通股股数的比值。这里利润额是税后净利润。所有者或股东是企业的出资者,其投资的目标是为了取得资本收益,表现为税后净利润与出资额或股份数(普通股)的对比关系。

这个目标的优点是能够说明企业的盈利率,可以在不同资本规模的企业或同一企业不同期间之间进行比较,揭示其盈利水平的差异。但该指标仍然没有考虑资金时间价值和风险因素,也不能避免企业的短期化行为。

3)股东财富最大化

股东投资设立企业的目的是增加财富,如果企业不能为股东创造价值,股东就会考虑撤去投资,企业没有了权益资金也就不存在了。因此,企业要为股东创造价值。企业的财务目标应该是股东财富最大化,本书采纳该观点。

股东财富可以用股东权益的市场价值来衡量。股东财富的增加可以用股东权益的市场价值与股东投资资本的差额来衡量,它被称为“权益的市场增加值”。权益的市场增加值是使企业为股东创造的价值。

有时财务目标被表述为股价最大化。在股东投资资本不变的情况下,股价上升可以反映股东财富的增加,股价下跌可以反映股东财富的减损。股价的升降,代表了投资大众对公司股权价值的客观评价。它以每股的价格表示,反映了资本和获利之间的关系;它受预期每股盈余的影响,反映了每股盈余大小和取得的时间;它受企业风险大小的影响,可以反映每股盈余的风险。值得注意的是企业与股东之间的交易也会影响股价,但不影响股东财富。例如分派股利时股价下跌,回购股票时股价上升等。因此,假设股东投资资本不变,股价最大化与增加股东财富具有同等意义。

【内容点睛】

不同的财务目标,对企业计划产生不同影响,从而影响企业的不同行为。财务目标的指导意义不容忽视。

二、财务管理的对象

财务管理对象是资金及其流转,资金流转的起点和终点是现金,其他资产都是现金在流转中的转化形式。

1. 现金流转的概念

在建立一个新企业时,需要考虑两方面问题:一是制定战略规划,明确经营的方向;二是筹集足够的资本,作为发展的基础,其中现金部分是其重要组成。没有现金,企业的规划就无法实施,不能开始运营。企业建立后,现金变为经营用的各种资产,在运营中这些资产又陆续变回现金。在生产经营中,现金变为非现金资产,非现金资产又变为现金,这种流转过程称为现金流转。

现金转变为非现金资产,然后又恢复到现金,所需时间不超过一年的流转,称为现金的短期循环。短期循环中的资产是短期资产,包括现金本身和企业正常经营周期内可以完全转变为现金的存货、应收账款、短期投资及某些待摊和预付费用等。

现金转变为非现金资产,然后又恢复到现金,所需时间在一年以上的流转,称为现金的长期循环。长期循环中的非现金资产是长期资产,包括固定资产、长期投资、无形资产、递延资产等。

2. 现金流转不平衡

现金流转不平衡既有企业内部的原因,如盈利、亏损或扩充等;也有企业外部的原因,如市场变化、经济兴衰、企业间竞争等。

1)影响企业现金流转的内部原因

(1) 盈利企业的现金流转。盈利企业,如不打算扩充规模,其现金流转一般比较顺畅。它的短期循环中的现金收支大体平衡，税后净利使企业现金多余出来，长期循环中的折旧、摊销等也会积存现金。盈利企业也可能由于抽出过多现金而发生临时流转困难。例如，付出股利、偿还借款、更新设备等。

(2) 亏损企业的现金流转。从长期的观点看，亏损企业的现金流转是不可能维持的。从短期来看，又分为两类：一类是亏损额小于折旧额的企业，在固定资产重置以前可以维持下去；另一类是亏损额大于折旧额的企业，不从外部补充现金将很快破产。

(3) 扩充企业的现金流转。任何要迅速扩大经营规模的企业，都会遇到相当严重的现金短缺情况。固定资产扩充、存货增加、应收账款增加、营业费用增加等，都会使现金流出扩大。

财务主管的任务不仅要维持当前经营的现金收支平衡，而且要设法满足企业扩大的现金需要，并且力求使企业扩充的现金需求不超过扩充后新的现金流入。

除了企业本身盈亏和扩充等，外部环境的变化也会影响企业的现金流转。

2) 影响企业现金流转的外部原因

(1) 市场的季节性变化。通常来讲，企业的生产部门力求全年均衡生产，以充分利用设备和人工，但销售总会有季节性变化。因此，企业往往在销售淡季现金不足，销售旺季过后积存过剩现金。

企业的采购所需现金流出也有季节性变化，尤其是以农产品为原料的企业更是如此。集中采购而均匀耗用，使存货数量周期性变化；采购旺季有大量现金流出，而现金流入不能同步增加。

企业人工等费用的开支也会有季节性变化。有的企业集中在年终发放奖金，要用大量现金；有的企业利用节假日加班加点，要加倍付薪；有的企业使用季节性临时工，在此期间人工费大增。财务主管要对这些变化事先有所准备，并留有适当余地。

(2) 经济的波动。任何国家的经济发展都会有波动，时快时慢。在经济收缩时，销售下降，进而生产和采购减少，整个短期循环中的现金流出减少了，企业有了过剩的现金。如果预知不景气的时间很长，推迟固定资产的重置，折旧积累的现金也会增加。这种财务状况给人以假象。随着销售额的进一步减少，大量的经营亏损很快会接踵而来，现金将被逐步销蚀掉。

当经济“热”起来时，现金需求迅速扩大，积存的过剩现金很快被用尽，不仅扩充存货需要大量投入现金，而且受繁荣时期乐观情绪的鼓舞，企业会对固定资产进行扩充性投资，并且往往要超过提取的折旧。此时，银行和其他贷款人大多也很乐观，愿意为盈利企业提供贷款，筹资不会太困难。但是，经济过热必然造成利率上升，过度扩充的企业背负巨大的利息负担，会首先受到经济收缩的打击。

(3) 通货膨胀。通货膨胀会使企业遭遇现金短缺的困难。由于原料价格上升，保持存货所需的现金增加；人工和其他费用的现金支付增加；售价提高使应收账款占用的现金也增加。企业唯一的希望是利润也会增加，否则，现金会越来越紧张。

提高利润，不外乎是增收节支。增加收入，受到市场竞争的限制。企业若不降低成本，就难以应对通货膨胀造成的财务困难。通货膨胀造成的现金流转不平衡，不能靠短期借款可解决，因其不是季节性临时现金短缺而是现金购买力被永久地“蚕食”了。

(4) 竞争。竞争会对企业的现金流转产生不利影响。但是，竞争往往是被迫的，企业经营者不得不采取他们本来不想采取的方针。价格竞争会使企业立即减少现金流入。在况竞争中获胜的一方会通过多卖产品挽回其损失，实际是靠牺牲别的企业的利益加快自己的现金流转。失败的一方，不但蒙受价格下降的损失，还受到销量减少的打击，现金流转可能严重失衡。广告竞争会立即增加企业的现金流出。最好的结果是通过广告促进销售，加速现金流回。但若竞争对手也作推销努力，企业广告也只能制止其销售额的下降。而且有时广告并不能完全阻止销售额下降，只是下降得少一些。增加新产品或售后服务项目，用软办法竞争，也会使企业的现金流出增加。

【内容点睛】

现金量合理，是企业有效利用财务资源的表现。现金匮乏和太过富裕，都不是好现象。

三、货币的时间价值

1. 概念含义

货币的时间价值，是指货币经历一定时间的投资和再投资所增加的价值，也称为资金的时间价值。货币的时间价值是现代财务管理的基础观念之一，因其非常重要并且涉及所有理财活动，有人称之为理财的“第一原则”。

在商品经济中，现在的1元钱，比1年后的1元钱经济价值要大一些，即使不存在通货膨胀也是如此。这是资金时间价值的体现，例如，将现在的1元钱存入银行，1年后可得到1.10元(假设存款利率为10%)。这1元钱经过1年时间的投资增加了0.10元，这就是货币的时间价值。在实务中，人们习惯使用相对数字表示货币的时间价值，即用增加价值占投入货币的百分数来表示。例如，前述货币的时间价值为10%。

企业经营投入货币，经过资金循环，实现利润增加，其表现形式为货币数量。资金的循环和周转以及因此实现的货币增值，需要或多或少的时间，每完成一次循环，货币就增加一定数额，周转的次数越多，增值额也越大。因此，随着时间的延续，货币总量在循环和周转中按几何级数增长，使得货币具有时间价值。

例如，已探明一个有工业价值的矿山，目前立即开发可获利10亿元，若5年后开发，由于价格上涨可获利16亿元。如果不考虑资金的时间价值，根据16亿元大于10亿元，可以认为5年后开发更有利。如果考虑资金的时间价值，现在获得10亿元，可用于其他投资机会，平均每年获利15%，则5年后将有资金20亿元($10\times1.15^5\approx20$)。因此，可以认为目前开发更有利。后一种思考问题的方法，更符合现实的经济生活。

由于货币随时间的延续而增值，现在的1元钱与将来的1元多钱甚至是几元钱在经济上是等效的。换一种说法，就是现在的1元钱和将来的1元钱经济价值不相等。由于不同时间单位货币的价值不相等，所以，不同时间的货币收入不宜直接进行比较。需要把它们换算到相同的时间基础上，然后才能进行大小的比较和比率的计算。由于货币随时间的增长过程与复利的计算过程在数学上相似，因此，在换算时广泛使用复利计算的各种方法。

2. 货币时间价值的计算

1) 复利终值和现值

复利是计算利息的一种方法。按照这种方法，每经过一个计息期，要将所生利息加入本金再计利息，逐期滚算，俗称“利滚利”。这里所说的计息期是指相邻两次计息的时间间隔，如年、月、日等。除非特别指明，计息期为1年。

(1) 复利终值。复利终值的计算公式为：

$$S = P(1+i)^n$$

式中，P——现值或初始值；i——报酬率或利率；S——终值或本利和。

上式是计算复利终值的一般公式，其中的$(1+i)^n$被称为复利终值系数或1元的复利终值，用符号$(S/P,i,n)$表示。

例19-1 某人有12万元，拟投入报酬率为8%的投资机会，经过多少年才可使现有货币增加1倍？

$S=120\,000\times2=240\,000$

$S=120\,000\times(1+8\%)^n$

$240\,000=120\,000\times(1+8\%)^n$

$(1+8\%)^n=2$

$(S/P,8\%,n)=2$

查“复利终值系数表”，在 $i=8\%$ 的项下寻找 2，最接近的值为：

$(S/P,8\%,9)=1.999$

所以：

$n=9$

即 9 年后可使现有货币增加 1 倍。

(2) 复利现值。复利现值是复利终值的对称概念，指未来一定时间的特定资金按复利计算的现在价值，或者说是为取得将来一定本利和现在所需要的本金。

$$P=\frac{S}{(1+i)^n}=S(1+i)^{-n}$$

上式中的 $(1+i)^{-n}$ 是把终值折算为现值的系数，称为复利现值系数，或称作 1 元的复利现值，用符号 $(P/S,i,n)$ 来表示。例如，$(P/S,10\%,5)$ 表示利率为 10% 时 5 期的复利现值系数。为了便于计算，可编制“复利现值系数表”，该表的使用方法与“复利终值系数表”相同。

例 19-2 某人拟在 5 年后获得本利和 10 万元。假设年平均投资报酬率为 10%，他现在应投入多少元？

$P=S(P/S,i,n)$

$=100\,000\times(P/S,10\%,5)$

$=10\,000\times0.621$

$=62\,100$ 元

答案是某人应投入 62 100 元。

(3) 名义利率与实际利率。复利的计息期不一定总是 1 年，有可能是季度、月或日。当利息在 1 年内要复利几次时，给出的年利率叫做名义利率。

例 19-3 本金 10 000 元投资 5 年，年利率 8%，每季度复利一次，则：

每季度利率 $=8\%\div4=2\%$

复利次数 $=5\times4=20$

$S=10\,000\times(1+2\%)^{20}$

$=10\,000\times1.4859$

$=14\,859$ 元

利息 $I=14\,859-10\,000$

$=4\,859$ 元

当 1 年内复利几次时，实际得到的利息要比按名义利率计算的利息高。

实际利率和名义利率之间的关系是：

$$1+i=\left(1+\frac{r}{M}\right)^M$$

式中，r——名义利率；M——每年复利次数；i——实际利率。

将数据代入：

$$i=\left(1+\frac{r}{M}\right)^M-1=\left(1+\frac{8\%}{4}\right)^4-1=1.082\,432-1=8.2432\%$$

$$S=10\,000\times(1+8.2432\%)^5=10\,000\times1.4859=14\,859\text{ 元}$$

2) 普通年金终值和现值

年金是指等额、定期的系列收支。例如，分期付款赊购、分期偿还贷款、发放养老金、分期支付工程款、每年相同的销售收入等，都属于年金收付形式。

普通年金又称后付年金，是指各期期末收付的年金。

(1) 普通年金终值。普通年金终值是指其最后一次支付时的本利和，它是每次支付的复利终值之和。

如果年金的期数很多，用上述方法计算终值显然相当繁琐。由于每年支付额相等，折算终值的系数又是有规律的，所以，可找出简便的计算方法：

$$S = A\frac{(1+i)^n - 1}{i}$$

式中的$\frac{(1+i)^n-1}{i}$是普通年金为1元、A为每期投资额、利率为i，经过n期的年金终值记作$(S/A, i, n)$。

例 19-4 拟在5年后还清10 000元债务，从现在起每年末等额存入银行一笔款项。假设银行存款利率为10%，每年需要存入多少元？

由于有利息因素，不必每年存入2 000元(10 000÷5)，只要存入较少的金额，5年后本利和即可达到10 000元，可用以清偿债务。

根据普通年金终值计算公式：

$$S = A\frac{(1+i)^n - 1}{i} \qquad \text{可知：} A = S\frac{i}{(1+i)^n - 1}$$

将有关数据代入上式：

$$A = 10\,000 \times \frac{1}{(S/A, 10\%, 5)} = 10\,000 \times \frac{1}{6.105} = 10\,000 \times 0.1638 = 1\,638\text{ 元}$$

因此，在银行利率为10%时，每年存入1 638元，5年后可得10 000元用来还清债务。

(2) 普通年金现值。普通年金现值是指为在每期期末取得相等金额的款项，现在需要投入的金额。

计算普通年金现值的一般公式：

$$P = A\frac{1-(1+i)^{-n}}{i}$$

式中的$\frac{1-(1+i)^{-n}}{i}$是普通年金为1元、利率为i，经过n期的年金现值记作$(p/A, i, n)$。

例 19-5 某人今天银行存一笔钱，用来支付3年房租，每年租金1000元，设银行存款利率为10%，他现在在银行存入多少钱？

这个问题可以表述为：请计算$i=10\%$，$n=3$，$A=1\,000$元的年终付款的现在等效值是多少？

$P=A(p/A, i, n)=1\,000\times(p/A, 10\%, 3)$

查表：$(p/A, 10\%, 3)=2.487$

$P=1\,000\times2.487=2\,487$元

【内容点睛】

通过数学模型，建立了过去、现在和未来的价值桥梁。

第二节 现代企业资金筹集

一、筹资决策分类

筹资是指筹集资金。例如，企业发行股票、发行债券、取得借款、赊购、租赁等都属于筹资。筹资决策要解决的问题是如何取得企业所需要的资金，包括向谁、在什么时候、筹集多少资金。筹资决策和投资、股利分配有密切关系，筹资的数量多少要考虑投资需要，在利润分配时加大保留盈余可减少从外部筹资。筹资决策的关键是决定各种资金来源在总资金中所占的比重，即确定资本结构，以使筹资风险和筹资成本相配合。可供企业选择的资金来源有许多，按不同的标志，它们分为以下几类：

1. 权益资金和借入资金

权益资金是指企业股东提供的资金。它不需要归还，筹资的风险小，但其期望的报酬率高。**借入资金**是指债权人提供的资金。它要按期归还，有一定的风险，但其要求的报酬率比权益资金低。

资本结构主要是指权益资金和借入资金的比例关系。一般说来完全通过权益资金筹资是不明智的，不能得到负债经营的好处；但负债的比例大则风险也大，企业随时可能陷入财务危机。筹资决策的一个重要内容就是确定最佳资本结构。

2. 长期资金和短期资金

长期资金是指企业可长期使用的资金，包括权益资金和长期负债。权益资金不需要归还，企业可以长期使用，属于长期资金。此外，长期借款也属于长期资金。有时，习惯上把1年以上至5年以内的借款称为中期资金，而把5年以上的借款称为长期资金。

短期资金一般是指一年内要归还的短期借款。一般来说，短期资金的筹集应主要解决临时的资金需要。例如，在生产经营旺季需要的资金比较多，可借入短期借款，渡过生产经营旺季则归还。长期资金和短期资金的筹资速度、筹资成本、筹资风险以及借款时企业所受的限制均有所不同。如何安排长期筹资和短期筹资的相对比重，是筹资决策要解决的另一个重要问题。

二、股票筹资

1. 股票发行的规定与条件

按照我国《公司法》和《证券法》的有关规定，股份有限公司发行股票，应符合以下规定与条件：

(1) 每股金额相等。同次发行的股票，每股的发行条件和价格应当相同。

(2) 股票发行价格可以等于票面金额，也可以超过票面金额，但不得低于票面金额。

(3) 股票应当载明公司名称、公司登记日期、股票种类、票面金额及代表的股份数、股票编号等主要事项。

(4) 向发起人、国家授权投资的机构、法人发行的股票，应当为记名股票；对社会公众发行的股票，可以为记名股票，也可以为无记名股票。

(5) 公司发行记名股票的，应当置备股东名册，记载股东的姓名或者名称、住所、各股东所持股份、各股东所持股票编号、各股东取得其股份的日期；发行无记名股票的，公司应当记载其股票数量、编号及发行日期。

(6) 公司发行新股，必须具备下列条件：①具备健全且运行良好的组织结构；②具有持续盈利能力，财务状态良好；③最近3年财务会计文件无虚假记载，无其他重大违法行为；④证券监督管理机构规定的其他条件。

(7) 公司发行新股，应由股东大会作出有关下列事项的决议：新股种类及数额；新股发行价格；新股发行的起止日期；向原有股东发行新股的种类及数额。

2. 股票发行的程序

股份有限公司在设立时发行股票与增资发行新股,程序上有所不同。

1) 设立时发行股票的程序

(1) 提出募集股份申请。

(2) 公告招股说明书,制作认股书,签订承销协议和代收股款协议。

(3) 招认股份,缴纳股款。

(4) 召开创立大会,选举董事会、监事会。

(5) 办理设立登记,交割股票。

2) 增资发行新股的程序

(1) 股东大会作出发行新股的决议。

(2) 由董事会向国务院授权的部门或省级人民政府申请并经批准。

(3) 公告新股招股说明书和财务会计报表及附属明细表,与证券经营机构签订承销合同,定向募集时向新股认购人发出认购公告或通知。

(4) 招认股份,缴纳股款。

(5) 改组董事会、监事会,办理变更登记并向社会公告。

3. 股票发行方式、销售方式和发行价格

公司发行股票筹资,应当选择适宜的股票发行方式和销售方式,并恰当地制订发行价格,以便及时募足资本。

1) 股票发行方式

股票发行方式指的是公司通过何种途径发行股票。总的来讲,股票的发行方式可分为如下两类:

(1) 公开间接发行。指通过中介机构,公开向社会公众发行股票。我国股份有限公司采用募集设立方式向社会公开发行新股时,须由证券经营机构承销的做法,就属于股票的公开间接发行。这种发行方式的发行范围广、发行对象多,易于足额募集资本;股票的变现性强,流通性好;股票的公开发行还有助于提高发行公司的知名度和扩大其影响力。但这种发行方式也有不足,主要是手续繁杂,发行成本高。

(2) 不公开直接发行。指不公开对外发行股票,只向少数特定的对象直接发行,因而不需经中介机构承销。我国股份有限公司采用发起设立方式和以不向社会公开募集的方式发行新股的做法,即属于股票的不公开直接发行。这种发行方式弹性较大,发行成本低;但发行范围小,股票变现性差。

2) 股票的销售方式

股票的销售方式指的是股份有限公司向社会公开发行股票时所采取的股票销售方法。股票销售方式有自销和委托承销两类。

(1) 自销方式。股票发行的**自销方式**指发行公司自己直接将股票销售给认购者。这种销售方式可由发行公司直接控制发行过程,实现发行意图,并可以节省发行费用;但往往筹资时间长,发行公司要承担全部发行风险,并需要发行公司有较高的知名度、信誉和实力。

(2) 承销方式。股票发行的**承销方式**指发行公司将股票销售业务委托给证券经营机构代理。这种销售方式是发行股票所普遍采用的。我国《公司法》规定股份有限公司向社会公开发行股票,必须与依法设立的证券经营机构签订承销协议,由证券经营机构承销。股票承销又分为包销和代销两种具体办法。**包销**是根据承销协议商定的价格,证券经营机构一次性全部购进发行公司公开募集的全部股份,然后以较高的价格出售给社会上的认购者。对发行公司来说,包销的办法可及时筹足资本,免于承担发行风险(股款未募足的风险由承销商承担);但股票以较低的价格售给承销商会损失部分溢价。**代销**是证券经营机构代替发行公司代售股票,并由此获取一定的佣金,但不承担股款未募足的风险。

4. 股票上市

1) 股票上市的目的

股票上市指的是股份有限公司公开发行的股票经批准在证券交易所进行挂牌交易。经批准在交易所上市交易的股票则称为上市股票。只有公开募集发行并经批准上市的股票才能进入证券交易所流通转让。

股份公司申请股票上市,一般出于以下的一些目的:

(1) 资本大众化,分散风险。股票上市后,会有更多的投资者认购公司股份,公司则可将部分股份转售给这些投资者,再将得到的资金用于其他方面,这就分散了公司的风险。

(2) 提高股票的变现力。股票上市后便于投资者购买,自然提高了股票的流动性和变现力。

(3) 便于筹措新资金。股票上市必须经过有关机构的审查批准并接受相应的管理,执行各种信息披露和股票上市的规定,这就大大增强了社会公众对公司的信赖,甚至乐于购买公司的股票。同时,由于一般人认为上市公司实力雄厚,也便于公司采用其他方式(如负债)筹措资金。

(4) 提高公司知名度,吸引更多顾客。股票上市公司为社会所知,并被认为经营优良,会带来良好声誉,吸引更多的顾客,从而扩大销售量。

(5) 便于确定公司价值。股票上市后,公司股价由市价可循,便于确定公司的价值,有利于促进公司财富最大化。

但股票上市也有对公司不利的一面。这主要指:公司将负担较高的信息披露成本;各种信息公开的要求可能会暴露公司的商业秘密;股价有时会歪曲公司的实际状况,丑化公司声誉;可能会分散公司的控制权,造成管理上的困难。

2) 股票上市的条件

公司公开发行的股票进入证券交易所挂牌买卖(即股票上市),须受严格的条件限制。我国《证券法》规定,股份有限公司申请其股票上市,必须符合下列条件:

(1) 股票经国务院证券监督管理机构核准已公开发行。

(2) 公司股本总额不少于人民币3000万元。

(3) 公司发行的股份达到公司股份总数的25%以上;公司股本总额超过人民币4亿元的公开发行的比例为10%以上。

(4) 公司最近3年无重大违法行为,财务会计报告无虚假记载。

此外,公司股票上市还应符合证券交易所规定的其他条件。

5. 普通股融资的特点

1) 普通股融资的优点

与其他筹资方式相比,普通股筹措资本具有如下优点:

(1) 发行普通股筹措资本具有永久性,无到期日,不需归还。这对保证公司对资本的最低需要、维持公司长期稳定发展极为有益。

(2) 发行普通股筹资没有固定的股利负担,股利的支付与否和支付多少,视公司有无盈利和经营需要而定,经营波动给公司带来的财务负担相对较小。由于普通股筹资没有固定的到期还本付息的压力,所以筹资风险较小。

(3) 发行普通股筹集的资本是公司最基本的资金来源,它反映了公司的实力,可作为其他方式筹资的基础,尤其可为债权人提供保障,增强公司的举债能力。

(4) 由于普通股的预期收益较高并可一定程度地抵消通货膨胀的影响(通常在通货膨胀期间,不动产升值时普通股也随之升值),因此普通股筹资容易吸收资金。

2）普通股融资的缺点

但是，运用普通股筹措资本也有一些缺点：

（1）普通股的资本成本较高。首先，从投资者的角度讲，投资于普通股风险较高，相应地要求有较高的投资报酬率。其次，对于筹资公司来讲，普通股股利从税后利润中支付，不像债券利息那样作为费用从税前支付，因而不具有抵税作用。此外，普通股的发行费用一般也高于其他证券。

（2）以普通股筹资会增加新股东，这可能会分散公司的控制权，削弱原有股东对公司的控制。

【内容点睛】

只有对股权筹资方式熟悉的基础上，才可以考虑是否及如何选择该筹资渠道。

三、负债筹资

负债筹资是指通过负债筹集资金。负债是企业一项重要的资金来源，几乎没有一家企业是只靠自有资本，而不运用负债就能满足资金需要的。负债筹资与普通股筹资相比，负债筹资的特点表现为：筹集的资金具有使用上的时间性，需到期偿还；不论企业经营好坏，需固定支付债务利息，从而形成企业固定的负担；但其资本成本一般比普通股筹资成本低，且不会分散投资者对企业的控制权。

按照所筹资金可使用时间的长短，负债筹资可分为短期负债筹资和长期负债筹资两类。

【内容点睛】

只有对股权筹资方式熟悉的基础上，才可以考虑是否及如何选择该筹资渠道。

1. 短期负债筹资

短期负债筹资最主要的形式是商业信用和短期借款。

1）商业信用

在商品交易中由于延期付款或预收货款形成了企业间的借贷关系，在借贷关系中发展出商业信用。在短期负债筹资中商业信用会占有较大比例。商业信用的具体形式有应付账款、应付票据、预收账款等。

（1）应付账款。**应付账款**是企业购买货物暂未付款而欠对方的账项，即卖方允许买方在购货后一定时期内支付货款的一种形式。卖方利用这种方式促销，而对买方来说延期付款则等于向卖方借用资金购进商品，可以满足短期的资金需要。

与应收账款相对应，应付账款也有付款期、折扣等信用条件。应付账款可以分为：**免费信用**，即买方企业在规定的折扣期内享受折扣而获得的信用；**有代价信用**，即买方企业放弃折扣付出代价而获得的信用；**展期信用**，即买方企业超过规定的信用期推迟付款而强制获得的信用。

①应付账款的成本。倘若买方企业购买货物后在卖方规定的折扣期内付款，便可以享受免费信用，这种情况下企业没有因为享受信用而付出代价。

例 19-6 某企业按 2/10、*n*/30 的条件购入货物 10 万元。如果该企业在 10 天内付款，便享受了 10 天的免费信用期，并获得折扣 0.2 万元（10×2%），免费信用额为 9.8 万元（10－0.2）。

倘若买方企业放弃折扣，在 10 天后（不超过 30 天）付款，该企业便要承受因放弃折扣而造成的隐含利息成本。一般而言，放弃现金折扣的成本可由下式求得：

$$放弃现金折扣成本 = \frac{折扣百分比}{1-折扣百分比} \times \frac{360}{信用期-折扣期}$$

运用上式，该企业放弃折扣所负担的成本为：

$$\frac{2\%}{1-2\%}\times\frac{360}{30-10}=36.7\%$$

公式表明，放弃现金折扣的成本与折扣百分比的大小、折扣期的长短同方向变化，与信用期的长短反方向变化。可见，如果买方企业放弃折扣而获得信用，其代价是较高的。然而，企业在放弃折扣的情况下，推迟付款的时间越长，其成本便会越小。比如，如果企业延至 50 天付款，其成本则为：

$$\frac{2\%}{1-2\%}\times\frac{360}{50-10}=18.4\%$$

②利用现金折扣的决策。在附有信用条件的情况下，因为获得不同信用要负担不同的代价，买方企业便要在利用哪种信用之间作出决策。

如果能以低于放弃折扣的隐含利息成本(实质是一种机会成本)的利率借入资金，便应在现金折扣期内用借入的资金支付货款，享受现金折扣。比如，与例 19-5 同期的银行短期借款年利率为 12%，则买方企业应利用更便宜的银行借款在折扣期内偿还应付账款；反之，企业应放弃折扣。

如果在折扣期内将应付账款用于短期投资，所得的投资收益率高于放弃折扣的隐含利息成本，则应放弃折扣而去追求更高的收益。当然，假使企业放弃折扣优惠，也应将付款日推迟至信用期内的最后一天(如例 19-5 中的第 30 天)，以降低放弃折扣的成本。

如果企业因缺乏资金而欲展延付款期(如例 19-5 中将付款日推迟到第 50 天)，则需在降低了的放弃折扣成本与展延付款带来的损失之间作出选择。展延付款带来的损失主要是指因企业信誉恶化而丧失供应商乃至其他贷款人的信用，或日后招致苛刻的信用条件。

如果面对两家以上提供不同信用条件的卖方，应通过衡量放弃折扣成本的大小，选择信用成本最小(或所获利益最大)的一家。比如，例 19-5 中另有一家供应商提出 1/20、n/30 的信用条件，其放弃折扣的成本为：

$$\frac{1\%}{1-1\%}\times\frac{360}{30-20}=36.4\%$$

与例 19-5 中 2/10、n/30 信用条件的情况相比，后者的成本较低。

(2) 应付票据。应付票据是企业进行延期付款商品交易时开具的反映债权债务关系的票据。根据承兑人的不同，应付票据分为商业承兑汇票和银行承兑汇票两种，支付期最长不超过 6 个月。应付票据可以带息，也可以不带息。应付票据的利率一般比银行的借款利率低，且不用保持相应的补偿余额和支付协议费，所以应付票据的筹资成本低于银行借款成本。但是应付票据到期必须归还，如若延期便要交付罚金，因而风险较大。

(3) 预收账款。**预收账款**是卖方企业在交付货物之前向买方预先收取部分或全部货款的信用形式。对于卖方来讲，预收账款相当于向买方借用资金后用货物抵偿。预收账款一般用于生产周期长、资金需要量大的货物销售。

此外，企业往往还存在一些在非商品交易中产生，但亦为自发性筹资的应付费用，如应付职工薪酬、应交税费、其他应付款等。应付费用使企业受益在前、费用支付在后，相当于享用了收款方的借款，一定程度上缓解了企业的资金需要。应付费用的期限具有强制性，不能由企业自由斟酌使用，但通常不需花费代价。

(4) 商业信用筹资的特点。商业信用筹资最大的优越性在于容易取得。首先，对于多数企业来说，商业信用是一种持续性的信用形式，且无须正式办理筹资手续。其次，如果没有现金折扣或使用不带息票据，商业信用筹资不负担成本。其缺陷在于期限较短，在放弃现金折扣时所付出的成本较高。

2) 短期借款

短期借款指企业向银行和其他非银行金融机构借入的期限在 1 年以内的借款。

(1) 短期借款的种类。我国目前的短期借款按照目的和用途分为若干种，主要有生产周转借款、临时借款、结算借款等等。按照国际通行做法,短期借款还可依偿还方式的不同,分为一次性偿还借款和分期偿还借款;依利息支付方法的不同,分为收款法借款、贴现法借款和加息法借款;依有无担保,分为抵押借款和信用借款,等等。

企业在申请借款时,应根据各种借款的条件和需要加以选择。

(2) 借款的取得。企业举借短期借款,首先必须提出申请,经审查同意后借贷双方签订借款合同,注明借款的用途、金额、利率、期限、还款方式、违约责任等;然后企业根据借款合同办理借款手续;借款手续完毕,企业便可取得借款。

(3) 借款的信用条件。按照国际通行做法,银行发放短期借款往往带有以下一些信用条件:

① 信贷限额。**信贷限额**是银行对借款人规定的无担保贷款的最高额。信贷限额的有效期限通常为1年,但根据情况也可延期1年。一般来讲,企业在批准的信贷限额内,可随时使用银行借款。但是,银行并不承担必须提供全部信贷限额的义务。如果企业信誉恶化,即使银行曾同意过按信贷限额提供贷款,企业也可能得不到借款。这时,银行不会承担法律责任。

② 周转信贷协定。**周转信贷协定**是银行具有法律义务地承诺提供不超过某一最高限额的贷款协定。在协定的有效期内,只要企业的借款总额未超过最高限额,银行必须满足企业任何时候提出的借款要求。企业享用周转信贷协定,通常要就贷款限额的未使用部分付给银行一笔承诺费。

例如,某周转信贷额为1 000万元,承诺费率为0.5%,借款企业年度内使用了600万元,余额400万元,借款企业该年度就要向银行支付承诺费2万元(400×0.5%)。这是银行向企业提供此项贷款的一种附加条件。

周转信贷协定的有效期通常超过1年,但实际上贷款每几个月发放一次,所以这种信贷具有短期和长期借款的双重特点。

③ 补偿性余额。**补偿性余额**是银行要求借款企业在银行中保持按贷款限额或实际借用额一定百分比(一般为10%~20%)的最低存款余额。从银行的角度讲,补偿性余额可降低贷款风险,补偿遭受的贷款损失。对于借款企业来讲,补偿性余额则提高了借款的实际利率。

例如,某企业按年利率8%向银行借款10万元,银行要求维持贷款限额15%的补偿性余额,那么企业实际可用的借款只有8.5万元,该项借款的实际利率则为:

$$\frac{10 \times 8\%}{8.5} \times 100\% = 9.4\%$$

④ **借款抵押**。银行向财务风险较大的企业或对其信誉不甚有把握的企业发放贷款,有时需要有抵押品担保,以减少自己蒙受损失的风险。短期借款的抵押品经常是借款企业的应收账款、存货、股票、债券等。银行接受抵押品后,将根据抵押品的面值决定贷款金额,一般为抵押品面值的30%~90%。这一比例的高低,取决于抵押品的变现能力和银行的风险偏好。抵押借款的成本通常高于非抵押借款,这是因为银行主要向信誉好的客户提供非抵押贷款,而将抵押贷款看成是一种风险投资,故而收取较高的利率;同时银行管理抵押贷款要比管理非抵押贷款困难,为此往往另外收取手续费。

企业向贷款人提供抵押品,会限制其财产的使用和将来的借款能力。

⑤ 偿还条件。贷款的偿还有到期一次偿还和在贷款期内定期(每月、季)等额偿还两种方式。一般来讲,企业不希望采用后一种偿还方式,因为这会提高借款的实际利率;而银行不希望采用前一种偿还方式,是因为这会加重企业的财务负担,增加企业的拒付风险,同时会降低实际贷款利率。

⑥ 其他承诺。银行有时还要求企业为取得贷款而作出其他承诺,如及时提供财务报表、保持适当的财务水平(如特定的流动比率),等等。如企业违背所作出的承诺,银行可要求企业立即偿还全部贷款。

(4) 短期借款利率及其支付方法。短期借款的利率多种多样,利息支付方法亦不一,银行将根据借款企业的情况选用。

① 借款利率。一般有以下几种：

一是优惠利率。优惠利率是银行向财力雄厚、经营状况好的企业贷款时收取的名义利率，为贷款利率的最低限。

二是浮动优惠利率。这是一种随其他短期利率的变动而浮动的优惠利率，即随市场条件的变化而随时调整变化的优惠利率。

三是非优惠利率。银行贷款给一般企业时收取的高于优惠利率的利率。这种利率经常在优惠利率的基础上加一定的百分比。比如，银行按高于优惠利率1%的利率向某企业贷款，若当时的最优利率为8%，向该企业贷款收取的利率即为9%。非优惠利率与优惠利率之间差距的大小，由借款企业的信誉、与银行的往来关系及当时的信贷状况所决定。

② 借款利息的支付方法。一般来讲，借款企业可以用3种方法支付银行贷款利息。

一是收款法。收款法是在借款到期时向银行支付利息的方法。银行向工商企业发放的贷款大都采用这种方法收息。

二是贴现法。贴现法是银行向企业发放贷款时，先从本金中扣除利息部分，而到期时借款企业则要偿还贷款全部本金的一种计息方法。采用这种方法，企业可利用的贷款额只有本金减去利息部分后的差额，因此贷款的实际利率高于名义利率。

例 19-7 某企业从银行取得借款10 000元，期限1年，年利率(即名义利率)为8%，利息额800元(10 000×8%)；按照贴现法付息，企业实际可利用的贷款为9 200元(10 000－800)，该项贷款的实际利率为：

$$\frac{800}{10\,000-800}\times 100\% = 8.7\%$$

三是加息法。加息法是银行发放分期等额偿还贷款时采用的利息收取方法。在分期等额偿还贷款的情况下，银行要将根据名义利率计算的利息加到贷款本金上，计算出贷款的本息和，要求企业在贷款期内分期偿还本息之和的金额。由于贷款分期均衡偿还，借款企业实际上只平均使用了贷款本金的半数，却支付全额利息。这样，企业所负担的实际利率便高于名义利率大约1倍。

例如，某企业借入(名义)年利率为12%的贷款20 000元，分12个月等额偿还本息。该项借款的实际利率为：

$$\frac{20\,000\times 12\%}{20\,000\div 2}\times 100\% = 24\%$$

(5) 企业对银行的选择。随着金融信贷业的发展，可向企业提供贷款的银行和非银行金融机构增多，企业有可能在各贷款机构之间作出选择，以图对己最为有利。

(6) 短期借款筹资的特点。在短期负债筹资中，短期借款的重要性仅次于商业信用。短期借款可以随企业的需要安排，便于灵活使用，且取得亦较简便。但其突出的缺点是短期内要归还，特别是在带有诸多附加条件的情况下更是风险加剧。

3) 短期负债筹资的特点

短期负债筹资所筹资金的可使用时间较短，一般不超过1年。短期负债筹资具有如下一些特点：

(1) 筹资速度快，容易取得。长期负债的债权人为了保护自身利益，往往要对债务人进行全面的财务调查，因而筹资所需时间一般较长且不易取得。短期负债在较短时间内即可归还，故债权人顾虑较少，容易取得。

(2) 筹资富有弹性。举借长期负债，债权人或有关方面经常会向债务人提出很多限定性条件或管理规定；而短期负债的限制则相对宽松些，使筹资企业的资金使用较为灵活、富有弹性。

(3) 筹资成本较低。一般地讲，短期负债的利率低于长期负债，短期负债筹资的成本也就较低。

(4) 筹资风险高。短期负债需在短期内偿还，因而要求筹资企业在短期内拿出足够的资金偿还债务,若企业届时资金安排不当,就会陷入财务危机。此外,短期负债利率的波动比较大,一时高于长期负债的水平也是可能的。

2. 长期负债筹资

长期负债是指期限超过1年的负债。筹措长期负债资金,可以解决企业长期资金的不足,如满足发展长期性固定资产的需要;同时长期负债的利率一般会高于短期负债利率;负债的限制较多,即债权人经常会向债务人提出一些限制性的条件以保证其能够及时、足额偿还债务本金和支付利息,从而形成对债务人的种种约束。

目前在我国。长期负债筹资主要有长期借款和债券两种方式。

1) 长期借款筹资

长期借款是指企业向银行或其他非银行金融机构借入的使用期超过1年的借款,主要用于购建固定资产和满足长期流动资金占用的需要。

(1) 长期借款的种类。长期借款的种类很多,各企业可根据自身的情况和各种借款条件选用。我国目前各金融机构的长期借款种类主要有:①按照用途,分为固定资产投资借款、更新改造借款、科技开发和新产品试制借款,等等。②按照提供贷款的机构,分为政策性银行贷款、商业银行贷款等。此外,企业还可从信托投资公司取得实物或货币形式的信托投资贷款、从财务公司取得各种中长期贷款,等等。③按照有无担保,分为信用贷款和抵押贷款。信用贷款指不需企业提供抵押品,仅凭其信用或担保人信誉而发放的贷款。抵押贷款指要求企业以抵押品作为担保的贷款。长期贷款的抵押品常常是房屋、建筑物、机器设备、股票、债券等。

(2) 取得长期借款的条件。金融机构对企业发放贷款的原则是按计划发放、择优扶植、有物资保证、按期归还。企业申请贷款一般应具备的条件是:①独立核算、自负盈亏、有法人资格;②经营方向和业务范围符合国家产业政策,借款用途属于银行贷款办法规定的范围;③借款企业具有一定的物资和财产保证,担保单位具有相应的经济实力;④具有偿还贷款的能力;⑤财务管理和经济核算制度健全,资金使用效益及企业经济效益良好;⑥在银行设有账户,办理结算。

具备上述条件的企业欲取得贷款,先要向银行提出申请,陈述借款原因与金额、用款时间与计划、还款期限与计划。银行根据企业的借款申请,针对企业的财务状况、信用情况、盈利的稳定性、发展前景、借款投资项目的可行性等进行审查。银行审查同意贷款后,再与借款企业进一步协商贷款的具体条件,明确贷款的种类、用途、金额、利率、期限、还款的资金来源及方式、保护性条件、违约责任等,并以借款合同的形式将其法律化。借款合同生效后,企业便可取得借款。

(3) 长期借款的保护性条件款。由于长期借款的期限长、风险大,按照国际惯例,银行通常对借款企业提出一些有助于保证贷款按时足额偿还的条件。这些条件要写进贷款合同中,形成合同的保护性条款。

(4) 长期借款的成本。长期借款的利息率通常高于短期借款。但信誉好或抵押品流动性强的借款企业,仍然可以争取到较低的长期借款利率。长期借款利率有固定利率和浮动利率两种。浮动利率通常有最高、最低限,并在借款合同中明确。对于借款企业来讲,若预测市场利率将上升,应与银行签订固定利率合同;反之,则应签订浮动利率合同。

除了利息之外,银行还会向借款企业收取其他费用,如实行周转信贷协定所收取的承诺费、要求借款企业在本银行中保持补偿余额所形成的间接费用。这些费用会加大长期借款的成本。

(5) 长期借款的偿还方式。长期借款的偿还方式不一,包括:定期支付利息、到期一次性偿还本金的方式;如同短期借款那样的定期等额偿还方式;平时逐期偿还小额本金和利息、期末偿还余下的大额部分的方式。第一种偿还方式会加大企业借款到期时的还款压力;而定期等额偿还又会提高企业使用贷款的实际利率。

(6) 长期借款筹资的特点。与其他长期负债筹资相比,长期借款筹资的特点为:①筹资速度快。长期借款的手续比发行债券简单得多,得到借款所花费的时间较短。②借款弹性较大。借款时企业与银行直接交涉,有关条件可谈判确定;用款期间发生变动,亦可与银行再协商。而债券筹资所面对的是社会广大投资者,协商改善筹资条件的可能性很小。③借款成本较低。长期借款利率一般低于债券利率,且由于借款属于直接筹资,筹资费用也较少。④长期借款的限制性条款比较多,制约着借款的使用。

2) 债券筹资

债券是经济主体为筹集资金而发行的,用以记载和反映债权债务关系的有价证券。由企业发行的债券称为企业债券或公司债券。这里所说的债券,指的是期限超过 1 年的公司债券,其发行目的通常是为建设大型项目筹集大笔长期资金。

(1) 债券的分类。公司债券有很多形式,为我国《公司法》所确认的分类有以下两种:

① 按债券上是否记有持券人的姓名或名称,分为记名债券和无记名债券。这种分类类似于记名股票与无记名股票的划分。在公司债券上记载持券人姓名或名称的为记名公司债券;反之为无记名公司债券。两种债券在转让上的差别也与记名股票、无记名股票相似。

② 按能否转换为公司股票,分为可转换债券和不可转换债券。若公司债券能转换为本公司股票,为可转换债券;反之为不可转换债券。一般来讲,前种债券的利率要低于后种债券。

除此之外,按照国际通行做法,公司债券还有另外一些分类:

① 按有无特定的财产担保,分为抵押债券和信用债券。发行公司以特定财产作为抵押品的债券为抵押债券;没有特定财产作为抵押,凭信用发行的债券为信用债券。抵押债券又分为:一般抵押债券,即以公司产业的全部作为抵押品而发行的债券;不动产抵押债券,即以公司的不动产为抵押而发行的债券;设备抵押债券,即以公司的机器设备为抵押而发行的债券;证券信托债券,即以公司持有的股票证券以及其他担保证书交付给信托公司作为抵押而发行的债券等。

② 按是否参加公司盈余分配,分为参加公司债券和不参加公司债券。债权人除享有到期向公司请求还本付息的权利外,还有权按规定参加公司盈余分配的债券,为参加公司债券;反之为不参加公司债券。

③ 按利率的不同,分为固定利率债券和浮动利率债券。将利率明确记载于债券上,按这一固定利率向债权人支付利息的债券,为固定利率债券;债券上明确利率,发放利息时利率水平按某一标准(如政府债券利率、银行存款利率)的变化而同方向调整的债券,为浮动利率债券。

④ 按能否上市,分为上市债券和非上市债券。可在证券交易所挂牌交易的债券为上市债券;反之为非上市债券。上市债券信用度高,价值高,且变现速度快,故而容易吸引投资者;但上市条件严格,并要承担上市费用。

⑤ 按照偿还方式,分为到期一次债券和分期债券。发行公司于债券到期日一次集中清偿本息的,为到期一次债券;一次发行而分期、分批偿还本息的债券为分期债券。分期债券的偿还又有不同办法。

⑥ 按照其他特征,分为收益公司债券、附认股权债券、附属信用债券等。收益公司债券是只有当公司获得盈利时方向持券人支付利息的债券。这种债券不会给发行公司带来固定的利息费用,对投资者而言收益较高,但风险也较大。附认股权债券是附带允许债券持有人按特定价格认购公司股票权利的债券。这种认购股权通常随债券发放,具有与可转换债券类似的属性。附认股权债券与可转换公司债券一样,票面利率通常低于一般公司债券。附属信用债券是当公司清偿时,受偿权排列顺序低于其他债券的债券;为了补偿其较低受偿顺序可能带来的损失,这种债券的利率高于一般债券。

(2) 发行债券的条件。我国《证券法》规定,公开发行公司债券的公司必须具备以下条件:①股份有限公司的净资产额不低于人民币 3 000 万元,有限责任公司的净资产额不低于人民币 6 000 万元;②累计债券总额不超过公司净资产额的 40%;③最近 3 年平均可分配利润足以支付公司债券 1 年的利息;④所筹集资金的投向符合国家产业政策;⑤债券的利率不得超过国务院限定的利率水平;⑥国务院规定的其他条件。

另外,发行公司债券所筹集的资金,必须用于核准的用途,不得用于弥补亏损和非生产性支出,否则会损害债权人的利益。

(3) 债券筹资的特点。与其他长期负债筹资方式相比,发行债券的突出优点在于筹资对象广、市场大。但是,这种筹资方式成本高、风险大、限制条件多,是其不利的一面。

【内容点睛】

该不该借钱的问题,其实是风险和收益是否合适的问题。

第三节　现代企业资金投放与应用

投资决策是指在多个备选方案中,选择最佳方案的过程,对企业而言,通常具有长远的战略意义。企业生产经营的长远规划从总体上规定了企业未来年份的经营方向、规模大小、人员配备、资本总量、资本支出的运用以及企业要求达到的利润目标等。企业的投资决策,应以企业生产经营规划为指导,同时,好的投资决策有助于企业生产经营规划的早日实现。投资决策过程中有关备选方案的选择,在考虑其技术上的先进性基础上,要认真分析比较方案的经济效果,在此基础上确定出最优方案。

投资是以收回现金并取得收益为目的而发生的现金流出。例如,购买政府公债、购买企业股票和债券、购置设备、建造厂房、开办商店、增加新产品等,企业都要发生现金流出,并期望取得更多的现金流入。

一、投资决策分类

企业的投资决策,按不同的标准可以分为以下类型:

1. 项目投资和证券投资

项目投资是指把资金直接投放于生产经营性资产,以便获取营业利润的投资。例如,购置设备、建造厂房、开办商店等。

证券投资是指把资金投放于金融性资产,以便获取股利或者利息收入的投资。例如,购买政府公债、购买企业债券和公司股票等。

这两种投资决策所使用的一般性概念虽然相同,但决策的具体方法却很不一样。证券投资只能通过证券分析与评价,从证券市场中选择企业需要的股票和债券,并组成投资组合;作为行动方案的投资组合,不是事先创造的,而是通过证券分析得出的。项目投资要事先准备一个或几个备选方案,通过对这些方案的分析和评价,从中选择一个足够满意的行动方案。

2. 长期投资和短期投资

长期投资是指影响所及超过1年的投资。例如,购买设备、建造厂房等。长期投资又称资本性投资。用于股票和债券的长期投资,在必要时可以出售变现,而较难改变的是生产经营性的固定资产投资。长期投资有时专指固定资产投资。

短期投资是指影响所及不超过1年的投资,如对应收账款、存货、短期有价证券的投资。短期投资又称为流动资产投资或营运资产投资。

长期投资和短期投资的决策方法有所区别。由于长期投资涉及的时间长、风险大,决策分析时更重视货币时间价值和投资风险价值的计量。

二、投资项目评价的基本方法

对投资项目评价时使用的指标分为两类:一类是折现指标,即考虑了时间价值因素的指标;另一类是非折现指标,即没有考虑时间价值因素的指标。根据分析评价指标的类别,投资项目评价分析的方法,也被分为折现的分析评价方法和非折现的分析评价方法两种。

1. 折现的分析评价方法

常用的方法是净现值法,所谓**净现值**,是指特定方案未来现金流入的现值与未来现金流出的现值之间的差额。按照这种方法,所有未来现金流入和流出都要按预定折现率折算为它们的现值,然后再计算它们的差额。如净现值为正数,即折现后现金流入大于折现后现金流出,该投资项目的报酬率大于预定的折现率。如净现值为零,即折现后现金流入等于折现后现金流出,该投资项目的报酬率相当于预定的折现率。如净现值为负数,即折现后现金流入小于折现后现金流出,该投资项目的报酬率小于预定的折现率。

计算净现值的公式:

$$净现值=\sum_{k=0}^{n}\frac{I_k}{(1+i)^k}-\sum_{k=0}^{n}\frac{O_k}{(1+i)^k}$$

式中,n——投资涉及的年限;I_k——第 k 年的现金流入量;O_k——第 k 年的现金流出量;i——预定的折现率。

例 19-8 设折现率为 10%,有三项投资方案。有关数据如表 19-1 所示。

表 19-1 有关数据

单位:万元

年份	A方案		B方案		C方案	
	净收益	现金净流量	净收益	现金净流量	净收益	现金净流量
0		(200)		(90)		(120)
1	18	118	(18)	12	6	46
2	32.4	132.4	30	60	6	46
3			30	60	6	46
合计	50.4	50.4	42	42	18	18

$$净现值(A)=\left[118\times\frac{1}{1+10\%}+132.4\times\frac{1}{(1+10\%)^2}\right]-200=216.69-200$$
$$=16.69 万元$$

$$净现值(B)=\left[12\times\frac{1}{1+10\%}+60\times\frac{1}{(1+10\%)^2}+60\times\frac{1}{(1+10\%)^3}\right]-90$$
$$=105.57-90=15.57 万元$$

$$净现值(C)=46\times\frac{1}{1+10\%}+46\times\frac{1}{(1+10\%)^2}+46\times\frac{1}{(1+10\%)^3}-120=114.4-120=-5.6 万元$$

A、B两项方案投资的净现值为正数,说明该方案的报酬率超过10%。如果企业的资金成本率或要求的投资报酬率是10%,这两个方案是有利的,因而是可以接受的。C方案净现值为负数,说明该方案的报酬率达不到10%,因而应予放弃。A方案和B方案相比,A方案更好些。

净现值法所依据的原理是:假设预计的现金流入在年末肯定可以实现,并把原始投资看成是按预定折现率借入的。当净现值为正数时,偿还本息后该项目仍有剩余的收益;当净现值为零时,偿还本息后一无所获;当净现值为负数时,该项目收益不足以偿还本息。这一原理可以通过A、C两方案的还本付息表来说明,如表 19-2 和表 19-3 所示。

表 19-2 A 方案还本付息表

单位:万元

年份	年初债款	年息 10%	年末债款	偿还现金	借款余额
1	200	20	220	118	102
2	102	10.2	112.2	132.4	(20.2)

表 19-3 C 方案还本付息表

单位:万元

年份	年初债款	年息 10%	年末债款	偿还现金	借款余额
1	120	12	132	46	86
2	86	8.6	94.6	46	48.6
3	48.6	4.86	53.46	46	7.46

A 方案在第二年末还清本息后,尚有 20.2 万元剩余,折合成现值为 16.69 万元(20.2×0.8264),即为该方案的净现值。C 方案第三年末没能还清本息,尚欠 7.46 万元,折合成现值为 5.6 万元(7.46×0.7513),即为 C 方案的净现值。可见,净现值的经济意义是投资方案的折现后净收益。

净现值法是目前应用广泛的方法,在理论上也比较其他方法更完善。净现值法需要考虑折现率的确定,通常有两种方法:一种办法是根据资金成本来确定,另一种办法是根据企业要求的最低资金利润率来确定。由于计算资本成本比较困难,故限制了第一种方法的应用;后一种办法根据资金的机会成本,即一般情况下可以获得的报酬来确定,比较容易解决。

2. 非折现的分析评价方法

非折现的方法等效看待同数量不同时间的货币价值,即没有资金的时间价值。该方法在选择方案时起辅助作用,采用估算应用时较合适。

常用的非折现分析评价方法主要是回收期法。回收期是指投资引起的现金流入累积到与投资额相等所需要的时间。它代表收回投资所需要的年限。回收年限越短,方案越有利。

在原始投资一次支出,每年现金净流入量相等时:

$$\text{回收期}=\frac{\text{原始投资额}}{\text{每年现金净流入量}}$$

例 19-8 的 C 方案属于这种情况:

$$\text{回收期(C)}=\frac{120}{46}=2.61\text{ 年}$$

如果现金流入量每年不等,或原始投资是分几年投入的,则可使下式成立的 n 为回收期:

$$\sum_{k=0}^{n} I_k = \sum_{k=0}^{n} O_k$$

根据例 19-8 的资料,A 方案和 B 方案的回收期分别为 1.62 年和 2.30 年,计算过程如表 19-4 所示。

表 19-4 计算过程

单位:万元

A 方案:	现金流量	回收额	未回收额
原始投资	(200)		
现金流入			
第一年	118	118	82
第二年	132.4	82	0
回收期=1+(82÷132.4)=1.62 年			
B 方案:	**现金流量**	**回收额**	**未回收额**
原始投资	(90)		
现金流入			
第一年	12	12	78
第二年	60	60	18
第三年	60	18	0
回收期=2+(18÷60)=2.30 年			

回收期法计算简便，并且容易为决策人所正确理解。它的缺点在于不仅忽视时间价值，而且没有考虑回收期以后的收益。但是，有战略意义的长期投资往往早期收益较低，而中后期收益较高。回收期法优先考虑急功近利的项目，可能导致放弃长期成功的方案。回收期法以往是评价投资方案的常用方法，目前仅作为辅助方法使用，主要用来测定方案的流动性而非营利性。

三、投资项目现金流量的估计

现金流量是指一个项目引起的企业现金支出和现金收入增加的数量。这里的"现金"含义是广义的，既包括各种货币资金，同时也包括项目需要投入的企业现有的非货币资源的变现价值。例如，一个项目需要使用原有的厂房、设备等，则相关的现金流量是指它们的变现价值，而不是其账面价值。下面假设企业增加一条生产线，分别研究其现金流出和流入量。

1. 现金流出量

(1) 增加生产线的价款。购置生产线的价款可能是一次性支出，也可能分几次支出。

(2) 垫支流动资金。生产线扩大了生产能力，引起流动资产的增加。需要追加流动资金，也是购置该生产线引起的，应列入该方案的现金流出量。只有在营业终了或出售(报废)该生产线时才能收回这些资金。

2. 现金流入量

(1) 营业现金流入。增加的生产线扩大了企业的生产能力，使企业销售收入增加。扣除有关的付现成本增量后的余额，是该生产线引起的一项现金流入。

营业现金流入＝销售收入－付现成本

付现成本在这里是指需要每年支付现金的成本。成本中不需要每年支付现金的部分称为非付现成本，其中主要是折旧费。所以，付现成本可以用成本减折旧来估计。

付现成本＝成本－折旧

营业现金流入＝销售收入－付现成本
＝销售收入－(成本－折旧)
＝利润＋折旧

(2) 该生产线出售(报废)时的残值收入。资产出售或报废时的残值收入，应当作为投资方案的一项现金流入。

(3) 收回的流动资金。该生产线出售(报废)时企业可以相应收回流动资金，收回的资金可以用于别处，因此应将其作为该方案的一项现金流入。

3. 现金净流量

通常**现金净流量**是指一年内现金流入量和现金流出量的差额。流入量大于流出量时，净流量为正值；反之，净流量为负值。

一个投资方案需要多少资本支出是个复杂的问题，因为现金净流量会涉及很多变量，考虑这一因素，研究该问题需要企业相关部门协同完成。销售部门负责预测售价和销量；产品开发和技术部门负责估计投资方案的资本支出，涉及研制费用、设备购置、厂房建筑等；生产和成本部门负责估计制造成本，涉及原材料采购价格、生产工艺安排、产品成本等。财务人员负责协调参与预测工作的各部门人员，使之能相互衔接与配合，防止预测者因个人偏好或部门利益而高估或低估收入和成本。

需要注意的是，只有增量现金流量才是与项目相关的现金流量。增量现金流量是指接受或拒绝某个投资方案后，企业总现金流量因此发生的变动。只有那些由于采纳某个项目引起的现金支出增加额，才是该项目的现金流出；只有那些由于采纳某个项目引起的现金流入增加额，才是该项目的现金流入。在确定是否属于增量现金流量方面，要关注以下四个方面：

1）区分相关成本和非相关成本

相关成本是指与特定决策有关的、在分析评价时必须加以考虑的成本。例如，差额成本、未来成本、重置成本、机会成本等。与此相反，与特定决策无关的、在分析评价时不必加以考虑的成本是**非相关成本**。例如，沉没成本、过去成本、账面成本等。

例如，某公司在2005年曾经打算新建一个车间，并请一家会计公司作过可行性分析，支付咨询费5万元。后来由于该公司有了更好的投资机会该项目被搁置下来，该笔咨询费作为费用已经入账了。2009年旧事重提，在进行投资分析时，这笔咨询费是否仍是相关成本呢？答案应当是否定的。该笔支出已经发生不管本公司是否采纳新建一个车间的方案，它都已无法收回，与公司未来的总现金流量无关。

如果将非相关成本纳入投资方案的总成本，则一个有利的方案可能因此变得不利，一个较好的方案可能变为较差的方案从而造成决策错误。

2）不要忽视机会成本

在投资方案的选择中，如果选择了一个投资方案，则必须放弃投资于其他途径的机会。其他投资机会可能取得的收益是实行本方案的一种代价，被称为这项投资方案的机会成本。

例如，上述公司新建车间的投资方案，需要使用公司拥有的一块土地。在进行投资分析时，因为公司不必动用资金去购置土地，可否不将此土地的成本考虑在内呢？答案是否定的。因为该公司若不利用这块土地来兴建车间，则它可将这块土地移作他用，并取得一定的收入。只是由于在这块土地上兴建车间才放弃了这笔收入，而这笔收入代表兴建车间使用土地的机会成本。假设这块土地出售可净得15万元，它就是兴建车间的一项机会成本。值得注意的是，不管该公司当初是以5万元还是20万元购进这块土地，都应以现行市价作为这块土地的机会成本。

机会成本不是我们通常意义上的"成本"，它不是一种支出或费用，而是失去的收益。这种收益不是实际发生的，而是潜在的。机会成本总是针对具体方案的，离开被放弃的方案就无从计量确定。

机会成本在决策中的意义在于它有助于全面考虑可能采取的各种方案，以便为既定资源寻求最为有利的使用途径。

3）要考虑投资方案对公司其他项目的影响

当我们采纳一个新的项目后，该项目可能对公司的其他项目造成有利或不利的影响。

例如，若新建车间生产的产品上市后，原有其他产品的销路可能减少，而且整个公司的销售额也许不增加甚至减少。因此，公司在进行投资分析时，不应将新车间的销售收入作为增量收入来处理，而应扣除其他项目因此减少的销售收入。当然，也可能发生相反的情况，新产品上市后将促进其他项目的销售增长。这要看新项目和原有项目是竞争关系还是互补关系。

当然，诸如此类的交互影响，事实上很难准确计量。但决策者在进行投资分析时仍要将其考虑在内。

4）对净营运资金的影响

在一般情况下，当公司开办一个新业务并使销售额扩大后，对于存货和应收账款等经营性流动资产的需求也会增加，公司必须筹措新的资金以满足这种额外需求；另一方面，公司扩充的结果，应付账款与一些应付费用等经营性流动负债也会同时增加，从而降低公司流动资金的实际需要。所谓净营运资金的需要，指增加的经营性流动资产与增加的经营性流动负债之间的差额。

当投资方案的寿命周期快要结束时，公司将与项目有关的存货出售，应收账款变为现金，应付账款和应付费用也随之偿付，净营运资金恢复到原有水平。在进行投资分析时，通常假定开始投资时筹措的净营运资金在项目结束时收回。

四、固定资产更新项目的现金流量

固定资产更新问题是企业经营决策过程当中经常遇到的问题，该问题需要从技术和经济价值两方面考量。新设备通常具备先进的技术优势，但投资要多一些；继续使用旧设备减少了目前投入，将来的支出会多些；所以，需要从技术角度综合衡量，作出判断。而更新固定资产现金流量的分析，是在考虑相关因素条件下，为决策提供定量支持。

1. 更新决策的现金流量分析

更新决策不同于一般的投资决策。一般说来，设备更换并不改变企业的生产能力，不增加企业的现金流入。更新决策的现金流量主要是现金流出。即使有少量的残值变价收入，也属于支出抵减，而非实质上的流入增加。由于只有现金流出，而没有现金流入，就给现金流量分析带来了困难。

例 19-9 某企业有一旧设备，工程技术人员提出更新要求，有关数据如表 19-5 所示。

表 19-5 某企业旧设备更新数据

	旧设备	新设备
原值	2 200	2 400
预计使用年限	10	10
已经使用年限	4	0
最终残值	200	300
变现价值	600	2 400
年运行成本	700	400

假设该企业要求的最低报酬率为 15%，继续使用与更新的现金流量(见图 19-1)。

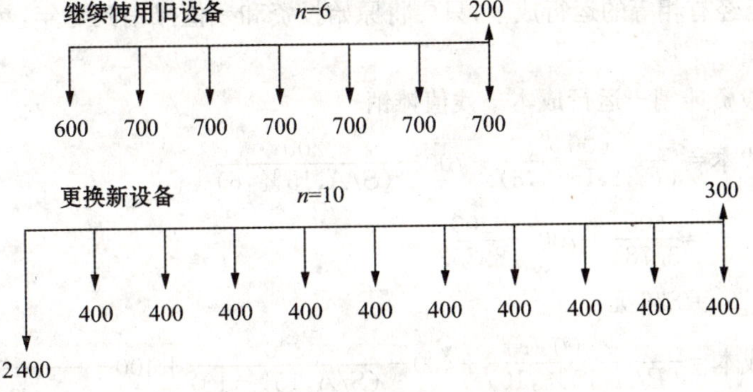

图 19-1 继续使用与更新设备的现金流量

由于没有适当的现金流入，无论哪个方案都不能计算其净现值和内含报酬率。通常，在收入相同时，成本较低的方案是好方案。通过比较两个方案的总成本来判别方案的优劣也不妥。因为旧设备尚可使用 6 年，而新设备可使用 10 年，两个方案取得的“产出”并不相同。

使用差额分析法，根据实际的现金流动进行分析仍然有问题。两个方案投资相差 1 800 元(2 400－600)，作为更新的现金流出；每年运行成本相差 300 元(700－400)，是更新带来的成本节约额，视同现金流入。问题在于旧设备第 6 年报废，新设备第 7 年至第 10 年仍可使用，后 4 年无法确定成本节约额。因此，这种办法仍然不妥。除非新、旧设备未来使用年限相同(这种情况十分罕见)，或者能确定继续使用旧设备时第 7 年选择何种设备(这也是相当困难的)，根据实际现金流量进行分析会碰到困难。

因此，较好的分析方法是比较继续使用和更新的年成本，以较低者作为好方案。

2. 固定资产的平均年成本

固定资产的平均年成本，是指该资产引起的现金流出的年平均值。如果不考虑货币的时间价值，它是未来使用年限内的现金流出总额与使用年限的比值。如果考虑货币的时间价值，它是未来使用年限内现金流出总现值与年金现值系数的比值，即平均每年的现金流出。

1) 不考虑货币的时间价值

如例 19-9 资料，不考虑货币的时间价值时：

$$旧设备平均年成本=\frac{600+700\times6-200}{6}=\frac{4\,600}{6}=767\ 元$$

$$新设备平均年成本=\frac{2\,400+400\times10-300}{10}=\frac{6\,100}{10}=610\ 元$$

2) 考虑货币的时间价值

如果考虑货币的时间价值，有三种计算方法。

(1) 计算现金流出的总现值，然后分摊给每一年。

$$\begin{aligned}旧设备平均年成本&=\frac{600+700\times(P/A,15\%,6)-200\times(P/S,15\%,6)}{(P/A,15\%,6)}\\&=\frac{600+700\times3.784-200\times0.432}{3.784}\\&=836\ 元\end{aligned}$$

$$\begin{aligned}新设备平均年成本&=\frac{2\,400+400\times(P/A,15\%,10)-300\times(P/S,15\%,10)}{(P/A,15\%,10)}\\&=\frac{2\,400+400\times5.019-300\times0.247}{5.019}\\&=863\ 元\end{aligned}$$

(2) 由于各年已经有相等的运行成本，只要将原始投资和残值摊销到每年，然后求和，亦可得到每年平均的现金流出量。

平均年成本＝投资摊销＋运行成本－残值摊销

$$\begin{aligned}旧设备平均年成本&=\frac{600}{(P/A,15\%,6)}+700-\frac{200}{(S/A,15\%,6)}\\&=\frac{600}{3.784}+700-\frac{200}{8.753}\\&=836\ 元\end{aligned}$$

$$\begin{aligned}新设备平均年成本&=\frac{2\,400}{(P/A,15\%,10)}+400-\frac{300}{(S/A,15\%,10)}+400-\frac{300}{(S/A,15\%,10)}\\&=\frac{2\,400}{5.019}+400-\frac{300}{20.303}\\&=478.18+400-14.78\\&=863\ 元\end{aligned}$$

(3) 将残值在原投资中扣除，视同每年承担相应的利息，然后与净投资摊销及年运行成本总计，求出每年的平均成本。

$$旧设备平均年成本=\frac{600-200}{(P/A,15\%,6)}+200\times15\%+700=\frac{400}{3.784}+30+700=836\ 元$$

$$新设备平均年成本=\frac{2\,400-300}{(P/A,15\%,10)}+300\times15\%+400=863\ 元$$

通过上述计算可知，使用旧设备的平均年成本较低，不宜进行设备更新。

3. 使用平均年成本法时要注意的问题

(1) 平均年成本法是把继续使用旧设备和购置新设备看成是两个互斥的方案,而不是一个更换设备的特定方案。也就是说,要有正确的"局外观",即从局外人角度来考察:一个方案是用 600 元购置旧设备,可使用 6 年;另一个方案是用 2 400 元购置新设备,可使用 10 年。在此基础上比较各自的平均年成本孰高孰低,并作出选择。由于两者的使用年限不同,前一个方案只有 6 年的现金流动数据,后个方案持续 10 年,缺少后 4 年的差额现金流量数据,因此不能根据各年现金流量的差额计算净现值和内含报酬率。对于更新决策来说,除非未来使用年限相同,否则,不能根据实际现金流动分析的净现值法或内含报酬率法解决问题。

(2) 平均年成本法的假设前提是将来设备再更换时,可以按原来的平均年成本找到可代替的设备。例如,旧设备 6 年后报废时,仍可找到使用年成本为 836 元的可代替设备。如果有明显证据表明,6 年后可替换设备平均年成本会高于当前更新设备的市场年成本(863 元),则需要把 6 年后更新设备的成本纳入分析范围,合并计算当前使用旧设备及 6 年后更新设备的综合平均年成本,然后与当前更新设备的平均年成本进行比较。这就会成为多阶段决策问题。由于未来数据的估计有很大主观性,时间越长越靠不住,因此平均年成本法通常以旧设备尚可使用年限(6 年)为"比较期",一般情况下不会有太大误差。如果以新设备可用年限(10 年)为比较期,则要有旧设备报废时再购置新设备的可靠成本资料。另一种替代方法是预计当前拟更换新设备 6 年后的变现价值,计算其 6 年的平均年成本,与旧设备的平均年成本进行比较。不过,预计 6 年后尚可使用设备的变现价值也是很困难的,其实际意义并不大。

4. 固定资产的经济寿命

通过固定资产的平均年成本概念很容易发现,固定资产的使用初期运行费比较低,以后随着设备逐渐陈旧,性能变差,维护费用、修理费用、能源消耗等运行成本会逐步增加。与此同时,固定资产的价值逐渐减少,资产占用的资金应计利息等持有成本也会逐步减少。随着时间的递延,运行成本和持有成本呈反方向变化,两者之和呈马鞍形,这样必然存在一个最经济的使用年限(见图 19-2)。

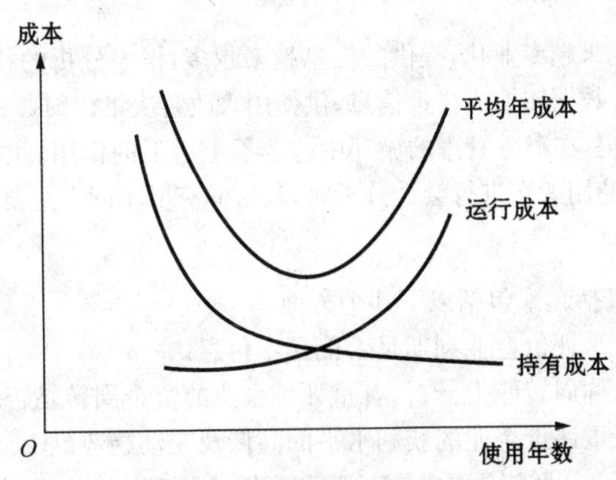

图 19-2　固定资产的平均年成本

设:C——固定资产原值;S_n——n 年后固定资产余值;C_t——第 t 年运行成本;n——预计使用年限;i——投资最低报酬率;UAC——固定资产平均年成本。

则:$UAC=\left[C-\frac{S_n}{(1+i)^n}+\sum_{t=1}^{n}\frac{C_t}{(1+i)^t}\right]\div(P/A,i,n)$

例 19-10　设某资产原值为 1 400 元,运行成本逐年增加,折余价值逐年下降。有关数据如表 19-6 所示。

表 19-6 固定资产的经济寿命

更新年限	原值①	余值②	贴现系数③(i=8%)	余值现值④=②×③	运行成本⑤	运行成本现值⑥=⑤×③	更新时运行成本现值⑦=∑⑥	现值总成本⑧=①−④+⑦	年金现值系数(i=8%)⑨	平均年成本⑩=⑧÷⑨
1	1400	1000	0.926	926	200	185	185	659	0.926	711.7
2	1400	760	0.857	651	220	189	374	1123	1.783	629.8
3	1400	600	0.794	476	250	199	573	1497	2.577	580.9
4	1400	460	0.735	338	290	213	786	1848	3.312	558.0
5	1400	340	0.681	232	340	232	1018	2186	3.993	547.5
6	1400	240	0.630	151	400	252	1270	2519	4.623	544.9
7	1400	160	0.583	93	450	262	1532	2839	5.206	545.3
8	1400	100	0.541	54	500	271	1803	3149	5.749	547.8

该项资产如果使用 6 年后更新，每年的平均成本是 544.9 元，比其他时间更新的成本低，因此 6 年是其经济寿命。

【内容点睛】

好的项目是企业成功的关键，而正确评估项目的收益，需要结合时间价值的考虑进行决策，特别对长期投资而言，更是必不可少。

第四节 现代企业财务分析

一、财务报表分析的目的

财务报表使用的概念越来越专业化，提供的信息越来越多，报表分析的技术日趋复杂。财务报表分析的目的是将财务报表众多数据转换成决策信息，供使用人改善决策。财务分析既是已完成的财务活动的总结，又是财务预测的前提，在财务管理的循环中起着承上启下的作用。财务分析的目的与财务会计报表使用者相联系，不同的使用者在进行会计分析时，其目的有所不同。主要包括以下 3 个方面：

1. 企业自身分析的目的

企业自身分析的目的概括起来包括以下 3 个方面：

(1) 偿债能力分析。着重评价企业到期是否能还本付息。

(2) 营运能力分析。也称周转能力分析，着重评价企业的资金周转是否顺畅，周转速度是否较快。

(3) 盈利能力分析。着重评价企业的获利水平的高低及变动趋势。

通过这 3 个方面的分析，企业有必要掌握经营和理财中不存在的缺陷，并据以提出改进经营和理财活动的措施，以使企业资源得到更合理配置，发挥其最大效益。

2. 所有者分析的目的

企业所有者关注企业的投资回报率；作为企业的最终风险承担人，他们关注企业的财务状况。从整体来说，所有者关心其资本的保值和增值。从两者的关系来看，只要资本增值就意味着资本保全了。所以，从所有者角度看，进行会计分析的基本目标是评价企业的盈利能力。

3. 债权人分析的目的

债权人最关心的是企业到期能否还本付息，这就决定了债权人进行会计分析着重评价企业长短期负债的清偿能力。但由于偿债能力受企业盈利能力的影响较大，特别是利息的支付更是如此，因此，债权人特别是长期债权人也应注意分析企业的盈利能力。

二、基本财务比率分析

财务报表中有大量的数据，可以组成许多有意义的财务比率。这些比率涉及企业经营管理的各个方面。这些财务比率大体上可以分为 4 类：短期偿债能力比率、长期偿债能力比率、资产管理比率和盈利能力比率。表 19-7 和表 19-8 是财务报表中最基础的资产负债表和损益表。

表 19-7 资产负债表

编制单位：ABC 公司 | 2012 年 12 月 31 日 | 单位：万元

资产	年末余额	年初余额	负债及股东权益	年末余额	年初余额
流动资产：			流动负债：		
货币资金	50	25	短期借款	60	45
交易性金融资产	6	12	交易性金融负债		
应收票据	8	11	应付票据	5	4
应收账款	398	199	应付账款	100	109
预付账款	22	4	预收账款	10	4
应收股利	0	0	应付职工薪酬	2	
应收利息	0	0	应交税费	5	4
其他应收款	12	22	应付利息	12	16
存货	119	326	应付股利	28	10
待摊费用	32	7	其他应付款	14	13
一年内到期的非流动资产	45	4	预提费用	9	5
其他流动资产	8	0	预计负债	2	4
流动资产合计	700	610	一年内到期的非流动负债	50	0
			其他流动负债	3	6
			流动负债合计	300	220
			非流动负债：		
非流动资产：			长期借款	450	245
可供出售金融资产	0	45	应付债券	240	260
持有至到期投资			长期应付款	50	60
长期股权投资	30	0	专项应付款	0	0
长期应收款			递延所得税负债	0	0
固定资产	1 238	955	其他非流动负债	0	15
在建工程	18	35	非流动负债合计	740	580
固定资产清理		12	负债合计	1 040	800
无形资产	6	8	股东权益：		
开发支出			股本	100	100
商誉			资本公积	10	10
长期待摊费用	5	15	盈余公积	100	40
递延所得税资产	0	0	未分配利润	750	730
其他非流动资产	3	0	减：库存股	0	0
非流动资产合计	1 300	1 070	股东权益合计	960	880
资产总计	2 000	1 680	负债及股东权益总计	2 000	1 680

表 19-8 损益表

编制单位:ABC 公司　　2012 年度　　单位:万元

项　目	本年金额	上年金额
一、营业收入	3000	2850
减:营业成本	2644	2503
营业税金及附加	28	28
销售费用	22	20
管理费用	46	40
财务费用	110	96
资产减值损失	0	0
加:公允价值变动收益	0	0
投资收益	6	0
二、营业利润	156	163
加:营业外收入	45	72
减:营业外支出	1	0
三、利润总额	200	235
减:所得税费用	64	75
四、净利润	136	160

1. 偿债能力比率

由于债务按到期时间分为短期债务和长期债务,所以偿债能力分析也分为短期偿债能力和长期偿债能力分析两部分。

1) 短期债务能力分析

(1) 流动比率。**流动比率**是全部流动资产与流动负债的比值。其计算公式如下:

流动比率=流动资产÷流动负债

流动比率假设全部流动资产都可以用于偿还短期债务,表明每1元流动负债有多少流动资产作为偿债的保障。流动比率是相对数,排除了企业规模不同的影响,适合同业比较以及本企业不同历史时期的比较。流动比率因为计算简单,得到广泛应用。

不存在统一的、标准的流动比率数值。不同行业的流动比率,通常有明显差别。营业周期越短的行业,合理的流动比率越低。过去很长时期,人们认为生产型企业合理的最低流动比率是2。这是因为流动资产中变现能力最差的存货金额约占流动资产总额的一半,剩下的流动性较好的流动资产至少要等于流动负债,才能保证企业最低的短期偿债能力。这种认识一直未能从理论上证明。最近几十年,企业的经营方式和金融环境发生很大变化,流动比率有降低的趋势,许多成功企业的流动比率都低于2。

如果流动比率比上年发生较大变动,或与行业平均值出现重大偏离,就应对构成流动比率的流动资产和流动负债各项目逐一进行分析,寻找形成差异的原因。为了考察流动资产的变现能力,有时还需要分析其周转率。

(2) 现金比率。流动资产中,流动性最强、可直接用于偿债的资产称为**现金资产**。它们与其他流动资产有区别,其本身就是可以直接偿债的资产,而非流动资产需要等待不确定的时间,才能转换为不确定数额的现金。

现金资产与流动负债的比值称为现金比率,其计算公式如下:

现金比率=(货币资金+交易性金融资产)÷流动负债

现金比率假设现金资产是可偿债资产,表明1元流动负债有多少现金资产作为偿还保障。

2）长期债务能力分析

(1) 资产负债率。**资产负债率**是负债总额占资产总额的百分比，其计算公式如下：

资产负债率=(负债÷资产)×100%

资产负债率反映总资产中有多大比例是通过负债取得的。它可以衡量企业在清算时保护债权人利益的程度。资产负债率越低，企业偿债越有保证，贷款越安全。资产负债率还代表企业的举债能力。一个企业的资产负债率越低，举债越容易。如果资产负债率高到一定程度，没有人愿意提供贷款，则表明企业的举债能力已经用尽。

通常，资产在破产拍卖时的售价不到账面价值的50%，因此资产负债率高于50%则债权人的利益就缺乏保障。各类资产变现能力有显著区别，房地产变现的价值损失小，专用设备则难以变现。不同企业的资产负债率不同，与其持有的资产类别有关。

(2) 产权比率和权益乘数。产权比率和权益乘数是资产负债率的另外两种表现形式，它和资产负债率的性质一样，其计算公式如下：

产权比率= 负债总额÷股东权益

权益乘数= 总资产÷股东权益

产权比率表明1元股东权益借入的债务数额。权益乘数表明1元股东权益拥有的总资产。它们是两种常用的财务杠杆计量，可以反映特定情况下资产利润率和权益利润率之间的倍数关系。财务杠杆表明债务的多少，与偿债能力有关，并且可以表明权益净利率的风险，也与盈利能力有关。

2. 资产管理能力分析

资产管理比率是衡量公司资产管理效率的财务比率。常用的有应收账款周转率、存货周转率、流动资产周转率、非流动资产周转率、总资产周转率和营运资本周转率等。

1）应收账款周转率

应收账款周转率是应收账款与销售收入的比率。其计算公式如下：

应收账款周转次数=销售收入÷应收账款

应收账款周转次数，表明应收账款一年中周转的次数，或者说明1元应收账款投资支持的销售收入。

应收账款分析应与销售额分析、现金分析联系起来。应收账款的起点是销售，终点是现金。正常的情况是销售增加引起应收账款增加，现金的存量和经营现金流量也会随之增加。如果一个企业应收账款日益增加，而销售和现金日益减少，则可能是销售出了比较严重的问题，促使放宽信用政策，甚至随意发货，而现金收不回来。

2）存货周转率

存货周转率是销售收入与存货的比值。其计算公式如下：

存货周转次数=销售收入÷存货

应关注构成存货的产成品、自制半成品、原材料、在产品和低值易耗品之间的比例关系。各类存货的明细资料以及存货重大变动的解释，在报表附注中应有披露。正常的情况下，它们之间存在某种比例关系。如果产成品大量增加，其他项目减少，很可能是销售不畅，放慢了生产节奏。此时，总的存货金额可能并没有显著变动，甚至尚未引起存货周转率的显著变化。因此，在分析时既要重点关注变化大的项目，也不能完全忽视变化不大的项目，其内部可能隐藏着重要问题。

3）总资产周转率

总资产周转率是销售收入与总资产之间的比率。总资产周转次数表示总资产在一年中周转的次数。其计算公式为：

总资产周转次数=销售收入÷总资产

在销售利润率不变的条件下，周转的次数越多，形成的利润越多，所以它可以反映盈利能力。它也可以理解为1元资产投资所产生的销售额。产生的销售额越多，说明资产的使用和管理效率越高。习惯上，总资产周转次数又称为总资产周转率。

总资产是由各项资产组成的，在销售收入既定的条件下，总资产周转率的驱动因素是各项资产。通过驱动因素的分析，可以了解总资产周转率变动是由哪些资产项目引起的，以及影响较大的因素，为进一步分析指出方向。

3. 盈利能力分析

1）销售利润率

销售利润率是指净利润与销售收入的比率，通常用百分数表示，其计算公式为：

销售利润率＝（净利润÷销售收入）×100％

销售利润率的变动是由利润表的各个项目金额变动引起的。表19-9列示了ABC公司利润表各项目的金额变动和结构变动数据。其中“本年结构”和“上年结构”，是各项目除以销售收入得出的百分比，“百分比变动”是指“本年结构”百分比与“上年结构”百分比的差额。该表称为利润表的同型报表。它排除了规模差异的影响，提高了数据的可比性。

表19-9 利润表结构百分比变动

单位：万元

项目	本年金额	上年金额	变动金额	本年结构/％	上年结构/％	百分比变动/％
一、营业收入	3000	2850	150	100.00	100.00	0.00
减：营业成本	2644	2503	141	88.13	87.82	0.31
营业税金及附加	28	28	0	0.93	0.98	−0.05
销售费用	22	20	2	0.73	0.70	0.03
管理费用	46	40	6	1.53	1.40	0.13
财务费用	110	96	14	3.67	3.37	0.30
资产减值损失	0	0	0	0.00	0.00	0.00
加：公允价值变动收益	0	0	0	0.00	0.00	0.00
投资收益	6	0	6	0.20	0.00	0.20
二、营业利润	156	163	−7	5.20	5.72	−0.52
加：营业外收入	45	72	−27	1.50	2.53	−1.03
减：营业外支出	1	0	1	0.03	0.00	0.03
三、利润总额	200	235	−35	6.67	8.25	−1.58
减：所得税费用	64	75	−11	2.13	2.63	0.50
四、净利润	136	160	−24	4.53	5.61	−1.08

(1) 金额变动分析：本年净利润减少24万元。影响较大的不利因素是：销售成本增加141万元和营业外收入减少27万元。影响较大的有利因素是销售收入增加150万元。

(2) 结构比率分析：销售利润率减少了1.08％。影响较大的不利因素是：销售成本率上升0.31％，以及营业外收入比率减少1.03％。

进一步的分析应重点关注金额变动和结构百分比变动较大的项目，如ABC公司的销售成本和营业外收入。

(3) 利润表各项目分析。确定分析的重点项目之后。需要深入到各项目的内部进一步分析。此时。需要依靠财务报表附注提供的资料，以及其他可以收集到的资料。

毛利率的变动原因可以分部门、分产品，分顾客群、分销售区域或分推销员进行分析，视分析的目的以及可以取得的资料而定。

ABC公司的报表附注显示的分产品的毛利资料,如表19-10所示。

表19-10 分产品的毛利资料

单位:万元

产品类别	营业收入		营业成本		营业毛利		毛利率/%	
	本期数	上期数	本期数	上期数	本期数	上期数	本期数	上期数
音响类产品	1589	1881	1882	1964	−293	−83	−18.44	−4.41
软件类产品	508	475	312	295	196	180	38.58	37.89
数码类产品	903	494	450	244	453	250	50.17	50.61
合计	3000	2850	2644	2503	356	347	11.87	12.18

通过表19-9和其他背景资料可知:音响类产品是该公司的传统产品,目前仍占销售收入的大部分,其毛利率是负值,已失去继续产销的经济价值。软件类产品毛利率基本持平,销售额略有增长,其毛利约占公司的一半。数码类产品销售迅速增长,毛利率很高,其毛利占公司的大部分。应结合市场竞争和公司资源的情况,分析是否可以扩大数码产品和软件产品的产销规模,以及音响产品能否更新换代。如果均无可能,音响类产品的亏损可能继续增加,而数码产品的高毛利可能引来竞争者,预期盈利能力还可能进一步下降。

通常,销售费用和管理费用的公开披露信息十分有限,外部分析人员很难将其深入下去。财务费用、资产公允价值变动损益、资产减值损失、投资收益和营业外收入的明细资料,在报表附注中均有较详细的披露,为进一步分析提供了信息。

2) 资产利润率

资产利润率是指净利润与总资产的比率,它反映公司从1元受托资产(不管资金来源)中得到的净利润。其计算公式为:

$$\text{资产利润率}=(\text{净利润}\div\text{总资产})\times 100\%$$

资产利润率是企业盈利能力的关键。虽然股东的报酬由资产利润率和财务杠杆共同决定,但提高财务杠杆会同时增加企业风险,往往并不增加企业价值。此外,财务杠杆的提高有诸多限制,企业经常处于财务杠杆不可能再提高的临界状态。因此,驱动权益净利率的基本动力是资产利润率。

影响资产利润率的驱动因素是销售利润率和资产周转率。

$$\begin{aligned}\text{资产利润率}&=\frac{\text{净利润}}{\text{总资产}}=\frac{\text{净利润}}{\text{销售收入}}\times\frac{\text{销售收入}}{\text{总资产}}\\&=\text{销售利润率}\times\text{总资产周转次数}\end{aligned}$$

3) 权益净利率

权益净利率是净利润与股东权益的比率,它反映1元股东资本赚取的净收益,可以衡量企业的总体盈利能力。

$$\text{权益净利率}=(\text{净利润}\div\text{股东权益})\times 100\%$$

权益净利率的分母是股东的投入,分子是股东的所得。对于股权投资人来说,具有非常好的综合性,概括了企业的全部经营业绩和财务业绩。

【内容点睛】

财务指标是对企业某个方面的衡量,分析企业报表,应全面分析,不能管中窥豹。

三、财务分析体系

财务分析体系由美国杜邦公司在20世纪20年代首创,经过多次改进,逐渐把各种财务比率结合成一个体系。

1. 财务分析体系的核心比率

权益净利率是分析体系的核心比率，它有很好的可比性，可以用于不同企业之间的比较。由于资本具有逐利性，总是流向投资报酬率高的行业和企业，使得各企业的权益净利率趋于接近。如果一个企业的权益净利率经常高于其他企业，就会引来竞争者，迫使该企业的权益净利率回到平均水平。如果一个企业的权益净利率经常低于其他企业，就得不到资金，会被市场驱逐，使得幸存企业的股东权益净利率提升到平均水平。

权益净利率不仅有很好的可比性，而且有很强的综合性。为了提高股东权益净利率，管理者有3个可以使用的杠杆：

$$\text{权益净利率}=\frac{\text{净利润}}{\text{销售收入}}\times\frac{\text{销售收入}}{\text{总资产}}\times\frac{\text{总资产}}{\text{股东权益}}$$

$$=\text{销售净利率}\times\text{总资产周转率}\times\text{权益乘数}$$

无论提高其中的哪一个比率，权益净利率都会提升。其中，“销售净利率”是利润表的概括，“销售收入”在利润表的第一行，“净利润”在利润表的最后一行，两者相除可以概括全部经营成果；“权益乘数”是资产负债表的概括，表明资产、负债和股东权益的比例关系，可以反映最基本的财务状况；“总资产周转率”把利润表的销售收入和资产负债表的总资产联系起来，使权益净利率可以综合整个企业的经营活动和财务活动的业绩。

2. 财务分析体系的基本框架

财务分析体系是一个多层次的财务比率分解体系（见图19-3）。各项财务比率，在每个层次上与本企业历史或同业的财务比率比较，比较之后向下一级分解。逐级向下分解，逐步覆盖企业经营活动的

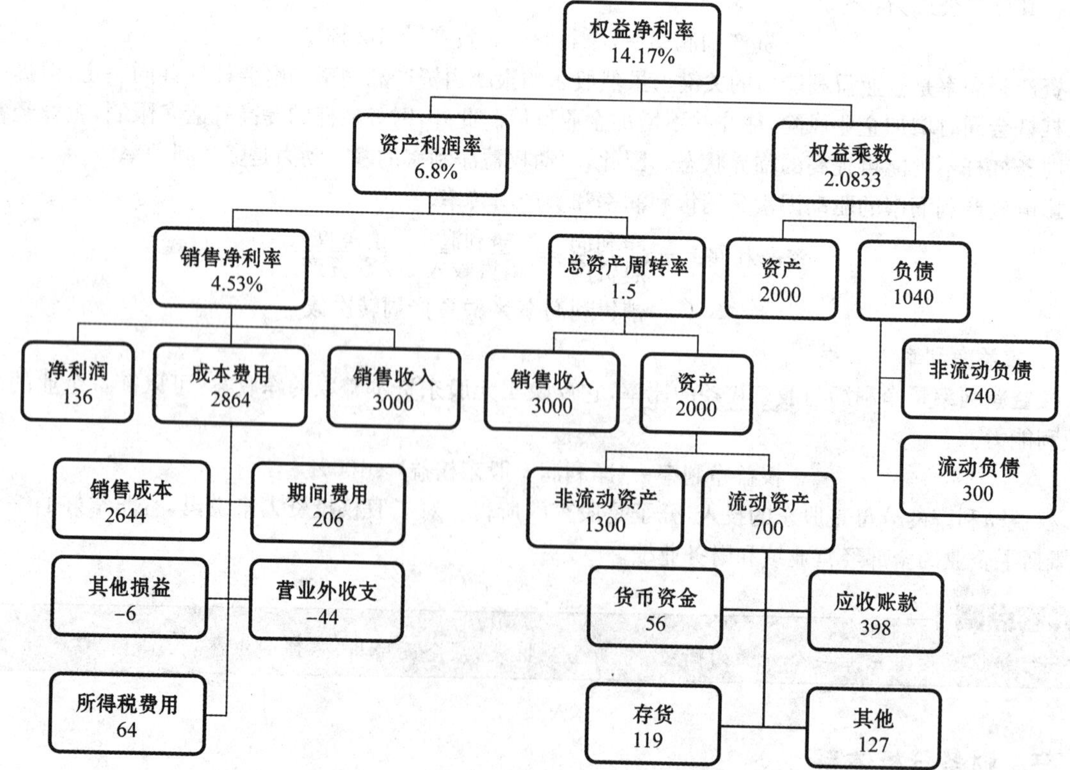

图19-3 财务分析体系的基本框架

每一个环节，可以实现系统、全面评价企业经营成果和财务状况的目的。

第一层次的分解，是把权益净利率分解为销售利润率、总资产周转率和权益乘数。这3个比率在各企业之间可能存在显著差异。通过对差异的比较，可以观察本企业与其他企业的经营战略和财务政策有什么不同。

分解出来的销售利润率和总资产周转率，可以反映企业的经营战略。一些企业销售净利率较高，而资产周转率较低；另一些企业与之相反，资产周转率较高而销售净利率较低。两者经常呈反方向变化。这种现象不是偶然的。为了提高销售利润率，就是要增加产品的附加值，往往需要增加投资，引起周转率的下降。与此相反，为了加快周转，就要降低价格，引起销售净利率下降。通常，销售净利率较高的制造业，其周转率都较低；周转率很高的零售商业，销售利润率很低。采取“高盈利、低周转”还是“低盈利、高周转”的方针，是企业根据外部环境和自身资源做出的战略选择。正因为如此，仅从销售净利率的高低并不能看出业绩好坏，把它与资产周转率联系起来才可以考察企业经营战略。真正重要的，是两者共同作用而得到的资产利润率。资产利润率可以反映管理者运用受托资产赚取盈利的业绩，是最重要的盈利能力。

分解出来的财务杠杆可以反映企业的财务政策。在资产利润率不变的情况下，提高财务杠杆可以提高权益净利率，但同时也会增加财务风险。一般说来，资产利润率较高的企业，财务杠杆较低，反之亦然。这种现象也不是偶然的。可以设想，为了提高权益净利率，企业倾向于尽可能提高财务杠杆。但是，贷款提供者不一定会同意这种做法。贷款提供者不分享超过利息的收益，更倾向于为预期未来经营现金流量比较稳定的企业提供贷款。为了稳定现金流量，企业的一种选择是降低价格以减少竞争，另一种选择是增加营运资本以防止现金流中断，这都会导致资产利润率下降。这就是说，为了提高流动性，只能降低盈利性。因此，我们实际看到的是，经营风险低的企业可以得到较多的贷款，其财务杠杆较高；经营风险高的企业，只能得到较少的贷款，其财务杠杆较低。资产利润率与财务杠杆呈现负相关，共同决定了企业的权益净利率。企业必须使其经营战略和财务政策相匹配。

【内容点睛】

杜邦分析是常用的财务分析方法，这种分析提供了发现问题的途径。

课后练习

1. 思考题

(1) 说明企业管理对财务管理的目标要求。

(2) 影响企业现金流转的方面会有哪些？

(3) 简述资金时间价值的含义。

(4) 简述普通股融资、短期负债筹资、长期负债筹资的特点。

(5) 投资项目评价的基本方法有哪些？

(6) 简述短期偿债能力比率、长期偿债能力比率、资产管理比率和盈利能力比率含义。

(7) 简述财务分析体系构成及含义。

2. 案例分析

××汽车制造公司筹资决策案例

××汽车制造公司是一个具有法人资格的大型企业集团。公司现有50多个生产厂家，还有物资、销售、进出口、汽车配件等专业公司。公司现在急需3.5亿元的资金用于技术改造项目。为此，总经理召开了由生产副总经理、财务副总经理、销售副总经理、某信托投资公司金融专家、某研究中心教授、某大学财务学者组成的专家研讨会，讨论公司筹资问题。下面是他们关于这一问题的观点资料。

总经理开场白：项目经专家、学者的反复论证，且该项目被国务院正式批准，可行性方面得到一定保障。该项目投资额预计为6.4亿元，年生产能力为4.2万辆。项目改造完成后，公司的两个系列产品的各项性能可达到国际的先进水平。现在项目正在积极实施中，但目前资金不足，现在需要筹措3亿元资金，请大家讨论如何筹措这笔资金。

生产副总经理认为：筹集的3.5亿元主要用于投资少、效益高的技改项目。这些项目在2年内可以完成建设并正式投产。投产后，将会提高公司的生产能力和改善产品质量，估计这笔投资在投产后3年内可完全收回。所以应发行5年期的债券筹资。

财务副总经理则认为：当前现有资金额10亿元，其中自有资金为4亿元，借入资金为6亿元，自有资金比率为40%，负债比率为60%。这种负债比率与发达国家的同行相比已经相对较高。若是利用债券来筹集3.5个亿，负债比率将达到70%，财务风险大增。所以，不应利用债券筹资，应考虑发行普通股或优先股股票筹集资金。

金融专家认为：当前我国金融市场不够完善，股价波动较大，受股市规模限制，在当前条件下要发行3亿元普通股股票并不容易。发行优先股还可以考虑，但根据目前的利率水平和市场状况，发行时年股息率不能低于16.5%，否则将无法发行。如果发行债券，因要还本付息，投资者的风险较小，估计以12%的年利率就可以顺利发行。

公司的销售副总经理认为：产品销售量没有问题，因为该公司生产的轻型货车和旅行车，几年来销售情况表现良好，畅销全国各地，市场上供不应求。今年销售再创新高，全国排名靠前。在近几年全国汽车行业质量评比中，某型号车多次获得排名第一的好评。

财务副总经理认为：由于我公司是国务院批准的高新技术企业，执行特殊政策，所得税税率为15%，税后资金利润率为15%。当前的技改项目，由于采用了先进设备，投产后预计税后资金利润率将达到17.5%左右。从这个角度看，技术改造项目应付诸实施。

来自某大学的财务学者认为：以16.3%的股息率发行优先股不可行，因为发行优先股筹集资金所花费的筹资费用较高，把筹资费用加上后，预计利用优先股筹集资金的资金成本将达到19%，这已高出公司税后资金利润率，所以不可行。但若发行债券，由于利息可在税前支付，实际成本大约在9%左右。

请分析：

(1) 这次筹资研讨会上提出哪几种筹资方案？对这几种筹资方案进行评价。

(2) 听了与会同志的发言后，你如何做出决策？

(3) 本案例对你有何启示？

3. 实训题

从网络收集某一上市公司的财务报表，并分析该公司的财务状况。

第二十章 技术经济分析

学习目标

(1) 理解经济效益、现金流量和资金时间价值的概念,初步掌握资金等值计算,了解现金流量图。
(2) 掌握技术经济分析的投资回收期、净现值、内部收益率等主要方法,并了解其他分析方法。
(3) 了解财务评价和国民经济评价。

课程导入案例

猿猴与蜈蚣的故事

热带雨林中,暴雨袭来,不久洪水就淹没了森林的大部分,大小动物拼命向最高处奔去。待大家聚到高处,洪水还在暴涨,于是大家推选最聪明的猿猴主持召开会议,大家为如何脱险议论纷纷,一时不知所措。

猿猴问:"看谁能游泳?"很快推选出青蛙、水蛇等四大水手。猿猴灵机一动说:"不行!只会游泳,跑得不快,不能迅速报信求救。"大家一致赞成,但谁是水陆都行的能手呢?猿猴脑子快,瞥了一眼蜈蚣。它会水,腿又多,一定跑得快。猿猴自鸣得意地断然作出决定:马上让蜈蚣出发。大家也心情坦然地继续开会。当天已漆黑散会时,大家发现蜈蚣还没有走,因为脚太多,穿鞋成了最费时间的事。大家对猿猴的错误决策十分愤慨,群起而攻之。

这个故事告诉我们,决策不能想当然,应综合分析各方面的因素。本章要讲述的技术经济分析对实现投资决策科学化、避免盲目投资及决策失误等有着重要意义。

第一节 技术经济分析基础

一、经济效益

技术经济分析的核心任务是研究工程项目或技术方案的实施所产生的经济效益。技术的经济效益就是技术方案的产出(所得)与投入(所费)的比较。它通常有下列两种表达形式:

$$经济效益=\frac{产出}{投入} \quad 或 \quad 经济效益=产出-投入$$

第一种表达式使用较广,在投入与产出的计量单位不相同时也可以使用,反映技术方案的相对经济效果,表明一元钱的投入(或支出)能产生多少收入(或利润);第二种形式在投入与产出的计量单位相同时使用,表明技术方案的绝对经济效果,即收支相抵后的有用效果,如利润、净收益等。

经济效益最大化可描述为用最小的投入获得一定的产出,或者在投入不变的情况下,力求产出最大化。也就是说,在产出相同时,投入最小的技术方案,经济效益最大;而当投入相同时,产出最多者经济效益最大。

【内容点睛】

追求经济效益是现代企业的根本目的，也是其对投资人的责任。因此，企业及其所有员工的行为应有利于企业提高经济效益。

二、现金流量与现金流量图

考察技术方案或工程项目的经济效果，主要在于预测、分析和计算其现金流量。而为了便于观察技术方案或工程项目的现金流量，常利用现金流量图来进行分析。

1. 现金流量的概念和构成

对于一个特定的经济系统而言，投入的资金、支出的费用以及获得的收益，都可以看成是以货币形式体现的资金流出或资金流入。在技术经济分析中，把各个时间点上实际发生的这种资金流出或资金流入称为现金流量。流出经济系统的资金为称现金流出；流入经济系统的资金称为现金流入；现金流入与现金流出之差称为净现金流量。

现金流量的构成是指一个工程项目或技术方案所产生的现金流出和现金流入各包括哪些具体的项目。不同性质的技术项目，其现金流量的构成也不相同。对于一般的工业投资项目来说，投资、成本、销售收入、税金和利润等经济量是构成经济系统现金流量的基本要素。

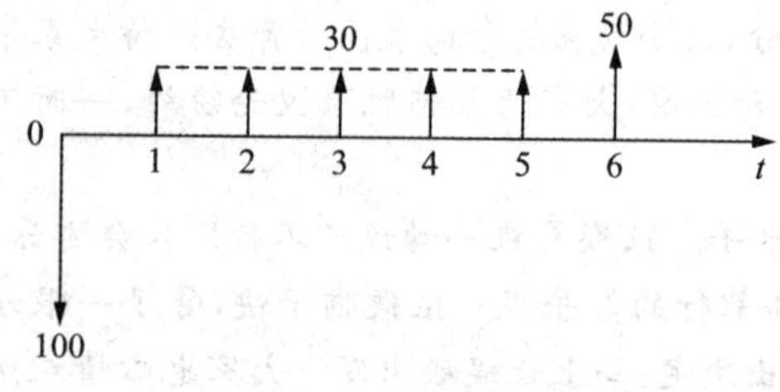

图 20-1 现金流量图

2. 现金流量图

现金流量图是用图示的方式反映特定经济系统在一定时期内发生的现金流量的分析工具，如图 20-1 所示。

在图 20-1 中，横轴是时间轴，向右延伸表示时间的延续。轴线等分成若干间隔，每一间隔代表一个时间单位，通常是年。时间轴上的点称为时点，通常表示的是该年的年末，同时也是下一年的年初。零时点即为第一年开始之时点。

垂直于时间轴的箭线，代表流入或流出经济系统的现金流量。箭线的长度依据现金流量的大小按比例画出。箭头向下表示现金流出，箭头向上表示现金流入。

现金流量图上要注明每一笔现金流量的金额。

三、资金时间价值的计算方法

资金的时间价值是一个重要概念(参考十九章第一节)。充分认识和发挥资金时间价值的作用，对于节约和合理使用资金，提高资金使用的经济效益具有十分重要的现实意义。

1. 资金时间价值的影响因素与衡量尺度

资金时间价值的大小取决于多方面的因素。从投资角度来看主要有 3 个因素：①投资收益率，即单位投资所能带来的投资收益；②通货膨胀因素，即对因货币贬值所造成的损失而做出的补偿；③风险因素，即对由于风险的存在而可能带来的损失所应做出的补偿。

衡量资金的时间价值有两个尺度：一个是绝对尺度；另一个是相对尺度。

绝对尺度主要包括利息、利润或净收益等。这些都是使用资金的报酬，是资金在运动中产生的增值。一般把银行存款获得的资金增值称为利息；把资金投入到生产经营活动而产生的增值称为利润或净收益。

相对尺度主要有利率、利润率或收益率等。利率是在一个计息周期内所得利息额与借贷金额(本金)之比;利润率或收益率是一定时间的利润或净收益与原投入资金之比。它们都反映了资金随时间变化的增值率。

2. 资金时间价值的计算

在技术经济分析中,对资金时间价值的计算方法与银行利息的计算方法相同,有单利法和复利法两种。

1) 单利法

单利计息是指仅对本金计算利息,所得利息不再计算利息。单利计息的计算公式为:

$$I_n = P \cdot n \cdot i \tag{20-1}$$

式中,I_n——利息;P——本金;n——计息周期数;i——利率。

n 个计息周期后的本利和为:

$$F_n = P(1 + i \cdot n) \tag{20-2}$$

例 20-1　某人存入银行 10 000 元,定期 3 年,年利率为 2%,单利计息。问 3 年后的利息和本利和各多少?

解:3 年后的利息为

$$I_n = P \cdot n \cdot i = 10\,000 \times 3 \times 2\% = 600\text{ 元}$$

本利和为

$$F_n = P + I_n = 10\,000 + 600 = 10\,600\text{ 元}$$

我国国库券的利息就是以单利法计算的,计息周期为“年”。单利法考虑了资金的时间价值,且计算简单,但由于未考虑之前利息再生息,而与资金的增值规律不相符。

2) 复利法

复利计息是用本金和前期累计利息总额之和进行计息,即除最初的本金要计算利息外,利息再计利息,俗称“利滚利”。复利计算的本利和公式为:

$$F_n = P(1 + i)^n \tag{20-3}$$

例 20-2　某人以 6%的利率借入 10 000 元,3 年后一次偿还全部本金和利息。若复利计息,试求偿付总额。

解:其偿付总额为

$$F_n = P(1 + i)^n = 10\,000(1 + 6\%)^3 = 11\,910.16\text{ 元}$$

从资金在社会再生产过程中运动的实际状况看,采用复利法计算比较符合资金运动规律和增值规律。在技术经济分析中一般采用复利法进行计算。

【内容点睛】

资金时间价值是资金投入生产或流通领域,而给资金拥有者带来的利润或投资收益,表现为资金的增值。聪明的投资者总是能使自己的资金迅速获得更大的增值,这既是其自身价值的体现,也是对社会的贡献。

四、资金等值计算

1. 资金等值的概念

既然资金具有时间价值,那么不同时点上发生的两笔金额不等的资金,就可能具有相等的价值。在我国 20 世纪 70 年代末,人们用 5 角钱可买一斤肉,而现在则需要 10 元钱。这给人的感觉是,20 世纪 70 年代末的 5 角钱与现在的 10 元钱是等价的。我们把在一定利率下，不同时点上发生的、绝对数额不等但价值相同的若干资金称为**等值资金**。

利用资金等值的概念，可以把一个时点上的资金，以一定的利率等值变换为另一个时点上的资金值。这一换算过程称为资金等值计算。资金等值计算中的一个常见问题是把未来某一时间点上的资金金额，换算为现在(或离现在较近的某一时点)的等值金额，这一过程叫**"折现"**或**"贴现"**。将来时点上的资金折现后的资金金额称**现值**，与现值等价的将来时点上的资金金额称为**"终值"**或**"将来值"**。进行资金等值计算使用的反映资金时间价值的参数叫**折现率**。

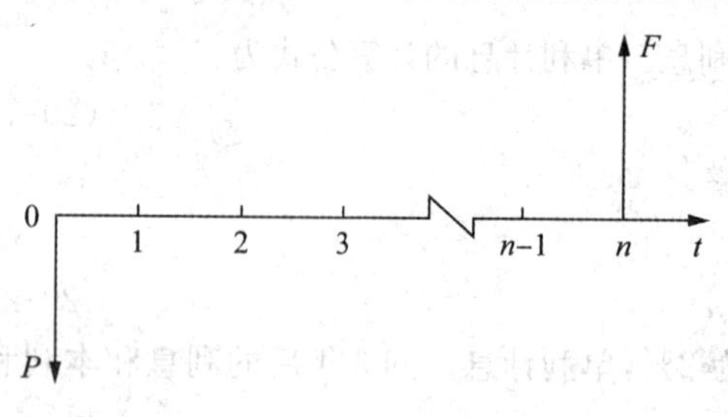

图 20-2 一次收付现金流量图

2. 资金等值计算公式

有两类常见的资金等值计算问题：一是一次收付类型，即所分析的经济系统的现金流量，无论是流入还是流出均发生在一个点上，如图 20-2 所示；二是等额分付类型，这是多次收付形式的一种，这种类型的现金流量发生在多个时点上，且现金流数额(一般用 A 表示，称年金或等额年值)的大小相等，方向相同。

1) 一次收付终值公式

在考虑资金时间价值的条件下，经济系统的现金流入正好能补偿现金流出，则终值与现值是等价的。其公式为：

$$F = P(1+i)^n \tag{20-4}$$

式(20-4)与复利法的本利和公式(20-3)是一样的。但在资金等值计算中，一般称 F 为终值，P 为现值，i 为折现率，n 为时间周期数。系数 $(1+i)^n$ 称为一次收付终值系数，也可用符号 $(F/P,i,n)$ 表示，其中，斜线左边的大写字母表示欲求的因素，右边的表示已知因素。

2) 一次收付现值公式

一次收付现值的计算是已知终值求现值，是一次收付终值公式的逆运算。由式(20-4)直接导出，即

$$P = F\left[\frac{1}{(1+i)^n}\right] \tag{20-5}$$

式中，符号意义同式(20-4)一样；系数 $\frac{1}{(1+i)^n}$ 称一次收付现值系数，亦可记为 $(P/F,i,n)$。

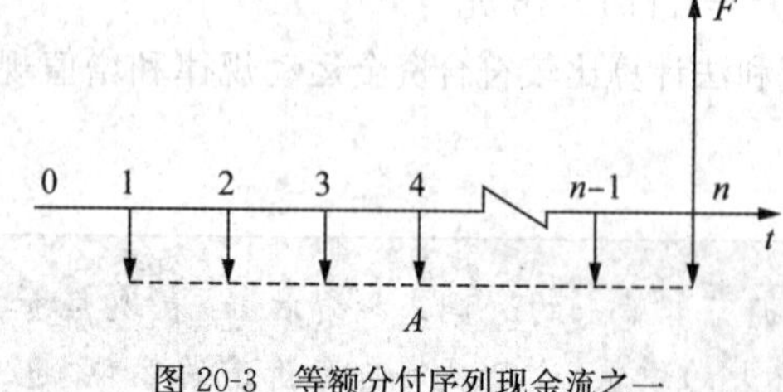

图 20-3 等额分付序列现金流之一

3) 等额分付终值公式

这是一个已知年金求终值问题，其现金流序列的现金流量图如图 20-3 所示。可把等额年金序列视为 n 个一次支付的组合，所以可利用一次收付终值公式(20-4)导出等额分付终值公式，即

$$F = A\left[\frac{(1+i)^n-1}{i}\right] \tag{20-6}$$

式中，A——等额年金；$\frac{(1+i)^n-1}{i}$——等额分付终值系数，亦可记为 $(F/A,i,n)$。

4) 等额分付偿债基金公式

这是已知终值欲求与之等价的等额年金，是等额分付终值公式的逆运算。由式(20-6)可直接导出等额分付偿债基金公式，即

$$A = F\left[\frac{i}{(1+i)^n-1}\right] \tag{20-7}$$

式中，$\frac{i}{(1+i)^n-1}$称为等额分付偿债基金系数，简称偿债基金系数，记为$(A/F,i,n)$。

5）等额分付现值公式

等额分付现值公式推导时所依据的现金流量图如图20-4所示。这是已知等额年金欲求现值。利用式(20-5)和式(20-6)可导出等额分付现值公式为：

$$P=A\left[\frac{(1+i)^n-1}{i(1+i)^n}\right] \tag{20-8}$$

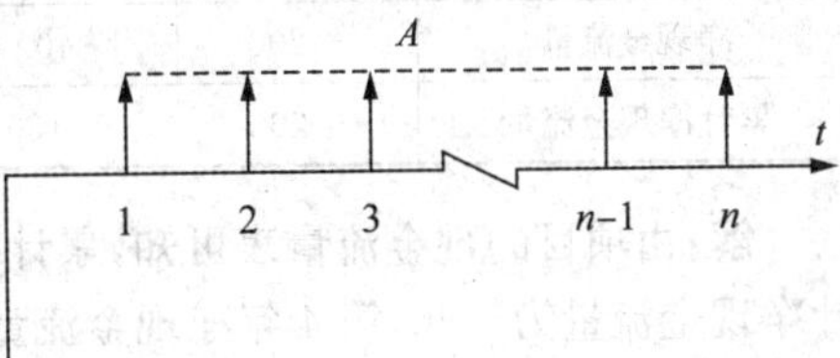

图 20-4　等额分付序列现金流之二

式中，$\frac{(1+i)^n-1}{i(1+i)^n}$称为等额分付现值系数，记为$(P/A,i,n)$。

6）等额分付资金回收公式

等额分付资金回收公式是等额分付现值公式的逆运算，是已知现值求与之等价的等额年金。由式(20-8)可以直接导出等额分付资金回收公式，即

$$A=P\left[\frac{i(1+i)^n}{(1+i)^n-1}\right] \tag{20-9}$$

式中，$\frac{i(1+i)^n}{(1+i)^n-1}$称为等额分付资金回收系数，记为$(A/P,i,n)$。

【内容点睛】

由于资金时间价值的客观存在，在技术经济分析中，不能把不同时点上发生的各种收益和费用直接相加或相减，只能通过资金等值计算将它们换算到同一时点上后再进行分析与计算。但在短期的财务分析中，或不需要精确分析时，则可以忽略资金时间价值。

第二节　技术经济分析的方法

按是否考虑资金的时间价值，技术经济分析的方法分为静态分析方法和动态分析方法。考虑资金时间价值的分析方法称为动态分析方法，不考虑资金时间价值的方法称为静态分析方法。

一、静态分析方法

静态分析方法主要有投资回收期法、追加投资回收期法和计算费用法等。

1. 投资回收期法

投资回收期是用项目建成后各年的净收益抵偿全部投资所需的时间，其表达式为：

$$\sum_{t=0}^{P_t}(\mathrm{CI}-\mathrm{CO})_t=0 \tag{20-10}$$

式中，P_t——投资回收期；CI——现金流入；CO——现金流出；$(\mathrm{CI}-\mathrm{CO})_t$——第$t$年的净现金流量。

投资回收期实用的计算公式为：

$$P_t=T-1+\frac{\text{第}(T-1)\text{年的累计净现金流量的绝对值}}{\text{第}\,T\,\text{年的净现金流量}} \tag{20-11}$$

式中，T——累计净现金流量首次出现正值(或零)的年份数。

判断准则：设基准投资回收期为P_c，若$P_t\leqslant P_c$，则项目(或方案)可行；若$P_t>P_c$，则不可行。

例 20-3　某投资项目各年份的净现金流量如表20-1所示。问该项目的投资回收期是多少？若基准投资回收期$P_c=4$年，项目是否可取？

表 20-1 某项目的现金流量表

单位:万元

年 份	0	1	2	3	4	5	6
净现金流量	−200	40	60	60	60	60	70
累计净现金流量	−200	−160	−100	−40	20	80	150

解:由项目的现金流量表可知,累计净现金流量开始出现正值的年份数为 4,即 $T=4$,第 3 年的累计净现金流量为−40,第 4 年净现金流量为 60。

将相关数据代入式(20-11),可得:

$$P_t = T-1+\frac{\text{第}(T-1)\text{年的累计净现金流量的绝对值}}{\text{第}\,T\,\text{年的净现金流量}}$$

$$= 4-1+\frac{|-40|}{60} = 3.67\text{年}$$

由于 $P_t < P_c$,故项目可行。

2. 追加投资回收期法

当工程项目存在两个(或多个)技术水平不同的建设方案时可能会出现下列情况:其中技术先进的方案投资大,运行成本(或经营成本)低;而技术较落后的方案投资小,运行成本(或经营成本)高。这时就可以采用追加投资回收期法来评价分析。追加投资回收期是指投资大的方案以每年节约的运行费用来补偿或回收追加投资所需要的时间,其计算公式为:

$$P_a = \frac{I_2 - I_1}{C_1 - C_2} \tag{20-12}$$

式中,P_a——追加投资回收期;I_1 和 I_2——方案 1(投资小)和方案 2(投资大)的投资额;C_1 和 C_2——方案 1 和方案 2 的运行成本。

判断准则:设基准投资回收期为 P_c,若 $P_a \leqslant P_c$,则投资大(技术先进)的方案较优;若 $P_a > P_c$,则投资小(技术落后)的方案较优。

例 20-4 某项目有两个技术方案,有关资料如表 20-2 所示。若基准投资回收期为 5 年,应选择哪个方案?

表 20-2 某项目的两个技术方案

单位:万元

方 案	投 资 额	年运行成本
A	2 200	1 000
B	3 000	800

解:根据题意有 $P_c=5$,根据式(20-12),可得 $P_a=\frac{I_2-I_1}{C_1-C_2}=\frac{3\,000-2\,200}{1\,000-800}=4$ 年

由于 $P_a < P_c$,因此应选择方案 B。

【内容点睛】

投资回收期和追加投资回收期是简单易行、应用较广的技术经济分析方法。例如,在做出购买普通节能灯还是 LED 节能灯时,不妨用追加投资回收期法计算分析后再做选择。

3. 计算费用法

计算费用法有总计算费用法和年计算费用法两种。

总计算费用是指一个方案的投资额与按基准投资回收期累计的运行成本(或经营成本)之和,其计算公式为:

$$Z_{总} = I + P_c \cdot C \tag{20-13}$$

式中，$Z_{总}$——总计算费用；I——总投资；P_c——基准投资回收期；C——年运行成本(或经营成本)。

年计算费用法与总计算费用法是等价的。年计算费用是指方案的年运行成本与按基准投资收益率分摊的投资额之和，其中基准投资收益率为基准投资回收期的倒数。年计算费用的计算公式为：

$$Z_{年} = C + \frac{I}{P_c} \tag{20-14}$$

例 20-5　某企业有3个技术先进程度不同的扩产方案，且都能满足生产经营的需要。有关资料如表20-3所示。若基准投资回收期为5年，试用计算费用法比较选择方案。

表 20-3　某企业的3个扩产方案　　单位：万元

方　案	初始投资	年经营成本
甲	800	160
乙	1 000	120
丙	1 200	80

解：(1) 利用总计算费用法进行比选。

方案甲的总计算费用为：$Z_{总}=800+5\times160=1\,600$ 万元

方案乙的总计算费用为：$Z_{总}=1\,000+5\times110=1\,550$ 万元

方案丙的总计算费用为：$Z_{总}=1\,200+5\times90=1\,650$ 万元

可见，方案乙的总计算费用最小，因此选择方案乙。

(2) 利用年计算费用法进行比选。

方案甲的年计算费用为：$Z_{年}=160+800/5=320$ 万元

方案乙的年计算费用为：$Z_{年}=110+1\,000/5=310$ 万元

方案丙的年计算费用为：$Z_{年}=90+1\,200/5=330$ 万元

可见，方案乙的年计算费用最小，因此选择方案乙。

【内容点睛】

静态分析方法的主要优点是简单易行，概念清晰易懂；缺点主要是未考虑资金的时间价值和项目寿命期内的全部经济数据等。因此这类分析方法可作为辅助性的方法，或在技术经济数据不完整的初步研究阶段使用。

二、动态分析方法

相对静态分析方法而言，动态分析方法不仅考虑资金的时间价值，而且考察了项目整个寿命期内收入和支出的全部经济数据。因此，动态分析方法更全面、更科学。动态分析方法主要有净现值法、净年值法、费用现值法、年费用法和内部收益率法等。

1. 净现值法和净年值法

1) 净现值法

净现值(NPV)是按一定的折现率将项目各年净现金流量折现到基准年(通常是期初)的现值累加值，其计算公式为：

$$NPV = \sum_{t=0}^{n} (CI - CO)_t (1 + i_c)^{-t} \tag{20-15}$$

式中，NPV——净现值；$(CI-CO)_t$——第 t 年的净现金流量；i_c——基准折现率；n——项目的寿命期(或计算期)。

判别准则：对单一项目方案，若 NPV≥0 则方案可行；若 NPV<0，则方案应予拒绝；多方案比选时，净现值大者较优。

例 20-6 某项目各年的净现金流量如表 20-4 所示，试用净现值法判断项目的经济性($i_c=10\%$)。

表 20-4 某项目的现金流量表

单位：万元

年 份	0	1	2	3	4	5	6
净现金流量	−80	−70	40	60	60	60	60

解：根据表 20-4 中各年的净现金流量和式(20-15)得：

$$\begin{aligned} NPV &= -80-70(P/F,10\%,1)+40(P/F,10\%,2)+60(P/A,10\%,4)(P/F,10\%,2) \\ &= -80-70\times0.9091+40\times0.8264+60\times3.170\times0.8264 \\ &= 46.60 \text{ 万元} \end{aligned}$$

因为 NPV>0，所以项目可行。

2) 净年值法

在对多个方案进行比较选优时，若各方案的寿命期不同，便不能直接用净现值法比较选优。这时最简单的方法是净年值(AW)法。净年值是通过资金等值计算将项目净现值分摊到寿命期内各年的等额年金，其表达式为

$$AW = NPV(A/P, i_c, n) \tag{20-16}$$

判断准则：若 AW≥0 则方案可行，反之则应予拒绝；多方案比选时，AW 大者较优。

例 20-7 某项目有 A、B 两个寿命期分别为 3 年和 5 年的备选方案，各自的净现金流量如表 20-5 所示。试评价并选择($i_c=12\%$)。

表 20-5 方案的净现金流量

单位：万元

方案 \ 年份	0	1	2	3	4	5
A	−300	95	95	95	95	95
B	−100	50	50	50		

解：$AW_A=-300(A/P,12\%,5)+96=-300\times0.2774+95=11.78$ 万元

$AW_B=-100(A/P,12\%,3)+50=-100\times0.4164+50=8.37$ 万元

由于 $AW_A>AW_B>0$，故应选择方案 A。

2. 费用现值法和年费用法

在对多个方案进行比较选优时，若各方案的产出效益相同，或都能满足同样需要而又难以量化其产出效益时，可采用费用现值法或年费用法进行分析。

费用现值(PC)的计算公式为

$$PC = \sum_{t=0}^{n} CO(P/F, i_c, t) - W(P/F, i_c, n) \tag{20-17}$$

年费用(AC)的计算公式为

$$AC = PC(A/P, i_c, n) \tag{20-18}$$

在式(20-17)和式(20-18)中，PC——费用现值；AC——年费用；W——期末残值；其他符号意义同式(20-15)。

判断准则：在利用费用现值法或年费用法进行多个方案的比选时，费用现值最小或年费用最小的方案为优。

例 20-8 某企业有 3 种可选的运输设备 A、B、C，均能满足同样的需要。各方案的费用和残值数据

如表 20-6 所示。试分别用费用现值法和年费用法比较选优($i_c=10\%$)。

表 20-6　3 种运输设备的费用数据　　单位：万元

方　案	购置费	年运营费	残　值	寿　命
A	20	6	2	10
B	24	5	2.5	10
C	30	3.5	3	10

解：(1) 各方案的费用现值分别计算如下：

$PC_A=20+6(P/A,10\%,10)-2(P/F,10\%,10)=56.09$ 万元

$PC_B=24+5(P/A,10\%,10)-2.5(P/F,10\%,10)=53.76$ 万元

$PC_C=30+3.5(P/A,10\%,10)-3(P/F,10\%,10)=50.35$ 万元

(2) 各方案的年费用分别计算如下：

$AC_A=20(A/P,10\%,10)+6-2(A/F,10\%,10)=9.13$ 万元

$AC_B=24(A/P,10\%,10)+5-2.5(A/F,10\%,10)=8.75$ 万元

$AC_C=30(A/P,10\%,10)+3.5-3(A/F,10\%,10)=8.19$ 万元

根据费用最小的选优准则，费用现值和年费用的计算结果都表明，方案 C 最优，方案 A 最差。

3. 内部收益率法

在所有的技术经济分析方法中，除了净现值法外，内部收益率(IRR)法是另一个最重要的分析方法。简单说，内部收益率就是净现值为零时的折现率。其含义公式为

$$NPV(IRR)=\sum_{t=0}^{n}(CI-CO)_t(1+IRR)^{-t}=0 \tag{20-19}$$

式中，IRR——内部收益率；其他符号意义同式(20-15)。

判别准则：设基准折现率为 i_c，若 $IRR \geqslant i_c$，则项目可行；若 $IRR < i_c$，则项目应予拒绝。

式(20-19)是一个一元高次方程，不宜直接求解，通常采用线性插值法求内部收益率的近似解。求解过程如下：首先估计给出两个折现率 i_1 和 i_2，且 $i_1<i_2$，再分别计算 i_1 和 i_2 对应的净现值 NPV_1 和 NPV_2，若 $NPV_1>0$、$NPV_2<0$，则可利用式(20-20)计算 IRR 的近似值。

$$IRR=i_1+\frac{NPV_1}{NPV_1+|NPV_2|}(i_2-i_1) \tag{20-20}$$

利用式(20-20)计算 IRR 的误差与(i_2-i_1)的大小有关。为控制误差，(i_2-i_1)一般不应超过 0.05。

例 20-9　根据例 20-6 的资料，计算项目的内部收益率，并判断项目的经济性。

解：设 $i_1=15\%$，$i_2=20\%$，分别计算出其对应的净现值如下：

$$\begin{aligned}NPV_1&=-80-70(P/F,15\%,1)+40(P/F,15\%,2)+60(P/A,15\%,4)(P/F,15\%,2)\\&=-80-70\times0.8696+40\times0.7561+60\times2.855\times0.7561\\&=18.89 \text{ 万元}\end{aligned}$$

$$\begin{aligned}NPV_2&=-80-70(P/F,20\%,1)+40(P/F,20\%,2)+60(P/A,20\%,4)(P/F,20\%,2)\\&=-80-70\times0.8333+40\times0.6944+60\times2.589\times0.6944\\&=-2.69 \text{ 万元}\end{aligned}$$

再用线性插值法计算公式(20-20)，可得：

$$IRR=i_1+\frac{NPV_1}{NPV_1+|NPV_2|}(i_2-i_1)=15\%+(20\%-15\%)\frac{18.89}{18.89+2.69}=19.38\%$$

由于 IRR 大于基准折现率(10%)，所以项目可行。

【内容点睛】

动态分析方法相较静态方法而言，更为科学和严谨，在企业投资决策中意义重大。净现值和净年值法不仅可以用来判断项目(或方案)的可行性，也能用以比选方案；而内部收益率法主要用以判断项目可行性，费用现值和年费用法则仅用以比较方案的优劣。

第三节 建设项目的经济评价

一、可行性研究与经济评价

一个建设项目要经历投资前时期、投资时期(建设期)及运营期 3 个阶段，而投资前时期是决定项目经济效果乃至成败的关键时期。投资前时期的核心任务和内容是可行性研究。

可行性研究是在建设项目投资决策前对有关建设方案、技术方案和生产经营方案进行的技术经济论证。可行性研究必须从系统总体出发，对技术、经济、财务、商业以至环境保护、法律等多个方面进行分析和论证，以确定建设项目是否可行，为正确进行投资决策提供科学依据。项目的可行性研究是对多因素、多目标系统进行的不断的分析研究、评价和决策的过程。它需要有各方面知识的专业人才通力合作才能完成。可行性研究不仅应用于建设项目，还可应用于科学技术和工业发展的各个阶段和各个方面。例如，工业发展规划、新技术的开发、产品更新换代、企业技术改造等工作的前期，都可用可行性研究进行分析。可行性研究的主要内容包括项目的背景和历史、市场调查、拟建规模、技术选择、厂址选择、投资估算和成本估算、经济评价等。

【内容点睛】

在投资决策前进行可行性研究，目前在我国还并不普遍，至少是常常不够认真。正因为如此，企业投资决策失误、公共设施拆建草率等现象屡见不鲜，造成了巨大的社会资源浪费。因此，秉持和践行科学发展观，对我国高效的、可持续发展意义重大而深远。

建设项目的经济评价是项目前期研究工作的重要内容，是项目建议书和可行性研究报告的重要组成部分，是项目决策科学化的重要手段。经济评价应根据国民经济与社会发展以及行业、地区发展规划的要求，在项目初步方案的基础上，采取科学、规范的分析方法，对拟建设项目的财务可行性和经济合理性进行分析论证，做出全面评价，为项目科学决策提供经济方面的依据。经济评价包括财务评价和国民经济评价两个方面。

国家发展改革委员会和建设部 2006 年发布的《关于建设项目经济评价工作的若干规定》指出："建设项目经济评价内容的选择，应根据项目性质、项目目标、项目投资者、项目财务主体以及项目对经济和社会的影响程度等具体情况确定。对于费用效益计算比较简单，建设期和运营期比较短，不涉及进出口平衡等一般项目，如果财务评价的结论能够满足投资决策需要，可不进行国民经济评价；对于关系公共利益、国家安全和市场不能有效配置资源的经济和社会发展的项目，除应进行财务评价外，还应进行国民经济评价；对于特别重大的建设项目尚应辅以区域经济与宏观经济影响分析方法进行国民经济评价。"

另外，建设项目经济评价的深度和侧重点，应根据项目决策工作不同阶段的要求确定。建设项目可行性研究阶段的经济评价，应系统分析、计算项目的效益和费用，通过多方案经济比较，推荐最佳方案，对项目建设的必要性、财务可行性、投资风险等进行全方位的评价。项目规划、机会研究、项目建议书阶段的经济评价可适当简化。

二、财务评价

财务评价也称财务分析，是在国家现行财税制度和价格体系的前提下，从项目的角度出发，计算项目范围内的财务效益和费用，分析项目的盈利能力和清偿能力，评价项目在财务上的可行性。

1. 财务评价的内容与步骤

财务评价是在确定的建设方案、投资估算和融资方案的基础上进行财务可行性研究。其主要内容和步骤如下：

(1) 选取财务评价基础数据与参数。包括主要投入品和产出品财务价格、税率、利率、汇率、计算期、固定资产折旧率、无形资产和递延资产摊销年限、生产负荷及基准收益率等基础数据和参数。

(2) 计算销售(营业)收入，估算成本费用。

(3) 编制财务分析报表。

(4) 计算财务评价指标，进行盈利能力分析和偿债能力分析。

(5) 进行不确定性分析，包括盈亏平衡分析、敏感性分析。

(6) 编制财务评价报告。

2. 财务效益与费用

项目的财务效益主要表现为生产经营的产品销售(营业)收入、补贴收入和资产回收；财务费用主要表现为建设项目总投资、经营成本和税金等各项支出。

(1) 产品销售(营业)收入。它是项目销售产品(和、或提供劳务)取得的收入。

(2) 建设项目总投资。它是固定资产投资、固定资产投资方向调节税、建设期借款利息和流动资金之和。固定资产投资是项目按拟定建设规模(分期建设项目为分期建设规模)、产品方案、建设内容进行建设所需的费用，它包括建筑工程费、设备购置费、安装工程费、工程建设其他费用和预备费用。流动资金是指为维持生产所占用的全部周转资金，它是流动资产与流动负债的差额。项目总投资形成的资产分为固定资产、无形资产、递延资产和流动资产。

(3) 经营成本。这是项目经济评价中使用的特定概念，作为项目运营期的主要现金流出，其构成和估算可采用下式表达：

经营成本＝外购原材料、燃料和动力费＋工资及福利费＋修理费＋其他费用

或：经营成本＝总成本费用－折旧费－维简费－摊销费－利息支出

总成本费用＝生产成本＋销售费用＋管理费用＋财务费用

或：总成本费用＝外购原材料、燃料和动力费＋工资及福利费＋修理费＋折旧费＋维简费＋摊销费＋利息支出＋其他费用

(4) 税金。这是指产品销售税金及附加、所得税等。产品销售税金及附加包括关税、增值税、营业税、消费税、资源税、城市维护建设税及教育费附加。

财务效益和费用的范围应遵循计算口径对应一致的原则。计算效益和费用时，产出物和投入物价格的选用必须有充分的依据，并列表说明。

3. 财务评价的指标与报表

财务评价的指标主要包括反映盈利能力和偿债能力的指标。盈利能力分析的主要指标包括项目投资财务内部收益率和财务净现值、项目资本金财务净现值、投资回收期、总投资收益率、项目资本金净利润率等指标。可根据项目特点及财务分析的目的、要求等选用。偿债能力分析应通过计算资产负债率、利息备付率和偿债备付率等指标，分析判断财务主体的偿债能力。

财务分析报表包括项目投资现金流量表、项目资本金现金流量表、利润与利润分配表、财务计划现金流量表、资产负债表及借款还本付息计算表等。

(1) 项目投资现金流量表。该表不分投资资金来源，以全部投资作为计算基础，用以计算项目投资所得税前及所得税后财务内部收益率、财务净现值及投资回收期等评价指标，考察项目全部投资的赢利能力，为各个投资方案(不论其资金来源及利息多少)进行比较建立共同基础。

(2) 项目资本金现金流量表。该表从投资者角度出发，以投资者的出资额作为计算基础，把借款本金偿还和利息支付作为现金流出，用以计算资本金财务内部收益率、财务净现值等评价指标，考察项目自有资金的赢利能力。

(3) 利润与利润分配表。该表反映项目计算期内各年的营业收入、总成本费用、利润总额等情况，以及所得税及税后利润的分配，用以计算总投资收益率、项目资本金净利润率等指标。

(4) 财务计划现金流量表。该表反映项目计算期内各年的投资、融资及经营活动的现金流入和流出，用于计算累计盈余资金，分析项目财务生存能力。

(5) 资产负债表。该表综合反映项目计算期内各年末资产、负债和所有者权益的增减变化及对应关系，以考察项目资产、负债和所有者权益的结构是否合理，用以计算资产负债率，进行清偿能力分析。

(6) 借款还本付息计划表。该表反映项目计算期内各年借款本金偿还和利息支付情况，用于计算偿债备付率和利息备付率指标。

三、国民经济评价

1. 国民经济评价的概念

国民经济评价是在合理配置社会资源的前提下，从国家经济整体利益的角度出发，计算项目对国民经济的贡献，分析项目的经济效益、效果和对社会的影响，评价项目在宏观经济上的合理性。

国民经济评价与财务评价既有共同之处，又有区别。一方面，两者在评价目的、基础、方法和指标计算等方面存在着相同或相似之处；另一方面，由于考察角度不同，致使在费用和效益的含义、范围和计算价格以及基本判据上存在不同。

为了正确计算项目对国民经济所做的净贡献，在进行国民经济评价时，原则上都应该使用影子价格。影子价格是当社会资源处于某种最优状态时，能够反映社会劳动消耗、资源稀缺程度和最终产品需求情况的价格。为了简化计算，在不影响评价结论的前提下，可只对其价值在效益或费用中占比重较大，或者国内价格明显不合理的产出物或投入物使用影子价格。

相对于财务评价以行业基准收益率作为评价的判据，国民经济评价是以社会折现率为判据。社会折现率反映国家对资金时间价值的估量，由国家统一测定发布，是计算经济净现值等指标时采用的折现率，同时也作为经济内部收益率的判据。

2. 国民经济评价的范围与内容

国民经济评价的范围主要包括具有垄断特征的项目、产出具有公共产品特征的项目、外部效果显著的项目、资源开发项目、涉及国家经济安全的项目以及受过度行政干预的项目等。

国民经济评价的主要内容包括识别和计算经济效益与费用、计算和选用影子价格、编制国民经济评价报表、计算评价指标并进行方案评选。

3. 国民经济评价的效益与费用

对国民经济评价而言，项目的效益是指项目对国民经济所做的贡献，分为直接效益和间接效益。直接效益是指由项目产出物产生并在项目范围内计算的经济效益。一般表现为增加该产出物数量满足国内需求的效益；替代其他相同或类似企业的产出物，使被替代企业减产以减少国家有用资源耗费(或损失)的效益；增加出口(或减少进口)所增收(或节支)的国家外汇等。间接效益是指由项目引起而在直接效益中未得到反映的那部分效益。

项目的费用是指国民经济为项目所付出的代价，分为直接费用和间接费用。直接费用是指项目使用投入物所产生并在项目范围内计算的经济费用。一般表现为其他部门为供应本项目投入物而扩大生产规模所耗用的资源费用;减少对其他项目(或最终消费)投入物的供应而放弃的效益;增加进口(或减少出口)所耗用(或减收)的外汇等。间接费用是指由项目引起而在项目的直接费用中未得到反映的那部分费用。

项目的间接效益和间接费用统称为外部效果。主要表现有项目对环境和生态的影响、技术扩散效应、相邻效果、乘数效果等。对显著的外部效果能定量的,要进行定量分析,计入项目的效益和费用;不能定量的,应进行定性描述。

4. 国民经济评价的报表和指标

国民经济评价一般是在财务评价的基础上进行的。通过对财务评价的效益和费用流量进行范围、价格的调整,形成国民经济评价的辅助报表,在此基础上编制基本报表——经济费用效益流量表。

根据经济费用效益流量表计算经济内部收益率(EIRR)、经济净现值(ENPV)等指标,分析项目投资的经济效益和效果。

【内容点睛】

经济评价包括财务评价和国民经济评价两个方面。两种评价都要先识别、确定项目的效益和费用,然后编制报表,最后计算评价指标并给出评价结论。但是由于评价角度不同,致使在费用和效益的含义、范围和计算价格以及基本判据上存在不同。

课后练习

1. 思考题

(1) 在对多个技术方案进行比较分析时,必须满足哪些可比条件?

(2) 什么是资金的时间价值?举例说明。

(3) 某项目的净现金流量如表20-7所示。若 $i_c=10\%$,$P_c=4$ 年,试计算项目的静态投资回收期、净现值,并判断其经济性。

表20-7 某项目的净现金流 单位:万元

年份	0	1	2	3	4	5	6
净现金流量	−150	50	60	60	60	60	60

(4) 什么是财务评价,什么是国民经济评价?结合你了解的实际案例分析做好技术项目经济评价的实践意义。

2. 案例分析

准确决策与盲目决策

禹州市建筑卫生陶瓷厂是一家国有中型企业,由于种种原因,1995年停产近一年,亏损250万元,濒临倒闭。新任厂长在认真分析了厂情后果断决策,在全厂推行"一厂多制"的经营方式:对生产主导产品的一、二分厂,采取"四统一"(统一计划、统一采购、统一销售、统一财务)的管理方法;对墙地砖分厂实行股份制改造;对特种耐火材料厂实行租赁承包。

改制后的企业像开足马力的列车急速运行,逐渐显示了规模跟不上市场的劣势,从而严重束缚了企业的发展。有人主张贷款上大项目;有人建议投资上千万元再建一条大规模的辊道窑生产线,显示一下新班子的政绩。新厂长根据职工代表大会的建议,果断决定将生产成本高、劳动强度大、产品质量差的86米明焰煤烧隧道窑扒掉,建成98米隔焰煤烧隧道,并对一分厂的两条老窑进行了技术改造,结果仅花费不足200万元,便使其生产能力提高了1倍。1996年,国内生产厂家纷纷上高档卫生瓷,厂内外也有不少人建议赶上“潮流”。对此新任厂长没有盲目决策,而是冷静地分析了行情,经过认真调查论证,认为中低档瓷的国内市场潜力很大,一味上高档卫生瓷不符合国情。于是经过市场考察,该厂新上了20多个中低档卫生瓷产品。这些产品一投入市场便成了紧俏货。

与禹州市建筑卫生陶瓷厂形成鲜明对照的是河南省洁达陶瓷公司。20世纪90年代初,该公司曾是全省建材行业三面红旗之一。然而近年来在市场经济大潮的冲击下,由于企业拍板盲目轻率,导致重大决策失误,使这家原本红红火火的国有企业债台高筑。1992年,由国家计委、省计经委批准,为该公司投资1200万元建立大断面窑生产线。但该公司为赶市场潮流,不经论证就将其改建为辊道窑生产线,共投资1700万元。由于该生产线建成时市场潮流已过,因此投产后公司一直亏损。在产销无望的情况下,公司只好重新投入1000多万元再建大断面窑,这使公司元气大伤,债台高筑,仅欠银行贷款就达3000多万元。6年来该公司先后做出失误的重大经营决策6项,使国有资产损失数百万元。企业不仅将以前积累的数百万元自有资金流失得一干二净,而且成了一个“老大难”企业。

请分析:

(1) 案例中两家企业形成鲜明对比的原因是什么?

(2) 你认为在决策之前,应做好哪些方面的工作?

3. 实训题

奶牛场的新选择

红星农场饲养奶牛2000头,年产鲜奶1800多吨。为了有效地转化加工鲜奶,该场领导正在考虑兴建一个乳品加工厂。乳品加工厂设计年生产力2000吨,预计投资1400万元,靠银行贷款,年利率为10%,使用6年,6年后乳品厂残值为100万元,每年现金净流量为350万元。

当前,兴建乳品厂项目投资,银行已批准,设备已联系好,唯独缺乏技术力量,场领导正在酝酿,提出两套方案:

第一方案:实行技术有偿援助。由省乳品研究所提供生产技术援助。一是乳品研究所为乳品厂培训技术;二是乳品研究所从技术上保证产品达到设计的质量和产量要求。条件是乳品厂按每年现金净流量的10%支付给省乳品研究所,作为技术服务有偿报酬。

第二方案:合资建厂。沪光乳品厂是一个经营有方的老厂,沪光牌乳制品畅销国内外,有发展经营的要求,但原料受限制。最近获悉该场拟兴建乳品厂,提出合资办厂的建议,具体条件是:建厂投资场、厂各半负担;新厂用“沪光分厂”的名称;产品用“沪光牌”商标;沪光厂提供生产技术;产品按出厂价由沪光厂包销;新厂每年现金净流量350万元,沪光厂占60%,40%归农场;6年后全厂残值无偿让给农场。

思考与讨论:

(1) 如果你是场长,你将采取哪一套方案?

(2) 为保证最佳方案的实现,企业在生产、经营过程中主要采取什么措施?

参考文献

[1] 王潇.现代企业管理[M].南京:南京大学出版社,2010.
[2] 宋冀东,赵钎.现代企业管理(第二版)[M].北京:电子工业出版社,2008.
[3] 于卫东.现代企业管理[M].北京:机械工业出版社,2004.
[4] 王潇,张玉芳.现代企业管理[M].郑州:大象出版社,2008.
[5] 周三多.管理学(第三版)[M].北京:高等教育出版社,2010.
[6] 杨锡怀等.企业战略管理:理论与案例(第3版)[M].北京:高等教育出版社,2010.
[7] 邵一明.战略管理[M].北京:中国人民大学出版社,2009.
[8] 邢俊等.战略管理[M].成都:西南交通大学出版社,2012.
[9] [美]迈克尔·波特.竞争战略[M].陈小悦,译.北京:华夏出版社,2005.
[10] 蔡世馨,于晓霖.现代生产管理[M].大连:东北财经大学出版社,2004.
[11] 李季.企业运营管理[M].北京:首都经济贸易大学出版社,2003.
[12] 汝宜红.物流学导论[M].北京:清华大学出版社,2004.
[13] 胡建宏,刘雪梅.企业管理实务与操作[M].大连:大连理工大学出版社,2006.
[14] 黄志平.世界商战经典案例[M].北京:金盾出版社,2007.
[15] 薛玉莲,李全中.财务管理学[M].北京:首都经贸大学出版社,2006.
[16] 王欣兰.财务管理学[M].北京:清华大学出版社,2005.
[17] 张玉英.财务管理(第四版)[M].北京:高等教育出版社,2011.
[18] 龚益鸣.质量管理学(第二版)[M].上海:复旦大学出版社,2004.
[19] 董文尧.质量管理学[M].北京:清华大学出版社,2006.
[20] 应可福.生产与运作管理(第三版)[M].北京:高等教育出版社,2012.
[21] 吴添祖,虞晓芬,龚建立.技术经济学概论(第三版)[M].北京:高等教育出版社,2010.